COMPANHIA D

ZON
e outros p

GUILLAUME APOLLINAIRE (1880-1918), pseudônimo de Guglielmo Alberto Wladimiro Alessandro Apollinare de Kostrowitzky, foi um poeta, ficcionista, ensaísta e crítico francês de origem polonesa. Nascido em Roma, Itália, filho de uma polonesa de ascendência aristocrática e de um pai desconhecido, Apollinaire foi um dos principais inovadores da poesia do século XX, aproximando-se de vários movimentos de vanguarda artística. Inventou os termos "orfismo", "caligrama" e "surrealismo", além de ter dado visibilidade a outros, como "cubismo".

Apollinaire viveu uma vida social efervescente em Paris, cercado de artistas com os quais colaborou, como Pablo Picasso, Jean Cocteau e Marcel Duchamp. Seus escritos têm uma característica proteica e experimental, abraçando uma pletora de influências, arriscando-se em poemas longos, criações visuais, diagramações excêntricas e explorando a fragmentação da linguagem e a imaginação, ao mesmo tempo que buscam aproximar a arte da vida.

Guillaume Apollinaire serviu na Primeira Guerra Mundial como oficial de infantaria, onde sofreu um ferimento do qual nunca se recuperou por completo. Faleceu em 1918, vítima da pandemia de gripe espanhola que assolava a Europa.

RODRIGO GARCIA LOPES (Londrina, 1965) é poeta, romancista, tradutor e compositor. Publicou *Solarium* (1994), *visibilia* (1996), *Polivox* (2002), *Nômada* (2004), *Estúdio realidade* (2013), *Experiências extraordinárias* (2015) e O *enigma das ondas* (2020). Seu romance policial-histórico O *trovador* foi finalista do Prêmio São Paulo de Literatura 2015 na categoria melhor livro do ano — autor estreante (mais de quarenta anos). É autor do livro de entrevistas *Vozes & visões: Panorama da arte e cultura norte-americanas hoje* (1996) e do ensaio *Roteiro literário: Paulo Le-*

minski (2018). Como tradutor, publicou *Sylvia Plath: Poemas* (1990) e *Iluminuras: Gravuras coloridas*, de Arthur Rimbaud (1994), ambos em parceria com Maurício Arruda Mendonça; *Mindscapes: Poemas de Laura Riding* e *O navegante* [The Seafarer], poema anônimo anglo-saxão do século X (2004); *Folhas de relva (A primeira edição — 1855)*, de Walt Whitman (2005); *Ariel*, de Sylvia Plath (com Cristina Macedo, 2007); *Epigramas*, de Marco Valério Marcial (2017). Em 2019 *Roteiro literário: Paulo Leminski* foi um dos três vencedores do Prêmio Literário da Biblioteca Nacional na categoria ensaio literário. Em 2023 publicou pela editora Kotter *Poemas coligidos (1983-2020)*, reunindo toda a sua poesia até então. Tem dois álbuns de composições autorais: *Polivox* (2001) e *Canções do estúdio realidade* (2013), e quatro livros publicados na Itália e em Portugal.

GUILLAUME APOLLINAIRE

Zona
e outros poemas

Tradução, introdução, comentários e cronologia de
RODRIGO GARCIA LOPES

COMPANHIA DAS LETRAS

Copyright © 2024 by Penguin-Companhia das Letras
Copyright da tradução, introdução e dos comentários
© 2024 by Rodrigo Garcia Lopes
Grafia atualizada segundo o Acordo Ortográfico da Língua Portuguesa
de 1990, que entrou em vigor no Brasil em 2009.

Penguin and the associated logo and trade dress are registered
and/or unregistered trademarks of Penguin Books Limited and/or
Penguin Group (usa) Inc. Used with permission.

Published by Companhia das Letras in association with
Penguin Group (usa) Inc.

O tradutor agradece a Ademir Assunção, Conrado Fogagnoli,
Laurence Campa, Lawrence Flores, Maurício Arruda Mendonça,
Maurício Santana Dias e Guilherme Gontijo Flores.

Esta tradução recebeu apoio financeiro da Casa de Tradutores Looren.

[loːrən]
Casa de Tradutores Looren

Caligrama da capa ("reconnais-toi", 1915): *Se reconhece?/*
essa pessoa adorável é você/ sob o grande chapéu de palha/ olho/
nariz/ boca/ aqui é o oval do teu rosto/ teu/ pescoço lindo/ Um pouco/
mais abaixo/ é teu coração/ que bate/ Aqui enfim/ a imagem imperfeita/
do teu busto adorado/ visto como/ se através de uma nuvem.
Reprodução: Patrice Cartier/ Bridgeman Images/ Easypix Brasil

PREPARAÇÃO
Guilherme Gontijo Flores

REVISÃO
Jane Pessoa
Luís Eduardo Gonçalves

Dados Internacionais de Catalogação na Publicação (cip)
(Câmara Brasileira do Livro, sp, Brasil)

Apollinaire, Guillaume, 1880-1918.
Zona e outros poemas / Guillaume Apollinaire ; tradução,
introdução, comentários e cronologia de Rodrigo Garcia Lopes. —
1ª ed. — São Paulo: Penguin-Companhia das Letras, 2024.

isbn 978-85-8285-195-1

1. Poesia francesa i. Lopes, Rodrigo Garcia. ii. Título.

24-192905 CDD-841

Índice para catálogo sistemático:
1. Poesia : Literatura francesa 841

Cibele Maria Dias — Bibliotecária — crb-8/9427

Todos os direitos desta edição reservados à
EDITORA SCHWARCZ S.A.
Rua Bandeira Paulista, 702, cj. 32
04532-002 — São Paulo — sp
Telefone (11) 3707-3500
www.penguincompanhia.com.br
www.companhiadasletras.com.br
www.blogdacompanhia.com.br

Sumário

Introdução — Rodrigo Garcia Lopes	9
ÁLCOOIS — POEMAS (1898-1913), 1913	91
Zona	93
A ponte Mirabeau	105
Açafrões	109
Cantor	111
Crepúsculo	113
Annie	115
A casa dos mortos	117
Clotilde	133
Cortejo	135
Marizibill	141
O viajante	143
Maria	149
Branca de Neve	153
Poema lido no casamento de André Salmon	155
O adeus	159
A porta	161
Saltimbancos	163
A cigana	165
Outono	167
Signo	169
Clair de Lune	171
1909	173
À Saúde	177
Outono doente	183

Hotéis 185
Trompas de caça 189

CALIGRAMAS — POEMAS DA PAZ
E DA GUERRA, (1913-1916), 1918 191
Laços 193
As janelas 197
Paisagem 201
As colinas 203
Árvore 219
Segunda-feira rua Cristina 223
Carta-oceano 227
Sobre profecias 231
O músico de Saint-Merry 235
A gravata e o relógio 243
Um fantasma de nuvens 245
Coração coroa e espelho 253
Viagem 255
Cruzando a Europa 259
Chove 263
O pequeno automóvel 265
Bandolim cravo e bambu 273
Baforadas 275
Em Nîmes 277
A pomba apunhalada e o chafariz 281
Vigia 283
Sombra 285
Longe do pombal 287
SP 289
Mira 291
Cartão-postal 293
Saliente 295
Guerra 297
Oráculos 299
Os suspiros do atirador de Dakar 301
Sempre 307
Festa 309
Madeleine 311
Noite de abril de 1915 313

O adeus do cavaleiro 317
O palácio do trovão 319
No abrigo-caverna 325
Desejo 329
Canção do Horizonte em Champanhe 333
Oceano de terra 339
Maravilha da guerra 341
Exercício 347
Há 349
Simultaneidades 353
Algodão nas orelhas 357
Cartão-postal 369
Leque dos sabores 371
Recordações 373
Cavalos de Frisa 375
Comandante de pelotão 379
Tristeza de uma estrela 381
A vitória 383
A ruiva bonita 391

Comentários 395
Cronologia 523
Créditos das imagens 556

Introdução

RODRIGO GARCIA LOPES

I.
APOLLINAIRE: O ANJO DA VANGUARDA

"Você é um homem-época."
Assim o compositor e escritor Alberto Savinio definiu, em 1916, Guillaume Apollinaire, um dos principais poetas do século XX e hoje um dos mais populares da França. De fato, não há como falar de poesia francesa e modernista, de movimentos de vanguarda internacional na pintura e na literatura, de revolução e experimentação verbal, sem mencionar Apollinaire. Como escreve Paul Auster,

> ele, mais do que qualquer outro artista de seu tempo, parece incorporar as aspirações estéticas da primeira parte do século XX. Em sua poesia, que vai de graciosos poemas líricos até corajosos experimentos, da rima ao verso livre aos poemas "figurados", ele manifesta uma nova sensibilidade, ao mesmo tempo tributária das formas do passado e entusiasmadamente confortável no mundo dos automóveis, aeroplanos e do cinema.[1]

Instalado em Paris, então com quase 3 milhões de habitantes, ele abraçou com entusiasmo a aventura da modernidade e nela se fundiu, questionando e tensionando a

relação entre arte e realidade, concentrando todo o espírito de mudança daquele período mágico e efervescente: a belle époque (1871-1914). Uma era de relativa paz, de euforia e otimismo, da segunda revolução industrial, do auge do imperialismo, expansão colonial, nacionalismos e começo da globalização. De invenções e descobertas tecnológicas (eletricidade, aço, produtos químicos, motores, fonógrafo, telefone, telégrafo sem fio, avião, automóvel, metrô, trens elétricos, transatlântico, barco a vapor, submarinos). Uma época de descobertas no campo da ciência e da física (raios X, radioatividade, elétrons, núcleo atômico, energia quântica), da revolucionária teoria da relatividade de Einstein e de investigações na mente humana (a psicanálise de Freud). De grandes obras artísticas em todas as áreas: só na música temos composições importantes de Ravel, Fauré, Debussy, Stravinsky, Prokofiev, Schönberg e Satie, amigo de Apollinaire. Na pintura, os artistas se libertam de séculos de "tirania" da perspectiva linear que imperava desde o Quattrocento. Múltiplas possibilidades surgiam desse estado de coisas. Ele estava atento a todas, capturando-as para sua própria obra. Como descreve Roger Cardinal, "em seu apogeu, à beira da Grande Guerra Mundial, Guillaume Apollinaire era como uma aranha inquieta no centro de uma teia cosmopolita, monitorando ciosamente cada tremor de novidade através do mapa cultural e, por sua vez, projetando uma influência irresistível sobre a vanguarda internacional".[2]

Muitos artistas de seu tempo sentiam que os antigos instrumentos e formas consagradas pela tradição não eram mais suficientes para capturar o mundo e suas rápidas mudanças. Uma nova mente, uma nova percepção do tempo e do espaço exigiam novas formas artísticas e poéticas. Na poesia, como indica o título do célebre estudo de Michel Décaudin, havia uma crise dos valores simbolistas. Obviamente, Apollinaire e a vanguarda encontraram forte oposição, não só dos defensores da tradição

INTRODUÇÃO 11

quanto do público em geral, ainda presos aos cânones do passado (classicismo, romantismo e simbolismo).

Organizando exposições, fazendo crítica de arte (ele preferia o termo "escritor de arte")[3] em contato com artistas de outros países e agitando a vida cultural parisiense, o poeta foi o principal crítico a firmar as reputações de Picasso, Braque, Delaunay e uma pletora de artistas. "Apollinaire se destaca como o mais magistral inovador em uma geração febrilmente devotada à experimentação não porque suas ideias fossem as mais originais, mas porque ele tinha o gênio criativo de transformar conceitos estéticos que estavam em circulação em uma poesia poderosa e atraente", escreve com propriedade S. I. Lockerbie.[4] "Central entre todas essas ideias estéticas estava a noção de que a obra de arte moderna devia refletir de modo adequado a natureza global da consciência contemporânea."

É preciso dizer que Apollinaire era radicalmente avesso a qualquer ideia de "escola poética" ou *petites chapelles* ("capelinhas", como ele chamava as tendências de sua época).[5] Embora tenha sido um dos primeiros a usar as palavras "cubismo", "surrealismo", "caligramas" e "orfismo", não gostava de ser rotulado ("futurista", "fantasista", "cubista"). Suspeitava de sistemas, dogmas e regras,[6] preferindo valorizar as sínteses únicas conseguidas por cada criador, fosse ele pintor ou escritor. Em "Simultaneísmo-letrismo" (1914), ele constatava: "O número de escolas poéticas aumenta todos os dias. Quase não há nenhuma em que eu não tenha sido colocado durante um tempo, de boa ou má vontade".[7]

Embora não comungasse da destruição do passado e dos museus, muito menos execrasse a tradição (como Marinetti e os futuristas italianos), talvez Apollinaire seja o poeta mais representativo daquilo que Marjorie Perloff chamou de *momento futurista*: "a breve fase utópica do primeiro modernismo, quando artistas sentiam estar no limiar de uma nova era que seria mais excitante, mais pro-

missora, mais inspiradora do que nenhuma outra".[8] Como vemos em "O pequeno automóvel" (1914), mesmo o anúncio da explosão da Primeira Guerra Mundial é recebido pelo poeta-jornalista com um entusiasmo quase infantil:

> *Demos adeus a toda uma época*
> *Gigantes furiosos se erguiam sobre a Europa*
> *[...]*
> *Chegamos em Paris*
> *No momento em que pregavam cartazes de*
> > *[mobilização*
> *E então eu e meu parceiro percebemos*
> *Que o pequeno automóvel havia nos conduzido*
> > *[a uma Época*
> > *Nova*
> *E embora fôssemos homens-feitos*
> *Tínhamos acabado de nascer*

Versos proféticos. Bradbury e Macfarlane nos lembram:

> pouca gente, mesmo entre os soldados, fazia alguma ideia do que significaria uma guerra tecnológica moderna, não só para os indivíduos, mas para sociedades inteiras. Poucos achavam que a Primeira Guerra Mundial se prolongaria além do Natal: ninguém imaginava, quando ela finalmente terminou, que a Europa de 1914 teria desaparecido para sempre.[9]

Mesmo sem ter a obrigação de se alistar, por ser estrangeiro, o italiano Apollinaire faz de tudo para ir à guerra defender seu país de adoção. Ele parece se alistar como se fosse para uma colônia de férias, sem imaginar o que encontraria na região da Champanhe a partir de 1915. Totalmente adaptado à caserna, depois de meses de treinamento intensivo, ele estava na Frente Ocidental,[10] com seu bom anjo de vanguarda, transformando a experiência-

INTRODUÇÃO 13

-limite da guerra em poesia, o espetáculo da morte em vida, em linguagem viva. Seus poemas de guerra, pouco explorados, estão entre os mais atordoantes que alguém jamais escreveu, oferecendo uma "rendição total da linguagem ao momento imediato".[11] São provas vivas de que o "eu lírico" e o lirismo não morreram nas trincheiras da Primeira Guerra Mundial.

DA VANGUARDA A *NO MAN'S LAND*

> *Eu sou a branca trincheira de corpo branco e oca*
> *Eu moro em toda a terra devastada*
> ("A trincheira")[12]

Alguém já disse que, se Guillaume Apollinaire não tivesse existido, teria que ser inventado. O próprio ítalo-russo-polaco Wilhelm de Kostrowitzky se encarregou da tarefa por volta de 1900, quando criou sua identidade poética e um dos mais belos e sonoros pseudônimos da literatura. "Forasteiro das letras francesas",[13] como o chamou sua biógrafa Laurence Campa, arauto das vanguardas, ele teve uma vida que pode ser lida como uma novela de aventuras. Apenas alguns fatos já a justificariam. Vejamos:

Um apátrida até pouco antes de morrer, italiano descendente de uma ancestral família aristocrata polonesa, bisneto de um soldado ferido enquanto lutava pelas tropas do tsar em Sebastopol, neto de um "camareiro secreto de espada e capa"[14] do papa. Pai desconhecido, tido às vezes como sendo um oficial aristocrata suíço-italiano cujo nome ele nunca soube e que "desapareceu" em 1885. Filho de uma mãe de temperamento forte e independente, aventureira e *entraîneuse* de cassinos. Infância e adolescência na Côte d'Azur, em contato com a natureza, se aventurando em caminhadas de exploração. A descoberta da literatura e dos clássicos, da poesia, do esoterismo, do hermetis-

mo, das religiões e do anarquismo. Uma vida itinerante por cidades onde havia cassinos. A descoberta de Paris, uma fuga após ele e seu irmão darem um calote em uma pensão na Bélgica (ideia da mãe, que já estava em Paris). Um ano de sonho como tutor de uma viscondessa alemã da Renânia, quando explora a região e visita várias cidades e museus da Europa em viagens culturais (a visita a um cemitério em Munique inspira "A casa dos mortos"). Uma paixão tórrida e desesperada pela governanta inglesa Annie Playden, colega de trabalho. O retorno a Paris, a vida precária, os múltiplos empregos, a febril atividade de jornalista e freelancer. Duas viagens infelizes a Londres para tentar conquistar Annie. A convivência com círculos literários e artísticos de Paris. A amizade com Pablo Picasso, Alfred Jarry, Henri Matisse, Max Jacob, Marc Chagall, Marcel Duchamp, Marie Laurencin, Francis Picabia, Henri Rousseau, Erik Satie, Georges Braque e uma série de artistas que, tendo-o como porta-voz e articulador, fará uma revolução nas artes. As polêmicas, os quilômetros de telas vistos nos *salons*, o resgate histórico da obra de Sade (então completamente esquecido). Apollinaire, o grande contador de histórias, sempre bem-humorado, flâneur incansável, boêmio, gourmand, onipresente, erudito e malandro, crítico de arte respeitado. Sua relação turbulenta com a pintora Marie Laurencin, a fama internacional crescente coroada por um escândalo que a potencializa: a prisão por suspeita de estar associado ao desaparecimento da *Mona Lisa* do Museu do Louvre (um dos maiores roubos da história da arte, episódio rocambolesco e digno de filme),[15] como contamos na Cronologia.

Nos últimos quatro anos de vida, a explosão da Primeira Guerra Mundial traz uma última metamorfose: a do poeta modernista em poeta-soldado, da vanguarda artística para a vanguarda real.[16] Um livro de poemas lançado em pleno front,[17] a curta distância do inimigo alemão, os bombardeios permanentes, a carnificina, os horrores

da guerra e, enfim, o ferimento na cabeça provocado por estilhaços de um obus. É o fim da guerra para ele. Seguem-se uma lenta recuperação e um período de depressão e ópio (para aliviar a dor), o difícil retorno à vida artística parisiense, o casamento com Jacqueline Kolb. O poeta escaparia de uma hecatombe para entrar em outra. Em 1918, com apenas 38 anos e imunidade baixa, é vítima da pandemia mundial da gripe espanhola. Seis dias depois de contraí-la, em seu apartamento no Boulevard Saint-Germain, exige que o médico salve sua vida, pois ainda tem "tantas coisas para dizer". Ele morre em 9 de novembro, dois dias antes do armistício. Reza a lenda que, de seu apartamento, em delírio, ele teria ouvido a multidão frenética comemorando o fim da Primeira Guerra Mundial, aos gritos de "À bas Guillaume!" ("Abaixo Guilherme", em referência ao seu homônimo, o kaiser alemão Wilhelm II). O saldo de quatro anos de conflito: 20 milhões de mortos, 21 milhões de feridos e uma Europa arrasada. Jacques Vaché, escritor, desenhista e um dos inspiradores do surrealismo, resume o impacto do desaparecimento precoce de Apollinaire em uma carta a André Breton: "Já foi dito, mas deve ser repetido: ele marca uma era. As coisas bonitas que podemos fazer — agora!".[18]

NOVELA DE FORMAS

Assim como sua vida, a poesia de Apollinaire também pode ser lida como uma novela de aventuras formais, marcada por uma grande radicalidade e diversidade de experimentações verbais. Começa metrificada e rimada, sob os eflúvios da poesia medieval, romântica e simbolista. Dialogando com as tendências artísticas que ele ajudou a divulgar e formular (futurismo, fauvismo, cubismo, simultaneísmo, orfismo, dramatismo, unanimismo, paroxismo), ele se lança ao verso livre com peças como "Cor-

tejo", "Viagem", "Poema lido no casamento de André Salmon" e "Zona". Experimenta poemas mais discursivos e narrativos com "A casa dos mortos" e "Um fantasma de nuvens". Em 1913, cria os *poèmes-conversations*, que captam o "lirismo ambiente" ("Segunda-feira rua Cristina"), os "poemas-passeios" e os "poemas simultaneístas" e "órficos" da magnífica seção "Ondas" (clássicos como "As janelas", no qual diz ter desenvolvido "uma estética toda nova", "Cruzando a Europa" e "O músico de Saint-Merry").

Em 1914, pouco antes da explosão da guerra e em pleno debate sobre simultaneísmo, que sacudia os círculos artísticos de Paris, desenvolve a escrita-imagem dos "ideogramas líricos" ou "caligramas"[19] (palavra que ele criou), em realizações-síntese como "Carta-oceano". A novela formal de Apollinaire tem seu clímax nos poemas de guerra (ver "Algodão nas orelhas"), terminando com os poemas longos "As colinas" (45 quintetos em octossílabos), "Vitória" e "A ruiva bonita", compostos sob os princípios do "Espírito Novo" (seu termo para modernismo). Seus últimos poemas não deixam de trair um clima de fim de festa, de acerto de contas, como se ele intuísse que fosse morrer logo, mesmo tendo sobrevivido à guerra.

Sua obra oferece um panorama complexo da poesia de 1898 a 1918. Os poemas mais antigos de *Álcoois* foram escritos no mesmo ano da morte de Mallarmé e os últimos de *Caligramas*, em 1918, meses antes do lançamento do "surrealismo" (outro termo cunhado por ele) e em pleno desenvolvimento do dadaísmo (lançado em 1916). Portanto, sua obra poética é sintomática das grandes transformações ocorridas na poesia francesa depois de Baudelaire, Verlaine, Rimbaud e Mallarmé. Ela vai influenciar e informar o surrealismo (Breton & cia.), o ultraísmo (Huidobro, Girondo, Borges, Guillermo de La Torre), o Espírito Novo, a poesia beat (Ginsberg,[20] Ferlinghetti), a Escola de Nova York (Ohara, Ashbery, Padgett). Vai impactar

INTRODUÇÃO 17

escritores como Kafka e Beckett (que traduziu "Zona"
para o inglês com brilhantismo), poetas singulares como
Giuseppe Ungaretti, Juan Tablada, e.e. cummings, Louis
Zukofsky, Paul Celan, o modernismo brasileiro e a poesia
concreta, o letrismo e a poesia minimalista, entre outros
autores e tendências poéticas do século xx.

Por aqui, excetuando alguns estudos acadêmicos, ainda
faltam livros que tentem traçar e identificar a presença de
Apollinaire na poesia brasileira. O fato é que ele ampliou
a percepção do que é *poesia* e *poema*. Foi um genuíno
poeta inventor, criador de novas formas de escrever poe-
sia e de processos poéticos. "Zona" é tido como o poema
mais representativo da poesia modernista do começo do
século xx. Para uma de suas principais biógrafas, Lauren-
ce Campa, "Apollinaire ensinou os poetas a escreverem
com suas próprias leis. Sua independência das regras de
composição, das hierarquias, dos gêneros e fontes de ins-
piração traz uma renovação geral da linguagem poética
como não se via desde Rimbaud e Mallarmé".[21] Foi um
investigador de formas-conteúdos, ao mesmo tempo am-
bicionando ser lido pelo maior número de pessoas dos
mais diversos backgrounds. Sonhou com uma poesia que
transcendesse raças e nações. É o que ele revela em carta
enviada do front a Madeleine Pagès, em novembro de
1915: "Gostaria que meus versos fossem amados por um
boxeador negro americano, uma imperatriz da China,
um jornalista boche,[22] um pintor espanhol, uma jovem
de boa linhagem francesa, uma jovem camponesa italia-
na e um oficial inglês das Índias".[23]

Ter transitado com desenvoltura por gêneros como
jornalismo, romance, conto, crítica de arte e literária,
crônica, peças de teatro, ensaio, manifestos, traduções,
ter feito *ghost-writing* e até mesmo roteiro de filme foi
fundamental para a *imediatidade* e versatilidade de seu
verso. Sábio, destilou todas essas experiências na sua poe-
sia, borrando as fronteiras entre linguagem "poética" e

linguagem comum, arte e vida. Era um poeta intuitivo e rigoroso ao mesmo tempo. Esteve longe de qualquer "automatismo psíquico" (adotado posteriormente à sua morte pelos surrealistas). Vários estudiosos e comentaristas de sua obra (Michel Décaudin, Claude Debon) já demonstraram, por análise genética, os longos processos de composição e edição de seus manuscritos.

A aparência improvisacional de alguns de seus poemas camuflam anos de estudo e elaboração. Como explica Michel Décaudin: "Exceto para poemas ocasionais ou epistolares, Apollinaire não improvisa, ele deixa o trabalho amadurecer, às vezes por bastante tempo".[24] O dublê de jornalista e poeta dominava os múltiplos recursos da linguagem poética, bem como a tipografia, os espaços em branco e o layout do poema na página. Tinha profunda consciência da poesia como "arte da linguagem verbal" e era um crítico atento da escrita de seu tempo. Ele sempre lembrava a origem da palavra *poiētés* ("fazedor", "artesão") para colocar o ato poético como sinônimo de criação artística, em sua máxima pureza ("poesia e criação são a mesma coisa"). No processo, há um convite para que o leitor tenha um papel mais ativo na recriação da experiência, para que ele também se torne um *poiētés*.

VERSIFICATEUR

O ítalo-polaco Apollinaire faz sua revolução poética em uma tradição estrangeira que, da Renascença ao fim do século XIX, tinha no alexandrino clássico a sua base e fundação. Patrimônio nacional francês, o verso consagrado era o de doze sílabas poéticas e uma cesura (dividindo o verso em dois hemistíquios), com tônicas obrigatórias na sexta e 12ª sílabas. É certamente a título de provocação que "Zona", o poema que influenciaria toda a prática do chamado verso livre internacional e que abra-

INTRODUÇÃO 19

ça a modernidade do começo do século XX, comece com
as palavras "No fim" e com o verso: *A la fin tu es las de
ce monde ancien* [No fim você está farto deste mundo
antigo], um alexandrino clássico perfeito.

"O verso livre", ele explicava, "deu asas a um novo
lirismo; mas foi só uma etapa da exploração que pode
ser feita no domínio da forma."[25] Ao mesmo tempo, ele
sabia que poesia em *vers libre* não é prosa cortada em li-
nhas aleatoriamente. Visionário, ia mais longe e enxerga-
va uma síntese das artes ("música, pintura e literatura"),
uma poesia que traduziria a experiência moderna, "um
lirismo totalmente novo impactado pelos novos meios de
expressão", como a página do jornal moderno, o cinema,
o fonógrafo e as tecnologias de comunicação e gravação.
Sua ópera-bufa *As mamas de Tirésias* (1917) apontava
para essa direção intermídia.

Entre suas intervenções poéticas está o resgate do verso
octossilábico, onipresente na poesia medieval, mas meio es-
quecido em seu tempo. Como descreve Álvaro Faleiros, ele

> opta pelo octossílabo em parte considerável de seus
> poemas devido à importância desse metro na poesia
> francesa e, em carta a André Billy, Apollinaire chega a
> afirmar: "O verso clássico vinha sendo atacado antes
> de mim que, contudo, utilizei-o com tanta frequência
> que dei vida nova aos versos octossilábicos".[26]

Apollinaire tinha uma visão bem eclética sobre o fe-
nômeno do verso. Como declara em entrevista a Gaston
Picard: "Todas as formas poéticas são boas. O verso pode
ser livre, regular, liberado, caligramático".[27]

Podemos encontrar poemas e trechos perfeitamente
metrificados e rimados em todas as fases de sua poesia. Al-
guns são verdadeiras canções, como "A ponte Mirabeau",
"Claire de Lune", "Outono", "Maria" e "Simultaneida-
des". Além do domínio dos metros, ele era um mestre das

aliterações, das assonâncias, da paronomásia e da arte da rima, recursos poéticos importantes para ele. Há, é claro, poemas em versos livres, com presença ou não de rimas. E poemas em versos livres com a presença de trechos metrificados, com ou sem esquemas rímicos. Algumas peças têm vários tipos de metros. Alguns poemas mais discursivos, quase narrativos, mergulhados na fala comum e no seu poder de fabulação; poemas visuais que desconstroem a palavra, valorizam o espaço da página, onde os versos-linhas devem ser lidos-vistos simultaneamente: os caligramas. Ele faz a linha-verso descer verticalmente, subir em diagonal, girar, explodir na página, se enrolar sobre si mesma, fragmentar-se, construir e desenhar seres e objetos. Há peças, como "Carta-oceano" e "Algodão nas orelhas", em que vemos Apollinaire como um maestro de orquestra, conduzindo vários tipos de verso e em diferentes configurações.

Mesmo nos poemas em versos livres é comum perceber algum esquema métrico fantasma querendo vir ou vindo à tona (um pouco como percebeu o poeta e tradutor Paulo Henriques Britto a respeito dos versos de T.S. Eliot).[28] Isso ocorre porque o poeta, além de um imagista fabuloso, nunca deixa de ser um músico das palavras. Era um artesão que sabia, como disse Eliot, que "nenhum verso é livre para alguém que quer executar bem o seu ofício".[29]

AMPLITUDE DE TEMAS

A poesia de Apollinaire é marcada por uma grande amplitude de temas, embora ele pregasse contra o tema na obra de arte.

Em *Álcoois* vemos o poeta destilando o clássico tópos do tempo e da fugacidade da vida, do mistério da existência e da morte, da perda e dor do amor, da melancolia,

INTRODUÇÃO 21

da consciência e da memória. Já notamos temas que ele ampliará em *Caligramas*: a alienação do sujeito moderno e a busca pela identidade, a circularidade do tempo, o diálogo com o passado, com a tradição hermética, com a pintura de seu tempo, com a religião. "Zona" abre seus experimentos com a poesia da metrópole, atualizando Baudelaire (o pioneiro da "poesia da cidade"), para quem o flâneur é "um calidoscópio dotado de consciência". No caso de Apollinaire, dotado de uma consciência globalizante. O poema abarca todas as regiões do planeta: da Argentina à China, da África às Américas, incluindo Europa, Guiné, Japão e Oceania. O foco, em "Zona" e em muitos poemas, é a simultaneidade do tempo mental, o funcionamento da memória, o processo do maravilhamento do real e do cotidiano. No centro está Paris, que ele chamava de "uma grande ametista".

Em *Caligramas*, sobretudo nos poemas da fortíssima seção "Ondas", que reúne quinze de seus melhores poemas, há a celebração da amizade, o otimismo pelos novos tempos, os intensos diálogos com o futurismo, com o cubismo e a pintura de Picasso, Chagall e os "contrastes simultâneos" da pintura do casal Delaunay. Há a total imersão numa utopia modernista, da descoberta de uma nova linguagem que possa equiparar-se às atividades dos cientistas (ver "As colinas" e "O espírito novo"). Há a exploração do que ele chamou de "lirismo ambiente", assumindo uma descontinuidade radical, em uma visão colagística do mundo. Já nos poemas de guerra, que se tornam pouco a pouco sombrios, vemos o tema da guerra como espetáculo absurdo e fantástico, a desumanização e a anonimidade do front, a esperança em meio à barbárie e a onipresença da morte. No fim, o tema é a arte como *profecia*, o convite à invenção e à exploração de novos caminhos pelos poetas do presente e futuro.

LIRISMO REALISTA MÁGICO

Experimental, Apollinaire é um poeta profundamente lírico. Mesmo em seus momentos mais ousados e radicais. Lírico num duplo sentido: não só porque é um mestre da melopeia, hábil em explorar a música da língua francesa, mas também porque é, assumidamente, herdeiro da tradição romântica que vê a poesia como "uma expressão intensamente subjetiva e pessoal" (Hegel) e o lirismo como "um modo de expressão que traduz uma maneira apaixonada de sentir, de ver o mundo e de viver".[30] É esse frescor romântico, aliado a um profundo humor e leveza em ver a vida, o que nos atrai em sua poesia, ao contrário de leituras mais cerebrais e redutoras das vanguardas posteriores.

Apesar de se autodenominar "um investigador de formas", foi um ferrenho defensor da inseparabilidade entre arte e vida: "Declaro que lirismo é aquela rara faculdade de se intoxicar de vida e de si mesmo", escreveu. Seu entusiasmo pela existência era lendário, mesmo no campo de batalha. E ele é ainda mais explícito em carta a André Breton, em 1916: "Cada um de meus poemas é a celebração de um acontecimento em minha vida".[31]

Nunca essa afirmação terá um sentido tão trágico quanto nos poemas escritos durante a Primeira Guerra Mundial, que buscam captar essa experiência complexa, limite, *em linguagem*, em resposta a uma das grandes catástrofes da humanidade. Apollinaire pretende, assim, não só escrever *sobre* a experiência da guerra, mas trazê-la para dentro da estrutura dos poemas, fazendo deles *experiências em si mesmas*, numa tentativa emocionante de organizar o mundo caótico à sua volta. Há em sua poesia o desejo de que cada poema seja uma criação autônoma, *uma nova realidade de palavras*. É importante mencionar que sua poética nunca se esquece do leitor. Ao contrário, ela nos provoca e nos desafia, ao mesmo tempo que nos

INTRODUÇÃO 23

imagina como parceiros na experiência poética, como co-produtores de sentido, e não meros consumidores.

Na sua poesia-arte, das peças pós-simbolistas às modernistas, dos caligramas aos poemas de guerra, o real e o cotidiano são reconfigurados como fantásticos, super-reais. A metrópole e, depois, o front passam a ser suas "florestas de símbolos",[32] *terras de ninguém* que cabem ao poeta decifrar, na esteira de Baudelaire. O poeta, segundo Apollinaire, tem a missão de *"enchanter la vulgaire réalité"* [encantar a realidade vulgar]. Pela arte verbal, tensionando forma e significado, o poeta causa um *estranhamento* no real, transforma o comum em incomum, o ordinário em *extra*ordinário, e vice-versa. Como escreve Anne Hyde Greet, "o poeta 'vê' beleza e mágica no mundano, no feio e assustador".[33] Ou, como ele mesmo escreve em *Meditações estéticas*: "Os grandes poetas e os grandes artistas têm como função social renovar incessantemente a aparência que reveste a natureza aos olhos dos homens".

ESTÉTICA DA SURPRESA

Guillaume Apollinaire é o poeta das analogias insólitas, das combinações inesperadas e provocantes, dos contrastes simultâneos. Alguém que vê o mundo como espetáculo, pura *duração*,[34] ao propor a fusão de presente, passado e futuro. Para ele, o escritor não deve imitar e descrever o real mas, como nas telas de seu amigo Picasso, que tanto o influenciou, dissecá-lo, desconstruí-lo e depois remontá-lo. Se possível, adivinhá-lo, profetizá-lo.

Os conceitos de "surpresa" e de "espírito novo" tornam-se termos guarda-chuvas para abrigar todas as correntes de arte e poesia de vanguarda que estavam acontecendo. Ele defendia que, em tempos "ricos em surpresas", com as promessas do progresso, da ciência e da tecnologia, "a surpresa é a maior fonte do que é novo". "É pela surpresa, pela

importância dada à surpresa, que o espírito novo se distingue de todos os movimentos artísticos e literários que o precederam", ele defendia. Assim, os poetas estão prontos para dominar a arte da profecia, "égua endiabrada que nunca foi domada".[35]

Como "escritor de arte" Apollinaire defendia e elaborava sobre o desenvolvimento, através de várias técnicas, de uma "pintura pura", depois de séculos de imitação, de representação, de mimese. Sua ênfase é dada ao procedimento, ao *como*, mais do que ao *quê*, ao tema, ao motivo. O uso da palavra "pura", no vocabulário do poeta-escritor-de-arte, adquire um sentido estético mais amplo. Se nas artes plásticas ele a usa no sentido de uma pintura progressivamente não representacional, não imitativa, dedicada à sua própria materialidade, uma pura *criação* do artista, ele levaria essas meditações estéticas para a própria poesia. Pode-se dizer que ele buscava também uma "poesia pura", menos dependente de um tema ou assunto. Simultaneidade (ubiquidade) e não sucessão. Abstração e menos dependência da figuração.[36]

Embora seja o criador da palavra "surréalisme" (ele também usa os termos "novo realismo" e "surnaturalisme"), preferimos definir sua poesia como *lirismo realista-mágico*: ela alia um alto sentido musical a uma personalíssima visão transfiguradora da realidade, que aposta sobretudo na capacidade de imaginação do ser humano. Criação de imagens, não mera representação. Como escreve Roger Shattuck: "A surpresa é o elemento dessa vividez de imagens que Apollinaire enfatizou com bom propósito, pois ela obriga a usar todas as faculdades da imaginação".[37] A mesma surpresa com que ele e seus contemporâneos viram pela primeira vez as estátuas da África e Oceania.[38] O poeta escreve: "Quando o homem quis imitar o andar, inventou a roda, que não se parece em nada com uma perna. Foi, sem o saber, surrealista". O uso da preposição *sur* ("sobre", derivada do

INTRODUÇÃO

latim *super*, e que também pode ser equiparada a *supra*) amplia as possibilidades de seu neologismo: *sobre* o realismo, *para além* dele, *acima* do realismo ou, ainda, um *super*-realismo. "O território mais rico é o da imaginação", escreve o poeta, "o menos conhecido e cuja extensão é infinita."[39]

Esse impulso fica claro no imagismo apollinairiano que, mais do que imitar o real e o cotidiano, busca sempre transformá-lo, estranhá-lo, sem perder a precisão. Como ele escreve em *Meditações estéticas*, "apenas os fotógrafos fabricam a reprodução da natureza". "Não se imita aquilo que se quer criar", dizia o pintor Georges Braque. "Apollinaire era um verdadeiro mágico da palavra", escreve Shattuck. "Ele queria encantar o mundo. Objetos inanimados fazem sons; emoções sutis tomam a forma de animais e deuses; homens são afogados vivos nos oceanos onde a vida continua; e em suas ações diárias as pessoas revivem as façanhas dos personagens lendários de um passado distante."[40] Essa transfiguração do real ganha ainda mais dramaticidade e poder de surpresa nos poemas de guerra.

A poesia, segundo Apollinaire, "diviniza" o ser humano e seu criador. Ele resgata, em plena belle époque e, depois, na guerra, a concepção do poeta como alquimista, mágico, vidente, demiurgo, já explorada por Gérard de Nerval, Baudelaire, Victor Hugo, Walt Whitman e Rimbaud. Na conferência "O espírito novo e os poetas"[41] e no longo poema "As colinas", ele situa a importância dos poetas como desbravadores de novos mundos, ou "antenas da raça", para usar uma definição famosa de Ezra Pound. Apollinaire acreditava que a poesia era capaz de restaurar à linguagem "algo de suas origens primitivas e de seu mistério".[42] Não à toa, seu lema era *J'émerveille* [Eu maravilho].

"ORDEM" E "AVENTURA"

Um dado paradoxal é que seu mergulho utópico na nova sensibilidade da vida moderna nunca exclui o passado. Ambicioso, ele procurou escrever uma poesia que almejasse fundir passado, presente e futuro. Era um modernista que acreditava na simultaneidade do fenômeno literário. Tinha profunda consciência de que não se faz literatura no vácuo. É um diálogo com certa tradição. Para ele toda "criação" e todo novo talento individual, como escreveria Eliot,[43] se inserem necessariamente dentro de uma tradição. "Nenhum dos jovens poetas de que eu gosto, nenhum, eu digo, está fora da tradição poética francesa", ele afirma na conferência de 1908 La Phalange Nouvelle [A falange nova]. Endereçando-se à legião de novos poetas, ele pergunta:

> Qual seria a característica de uma tradição, senão a continuidade? E, da nossa parte, jovens poetas, sabemos que não nos perdemos; pois os mestres que amamos, que desejamos continuar mantendo nossa personalidade, e que, por um nobre sentimento de emulação, buscamos superar, eles existem, vivem, estão plenamente ativos, em plena glória.[44]

Para Apollinaire, como descreve Peter Read, "Homero, Dante e Hermes Trismegisto eram contemporâneos próximos".[45] O artista inteligente não joga fora o que, um dia, foi capaz de surpreender e maravilhar.

A figura do deus romano Jano, de dupla face, define bem a abordagem estética de Apollinaire durante toda a sua vida poética: com os pés no presente, olhando para o passado, mas simultaneamente para o futuro.[46]

"O presente deve ser o fruto do conhecimento do passado e da visão do futuro",[47] ele afirma. Uma das coisas que ele faz constantemente, seja em poesia ou em prosa,

INTRODUÇÃO 27

é reelaborar a Antiguidade (mitos, lendas e fábulas) em contexto contemporâneo, criando simultaneidade espaçotemporal (mais uma das estratégias para alcançá-lo, como veremos adiante). Ele antecipa, assim, o "método mítico" usado por James Joyce (*Ulisses*, 1922), Eliot (*A terra devastada*, 1922) e Ezra Pound (os primeiros *Cantos* aparecem apenas em 1917). Apollinaire tinha uma fascinação pelos clássicos, por tudo o que tivesse a ver com a Renascença, com a Idade Média, pela cultura de outras civilizações, mesmo as mais remotas. Pioneiramente, escreveu ensaios reconhecendo o valor plástico da arte "primitiva" (era colecionador de arte da África, da Oceania, do Egito e do Camboja). Resgatou a pintura naïf de Henri Rousseau e chegou a fazer campanha para que fosse aberta uma sala no Louvre dedicada exclusivamente ao que se chamava então de *art nègre*.[48] O que é o caligrama, senão uma atualização (uma "reciclagem" em clave modernista, em verdadeira ritualização do cotidiano) de formas ancestrais de poesia visual como os *technopaegnia* gregos e os *carmina figurata* latinos? Já em poemas como "Há" ele resgata a anáfora (um recurso antiquíssimo, presente na poesia hebraica e na Bíblia) para produzir "contrastes simultâneos" em pleno campo de batalha, para capturar o horror da guerra moderna tecnológica, a experiência desumana da *terra de ninguém*, num exemplo didático de sua visão sincrônica e simultaneísta.

Sua obra, como ele defende em "O espírito novo e os poetas", se equilibra entre a Ordem e a Aventura. A consciência inescapável da tradição e da inovação linguística e poética. Em determinado momento é preciso "o esquecimento depois do estudo". É preciso se aventurar, mas sem nunca esquecer de onde viemos. Sua posição diante da questão complexa, que remonta à antiquíssima querela dos antigos e modernos, pode ser sintetizada neste trecho de *Os pintores cubistas: Meditações estéticas*:[49]

Não se pode transportar consigo, por toda parte, o cadáver do próprio pai. Ele é abandonado em companhia de outros mortos. E lembramos dele, lamentamos por ele, falamos dele com admiração. E se nos tornamos pais, não devemos esperar que um de nossos filhos queira se duplicar para a vida de nosso cadáver.

Mas nossos pés só se separam em vão do solo que abriga os mortos.[50]

O escritor Paulo Leminski reflete sobre essa questão em uma entrevista: "A poesia não é a casa de mãe joana. Nenhuma arte é a casa de mãe joana. Se você não tiver respeito pelos teus mestres, não vai ter ninguém pra te respeitar um dia. É assim mesmo: você é filho, um dia vira pai: não tem mistério".[51]

Apollinaire escreve, ainda sobre o tema: "A melhor maneira de ser clássico e ponderado é ser de seu tempo e não sacrificar nada daquilo que os antigos foram capazes de nos ensinar".[52] Se ele não abre mão da grande tradição da poesia francesa (dos clássicos, das canções dos trovadores, de Villon a Baudelaire, Nerval, Verlaine, Rimbaud e Mallarmé), é um dos principais responsáveis por estabelecer novos paradigmas para a arte e para a poesia de seu tempo.

VOCABULÁRIO ONÍVORO

Uma das fontes de estranhamento e surpresa de sua poesia está na riqueza e na audácia do vocabulário. Podemos dizer que, na esteira do legado de Whitman, Apollinaire foi um dos grandes responsáveis pela consciência demótica[53] e abertura léxica da poesia moderna. Como todo bom poeta, ele apreciava a estranheza e a beleza sonora das palavras, que considerava como signos vivos de

INTRODUÇÃO 29

uma cultura. Não via hierarquia entre as palavras: estão lado a lado na escala de valores. Ele sabia que da mais vulgar à mais sublime todas são válidas para a poesia. Em termos de vocabulário, acreditava que a poeticidade podia estar em toda parte e em qualquer palavra.

Seu léxico é onívoro e enciclopédico. Ele era um fanático por dicionários e pelas palavras que ia descobrindo em suas leituras ecléticas. Há em seus poemas palavras "poéticas" consagradas pela tradição ("automne", "feuilles", "amour", "adieu", nomes de flores), assim como palavras então novas, estranhas ao território da poesia. Ele usa palavras arcaicas ("Paraclet", "boute-selle", "mânes", "chevau-léger", "Hypogée", "empyreumatique", "auriculaires", "bourguignotte", "Câpresses"), nomes de aves exóticas ("Cou-coupé", "Colombe poignardée"), derivadas de mitologias orientais ("pihi", "pi-mu", "l'oiseau Roc"), das mitologias em geral ("Pan", "Dame-Abonde", "Psylles"), do universo da heráldica ("chef"), do ocultismo, da cabala ("Trismégiste", "Agla", "svastica") e da superstição ("sciomancien"). Há expressões idiomáticas, nomes de cidades e ruas, termos da química ("mélinite", "fulminate", "gaz lacrymogène"), da medicina ("mortification", "trépané", "traumatisme", "hématidrose"), da moda ("manequins", "cheveux à la Recamier"), das comunicações, dos transportes e da tecnologia ("TSF", "acier", "message téléphonique", "catalogues", "affiches", "lettre-océan", "automobile", "cinéma", "cinématique", "biplan", "hydroplan", "avion", "ascenseur", "phonographes", "trolley", "gramophones", "aviatique", "Port-Aviation", "pneu", "prospectus", "sous-marin", "câbles sous-marins", "stenodactylographes", "aéroplanes", "auto-bazar". Isso sem dizer da presença de palavras raras ("alidades", "acousmate", "pentagramme", "trompette marine"). Jornalista, flâneur e boêmio, Apollinaire também era ligado em palavras de baixo calão e na gíria parisiense, na linguagem das ruas e dos espaços públicos: "poilu"

(soldados veteranos), "Apache" (bandido), "vouler" (roubar), "cul" (cu/bunda), "sur la paille" (sem um puto), "champignon" (pênis), "brûle le dur" ("pular catraca", viajar sem bilhete), "putain" (puta), "zut!" (porra!), entre outras. Faz uso de dialetos regionais (o valão belga, em palavras como "maclote"). Também insere em seus poemas palavras estrangeiras como, por exemplo, "hall", "Gulf Stream", "browning", "zepelins", "love" (inglês, também "desenrolar" em francês), "lul" (do flamengo), "Anomo", "Anora" (do maia), "pendejo", "hijo de la chingada" (espanhol), "a giorno" (italiano), "cagnat" (do indochinês), "cubicula locanda" (latim), "araras" e "pororoca" (do tupi). Em seu universo poético há lugar até mesmo para onomatopeias ("pim pam pim", "pif", "cré cré cré", "pam pam pam", "toc toc" etc.), números cardinais ("25", "300" etc.) e invenção de palavras ("empânicos", "caligramas", "superdourada", "supermarina", "farfolhar" etc.).

Termos militares e gírias dos soldados começam a invadir a sua poesia a partir de novembro de 1914: "visée" (instrumento de medição do ângulo dos tiros de canhão que ele operava), "case d'armons" ("caixa de armão", caixote para guardar pertences na viatura "caisson", que transportava o canhão de 75 milímetros que ele operava), "obus" (bomba), "boche" (pejorativo para "alemão"), "bobosse" (soldado novato), "boyau" ("intestino" ou "tripa", fossa em zigue-zague usada para alcançar as trincheiras de primeira linha), "boîte à singe" ("lata de macaco" ou "macaco na lata", para designar tanto a carne de boi cozida e enlatada distribuída quanto as bombas de grosso calibre lançadas por morteiros de 77 milímetros), "cagoule" ("capuz", as primeiras máscaras antigás), "zeppelin", "marmites" (bombas), "cagnat" (toca, abrigo), "tacot" (aguardente barata), "abri-caverne" (abrigo-caverna, abrigo subterrâneo), "crapauds" ("sapos", para granadas, explosões), "abeilles" ("abelhas", para balas), "saucisses"

INTRODUÇÃO

("salsichas", para balões de observação), "vagues" ("vagas", para ondas de ataques com gás), entre outras (ver Comentários).

"Uma das principais convicções de Apollinaire", afirma o professor S. I. Lockerbie, "é a de que uma poesia que busque expressar a quintessência do mundo moderno deve também usar a linguagem enérgica e direta da vida contemporânea."[54] Não devemos também esquecer que o poeta, como bom herdeiro do simbolismo e da tradição hermética, frequentemente procura explorar a ambiguidade e a polissemia das palavras através de paronomásias e trocadilhos, dos duplos sentidos (ver Comentários).

2.
SIMULTANEIDADE POÉTICA

Uma palavra-chave para se entender sua poesia é "simultaneidade" ("simultaneité"). Ela deriva do latim *simul*, advérbio que significa "ao mesmo tempo", "quase ao mesmo tempo", "imediatamente" e "similarmente". E, ainda, "simultaneamente". Quando falamos de simultaneidade, queremos dizer que coisas diferentes acontecem ao mesmo tempo, sem uma precedência clara entre eles. É a ideia de coexistência temporal, quando diferentes eventos ocorrem no mesmo instante ou período de tempo. Ela está ligada, como veremos, à ideia de ubiquidade almejada pelo poeta: a sensação de estar presente em todos ou quase todos os lugares ao mesmo tempo, e que ele irá explorar constantemente em seus poemas. Isso se aplica também à leitura do poema, que se torna fruto da interação simultânea entre autor-texto-leitor.

Para muitos artistas do começo do século XX era preciso encontrar formas de captar toda a complexidade, velocidade e dinamismo da experiência moderna, impactada pelas descobertas na ciência e na física, pelos novos meios

de transporte e comunicação. A questão da simultaneida-
de estava no ar, sendo para alguns (a princípio os futuris-
tas e cubistas) a estratégia mais adequada para expressar
a vida moderna.[55] "Para ser capaz de espelhar uma forma
tão múltipla de consciência", explica Lockerbie,

> a obra de arte tinha que abandonar as estruturas linea-
> res e discursivas, nas quais os eventos são arranjados
> sucessivamente, em favor do que Apollinaire chamou
> de *simultaneidade*: um tipo de estrutura que daria a
> *impressão* de uma consciência completa e instantânea
> dentro de um momento no espaço-tempo.[56]

A sucessão dá lugar à simultaneidade. Diferentes pla-
nos coabitam o mesmo espaço (ver "Zona", "O músico
de Saint-Merry" e "Árvore").

As novas invenções e descobertas científicas, o cine-
ma e as aventuras do Fantômas faziam a imaginação de
Apollinaire fervilhar. "Uma razão pela qual ele admirava
as aventuras do detetive era que o anti-herói era capaz
de criar infinitas novas identidades, mudando-a de acor-
do com seus arredores."[57] Ele explora a ideia de onipre-
sença e simultaneidade espaçotemporal não só em poe-
mas como na ficção. Um de seus personagens é o barão
d'Ormesan. Inspirado no seu "secretário" belga que rou-
bou as estatuetas do Louvre, "diretor de cinema", tido
como "o novo Messias", o barão tem o dom de apare-
cer em centenas de lugares do mundo ao mesmo tempo,
graças a um aparelho que ele inventou. Em "O tato à
distância", de *O poeta assassinado*, há dois aparelhos
"que têm a simples aparência de um prego", capazes de
transmitir não apenas imagens para outros lugares, mas
a presença temporal, "profecias" que são uma realidade
hoje, com a internet e a realidade virtual. No conto "O
rei-lua", em uma caverna do Tirol, o narrador cruza com
Luís II da Baviera. Morto-vivo, ele possui um disposi-

INTRODUÇÃO 33

tivo que atrai todos os murmúrios, ruídos e paisagens sonoras do planeta ao mesmo tempo. "Os dedos do rei passaram aleatoriamente sobre as teclas, acordando, por assim dizer, todos os rumores do mundo." Ouvem-se o assovio dos gêiseres na Nova Zelândia, o ruído do tráfego de Chicago, os sons dos mercados do Taiti, o mugido das vacas no rio Hudson, em Nova York, o barulho dos vendedores de chá num mercado chinês, sinos badalando em um templo no Tibete, "no Rio de Janeiro passa uma cavalaria carnavalesca", o canto de um galo na Coreia, "rezas violentas diante de um Cristo no México", entre outros sons.[58] Já seus cortesãos possuem outras engenhocas, como um cinturão, que permitem a eles fazer amor com as grandes personalidades femininas do passado.

Em "Simultaneísmo-Libretismo" (1914), ele escreve em defesa do pioneirismo do cubismo: "A ideia da simultaneidade havia muito preocupava os artistas; já em 1907 preocupava um Picasso, um Braque, que tentavam representar figuras e objetos de vários lados ao mesmo tempo".[59] Na primeira fase do cubismo os objetos eram desconstruídos, representados sob múltiplas perspectivas de uma vez, suas facetas "embaralhadas" na superfície da tela. Não havia mais um ponto de vista exclusivo, e sim vários, simultâneos. Apollinaire absorvia essas lições e as incorporava de diversas maneiras em sua poesia. Como ele definia em seus ensaios: a arte não imitaria mais a natureza, mas a examinaria, fragmentaria e remontaria de uma forma quase abstrata, "cosa mentale". Ele escreve em "Os pintores cubistas" (1913): "Um Picasso estuda um objeto como um cirurgião disseca um cadáver".[60] O espaço da tela cubista da primeira fase também é um espaço profundamente influenciado não só pela pintura de Cézanne, mas pela então recente invenção do cinema, até mesmo em seu quase monocromatismo (Apollinaire e Picasso eram fãs de cinema). "A simultaneidade se tornou não só um tema central como um *princípio formal e estrutural*", descreve com

precisão Marjorie Perloff. "Figurativamente falando, estar em dois lugares ao mesmo tempo agora se tornava uma realidade; de fato, o então recente cinema (em 1913 havia duzentos cinemas em Paris) podia transportar o público do Senegal a Sydney numa fração de segundo."[61]

O PROBLEMA

Só havia um problema no objetivo de transportar os preceitos de simultaneidade dos futuristas, cubistas e orfistas para a poesia. A pintura é uma arte do espaço, e a poesia, uma arte do tempo (que pode ser também do espaço, como Apollinaire descobrirá nos caligramas). Em uma pintura ou em um filme as imagens são apreendidas, a princípio, num golpe de olhar, ao mesmo tempo. Numa página de livro, a não ser que se domine as técnicas de leitura dinâmica, é preciso obrigatoriamente avançar a leitura do poema fonema a fonema, palavra a palavra, verso a verso. O poema e sua leitura seguem uma lógica discursiva linear e unidirecional. William Burroughs, que explodiu a narrativa com seus *cut-ups* [colagens textuais] reclama, numa entrevista:

> A escrita como meio é limitada, não há a menor dúvida. O escritor sempre vai se deparar com palavras numa página, não há como escapar disso. A literatura hoje ainda segue a forma tradicional, o fato de que existem palavras em sequência numa página. Não há uma maneira possível de se obter eventos simultâneos num romance. É um beco sem saída.[62]

Octavio Paz explica:

> Podem-se apresentar, ao mesmo tempo e sobre uma mesma superfície, distintas cores e formas que os

olhos percebem simultaneamente. Ao contrário, ao falar e escrever emitimos as palavras umas após as outras, em fileira; não só não podemos ouvir várias frases ao mesmo tempo, mas tampouco, se as lemos, podemos entendê-las.[63]

Claro que Apollinaire tinha consciência do "problema". Em "Simultaneísmo-Libretismo" ele apontava para a limitação do simultaneísmo polifônico proposto por Henri Barzun, com quem disputava a criação do termo:

A simultaneidade poética do sr. Barzun só pode ser expressa através de várias vozes combinadas. Isso é teatro. Em um livro, para um leitor, essas vozes *só podem ser sucessivas*, então se o sr. Barzun quiser uma poesia que seja efetivamente simultânea, ele tem que usar várias pessoas recitando ou o fonógrafo, mas enquanto ele usar colchetes e as linhas tipográficas usuais [ele se referia ao libreto que acompanhava a performance], sua poesia permanecerá *sucessiva*.[64]

CONTRASTES SIMULTÂNEOS

Chave para sua abordagem estética, sobretudo a partir de 1912, será a teoria dos *contrastes simultâneos*, identificada pela primeira vez pelo químico francês Michel-Eugène Chevreul (1786-1889),[65] da qual fariam uso pintores como Van Gogh, Georges Seurat e, posteriormente, o casal Delaunay e alguns futuristas. Um fenômeno da percepção visual, que Apollinaire tentará aplicar às palavras e aos versos. Por exemplo, como raramente vemos uma cor isolada das demais, uma mesma cor parecerá mais "viva" ou mais "morta" dependendo da cor adjacente a ela. O efeito fica bem visível quando justapomos duas cores complementares (vermelho e verde; azul e amarelo). Um círculo

verde vai parecer mais verde se estiver rodeado por um fundo vermelho, e um círculo vermelho parecerá mais "vivo" se estiver rodeado por um fundo verde. As cores em si não mudam. O que muda é a maneira como o nervo óptico as percebe quando justapostas. É seguindo essa teoria que Apollinaire escreve, em "As janelas": "Do vermelho ao verde morre todo o amarelo".[66]

Transportando a teoria dos contrastes simultâneos para a poesia poderíamos dizer que, como as cores, as palavras (que formam imagens mentais mas que também podem se transformar em "imagens em si", através do tamanho das letras, da tipologia, fontes, cores, distorções) também não estão isoladas. Elas são igualmente impactadas pelo seu contexto e pelas palavras vizinhas. Apollinaire irá buscar esse efeito de contrastes simultâneos nos duplos sentidos e no recurso da colagem — e também na pintura de Delaunay.

SIMULTANEIDADE METAFÓRICA

Um aliado importante para a conquista dessa simultaneidade será um velho recurso da poesia ocidental e oriental: a metáfora ("isto é aquilo"). Como o símile e a comparação, a metáfora opera uma conexão de dois termos por similaridade. Como já definia Aristóteles: "O uso hábil da metáfora, sendo, como é, uma rápida percepção das relações, constitui a marca distintiva do gênio".[67] Metáforas são dispositivos de fusão, deslocamento e transferência capazes de fazer saltar a realidade aparente. Ou, como percebeu Apollinaire, de ir além dela, de criar outra nova. Em "Maravilha da guerra", ele escreve:

> *Que beleza esses foguetes iluminando a noite*
> *Escalam seus próprios cimos e se debruçam para*
> *[admirar*

INTRODUÇÃO

São damas dançando cujos relances são olhos
[braços e corações

Em "Cartão-postal", ele observa a *terra de ninguém* iluminada por clarões de foguetes, sinalizadores, morteiros, bombas. O céu noturno se torna um jardim de flores efêmero, como a vida:

Te escrevo debaixo da tenda
Quando morre o dia de estio
Onde a floração ofuscante
Nesse céu de azul diluído
Um bombardeio cintilante
Fenece sem ter existido

As imagens na sua poesia são construídas e organizadas para provocar choque estético. No caligrama do coração — "Coração coroa e espelho" (1914) —, lemos: "meu coração parece uma chama invertida".

Somos apresentados a uma dupla imagem: a do símbolo-desenho tradicional do amor (o ♡ e seus dois ventrículos,

formados pelos tipos M e C levemente ampliados) e, invertendo a página, a chama de uma vela invertida, (recurso que ele repete na imagem do pássaro que voa de ponta-cabeça, em "Cortejo"). A chama ("a alma do fogo") se abre, por sua vez, para várias simbologias, positivas ou negativas, dependendo do contexto: a chama divina, o amor espiritual e o espírito, a libido e, por outro lado, o símbolo da inveja, da guerra, das chamas do inferno, do sofrimento. Lembremos que a chama é também, para o poeta, símbolo da *pureza* e da *pintura*. Há ainda as relações e contrastes que esse caligrama estabelece com os outros dois que formam o conjunto: uma coroa e um espelho (ver o poema e a seção Comentários).

Apollinaire usa com frequência uma gíria dos soldados para trincheira, "boyau", que significa tripa, intestino. Duas imagens são sobrepostas na metáfora: trincheiras intestinais. "Ó trincheiras, irmãs profundas das muralhas", ele escreve em *O poeta assassinado*. De fato, as trincheiras eram chamadas assim não só pela semelhança visual e de funcionamento com o órgão, mas por sua sujeira e por seu poder de moer carne. No caso, vidas humanas:

> *Mas eu fluía nessa delícia de guerra com minha*
> *[companhia inteira ao longo*
> *[das tripas-trincheiras*

Com suas explosões, os morteiros abriam crateras que "desenterravam os mortos e enterravam os vivos". Em "Saliente", lemos:

> *Cratera de bomba limpa como um banheiro*
> *Pastor seguido por seu rebanho marrom-dourado*

O efeito do impacto das bombas no solo do bosque, em forma de leque, é comparado a uma "vassoura de ver-

dor". A bomba, a um pastor se afastando com seu "rebanho de terra". A cratera, por sua vez, está "*Vive comme un cheval pif*".

Observe que nos três manuscritos do poema ele coloca um espaço duplo ou quase triplo antes de "pif", o que não ocorre na versão impressa. Isso possibilita a leitura da imagem "un cheval pif" como "Viva como um cavalo roncolho" (agitado por causa de uma doença chamada criptorquidismo) e, ao mesmo tempo, "pif" como a tradicional onomatopeia em francês para explosão ("bum"): "Viva como um cavalo bum". Não seria estranho se Apollinaire quisesse ter expressado os dois sentidos para a imediatidade da guerra, dado seu gosto pela duplicidade semântica e, principalmente, pelo fato de que ele faz uso constante de onomatopeias em *Caligramas*, sobretudo em poemas de guerra que descrevem bombardeios, como "Saliente".

Objetos da rotina das trincheiras subitamente adquirem vida e a perdem, como em "O palácio do trovão":

Morta uma pá jogada com a cara apavorada seus
[dois olhos reguladores que servem pra
[prendê-la sob a caixa de munições

Em "Algodão nas orelhas" ele justapõe a imagem dos parapeitos, feitos de sacos recheados com palha, feno, serragem, areia ou terra, empilhados à beira das trincheiras para se proteger da artilharia alemã, com animais "exóticos" da África e da Ásia:

Elefantes-para-balas

Ou ainda, em pleno combate, descrevendo a trajetória de metralhadoras, morteiros, balas de canhões e foguetes que cruzam o espaço:

Os projéteis da artilharia deslizam
Como um rio aéreo

O poeta cria, produz novas realidades através das imagens, sempre buscando a surpresa, a maior fonte de beleza poética segundo Apollinaire. O mesmo acontece em "Zona":

*O **avião** pousa enfim mas sem fechar as **asinhas** [...]*
***Rebanhos de ônibus** mugem cruzam seu caminho [...]*
Os ponteiros do relógio no bairro judeu giram
[ao contrário
*E **você também recua** assim da vida lentamente [...]*

Ou na imagem cíclica e hipnótica de "Açafrões" (antecipando os "discos simultâneos" da pintura dos Delaunay), que funde as flores violeta e tóxicas de açafrão com os olhos da amada e suas olheiras:

*Os **açafrões** são cor de **olheira** e de lilás*

INTRODUÇÃO

Florem seus olhos essas flores que aliás
Tão violáceas como olheiras e este outono
Envenenando a minha vida de abandono

Em "As colinas", numa série de tomadas que remetem aos *efeitos especiais* usados nos primórdios do cinema mudo, temos:

Pros mortos o maître do hotel
Serve uma champanhe irreal
Que espuma como um caramujo

Cada linha passa a ter a função de um take. Mudanças rápidas de pontos de vista. Montagem cinematográfica:

A cartola preta descansa
Uma mesa cheia de frutas
Luvas mortas junto à maçã
Uma moça que se estrangula
Do lado um homem que se engole

Em "Poema lido no casamento de André Salmon" temos copos que se quebram ao mesmo tempo que ocorre uma explosão de gargalhadas. Uma experiência banal tornada epifania:

Os copos caíram se espatifaram
E aí aprendemos a rir

Em "Noite renana" (poema em alexandrinos, de *Álcoois*, não incluído nesta seleção) ele já escrevera: "*Mon verre s'est brisé comme un éclat de rire*" [Meu copo se que**brou** como explosão de **ri**so].

Aqui, ele ainda joga com a homofonia "*mon verre s'est*" e "*mon vers*" ("meu verso" se quebrou). No clássico caligrama "Chove", em uma das cinco linhas de água de chuva

que escorrem pela vidraça da página, temos nuvens-cavalos que se tornam cidades sonoras. Lemos verticalmente:

E essas nuvens empinam e se põem a relinchar todo
 [um universo de cidades auriculares

O poderio inesperado da guerra mecanizada obrigara os homens, a partir de setembro de 1914, a irem para baixo da terra e se tornarem "invisíveis" ao máximo. Dois terços dos mortos na Primeira Guerra foram vítimas dos bombardeios. Em "O palácio do trovão" (metáfora para os abrigos subterrâneos sendo impactados pelas bombas), a experiência das trincheiras e dos abrigos como moradias improvisadas (*cagnas*) se funde ao tempo das cavernas, com o passado humano mais remoto:

Mas deste lado da abertura o palácio novinho em
 [folha parece antigo
Seu teto é feito de dormentes de trem
[...]
O palácio é iluminado às vezes por uma vela que
 [parece um camundongo

No front Apollinaire experimenta uma espécie de abolição do tempo. Ele escreve a Madeleine: "A vida nas trincheiras no inverno é tão simples que você pode sentir como eram as aventuras dos habitantes das cavernas pré-históricas".[68] A memória, nesse contexto de morte iminente e desproteção total, passa a ser o gatilho para outras memórias (provavelmente inspirado por relatos de um combatente que ele conheceu), sob a persona de um soldado africano lutando pela França:

No muquifo de toras camuflado com vimes
Perto dos canhões cinzentos apontados pro norte
 Sonho com uma aldeia africana

INTRODUÇÃO 43

Em "Comandante de pelotão" temos eventos que unem o espiritual e o geológico:

*Tua **alma** tremerá como **uma região durante um**
[**terremoto***

ABOLIÇÃO DA PONTUAÇÃO

Outro recurso vai potencializar os efeitos de simultaneidade e surpresa dos seus poemas. Em 1912, quando corrigia as provas de *Álcoois*, Apollinaire toma uma decisão importante, que fará parte de seu programa estético: decide retirar todos os sinais de pontuação de todos os poemas do livro, inclusive dos que escreveria dali em diante. O fato é que sua práxis teria imensa influência na poesia modernista internacional, passando a fazer parte do nosso repertório poético.

Com sua decisão o verso enfim se "libertava" das vírgulas, pontos-finais, pontos e vírgulas, dois-pontos, pontos de exclamação e interrogação, travessões, reticências, parênteses e mesmo aspas. Seu gesto era análogo, na pintura, à abolição da perspectiva tradicional, à fragmentação da estrutura linear e à busca por efeitos de simultaneidade levadas a cabo pelos futuristas italianos e por seus amigos cubistas e simultaneístas (Carrà, Boccioni, Picasso, Braque, Kupka, o casal Delaunay). Em uma entrevista concedida à Gaston Picard, em 1917, quando perguntado sobre se continuaria a *não usar* pontuação em seus poemas, Apollinaire responde:

> Sem dúvida! Vou voltar aos princípios. A pontuação permite que os maus escritores justifiquem seu estilo. Alguns travessões, uma vírgula aqui, uma vírgula ali, e tudo parece fazer sentido. Além disso, essa supressão dá mais elasticidade ao significado lírico das

palavras. Mas essa questão certamente não será mais interessante quando o livro desaparecer.[69]

A experiência tem antecedentes importantes no poema "Um lance de dados",[70] de Mallarmé, mas, sobretudo, no exemplo dos futuristas e sua *"parole in libertà"* [palavra em liberdade] e pelo livro simultaneísta *A prosa do Transiberiano*, de Blaise Cendrars e Sonia Delaunay. Apollinaire justificava a decisão, que tanto divertiu e enfureceu os conservadores e tradicionalistas, com uma explicação sucinta: "O ritmo e a divisão das linhas formam uma pontuação natural; nenhuma outra é necessária". Essa decisão também tem a ver com uma das peculiaridades no processo de composição do poeta-flâneur. Como ele revela em 1913, em carta a Henri Martineau: "Geralmente componho caminhando e cantando junto com duas ou três músicas que me vêm naturalmente ou que um de meus amigos escreveu. A pontuação comum não se aplicaria a tais canções".[71]

Além de enfatizar a "modernidade" de sua poesia, a eliminação radical da pontuação fazia parte de um conjunto de preocupações estéticas e o estabelecimento de um novo estilo. A decisão o desafiava a experimentar mais com os ritmos da fala cotidiana, com as possibilidades proporcionadas pelos cortes do verso, pelos enjambements (cavalgamentos)[72] possíveis. Ele era preciso em sua formulação: "No que se refere à pontuação, só a suprimi porque ela pareceu-me inútil, e o é de fato: *o próprio ritmo e o corte do verso, eis a verdadeira pontuação*" (itálicos meus).

EFEITOS DE SIMULTANEIDADE

O primeiro efeito da abolição da pontuação era uma maior "limpeza" das linhas individuais, das estrofes, da mancha gráfica do poema na página. Associado ao que ele chamou de "estilo telegráfico", mais elíptico, com uma sintaxe "mais

INTRODUÇÃO 45

simples", a ausência de pontuação tem o efeito de aumentar consideravelmente a ambiguidade e a polissemia. Tudo a ver, portanto, com a ideia de simultaneidade pretendida. Segundo Silvana Amorim, a ausência de pontuação "pluraliza as possibilidades de leitura e expande a carga significativa dos versos".[73] Ou, como sintetiza Michel Décaudin, "a eliminação de todas as pontuações elimina as fronteiras sintáticas das frases, dando prioridade ao ritmo prosódico do verso".[74]

A abolição de pontuação permite, por exemplo, efeitos de simultaneidade espaçotemporais em passagens como:

> *Muitos desses deuses perecidos*
> *Os salgueiros choram por eles*
> *Grande Pã Amor Jesus Cristo*
> *Estão bem mortos gatos miam*
> *No pátio eu chorando em Paris*[75]

Graças à ausência de pontuação temos a possibilidade de quatro enjambements, fenômeno que só existe na arte poética e que gera mais de um sentido. Podemos, ainda, ler os versos isoladamente ou em relação ao verso que o precedeu ou sucedeu. Como explica Martin Sorrell: "Sem a vírgula e o ponto-final depois de *miar* ou depois de *pátio* a sintaxe flui em duas direções simultaneamente".[76] Graças ao "truque" do enjambement, o poeta posiciona o "eu lírico" em dois lugares simultaneamente: no pátio, onde observa gatos, num bosque e em Paris.

Em "A ponte Mirabeau" a ausência de pontuação e o layout do poema na página não só mimetizam o fluxo inexorável do rio Sena e do poema como ampliam as imagens da passagem:

> *Sob a ponte Mirabeau corre o Sena*
> *E o nosso amor*
> *Me lembra a cantilena*

Sem a pontuação, só com os cortes dos versos e os enjambements obtidos, não é só "o Sena" agora que corre, mas também "o nosso amor" que, graças a um segundo enjambement, imediatamente desliza para a memória: "me lembra a cantilena".

Ele alcançava, à sua maneira, o objetivo das "palavras em liberdade" e o dinamismo propostos pelos pioneiros futuristas. Essa ambiguidade ou polivalência sintática passa a ser uma técnica constante na sua prática poética, mesmo nos poemas de guerra:

> *Todos os deuses terrestres **envelhecem***
> *O universo se queixa através de sua voz*

Como já pudemos observar, o poeta faz uso constante da *personificação*,[77] que funciona como outra estratégia para conseguir efeitos de simultaneidade. Aqui, "o universo" sofre o efeito de "envelhecer" (provocado por "todos os deuses terrestres"), mas, ao mesmo tempo, "se queixa" através da voz de outra pessoa (a do leitor?). A ausência de pontuação permite, em alguns casos, leituras de cima para baixo, e vice-versa. É possível ler "Segunda-feira rua Cristina" e "As janelas" do fim para o começo, por exemplo, sem perda significativa de seu efeito total. A simples ausência de pontuação possibilita tais ganhos de simultaneidade sintática. Não à toa, os dois poemas eram particularmente apreciados por ele.

Apollinaire usa o recurso da personificação com eficácia em "Canção do Horizonte em Champanhe" e "Maravilha da guerra". Neste último, descreve a terra de ninguém, as crateras e as trincheiras que todos os dias engoliam multidões de vidas humanas:

> *Pareço estar numa grande festa iluminada* a giorno
> *Num banquete que a terra se oferecesse*

INTRODUÇÃO 47

Ela tem fome e abre suas bocas pálidas e compridas
A terra tem fome e este é o festim de Baltazar o canibal

Finalmente, no nível vocabular, ele percebeu que efeitos de simultaneidade também poderiam ser conseguidos através do uso pontual de paronomásias e trocadilhos, onde uma mesma palavra se abre para dois ou mais significados ao mesmo tempo (como vimos no exemplo de "Saliente"). Em *Álcoois*, Lockerbie observa que "a natureza sombria e obsessiva dos estados mentais do poeta se reflete na expressão elíptica, enganosa e, às vezes, hermética. [...] Como os grandes poetas simbolistas". Ele continua: "Apollinaire encontra satisfação estética nas belezas da obscuridade e alusividade do enunciado".[78]

Em um dos momentos mais radicais de sua poesia, "Segunda-feira rua Cristina", ele inventa um tipo de poema simultaneísta. Ele o batizou de *poème-conversation*, ou, seguindo a dica do próprio poeta, de *poema-ambiente*. Nesse tipo de composição o poeta assume o papel de mero gravador, operando mais como um editor e menos como um sujeito lírico autobiográfico, "mais um programador do que um gênio torturado".[79] Nos *poèmes-conversations*, explica Apollinaire em "Simultaneísmo-Libretismo", "o poeta, no centro da vida, registra de certa forma o lirismo ambiente". Décaudin, como lembra Bergman, "atribui a Apollinaire a teoria segundo a qual a poesia está em toda parte do mundo e que basta saber captá-la, assim como o receptor da telegrafia sem fio capta as ondas invisíveis e, no entanto, estão presentes ao nosso redor".[80]

COLAGEM

Dentro desse contexto, não podemos esquecer da importância crucial da experiência da *colagem*.[81] Segundo o pintor Severini, foi Apollinaire quem a sugeriu, depois de

ter provocado Picasso a experimentar o procedimento em suas telas no fim de 1912:[82]

> Quanto aos chamados *papiers collés*, posso dizer com precisão que eles nasceram em 1912 na zona de Montmartre. Até onde me lembro, Apollinaire sugeriu a ideia para mim depois de ter falado dela para Picasso, que imediatamente pintou uma pequena natureza-morta na qual ele aplicou um pedaço de papel parafinado (do tipo que era usado em toalhas de mesa nos bistrôs de Paris).[83]

Severini narra o episódio em seu livro *La Vie d'un peintre*:

> Ele me falou de alguns dos pintores primitivos italianos que tinham colocado nos seus quadros elementos reais, observando que a sua presença e o contraste que provocavam aumentavam a vida dessas obras e o seu dinamismo. Ele deu-me como exemplos um São Pedro exposto na Pinacoteca de Brera, em Milão, que tem na mão chaves reais, e outros santos que transportam outros objetos, para não mencionar halos feitos de verdadeiras pedras preciosas e pérolas.[84]

Uma sugestão de fato revolucionária. Para Marjorie Perloff a colagem é provavelmente a "invenção artística central do *avant-guerre*, ao incorporar diretamente na obra um fragmento verdadeiro do referente, forçando, assim, o leitor ou espectador a considerar a interação da mensagem ou material preexistente e a nova composição artística que resulta do enxerto".[85]

Apollinaire fará uso constante da colagem, tanto em sua poesia quanto em sua prosa. Por exemplo: ele costuma "recortar e colar", reciclar passagens, versos e estrofes de textos anteriores seus em novos textos (autocolagem), como já demonstraram Michel Décaudin (1978, 2002) e outros estudiosos de sua obra. Mocherif Abdelkahim cita um caso

INTRODUÇÃO 49

exemplar: os poemas "A dama", "O adeus" e alguns versos de "Renanas de outono" (de *Álcoois*), bem como "Cruzando a Europa" (de *Caligramas*), "provêm de um só poema composto em 1902 intitulado 'La clef' [A chave]".

A colagem privilegia o heterogêneo, o inacabado, o fragmentário, o descontínuo. "Segunda-feira rua Cristina" incorpora, em versos, a experiência de entrarmos em um café lotado em Paris, numa verdadeira e radical colagem verbal. Há várias coisas acontecendo simultaneamente no poema. As "pistas" são fornecidas apenas pelos fragmentos linguísticos disponíveis e arranjados em versos pelo poeta: o planejamento de um roubo, um calote, uma provável cantada homossexual, clichês, pleonasmos, intervenções descritivas do ambiente, ruídos do restaurante, protocolos sociais, frases ditas durante uma partida de baralho, preconceito de classe, piadas sexuais, insígnia comercial, entre outras conversas paralelas (a criação de um novo jornal, contatos internacionais, fofocas, comentários sobre gírias, viagens, drogas, sexo, vestuário etc.). Ele vai repetir a eficácia do procedimento em poemas como "As janelas", "Carta-oceano" e em passagens de outros poemas. "A visão simultaneísta de Apollinaire", escreve Lockerbie, "não só desloca radicalmente a estrutura poética." Para simular a impressão de uma consciência múltipla e simultânea, "percepções e ideias são abruptamente justapostas nos poemas em um arranjo que, à primeira leitura, parece ser de uma desordem considerável".[86] A sintaxe elíptica, o "empilhamento" de imagens disparatadas e as descontinuidades provocadas pelo texto são muito mais radicais em *Caligramas* do que em *Álcoois*, ele observa.[87] A visão simultaneísta "requer do leitor que ele reorganize os fragmentos aparentemente ao acaso em uma nova ordem que seja independente do fluxo do tempo e que é experimentada em um único ato global de consciência".[88] Como num calidoscópio.

A PÁGINA DE JORNAL

Outro modelo textual importante para a poesia simultaneísta desenvolvida por ele é a página do jornal diário.[89] O período de 1871 a 1914 é considerado a era de ouro do jornalismo francês, com oitenta jornais circulando em Paris em 1914. Ele mesmo foi editor de jornais e revistas, colaborador assíduo de veículos de enorme circulação como *Le Temps*, *Paris-Journal*, *Le Mercure de France*, *L'Intransigeant*, *Excelsior*, *La Vie Parisienne*, sem contar as inúmeras pequenas revistas de seu tempo. Era polivalente: escrevia fait divers, reportagens, crônicas, contos, crítica literária e, sobretudo, crônica de arte.

O impacto do jornal em sua poesia pode ser identificado em vários aspectos: 1) no uso da linguagem cotidiana, direta, rápida e veloz ("o estilo telegráfico"), documental, com adoção de linhas mais curtas e uma sintaxe mais "simples", dando um ritmo mais sincopado ao poema; 2) na exploração da tipografia e do layout do poema na página (ver "Carta-oceano" e "Viagem"); e 3) na leitura "em mosaico" e fragmentada que o jornal possibilita, rompendo a linearidade discursiva.

Sobre este último aspecto, ele escreve em "O espírito novo e os poetas":

> Podemos, portanto, esperar, no que diz respeito ao material e aos meios de arte, uma liberdade de opulência inimaginável. Os poetas de hoje estão aprendendo esta liberdade enciclopédica. No campo da inspiração, sua liberdade não pode ser menor do que a de um jornal diário que lida, em uma única página, com os mais diversos assuntos, viaja para os países mais distantes.[90]

INTRODUÇÃO

ESTRUTURA PARATÁTICA

Como percebemos em "Segunda-feira rua Cristina", uma aliada importante no processo de obter efeitos de simultaneidade em sua poesia, sobretudo a escrita depois de "Zona", é a *parataxe*:

> um termo estilístico que se refere à escassez de termos de ligação entre cláusulas ou frases justapostas, com frequência causando o efeito de *empilhamento*, *rapidez* e, às vezes, *compressão*. Um estilo paratático é aquele no qual os recursos comuns da linguagem para unir proposições são deliberadamente subutilizados; proposições são colocadas uma ao lado da outra (do grego *para + taxein*).[91]

A parataxe, portanto, está em total consonância com a técnica da colagem e com a ideia de simultaneidade. Octavio Paz explica o processo conseguido por Apollinaire em "Zona" e pelo fundamental Blaise Cendrars em *A prosa do Transiberiano* (seu poema-irmão):

> O poema permaneceu sendo uma estrutura verbal, linear e sucessiva, mas que tendia a dar a *sensação* — ou a *ilusão* — da simultaneidade. Apollinaire [...] compreendeu imediatamente que a *supressão dos nexos sintáticos* era, em poesia, um ato de consequências semelhantes à *abolição da perspectiva na pintura*. A *justaposição* foi seu método de composição.[92]

Em poemas como "Zona" esse efeito "modernista" de simultaneidade é conseguido através de um recurso antiquíssimo, a anáfora (repetição de uma ou mais palavras em versos subsequentes). Vejamos um trecho:

Você em Marselha entre melancias antes

Você em Coblence no Hotel do Gigante

Você em Roma sentado sob uma ameixeira do Japão

Você em Amsterdam com uma donzela que nada tem
 [de lady [...]
Você em Paris diante do juiz de instrução [...]
Você diante do balcão de algum bar devasso [...]
Você de noite num restaurante chique [...]
Você rumo a Auteuil quer chegar em casa a pé [...]

As memórias do poeta aparecem como um álbum de fotos de várias fases de sua vida ou como um filme documentário, mostrando sua vida sob vários ângulos simultaneamente. Como nas telas cubistas, não há hierarquia entre as visões que cada verso apresenta: é como se todas ocupassem o mesmo espaço mental, solicitando que o leitor faça o mesmo, como diante de uma tela cubista ou orfista. Um recurso que ele pode ter aprendido com Walt Whitman e sua "técnica de catálogos", além de Cendrars.

Os saltos temporais e espaciais na poesia de Apollinaire já são reflexo do começo da globalização e do impacto dos meios de transporte e comunicações na percepção humana (além, é claro, do cinema, da psicanálise de Freud e da teoria da relatividade de Einstein). É o que ocorre em "Um fantasma de nuvens" (grifos meus):

> [...]
> *A que horas parte o trem pra Paris?*
> **E naquele instante**
> *Pombos das Molucas defecam noz-moscada*
> **Simultaneamente**
> *Missão católica de Boma que fim vocês deram no escultor*

INTRODUÇÃO

E em outro lugar
Ela cruza a ponte que liga Bonn a Beuel e desaparece
[em Pützschen

E ao mesmo tempo
Uma moça apaixonada pelo prefeito

E em outro bairro
Poetas competem com rótulos de perfumes
[...]

Em "Há", já escrito no campo de batalha, ele prossegue a busca por capturar a simultaneidade da experiência, como no cinema (cortes secos, sobreposições, fade-outs):

Há seis salsichas no céu noite chegando vai ver são
[larvas parindo estrelas
Há um submarino inimigo assediando o meu amor
Há mil pinheiros despedaçados pelos estilhaços
[de obuses ao meu redor
[...]
Há um capitão esperando ansiosamente por mensagens
[vindas pelo Atlântico via Telefonia Sem Fio
Há soldados à meia-noite serrando tábuas para os caixões
Há mulheres aos gritos exigindo mais milho diante de
[um Cristo sangrando no México
Há a Gulf Stream tão morna e benfazeja
Há um cemitério cheio de cruzes a 5 quilômetros daqui
Há cruzes aqui ali por toda parte
Há figos-da-barbária nos cactos na Argélia
[...]

É o efeito obtido pela parataxe, transformando as linhas em construções paralelas, independentes e justapostas. Acrescente-se a isso sua predileção por uma poesia altamente imagética, embora não imitativa, não naturalista. Isso é

fanopeia, como definirá Pound: "um lance de imagens na imaginação visual", imagem que é definida como "aquilo que apresenta certo complexo intelectual e emocional num instante".[93] A força da *fanopeia* é que ela apresenta uma ou várias imagens, mas não as descreve ou teoriza a respeito, tampouco as sentimentaliza. Em outros instantes, Apollinaire dispara na imaginação do leitor uma rajada de substantivos que evocam as formas circulares, coloridas e luminosas, os "contrates simultâneos" da pintura do casal Delaunay. É o que ocorre neste verso de "As janelas":

> *Bignorneaux Lotte multiples Soleils et l'Oursin*
> > *[du couchant*
> Búzios Lampreias múltiplos Sóis e o Ouriço do
> > [crepúsculo

A sensação do verso é o de empilhamento, de compressão de várias coisas no mesmo espaço. Imagens retiradas da natureza marinha, ou sugeridas pelas telas de Delaunay, justapostas pelo que têm de *similar*, que é o formato circular: a espiral do búzio, a boca-ventosa da lampreia, os Sóis (ou ainda peixes-sóis), o ouriço-do-mar e o sol se pondo no oceano (remetendo diretamente aos "discos simultâneos" da pintura dos Delaunay).

Em "As janelas" o leitor é convidado, mentalmente, a participar dos saltos entre memória e realidade. O poema apresenta uma simultaneidade de espaços, lugares e cidades que dialogam diretamente com o simultaneísmo e orfismo das pinturas dos Delaunay e sua teoria de "contrastes simultâneos" de cores:

> [...]
> *Cintilante diamante*
> *Vancouver*
> *Onde o trem branco de neve e seus fogos noturnos*
> > *[fogem do inverno*

INTRODUÇÃO 55

> Ó Paris
> Do vermelho ao verde morre todo o amarelo
> Paris Vancouver Hyères Maintenon New-York
> [e as Antilhas
> A janela se abre como uma laranja
> O belo fruto da luz

Os belos versos finais, que fundem a imagem de uma janela sendo aberta para a luminosidade do dia e uma laranja sendo cortada ao meio, remetem à pintura de Henri Matisse e, novamente, à série *Janelas*, de Robert Delaunay. Vimos, em uma mesma linha, a fusão de nomes que fazem o leitor ir e voltar em seu mapa-múndi mental: Paris (França, Cidade Luz, vermelho-vinho), Vancouver (Canadá), Hyères (Provença, sul da França, conhecida por sua luz e seu mar), Maintenon (França), Nova York (Estados Unidos) e o Caribe (Antilhas, conhecidas pelas verdejantes florestas tropicais). O verso, por sua vez, remete ao título de uma das telas de Delaunay e seu "sentido mundial": "Paris New-York Berlin Moscou la Tour Simultané". Curiosamente, o verso "Paris Vancouver Hyères Maintenon New-York e as Antilhas" está em relação de paralelismo (ou, para dizermos como Delaunay, em "contraste simultâneo") com o verso "Búzios Lampreias múltiplos [Peixes-]Sóis e o Ouriço do crepúsculo".

A imagem-em-fluxo central de "As janelas", enigmática e que funciona como um refrão ("Do vermelho ao verde morre todo o amarelo"), é nada menos que a descrição do fenômeno que acontece com as cores do espectro. Como o vermelho fica à extrema esquerda do espectro, o amarelo (como o laranja) vai "desaparecendo" e "morrendo" rapidamente à medida que o olhar se move para a direita, para a primeira metade do disco de Newton. A ideia seria melhor traduzida se Apollinaire pudesse ter usado letras com as cores do espectro. No nível da imagem, outro efeito de simultaneidade recor-

rente é obtido na fusão do passado mais antigo com o mais moderno (como o avião). É o caso, por exemplo, do "Cristo-avião" e do "Ícaro-avião" que aparecem em "Zona" e "O viajante" (ele acreditava que as invenções modernas confirmavam as previsões dos mitos):

É Cristo que sobe mais alto que qualquer piloto
 [ou criatura
Ele detém o recorde mundial de altura

Ou a aparição de uma fada do folclore medieval francês, a Dame-Abonde, num moderno bonde elétrico:

E não devemos esquecer as lendas
Deusa Abundia no bonde noturno nas profundezas
 [do bairro deserto
Vi uma caçada enquanto subia
E o elevador parou em cada andar

Em "O músico de Saint-Merry" ele transporta a antiquíssima lenda germânica do Flautista de Hamelin (1284) para um bairro de Paris em maio de 1913. Efeitos de simultaneidade de tempos e espaços são conseguidos, como vimos, muitas vezes em uma mesma linha. Como em "Zona":

Pastora ó torre Eiffel seu tropel de pontes esta
 [manhã balindo

Aqui temos novamente uso intenso de personificação: 1) uma Pastora (imagem que remete à Antiguidade, à Arcádia, à poesia pastoral); 2) uma Pastora que é, simultaneamente, a torre Eiffel (símbolo máximo da modernidade, apelidada de "A Pastora", na época, por se situar às margens do Sena); 3) uma Pastora-Torre Eiffel que conduz seu "tropel de pontes" (há uma porção delas ao longo do Sena em Paris). Tropel: um "conjunto de pessoas ou animais movendo-

INTRODUÇÃO 57

-se rapidamente e de maneira desordenada". Esse tropel, além do trânsito e da multidão passando pelas pontes, retorna, ciclicamente, ao passado árcade e à natureza através do verbo "balir" (e não "buzinar", por exemplo). E ainda dando a possibilidade de eles estarem, sinestesicamente, "balindo esta manhã" (berrando à luz da manhã).

Outras justaposições de substantivos, em palavras compostas, de contextos diferentes, permitem mais efeitos de contrastes de simultaneidade. Em "Zona" temos "Pastora-Torre Eiffel", "tropel de pontes". Em "Árvore" temos "Toupeira-Ariadne" (fusão do mundo animal com o mitológico). Tanto a toupeira quanto Ariadne (a "Senhora dos Labirintos" do Minotauro) são especialistas em labirintos e subterrâneos. Acrescente-se, ainda, que *toupeira* era gíria parisiense para prostituta. O mesmo ocorre em "Laços", com a palavra hifenizada "Aranha-Pontífice": os significados etimológicos de "pontífice" ampliam o significado de "aranha": é a aranha que faz teias (também circulares), mas ela aqui é também humanizada como um arquiteto (fazedor de pontes) e refere-se, ainda, ao papa, a autoridade máxima da Igreja católica.

Essa ambiguidade e dualidade semântica, o estilo telegráfico, elíptico, atingem seu auge no último verso de "Zona", talvez o mais conhecido de Apollinaire:

Soleil cou coupé

"*Soleil cou coupé*" ("Sol-*pescoço*-cortado") pode ser lido ainda como "Soleil *coucou(pé)*" (Sol-*cuco*-cortado, em alusão ao cuco, o pássaro que simbolicamente marca as horas em relógios). Mas a grande surpresa o poeta guarda para quando descobrimos que "*cou-coupé*" é o nome vulgar de um pássaro do Senegal conhecido como "degolado" (*amadine cou-coupé, Amadina fasciata*). Ele possui uma mancha ou "gola" sanguínea no pescoço, parecendo ter sido degolado.

Temos, assim, a criação de uma imagem inusitada e cintilante: a do sol nascendo atrás do *skyline* de Paris como um pescoço cortado mas também um "Sol Degolado". Em suma, ele deixa para o leitor essas e outras armadilhas e possibilidades de leitura. O fato é que, em uma imagem, ele é capaz de nos levar de Paris à África.

INDETERMINAÇÃO PRONOMINAL

Importante mencionar que, levando adiante a frase de Rimbaud, "Eu é um outro", Apollinaire também busca efeitos de simultaneidade através do uso de pronomes.

Ele faz isso, por exemplo, através de jogos pronominais que desestabilizam a primazia ou hierarquia do "eu lírico", que o fragmentam ou até mesmo o anulam, aumentando ainda mais a ambiguidade e a complexidade de seus poemas (ver "Zona", "Cortejo", "Segunda-feira rua Cristina", "O músico de Saint-Merry", "Árvore", entre outros). É a ideia do "eu lírico" como uma encruzilhada de vozes.

Num mesmo poema podemos ter a presença de *eu*, *tu*, *você*, *ele(a)*, *nós*, *eles(as)*. Isso é análogo, mais uma vez, ao impulso cubista de captar um objeto através de múltiplos pontos de vista. Ver, especificamente, a alteridade que ele consegue no fascinante "Os suspiros do atirador de Dakar", escrito do ponto de vista de um combatente africano lutando pela França.

OS CALIGRAMAS

Além do achado dos *poèmes-conversations*, do "lirismo ambiente" do qual "Segunda-feira rua Cristina" é exemplar, ou de *poemas-passeios* e *road-poems* (poemas-de--estrada) como "O pequeno automóvel", Apollinaire tam-

INTRODUÇÃO 59

bém conseguiu expressar seu conceito de simultaneidade através da invenção dos "ideogramas líricos" (posteriormente chamados de *caligramas*). Ele desestabiliza o verso e o coloca para desenhar no espaço.

O caráter colagístico da sua poesia e dos caligramas tem sido apontado por vários críticos e historiadores (como Shattuck, Bohn, Perloff). Apollinaire decidiu tentar uma fusão de pintura (desenho) e poesia verbal, até mesmo introduzindo selos, carimbos e cartões-postais em suas composições.[94] A ideia, abortada pela explosão da Primeira Guerra Mundial, era lançar uma plaquete só de poemas visuais coloridos que se chamaria, a título de provocação aos seus amigos pintores, *E eu também sou pintor*.[95] Para seu experimento de poesia visual Apollinaire fez uma viagem de volta ao tempo da infância e da juventude, quando passava horas estudando a caligrafia árabe, os ideogramas orientais, os *technopaegnia* dos gregos e os *carmina figurata* dos romanos, do ocultismo e dos textos da tradição hermética. O caligrama chamava a atenção para a materialidade e a plasticidade da linguagem, para o fato de que não só lemos como *vemos* (*vlemos*) as palavras. Eis um ponto fundamental da pesquisa poética de Apollinaire. O resultado são poemas que ainda hoje fascinam pela simplicidade e ousadia. Ainda que tivesse um aspecto "infantil", o desenhar-com-letras de Apollinaire nada tinha de ornamental e decorativo e inaugurou um período de experimentações radicais ao fundir pintura e poesia, imagem e texto. Apollinaire propunha novos modos de escrever-ler poesia, solicitando uma maior participação do leitor em sua construção e deciframento.

O *Dicionário Aurélio* define "caligrama" como uma "representação figurativa do conteúdo de um texto, mediante arranjo dos próprios caracteres tipográficos com que é composto". Seria, por essa definição redutora, uma mera tautologia: A (imagem) = A (texto). Um pleonasmo ou redundância. As palavras "falam" exatamente do dese-

nho e o desenho "figura" o que as palavras dizem. No entanto, a operação dos caligramas de Apollinaire é um pouco mais complexa e nem sempre é isso o que acontece. Há um caráter simbólico e bem emblemático dos poemas visuais (que remetem ao ocultismo, à tradição hermética) que parece ter sido esquecido na apreciação de seus experimentos. A exemplo do já citado caligrama de "coração", no caligrama do "relógio" cada ponteiro apresenta um enigma. O ponteiro que marca oito horas, por exemplo, é composto pelo verso "O infinito posto de pé por um filósofo doido". Precisamos parar e lembrar do símbolo matemático que representa o infinito para entender a charada. As oito horas são um ∞ que um "filósofo doido" colocou de pé: 8. São sutilezas desse tipo que se camuflam sob a aparência pueril e tautológica dos caligramas.

Vem de um filósofo uma compreensão melhor da proposta de Apollinaire. Michel Foucault descreve o que acontece na experiência simultânea de *vler* um caligrama (os itálicos são meus):

> Sinal, a letra permite fixar as palavras; linha, ela permite figurar a coisa. Assim, *o caligrama pretende apagar ludicamente as mais velhas oposições de nossa civilização alfabética: mostrar e nomear; figurar e dizer; reproduzir e articular; imitar e significar; olhar e ler.* Acuando duas vezes a coisa de que fala, ele lhe prepara a mais perfeita armadilha. Por sua *dupla entrada*, garante essa captura, da qual não são capazes o discurso por si só ou o puro desenho. Conjura a invencível ausência da qual as palavras são incapazes de triunfar, impondo-lhes, pelas astúcias de uma escrita que joga no espaço, a forma visível de sua referência: sabiamente dispostos sobre a folha de papel, os signos invocam, do exterior, pela margem que desenham, pelo recorte de sua massa no espaço vazio da página, a própria coisa de que falam. E, em retorno, a forma

INTRODUÇÃO 61

visível é cavada pela escrita, arada pelas palavras que agem sobre ela do interior e, conjurando a presença imóvel, ambígua, sem nome, fazem emergir a rede das significações que a batizam, a determinam, a fixam no universo dos discursos. Duplo alçapão; armadilha inevitável: por onde escapariam, daqui para a frente, o voo dos pássaros, a forma transitória das flores, a chuva que escorre?[96]

Embora não cite o poeta em seu texto, pelos exemplos que Foucault dá fica evidente que ele se refere aos caligramas de Apollinaire.

Vejamos um último exemplo do efeito de simultaneidade e das sutilezas escondidas nos seus versos. Lições de ambiguidade aprendidas com o simbolismo, das quais ele nunca abriu mão. "Cantor", seu poema mais breve, traz apenas um verso em alexandrino clássico (doze sílabas poéticas, com tônicas na sexta e 12ª sílabas):

Chantre
Et l'unique cordeau des trompettes marines

Na minha tradução:

Cantor
E o cordão solitário das trombas marinhas

A palavra "cordeau", lida em voz alta, pode ser entendida em francês como "cordão" (cordão de alinhamento usado por pedreiros e jardineiros), "cordão de água", "corpo de água" (*"corps d'eau"*) e, obviamente, a "corda" de um instrumento musical, no caso um *trompette marine*. Apollinaire refere-se aqui à *tromba* ou *trompa marinha* (*"tromba marina"*, em italiano), bizarro instrumento medieval de uma só corda, tocada com um arco.

LXII *Tromba Marina*

INTRODUÇÃO 63

É possível que essa gravura do italiano F. Bonanni, de
1722, tenha sido a inspiração do poema, sobretudo pela
presença do "Cantor". Podemos considerar esse monós-
tico, portanto, como um verdadeiro caligrama minimalis-
ta e metalinguístico (o poema fala do próprio poema): a
linha única serve, ao mesmo tempo, como representação
gráfica da única corda do instrumento. Cada som possibi-
lita uma interpretação diferente. Minha tradução possi-
bilita ainda outra imagem, o "cordão" de uma tromba-
-d'água sobre o oceano.

3.
APOLLINAIRE NO BRASIL

Antes mesmo de Apollinaire publicar seus primeiros li-
vros — como *Álcoois* (1912), *Os pintores cubistas: Me-
ditações estéticas* (1913) — alguns intelectuais brasileiros
estavam ligados nas suas ideias estéticas e na sua poesia
através de jornais e revistas francesas que chegavam por
aqui: *La Plume*, *Vers et Prose*, *Mercure de France* e a fa-
mosa revista *Les Soirées de Paris*. Apollinaire colaborava
assiduamente com todas e era um dos diretores da *Les
Soirées*. Além da menção à infame prisão em 1911, por
estar envolvido no imbróglio do roubo da *Mona Lisa*, (na
revista carioca *Fon Fon*, n. 49, 9 de dezembro de 1911,
p. 6), alguns contos traduzidos no mesmo ano, em jornais,
encontramos menções à "poesia simultânea" e uma curio-
sa descrição do caligrama "Chove" pelo poeta e conde
Affonso Celso em sua crônica "Cotas ao acaso", publi-
cada no *Jornal do Brasil* em março de 1917 (apontadas
recentemente pelo poeta Paulo Ferraz),[97] mas são raras. O
maior impacto de sua poesia e pensamento estético se dá
nos anos 1920, sobretudo entre os modernistas associados
à Semana de Arte Moderna de 1922. Entre seus primeiros
leitores e difusores estão nomes como Rubens Borba de

Moraes, Alberto de Oliveira, Oswald de Andrade, Sérgio Milliet, Mário de Andrade, Ronald de Carvalho, Graça Aranha, Manuel Bandeira, Sérgio Buarque de Holanda e Luís Aranha.[98] O jovem Sérgio Buarque é o primeiro a assinalar, em 1921, a influência de Apollinaire nos versos dos "futuristas paulistanos" Mário de Andrade, Guilherme de Almeida e Oswald de Andrade.[99]

Já em agosto de 1922, na revista *Klaxon*, órgão "oficial" do modernismo brasileiro, Oswald de Andrade reservava um lugar especial para a tríade formada por Rimbaud, Lautréamont e Apollinaire. Em meio aos seguidores brasileiros de Apollinaire ele elencava Bandeira, Luís Aranha, Ronald de Carvalho e Mário de Andrade. Entre alguns livros em que podemos notar a presença e influência de Apollinaire estão a primeira poesia de Manuel Bandeira (*A cinza das horas*, 1917), *Pauliceia desvairada* (1922), de Mário de Andrade, *Cocktails* (de Luís Aranha, publicado postumamente em 1985, cujo título remete diretamente à *Álcoois*) e os ensaios de *A escrava que não é Isaura*, de Mário de Andrade. Outros nomes importantes que beberam na Fonte Apollinaire são Guilherme de Almeida, Murilo Mendes, Mário Quintana, Carlos Drummond de Andrade (que traduziu o longo poema "As colinas"), João Cabral de Melo Neto (que o menciona entre suas primeiras leituras importantes), Jorge de Lima e Vinicius de Moraes.

Um dos primeiros a mencionar Apollinaire por escrito é Mário de Andrade, em 1922, "refutando uma acusação de Lima Barreto que ele e seus amigos fossem Futuristas".[100] Em 1923, a pintora Tarsila do Amaral e Oswald de Andrade tomam conhecimento de Apollinaire em Paris ao conhecerem o fantástico Blaise Cendrars. Apollinaire falecera havia cinco anos, mas sua presença estava bem viva na atmosfera literária e cultural parisiense. Durante os seis meses que ficaram lá, Tarsila e Oswald chegaram a visitar a viúva do poeta, Jacqueline Kolb, no

INTRODUÇÃO 65

mesmo apartamento em que ele falecera em 1918: o número 202 do Boulevard Saint-Germain.

Em 1924 a poesia e obra de Apollinaire ganham um difusor de peso com a chegada do poeta e amigo Cendrars. Tendo vivido no Brasil por nove meses na primeira estadia (a convite de Paulo Prado, feito no ano anterior) e em mais cinco outras temporadas, o suíço, que tanto marcou nossa literatura, é um dos principais responsáveis por difundi-las entre nós, através de seus testemunhos, conversas, leituras, palestras e artigos publicados aqui. Para Sérgio Milliet o poema "Zona" teve um papel importante no modernismo brasileiro:[101] "Era para nós um modelo e quase o sabíamos de cor". Bandeira escrevia, em carta a Mário, em 1925: "Cheguei à feira modernista pelo expresso Verlaine-Rimbaud-Apollinaire".

APOLLINAIRE NOS ANOS 1950 E 1960

E ele entraria novamente no radar dos brasileiros, agora através de escritores como José Lino Grünewald, Ferreira Gullar, Paulo Mendes Campos, Mário Faustino, Roberto Piva, Claudio Willer; mas, sobretudo, por sua influência nos postulados e na prática da poesia concreta de Augusto e Haroldo de Campos e Décio Pignatari (este último também o traduziu). Apollinaire é seguidamente citado e brevemente discutido nos textos teóricos e manifestos dos anos 1950 e 1960. No entanto, talvez pela associação posterior de seu nome ao surrealismo — a que os concretos ferrenhamente se opunham —, eles acabaram privilegiando apenas os caligramas, que constituem apenas um quinto da sua obra poética. Eles ressaltam sua importância para a poesia concreta por um ensaio que Apollinaire (sob o pseudônimo de Gabriel Arboin [sic]) teria publicado na *Les Soirées* em julho de 1914, intitulado "Diante do ideograma de Apollinaire".[102] O grande destaque é dado ao seguinte trecho,

uma afirmação tida como "revolucionária" por Pignatari e por isso mesmo incluída no "plano-piloto para poesia concreta", de 1958: "porque é necessário que a nossa inteligência se habitue a compreender sintético-ideograficamente em lugar de analítico-discursivamente".[103]

Os problemas começam quando os concretos se opõem às seguintes afirmações de "Arboin-Apollinaire" acerca dos caligramas:

> Quem não se aperceberia de que isso [os caligramas] não é mais do que um início, e que, por efeito da lógica determinista que dirige a evolução de todo mecanismo, tais poemas *devem acabar apresentando um conjunto pictural em relação ao tema tratado*? Assim se atingirá o *ideograma quase perfeito*.[104]

Considerando a afirmação "um equívoco", Augusto de Campos completa: "Condena, assim [Apollinaire], o ideograma poético à mera representação figurativa do tema. Se o poema é sobre a chuva ('Il Pleut'), as palavras se dispõem em cinco linhas oblíquas. Composições em forma de coração, relógio, gravata, coroa se sucedem em *Caligramas*".[105] A visão estreita de "Arboin-Apollinaire" acerca das potencialidades da poesia visual teria feito o poeta francês cair em um "decorativismo sem sentido"[106] (Décio Pignatari), em um "arranjo gráfico-hedonista"[107] (Haroldo de Campos) e reduzido a "tentativa" de poesia concreta proposta pelos caligramas a meros "arabescos figurativos"[108] (Pignatari).

Há um ponto importante a se esclarecer aqui. Os concretos foram vítimas de uma dúvida levantada nos anos 1950 por Bernard Poissonier, um amigo de Jacqueline Apollinaire. Ele afirmava que Gabriel Arbouin era um pseudônimo de Apollinaire e que este seria o verdadeiro autor do ensaio. O fato é que o ensaio é de Arbouin, *e não de Apollinaire*, um equívoco já esclarecido por especialistas como Marcel Adéma, Michel Décaudin e biógrafas como Laurence Cam-

INTRODUÇÃO 67

pa.[109] O escritor Gabriel Arbouin (com "u", 1888-1917) não só existiu como era fã da poesia de Apollinaire e colaborador assíduo de periódicos como *Écrits Français*, *Radical* e *Paris-Journal*, um jornal de grande circulação. Este G. A. faleceu em combate na Primeira Guerra Mundial. O primeiro biógrafo do poeta, Marcel Adéma, já esclarecia a questão em 1952 e 1954. Ele também não tem dúvidas de que Arbouin é o verdadeiro autor, já que ele "não só existiu como é autor de um romance publicado em 1911, era conhecido de Apollinaire e seu colega no jornal *Écrits Français*".[110]

Resumindo: os concretos atribuem um texto que teria tanta importância para a teoria concreta como sendo *de* Apollinaire (um equívoco que continua mesmo em traduções recentes).[111] O irônico é que as palavras de Arbouin não só passaram a ser um dos pilares teóricos da poesia concreta como acabaram por afetar o julgamento dos concretos sobre Apollinaire, deixando sua poesia confessadamente em "segundo plano"[112] no seu *paideuma*. É o que fica claro quando Pignatari escreve, levado pelo equívoco: "tática: joyce, cummings, apollinaire (*como visão, não como realização*)". Augusto diz que "Apollinaire" foi "[v]ítima do preconceito figurativo, porém, e sem ter tentado sequer as possibilidades de uma figuração fisiognômica, quis alcançar não sabemos qual *ideograma puro, ou seja, o puro desenho figurativo*, e caiu no decorativismo sem sentido: poemas em forma de bandolim, de Torre Eiffel, de metralhadora [...]".[113] Já Haroldo de Campos afirma: "Nenhum poeta depois de Mallarmé foi tão radical quanto Mallarmé. Nem mesmo Apollinaire. Apollinaire é decorativo onde Mallarmé é estrutural".[114]

Bastaria checar os ensaios do poeta para ver que a afirmação de Arbouin vai contra a defesa constante da arte não mimética e não temática por parte de Apollinaire, o que se aplica também à poesia que praticava:

Esses pintores, embora ainda observem a natureza, já não a imitam e evitam cautelosamente a representação de cenas naturais observadas e reconstituídas pelo estudo. *A verossimilhança já não tem nenhuma importância,* pois o artista tudo sacrifica às verdades, às necessidades de uma natureza superior que ele supõe sem descobri-la. *O tema já não conta e, se conta, é muito pouco.*[115]

Há a recusa da ideia de mimese como imitação da realidade: "A poesia deve estar o mais longe possível da natureza e com a qual não deve ter nada em comum".[116] Não que a natureza esteja eliminada da obra de Apollinaire. Sua defesa se dá no sentido que, pela força da "imaginação", o pintor ou o poeta devem "distorcer primorosamente a realidade". Como escreve Lockerbie, falando de artistas singulares como Picasso e Apollinaire: "A característica distintiva do artista moderno é que ele produz um novo objeto artístico, profundamente original em forma e concepção e livre de qualquer imitação servil da realidade, a qual se torna a projeção de sua própria personalidade criativa sobre o mundo".[117]

Ele não só pratica uma "poesia de estrutura" em seus caligramas como propõe outras, nada convencionais, em obras como "As janelas", "Segunda-feira rua Cristina" e "Carta-oceano" (simultaneísmo, colagem, parataxe) que, infelizmente, passaram ao largo dos concretos. O fato é que a estética da simultaneidade, como vimos com Perloff, se tornara para Apollinaire e outros artistas e escritores de seu tempo "não só um tema central como um princípio formal e estrutural". Sobre aquele que é seu caligrama mais eficaz e impactante, "Chove", defende Joanna Drucker: "o efeito visual faz mais do que meramente enfatizar o tema, ele na verdade força o leitor a performar a leitura de acordo com um movimento idêntico à ação da chuva — olhos correndo para bai-

INTRODUÇÃO 69

xo da página seguindo os riachos de letras correndo na página", no que ela chama de "uma instância clara de performance visual".[118] Simultaneamente, as linhas diagonais sugerem mais de uma possível figuração: a chuva caindo, os cinco dedos de uma mão e, ainda, as gotas de chuva percorrendo uma vidraça. Portanto, a materialidade linguístico-visual das palavras se interpõe entre o leitor e o que está "lá fora". O poema se estrutura em perfeito "isomorfismo fundo-forma", como gostavam de chamar os concretos. É o próprio Apollinaire, contra os concretos, quem se defende: "Na minha poesia eu simplesmente voltei aos princípios básicos, já que o ideograma é um princípio fundamental da escrita".[119] Referindo-se a seus caligramas em geral, ao contrário das "figuras solitárias" dos *carmina figurata* que aparecem em Rabelais (século XVI) e Panard (século XVIII), explica Apollinaire, "as relações entre as figuras justapostas em meu poema são tão expressivas quanto as palavras que as compõem, e isso, acho, é uma nova invenção". Um dos poetas fundamentais que, desde 1913, acompanhava atentamente o desenvolvimento da poesia de Apollinaire era Ezra Pound. O americano, baseado em Londres, além de leitor da revista de Apollinaire *Les Soirées de Paris*, lera "A antitradição futurista", "Simultaneísmo--Libretismo" e *Álcoois* com grande interesse (uma cópia fora enviada a Pound pelo próprio poeta). Pound acreditava que os poetas franceses, Apollinaire mais que todos, estavam muito à frente dos ingleses em termos de inovações poéticas, de *make it new*, e o considerava um dos fundadores da poesia moderna francesa. Ele aconselhava, no fim dos anos 1920: "Os jovens e bem ferozes vão 'entender' Guillaume Apollinaire assim como os mais velhos 'entenderam' Mallarmé".[120]

Embora Apollinaire preferisse escrever sempre à mão e ousasse com a tipologia, a composição tipográfica e a espacialização, é intrigante o fato de não ter explorado mais

as possibilidades da máquina de escrever e da tipografia para a composição de poemas (como Barzun o fez, por exemplo). Não teve tempo: a guerra e depois o vírus adiaram tudo. Será e.e. cummings, em 1917, influenciado por ele e em resposta à sua poesia, um dos responsáveis por fazer isso.[121] Em todo caso, Apollinaire já havia mostrado alguns caminhos de exploração poética. Talvez considerasse o caligrama apenas mais um estágio para maiores voos. É o que ele sugere em "O espírito novo e os poetas": "Procedimentos tipográficos, empregados com grande ousadia, fizeram surgir um lirismo visual quase desconhecido entre nós. Esses procedimentos são capazes de serem levados muito mais além, ao ponto de consumar uma nova síntese das artes — música, pintura e literatura". É Arbouin, inclusive, no mesmo polêmico artigo, quem antecipa um "problema" da poesia visual e concreta. Apesar de receber o caligrama com entusiasmo, no mesmo texto ele demonstra reservas. Teme que o experimento possa "destruir a base rítmica da poesia, da qual a comunicação da emoção dependia, e assim criar uma arte arcana, reservada apenas a iniciados".[122] Arbouin, que havia chamado os caligramas de "revolução", logo adiante relativiza as conquistas de Apollinaire e ainda manda um recado a ele:

> Pareceria que os esforços como os de Apollinaire na *Les Soirées de Paris* não representam precisamente uma revolução, mas sim um retrocesso... que, ao retornar ao ideograma, tende-se a criar uma linguagem de iniciados, uma arte de iniciados, que finalmente tais esforços são, da perspectiva social, anticoletivos, o que talvez não seja de modo algum o objetivo dos protagonistas do movimento.[123]

Creio que em seus caligramas Apollinaire vai além de uma mera operação tautológica, esse processo de pensar que consiste em "repetir com outras palavras o que se

INTRODUÇÃO 71

pretende demonstrar". Mais do que mero decorativismo, há sim um sentido estrutural nos caligramas, como prova uma análise mais cuidadosa de poemas como "Chove", "Viagem", "Paisagem", "Coração coroa e espelho", poemas de guerra como "Algodão nas orelhas" e sobretudo o tour de force "Carta-oceano". Muitas vezes as imagens chegam a contradizer o que dizem os textos e vice-versa, criando aquela "dupla entrada" e "armadilha" de que falou Foucault. Diga-se, ainda, que esse "figurativismo" unívoco da poesia visual de Apollinaire é rebatido com números. Como Willard Bohn demonstrou, dos 133 pictogramas que ele criou em vida "51 não reproduzem nenhuma imagem verbal contida no texto".[124] Portanto, quase 40%.

Mostrando como "os ideogramas líricos" e os poemas simultaneístas operam "um deslocamento radical da estrutura", S. I. Lockerbie afirma:

> Nada poderia ser mais equivocado do que pensar que o formato dos caligramas, sejam os pictóricos ou os mais abstratos, é incidental ou meramente decorativo. Ao contrário, sua forma gráfica interage com o texto verbal de modo a criar uma nova forma de poesia que tem tido muitos sucessores. Eles também cumprem sua função, como os poemas-conversações antes deles, de estender a gama da expressão poética e aumentar o número de usos de linguagem nos quais podemos encontrar satisfação estética.[125]

TRADUÇÕES NO BRASIL

A poesia de Guillaume Apollinaire, esparsamente vertida por grandes poetas brasileiros como Manuel Bandeira, Carlos Drummond de Andrade e Décio Pignatari, tem sido relativamente bem traduzida. A variedade de tradu-

ções, apesar de não ser extensa, indica certo reconhecimento dos tradutores e editores brasileiros pela obra do francês. Entre os livros mais recentes podemos citar *Escritos de Apollinaire*, de 1984 (por Paulo Hecker Filho, trazendo trinta poemas), *O bestiário ou cortejo de Orfeu*, de 1997 (livro integral, por Álvaro Faleiros), *Álcoois e outros poemas*, de 2005 (integral mais poemas dispersos, por Daniel Fresnot), *Caligramas*, de 2008 (que reúne apenas os caligramas e aqueles poemas com caligramas inseridos, por Álvaro Faleiros) e *Álcoois*, de 2013 (integral), por Mário Laranjeira. Sua poesia faz breves aparições em antologias como *Antologia da poesia francesa: Do século IX ao século XX*, de 1991, por Cláudio Veiga, *31 Poetas 214 poemas: Do Rigveda e Safo a Apollinaire*, de 1997, por Décio Pignatari, *Poesia erótica em tradução*, de 1990, por José Paulo Paes, *Poetas de França Hoje*, de 2006, por Mário Laranjeira, além de traduções esparsas em revistas e blogs (*Inimigo Rumor*, *Coyote*, *Zunái*, *7faces* etc.).

Na França e Europa sua fama só cresce, passados 106 anos de sua morte. Como disse sua biógrafa mais importante hoje, Laurence Campa:

> Apollinaire está ganhando leitores [...] e sua aura tem realmente crescido ao longo do século e continua a crescer, ainda mais desde que ele caiu no domínio público. Ele pertence verdadeiramente à herança e à cultura francesas, o que não era o caso de modo algum no início. Devemos lembrar que *Álcoois* teve cerca de seiscentas cópias e Apollinaire era muito mais conhecido como crítico de arte do que como um poeta. Aos poucos, *Álcoois* tornou-se, junto com *Paroles*, de Jacques Prévert, a coleção mais popular de poesia francesa do século XX. [126]

INTRODUÇÃO 73

ESTA SELEÇÃO

Esta antologia foi feita a partir das edições originais dos seus dois livros mais importantes: *Alcools: Poèmes* (*1898-1913*), de 1913, e *Calligrammes: Poèmes de la paix et de la guerre* (*1913-1916*), de 1918. Ambos publicados em Paris pela Mercure de France e nos quais ele teve papel ativo.

Apesar de trazer em seu subtítulo 1916 como sendo o ano final da coleção, *Caligramas* reúne poemas escritos até pouco antes de sua morte, em 9 de novembro de 1918 (ironicamente dois dias antes do fim oficial da Primeira Guerra Mundial). Portanto, os 77 poemas desta seleção cobrem sua produção de 1900 ("Clair de Lune", "A porta") até 1918 ("A ruiva bonita", um dos últimos poemas que escreveu). Em termos de técnica poética, temas e estrutura linguística existem diferenças significativas entre *Álcoois* e *Caligramas*. Apesar de abrir *Álcoois*, o famoso poema "Zona" foi o último a ser escrito para o livro e serve como perfeita transição para *Caligramas* e para a seção "Ondas", que abre o segundo livro. Respeitei a ordem em que os poemas aparecem nos dois volumes, nas edições supervisionadas por ele. Dos 39 poemas de *Álcoois*, traduzi 26. Dos 84 poemas de *Caligramas*, 51.

Para esta seleção adotei um princípio cubista e simultaneísta, com o objetivo de mostrar as múltiplas facetas de um mesmo objeto (no caso, sua poesia). Agrupei aqui os poemas traduzidos sob uma classificação geral, lembrando que há peças que se sobrepõem a mais de uma categoria:

Poemas pós-simbolistas: predomínio do universo e tradição romântica e simbolista (Heine, Verlaine, Verhaeren, Baudelaire, Mallarmé). *Melopeia* (exploração da música das palavras), presença constante de estruturas métricas e rímicas. Presença de poemas do seu período alemão, do chamado "ciclo renano". Temas da perda e do fim do amor, da passagem do tempo e da fugacidade da experiência hu-

mana, sob a luz da melancolia, do outono (sua "estação mental", equivalente à passagem da vida para a morte), dos astros. Estão nesse grupo "A ponte Mirabeau", "Açafrões", "Cantor", "Crepúsculo", "Annie", "Clotilde", "Marizibill", "Maria", "Branca de Neve", "O adeus", "A cigana", "Outono", "Signo", "À Saúde", "Outono doente", "Hotéis", "Raios de luar", "Trompas de caça".

Poemas-ambulantes: (*road poems, flâneries* urbanas e pastorais, poemas-passeios, poemas-viagem). Predomínio do verso livre e da estrutura paratática, da descontinuidade, do deslocamento ao ar livre: "Zona", "Cortejo", "A casa dos mortos", "Saltimbancos", "Marizibill", "O viajante", "1909", "Poema lido no casamento de André Salmon", "Árvore", "O músico de Saint-Merry", "Um fantasma de nuvens", "Cruzando a Europa", "O pequeno automóvel" e os poemas de guerra "Sempre", "Saliente" e "Algodão nas orelhas".

Poemas seminarrativos: presença de alguma estrutura narrativa e continuidade, de reelaboração moderna de fábulas e mitos, do fluxo de consciência, da fusão do real com o fantástico, de saltos de memória: "Zona", "Outono", "A casa dos mortos", "Um fantasma de nuvens", "O músico de Saint-Merry", "O pequeno automóvel", "Os suspiros do atirador de Dakar", "O palácio do trovão", "Maravilha da guerra" e o poema-carta "Sobre profecias".

Poemas simultaneístas-"cubistas": com predomínio do verso livre, ou mistura de esquemas métricos com verso livre. Poemas não miméticos e antidiscursivos, que abandonam a lógica sucessiva e almejam efeito de ubiquidade e simultaneidade: "Zona", "A porta", "As janelas", "Árvore", "Laços", "Segunda-feira rua Cristina", "Cruzando a Europa", "Carta-oceano", "Sombra", "Saliente", "Canção do Horizonte em Champanhe", entre outros. Justaposição. Descontinuidade.

Poemas-ambientes (poema-algaravia, "lirismo ambiente"), colagem de vozes e "textos encontrados": "Segunda-

INTRODUÇÃO 75

-feira rua Cristina" (o exemplo clássico), "Carta-oceano", parte de "As janelas" e de "Árvore" e o começo de "Guerra".

Caligramas e poemas com caligramas inseridos. Exploração do espaço da página, da colagem, radicalização do efeito de simultaneidade (o leitor é convidado a *vler*). Criação de um novo tipo de poema, que influenciará decididamente a poesia visual que se fará depois: "Cantor", "Chove", "Paisagem", "Viagem", "Carta-oceano", "A gravata e o relógio", "Leque dos sabores", "Bandolim cravo e bambu", "Mira", "Oráculos", "SP", "Cartão-postal", "Baforadas", "A pomba apunhalada e o chafariz", "Longe do pombal", "Madeleine".

Poemas de guerra: versos livres, outros que retomam as formas fixas, escritos durante e sob o impacto da Primeira Guerra Mundial: "O pequeno automóvel", "Em Nîmes", "Sombra", "SP", "Mira", "Saliente", "Guerra", "Oráculos", "Festa", "Noite de abril de 1915", "O adeus do cavaleiro", "O palácio do trovão", "Os suspiros do atirador de Dakar", "A pomba apunhalada e o chafariz", "Sempre", "No abrigo-caverna", "Desejo", "Há", "Simultaneidades", "Algodão nas orelhas", "Canção do Horizonte em Champanhe", "Oceano de terra", "Maravilha da guerra", "Exercício", "Cartão-postal", "Madeleine", "Leque de sabores", "Recordações", "Cavalos de Frisa", "Comandante de pelotão" e "Tristeza de uma estrela".

Poemas do "Espírito Novo", escritos na volta a Paris, poemas retrospectivos e propositivos. Busca de uma síntese entre as lições do passado e a renovação da poesia, entre tradição e inovação, entre o que ele chamou de "Ordem" e "Aventura". O poeta como visionário, cientista do humano, "antena da raça" (Pound). Poemas como "Sempre" (escrito ainda no front) e os longos "As colinas", "Vitória" e "A ruiva bonita".

ESTA TRADUÇÃO

Acredito, como lembra o poeta e tradutor Paulo Henriques Britto, que toda tradução é, por definição, "uma operação radical de reescrita".[127] É leitura, escrita e criação ao mesmo tempo. Faço minhas suas palavras:

> Temos consciência de que o texto poético trabalha com a linguagem em todos os seus níveis — semânticos, sintáticos, fonéticos, rítmicos, entre outros. Idealmente, o poema deve articular todos esses níveis, ou pelo menos vários deles, no sentido de chegar a um determinado conjunto harmônico de efeitos poéticos.[128]

Além de recriação verbal, vejo a tradução como uma superleitura, uma leitura crítica, sempre buscando tensionar forma e conteúdo. "Transposição criativa", chamou-a Roman Jakobson. *Transpoetização*, para Britto. *Transcriação*, segundo os irmãos Campos. O objetivo deste livro é fazer ressurgirem em português brasileiro, a força, a beleza e a atualidade surpreendentes da poesia de Apollinaire. Sem nunca descuidar do significado e da música das palavras. Não só o *que* o poema está dizendo, mas *como* o está dizendo, simultaneamente. A edição, bilíngue, permite ao leitor acesso ao original e conferir o trabalho de transpoetização.[129]

Na Cronologia tento resumir os eventos principais da sua vida e obra, ajudando o leitor a compreender o contexto histórico e cultural dos poemas e a trajetória do poeta.

Os Comentários têm a intenção de jogar o foco sobre cada poema traduzido. As circunstâncias de sua criação e datação, forma poética, esclarecimento de alusões, vocabulário, indicação de intertextos, ambiguidades, sua intrincada e enciclopédica rede de referências. Com isso, o objetivo é permitir que o leitor retorne ao poema com novos elementos para considerar. Aqui vali-me intensamente

INTRODUÇÃO 77

dos trabalhos e comentários de Anne Hyde Greet, Claude
Debon, Willard Bohn, Michel Décaudin, Laurence Campa,
S. I. Lockerbie, Roger Shattuck, S. Bates, L.C. Breunig,
F. J. Carmody, Ron Padgett e outros tradutores e estudio-
sos da obra de Apollinaire.

> *Mas riam riam sim de mim*
> *Homens de toda parte especialmente daqui*
> *Pois há tantas coisas que não ouso dizer*
> *Tantas coisas que vocês nunca me deixariam dizer*
> *Tenham piedade de mim*

Pântano do Sul, Florianópolis, 11 de março de 2023

Notas

1. Paul Auster, "Introduction", em *The Random House Book of Twentieth Century French Poetry*. Nova York: Vintage, 1984, p. xxxiv.

2. Roger Cardinal, "Apollinaire and the International Avant--Garde". *Journal of European Studies*, v. 28, n. 4, p. 420, 1998.

3. Apollinaire escrevia sobre artes de maneira bem abrangente: pintura, gravura, escultura, salões de arte anuais, instituições artísticas, museus, galerias, mercado etc.

4. S. I. Lockerbie, "Introduction", em *Calligrammes: Poems of Peace and War (1913-1916)*. Trad. de Anne Hyde Greet. Oxford: University of California Press, 1980, p. 3.

5. Guillaume Apollinaire, "À Propos de la poésie nouvelle". *Paris-Journal*, 29 jun. 1914. Disponível em: <obvil.sorbonne-universite.fr/corpus/apollinaire/apollinaire_paris-journal#apo1914-06-29>. Acesso em: 20 fev. 2021.

6. Laurence Campa, *Apollinaire: Critique littéraire*. Paris: Honoré-Champion, 2002, pp. 81-2.

7. Como lembra Conrado Fogagnoli, em "Simultaneísmo e os debates sobre a poesia francesa da década de 1910"

(inédito), na época de Apollinaire existiam mais de trinta escolas poéticas: simbolismo, vers-librismo, poesia científica, paroxismo, poesia esotérica, naturismo, jammismo, escola francesa, sintetismo, somptuarismo, integralismo, neomallarmismo, impulsionismo, neorromantismo, primitivismo, subjetivismo, sincerismo, intensismo, floralismo ou escola da graça, dramatismo, simultaneísmo, imperialismo e dinamismo, unanimismo e fantasismo, entre outras.

8. Marjorie Perloff, *The Futurist Moment: Avant-Garde, Avant-Guerre, and the Language of Rupture*. Chicago: The University of Chicago Press, 1986, p. 36. Duas formulações famosas do "Manifesto futurista" de Marinetti em 1909 corroboram o espírito daqueles tempos: "O Tempo e o Espaço morreram ontem. Nós vivemos já no absoluto, já que nós criamos a eterna velocidade onipresente" e "Nós declaramos que o esplendor do mundo se enriqueceu com uma beleza nova: a beleza da velocidade". Ver: <arte365.com.br/futurismo/>. Acesso em: 13 fev. 2021.

9. Malcolm Bradbury e James Macfarlane. *Modernismo: Guia geral 1890-1930*. São Paulo: Companhia das Letras, 1989, p. 47.

10. Nome que se dava, durante a Primeira Guerra Mundial, à linha de trincheiras que ia do canal da Mancha, na altura de Ostende (Bélgica), até a fronteira da França com a Suíça.

11. Guillaume Apollinaire, *Alcools*. Trad. de Donald Revell. Hanover: University Press of New England, 1995.

12. "*Je suis la blanche tranchée au corps creux et blanc/ Et j'habite toute la terre dévastée*", em Guillaume Apollinaire, *Selected Poems*. Intr. de Martin Sorrell. Oxford: Oxford University Press, 2015, p. 240.

13. Laurence Campa, *Guillaume Apollinaire*. Paris: Gallimard, 2013, p. 320. Apollinaire está entre os escritores que, como Joseph Conrad e tantos outros (Samuel Beckett, Vladimir Nabokov, Elias Canetti, Franz Kafka, Eugène Ionesco), escreveram em uma língua que não a materna, mas a do país que adotaram.

14. Seu nome era Michal Apolinary Kostrowicki.

INTRODUÇÃO 79

15. O imbróglio foi levado às telas em 2012, pelas mãos do diretor espanhol Fernando Colomo (*La banda Picasso*).

16. A se mencionar o caso do grande poeta italiano (e amigo de Apollinaire) Giuseppe Ungaretti (1888-1970), que foi professor da Universidade de São Paulo.

17. Em 17 de junho de 1915, Apollinaire conseguiu imprimir, no front, 25 exemplares de uma plaquete, caligrafada e policopiada. Para isso, pediu autorização para usar o duplicador de estêncil para impressão, utilizado para a realização de papéis e jornais militares.

18. Jacques Vaché, *Lettres de guerre*. Paris: Au Sans Pareil, 1919, p. 79.

19. Palavra-valise composta de *caligrafia + ideograma*.

20. Além de Whitman, Apollinaire teve algum impacto na forma e na feitura de "Howl" ("Uivo"), outro poema fundamental do século xx e que dialoga com "Zona". Lembremos que o título do poema de Apollinaire era, originalmente, "Cri" ("Grito").

21. Bolivar Torres, "Guillaume Apollinaire e a aurora modernista". *O Globo*, 16 nov. 2013. Caderno Prosa. Disponível em: <blogs.oglobo.globo.com/prosa/post/guillaume-apollinaire-a-aurora-modernista-515273.html>. Acesso em: 1 jan. 2020.

22. Gíria francesa pejorativa para alemão, equivalente ao nosso "chucrute".

23. Laurence Campa, *Guillaume Apollinaire*, op. cit., p. iv.

24. Michel Décaudin, "Soupault en 1917", nota 13. Disponível em: <books.openedition.org/puc/10099>. Acesso em: 21 fev. 2021.

25. Guillaume Apollinaire, "O espírito novo e os poetas", em Roger Shattuck, *Selected Writings*. Nova York: New Directions, 1971, p. 227.

26. Álvaro Faleiros, "Elementos para a tradução do octossílabo em português", em *Cadernos de Literatura em Tradução*, n. 7, pp. 71-80, 2006. Disponível em: <doi.org/10.11606/issn.2359-5388.i7p71-80>. Acesso em: 4 jan. 2012.

27. Entrevista para Gaston Picard, *Le Pays*, 24 jun. 1917.

28. Paulo Henriques Britto, "Para uma tipologia do verso livre em português e inglês". Disponível em: <revista.abralic.

org.br/index.php/revista/article/view/275>. Acesso em: 4 jan. 2012.

29. T.S. Eliot, "A música da poesia", em *De poesia e poetas*. Trad. de Ivan Junqueira. São Paulo: Brasiliense, 1991, p. 53.

30. Vincent Vivès, *Calligrammes*. Paris: Gallimard, 2003, p. 215. (La Bibliothèque Gallimard).

31. Michel Décaudin, *Le Dossier d'"Alcools"*. Genebra: Droz, 1960, p. 13.

32. O termo é de Baudelaire, da primeira estrofe de "Correspondências": "A Natureza é um templo onde vivos pilares/ Deixam às vezes vagas falas manifestas;/ E o homem nela passa por entre florestas/ De símbolos que o olham com olhos familiares". (*As flores do mal*. Trad. de Júlio Castañon Guimarães. São Paulo: Companhia das Letras, 2019, p. 43.)

33. Anne Hyde Greet, "Wordplay in Apollinaire's 'Calligrammes'". *L'Esprit Créateur*, v. 10, n. 4, pp. 296-307, 1970. Disponível em: <jstor.org/stable/26279550>. Acesso em: 13 jan. 2021.

34. No sentido da filosofia de Henri Bergson (1859-1941): tempo interior, diferente do tempo cronológico.

35. "The New Spirit", em *Guillaume Apollinaire: Selected Writings*. Trad. e intr. de Roger Shattuck. Nova York: New Directions, 1970, pp. 227-37.

36. Para uma discussão detalhada de Apollinaire e a crítica de arte ver: Conrado Fogagnoli, *Guillaume Apollinaire: Reflexão artística e elaboração poética*. São Paulo: Faculdade de Filosofia, Letras e Ciências Humanas, Universidade de São Paulo, 2018. Tese de Doutorado em Teoria Literária e Literatura Comparada. Disponível em: <teses.usp.br/teses/disponiveis/8/8151/tde-20022019-110006/pt-br.php >. Acesso em: 20 jan. 2021.

37. Ibid., p. 31.

38. Duas dessas estátuas ibéricas, roubadas do Museu do Louvre e vendidas a Picasso pelo "secretário" belga de Apollinaire, Géry Piéret, ficariam guardadas no ateliê de Picasso e inspirariam a execução de *Les demoiselles d'Avignon* (1907), a obra-prima da pintura modernista.

INTRODUÇÃO 81

39. Guillaume Apollinaire, *Selected Writings*, op. cit., p. 234.
40. Roger Shattuck, "Introduction", em Guillaume Apollinaire, *Selected Writings*, op. cit., p. 37.
41. Conferência proferida um ano antes de morrer e só publicada postumamente.
42. Alex Preminger e T. V. F. Brogan, *The New Princeton Encyclopedia of Poetry and Poetics*. Nova Jersey: Princeton University Press, 1993, p. 436.
43. O ensaio de Eliot é de 1919, um ano depois da morte de Apollinaire. Eliot usa, curiosamente, duas palavras-chave do vocabulário poético do francês; "ordem" e "simultâneo". Para Eliot, o termo "tradição" representa uma "ordem simultânea" (fusão de passado e presente) e, ao mesmo tempo, uma agoridade (a sensação de pertencer ao presente). "A tradição implica um significado muito mais amplo. Ela não pode ser herdada, e se alguém a deseja, deve conquistá-la através de um grande esforço. Ela envolve, em primeiro lugar, o sentido histórico, que podemos considerar quase indispensável a alguém que pretenda continuar poeta depois dos vinte e cinco anos; e o sentido histórico implica a percepção, não apenas da caducidade do passado, mas de sua presença; o sentido histórico leva um homem a escrever não somente com a própria geração a que pertence em seus ossos, mas com um sentimento de que toda a literatura europeia desde Homero e, nela incluída, toda a literatura de seu próprio país, têm uma existência simultânea e constituem uma ordem simultânea. Esse sentido histórico, que é o sentido tanto do atemporal quanto do temporal e do atemporal e do temporal reunidos, é que toma um escritor tradicional. E é isso que, ao mesmo tempo, faz com que um escritor se torne mais agudamente consciente de seu lugar no tempo, de sua própria contemporaneidade". Em "Tradição e talento individual", *Ensaios*. Trad., intr. e notas de Ivan Junqueira. São Paulo: Art Editora, 1989, pp. 37-48. Disponível em: <iedamagri.files.wordpress.com/2018/09/eliot-t-s-tradiccca7acc830-e-talento-individual.pdf>. Acesso em: 21 fev. 2021.
44. "Prefácios" (ou "Prefácios de Apollinaire"), em "Préfa-

ces, chapitres et parutions isolées". Obvil: Sorbonne Université. Disponível em: <obvil.sorbonne-universite.fr/corpus/apollinaire/apollinaire_prefaces>. Acesso em: 12 out. 2020.

45. Peter Read, "Introduction", em Guillaume Apollinaire, *Zone: Selected Poems*. Trad. de Ron Padgett. Nova York: New York Review of Books, 2015, p. xv.

46. De fato, um dos itens mais curiosos da coleção particular de Apollinaire era uma máscara-elmo *ngontang*, do Gabão, esculpida em madeira, duas faces olhando em direções opostas. A máscara pode ser vista em: <metmuseum.org/art/collection/search/312196>. Acesso em: 3 mar. 2021.

47. Guillaume Apollinaire, *Œuvres complètes prose*, t. II. Org. de Pierre Caizergues e Michel Décaudin. Paris: Gallimard, 1991, p. 986.

48. Lembremos que Apollinaire, ao lado de Blaise Cendrars, teve grande importância na divulgação da arte primitiva por ter sido conselheiro artístico do marchand Paul Guillaume (1891-1934), responsável pela Première Exposition d'Art Nègre et d'Art Océanien, em maio de 1919. O catálogo trazia um texto curatorial de Apollinaire, que já havia falecido ("À Propos de l'art des Noirs", escrito para o *Premier album de sculptures nègres*, de 1917).

49. O subtítulo foi sugerido pelo editor para atrair mais leitores, já que o "cubismo" estava em voga. A palavra "cubista" foi criada em 1908, a partir de uma crítica de Louis Vauxcelles para designar, pejorativamente, as figuras geométricas e os "cubos" de um quadro de Braque, *Casas de L'Estaque*.

50. "Pensamentos soltos sobre as meditações estéticas de Apollinaire". Trad. de Flávia Nascimento Faleiros. *Lettres Françaises*, Araraquara, Unesp, v. 2, n. 20, p. 287, 2019. Disponível em: <periodicos.fclar.unesp.br/lettres/article/view/13566>. Acesso em: 21 jan. 2021. O original pode ser acessado em: <obvil.sorbonne-universite.fr/corpus/apollinaire/apollinaire_meditations-esthetiques>. Acesso em: 11 out. 2020.

51. Rodrigo Garcia Lopes, *Roteiro literário: Paulo Leminski*. Curitiba: Biblioteca Pública do Paraná, 2018, p. 33.

52. *Lettres de Guillaume Apollinaire à sa marraine: 1915-1918.*

INTRODUÇÃO 83

Org., intr. e notas de Marcel Adéma. Paris: Pour Les Fils du Roi, 1948, p. 35.

53. Uso o adjetivo (do grego *dēmotikos*) no sentido de "pertencente ao povo e às pessoas comuns", "do povo", popular, vulgar.

54. S. I. Lockerbie, op. cit., p. 5.

55. Várias definições e propostas de simultaneísmo pictórico e poético circulavam na mesma época, como Apollinaire reconhece. Havia, por exemplo, a "simultaneità" dos futuristas Marinetti, Severini, Boccioni e Carrà; havia o "simultanisme" do dramaturgo Henri-Martin Barzun; havia ainda o "premier livre simultané" ("primeiro livro simultâneo" de Blaise Cendrars e Sonia Delaunay, *A prosa do Transiberiano*) e ainda a teoria e técnica dos "contrastes simultâneos" da pintura de Robert e Sonia Delaunay (depois batizado por Apollinaire como "orfismo", tendência a qual ele mais se alinhava, ao lado do experimento poético-pictórico de Cendrars-Sonia Delaunay).

56. S. I. Lockerbie, "Introduction", op. cit. Itálicos meus.

57. Doroty Hoogler e Thomas Hoobler, *The Crimes of Paris: A True Story of Murder, Theft, and Detection*. Nova York: Little, Brown, and Company, 2009, p. 137.

58. Apollinaire não teve tempo de experimentar, como queria, as novas técnicas de gravação e o fonógrafo, apesar de ter deixado registrado sua voz em três poemas que gravou para os Arquivos da Palavra.

59. Guillaume Apollinaire, "Simultanisme — Librettisme". Disponível em: <lyriktheorie.uni-wuppertal.de/texte/1914_apollinaire2.html>. Acesso em: 20 nov. 2020.

60. Guillaume Apollinaire. *Pintores cubistas: Meditações estéticas*. Trad. de Sueli Tomazini Barros Cassal. Porto Alegre: L&PM, 1997, p. 16.

61. Marjorie Perloff, op. cit., p. 14. Itálicos meus.

62. William Burroughs, em entrevista ao autor, em *Vozes & visões: Panorama da arte e cultura norte-americanas hoje*. São Paulo: Iluminuras, 1996, p. 79.

63. Octavio Paz, *Os filhos do barro: Do romantismo à vanguarda*. Trad. de Olga Savary. Rio de Janeiro: Nova Fronteira, 1984, p. 156.

64. Henri-Martin Barzun (1881-1973). Hoje pouco lembrado, editor da revista *Poème et Drame*, foi um ativo teórico e poeta experimentalista, tendo antecipado, com seu "dramatismo" polifônico, a poesia concreta e o letrismo. Autor de *L'Universel Poème, ou L'Orphéide*. Ele acusava Apollinaire e o pintor Robert Delaunay de terem "sequestrado" seus termos "simultaneísmo" e "orfismo".

65. Chevreul publicará sua "teoria da cor" em *De la Loi du contrast simultané des couleurs* [A lei do contraste simultâneo das cores], de 1839.

66. Ver o poema e a seção Comentários.

67. Aristóteles, apud Ezra Pound, *A arte da poesia: Ensaios escolhidos*. Trad. de Heloisa de Lima Dantas e José Paulo Paes. São Paulo: Cultrix, 1977, p. 71.

68. Claude Debon, *Claude Debon commente Calligrammes de Guillaume Apollinaire*. Paris: Gallimard, 2004, p. 151.

69. Em entrevista a Gaston Picard, *Le Pays*, 24 jun. 1917. Itálicos meus.

70. Apollinaire alega ter conhecido "Um lance de dados" apenas quando a NRF editou cem cópias do poema na metade de julho de 1914, quando ele já havia composto "Carta-oceano". Era a primeira vez que Mallarmé era publicado em livro. Mesmo assim, parece pouco provável que Apollinaire, com sua imensa curiosidade, não tenha ido atrás de um exemplar da revista *Cosmopolis* de maio de 1898, onde "Um lance de dados" foi publicado pela primeira vez.

71. Guillaume Apollinaire, *Correspondance générale: 3 volumes, Tome 1, En guise d'introduction*, 1891-1914. Paris: Honoré Champion, 2015, p. 535.

72. "Termo francês para um processo poético que consiste no desalinhamento da estrutura métrica e sintática de uma composição, onde os versos se sucedem entre si sem pausas no final de cada um. É normalmente traduzido para português por *encavalgamento*, por tradução direta do espanhol *encabalgamiento*. O processo de continuação do sentido de um verso no verso seguinte produz versos corridos, característica de muitas composições da

INTRODUÇÃO 85

nossa lírica galego-portuguesa." A definição é de Carlos Ceia, *E-dicionário de termos poéticos*. Disponível em: <edtl.fcsh.unl.pt/encyclopedia/enjambement>. Acesso em: 20 jan. 2021.

73. Silvana Vieira da Silva Amorim, *Guillaume Apollinaire: Fábula e lírica*. São Paulo: Editora Unesp, 2002, p. 138.

74. Michel Décaudin, *Le Dossier d'"Alcools"*. Genebra: Droz, 1965.

75. A passagem faz parte do poema longo em octossílabos "A canção do mal-amado", não traduzido nesta seleção. Tradução do autor.

76. Guillaume Apollinaire, *Selected Poems*. Oxford, op. cit., 2015, p. xx.

77. Figura de linguagem que consiste em atribuir características humanas a outros seres animados ou a objetos inanimados, presente na poesia ocidental desde Homero. Também conhecida como prosopopeia.

78. S. I. Lockerbie, op. cit., p. 2.

79. Kenneth Goldsmith discutindo a ideia de *gênio desoriginal* de Marjorie Perloff, em *Uncreative Writing: Making Language in the Digital Age*. Nova York: Columbia University Press, 2011, p. 1.

80. Décaudin citado em *"Modernolatria" e "Simultaneità"*, de Pär Bergman. Trad. de Júlio Bernardo Machinski. Joinville: Clube de Autores, 2017, p. 179.

81. *Collage*, do francês *coller*, "colar", "grudar". Nas artes plásticas, técnica que envolve a inserção e a justaposição, no espaço da tela, de recortes de páginas de jornais, letras, fotos, texturas pré-fabricadas, objetos reais encontrados etc. Em literatura seria o uso extensivo e a justaposição de citações, fragmentos, frases retiradas de outros contextos para compor um novo texto. A colagem tem um caráter simultâneo também: há 1) a relação do objeto inserido com sua fonte e contexto originais e 2) a relação do objeto com os demais objetos da tela ou fragmentos do novo texto. Como descrito no manifesto do grupo MU (1978), citado por Perloff: "Cada elemento citado quebra a continuidade ou a linearidade do discurso e leva necessariamente a uma dupla leitura: a do frag-

mento percebido em relação a seu texto de origem; a do mesmo fragmento enquanto incorporado a um novo todo, a uma totalidade diferente. O truque da colagem consiste também em nunca suprimir totalmente a alteridade destes elementos reunidos em uma composição temporária". (Ver Marjorie Perloff, "Collage and Poetry", em *Encyclopedia of Aesthetics*. Org. de Michael Kelly, 4 v. Nova York: Oxford University Press, v. 1, 1998, pp. 384--7. Disponível em: <scribd.com/document/36859187/Collage-and-Poetry>. Acesso em: 11 jan. 23.)

82. Procedimento que marcará a produção de Severini, Picasso, Braque e, posteriormente, do dadaísmo, do expressionismo-abstrato e da pop art.

83. Gino Severini, citado em Marjorie Perloff, *The Futurist Moment*, op. cit., p. 45. O quadro realizado por Picasso após a sugestão de Apollinaire é *Natureza-morta com cadeira de palha*, de 1912.

84. Gino Severini, *La Vie d'un peintre*. Paris: Hazan, 2011, p. 134.

85. Ibid., p. xviii.

86. S. I. Lockerbie, op. cit., p. 3.

87. A variedade do verso apollinairiano havia feito o crítico Georges Duhamel chamar *Álcoois*, pejorativamente, de um brechó, uma loja de artigos de segunda mão (*"une boutique de brocanteur"*).

88. S. I. Lockerbie, op. cit., p. 3.

89. Sobre a importância da experiência dos jornais e revistas em sua poesia ver o ensaio de Pierre Caizergues, "Apollinaire journaliste: Les débuts et la formation du journaliste 1900-1909". *Littératures*, n. 11, pp. 128-30, 1984. Disponível em: <persee.fr/doc/litts_0563-9751_1984_num_11_1_1312_t1_0128_0000_2>. Acesso em: 16 fev. 2021.

90. Guillaume Apollinaire, "L'Esprit nouveau et les poètes", em *Œuvres en prose complètes* II. Paris: Gallimard, 1991, p. 945.

91. Alex Preminger e T. V. F. Brogan, op. cit., p. 880. Itálicos meus.

92. Octavio Paz, op. cit., p. 157.

93. Ezra Pound, op. cit., p. 10.

INTRODUÇÃO 87

94. Ver a inserção do desenho de um poste telegráfico, que constava do cabeçalho do jornal *Le Matin*, no caligrama "Viagem".

95. O título alude à frase em italiano *"anch'io son pittore"*, que teria sido dita pelo pintor Correggio (1489-1534) ao ver um quadro de Rafael (1483-1520).

96. Michel Foucault, *Isso não é um cachimbo*. Trad. de Jorge Coli. Rio de Janeiro: Paz e Terra, 2008, p. 23.

97. Ver: <facebook.com/paulorogerioferraz>, postagem de 18 fev. 2022.

98. Ver o ensaio de Willard Bohn, "Apollinaire's reception in Brazil". *Revue de Littérature Comparée*, n. 311, pp. 311-28, 2004/3. Disponível em: <cairn.info/revue-de-litterature-comparee-2004-3-page-311.htm#:~:text=The%20next%20year%20he%20traveled,about%20Apollinaire%20and%20Erik%20Satie>. Acesso em: 10 nov. 2020.

99. Sérgio Buarque de Holanda, "O futurismo paulista". *Fon-Fon*, xv, n. 50, 10 dez. 1921. Por sua vez, o Brasil figura na obra de Apollinaire em pelo menos duas ocasiões: o Rio de Janeiro durante o Carnaval, no conto "O rei-lua" e em poema enviado à Lou, do front em Hurlus, em 1915. Em "Pressentiment d'Amérique" ele imagina a América do Sul como um futuro refúgio para o casal quando a guerra acabasse, mencionando o rio Amazonas, o "mar vegetal", as fadas (provavelmente Iara) *"vagues de Proroca"* (ondas de pororoca), *"mascaret"* (macaréu) etc.

100. Ibid., p. 314.

101. Ibid., p. 315.

102. O artigo original de Gabriel Arbouin, "Devant l'Idéogramme d'Apollinaire" se encontra em *Les Soirées de Paris*, n. 26 e 27, pp. 383-5, jul./ago. 1914.

103. Augusto de Campos, Décio Pignatari e Haroldo de Campos, "plano-piloto para poesia concreta", em *Teoria da poesia concreta: Textos e manifestos críticos (1950-1960)*. São Paulo: Brasiliense, 1987, p. 156.

104. Ibid., p. 27. Itálicos meus.

105. Ibid.

106. Ibid., p. 67.

107. Ibid., p. 77.

108. Ibid., p. 69.

109. Em e-mail ao autor (8 jan. 2021) ela escreve: "Eu confirmo que Gabriel Arbouin existiu realmente. Não é um pseudônimo de Apollinaire" ("*Je confirme que Gabriel Arbouin existait vraiment. Ce n'est pas un pseudonyme d'Apollinaire*").

110. Marcel Adéma, *Apollinaire*. Trad. do francês de Denise Folliot. Londres: William Heineman, 1954, p. 190.

111. Um equívoco que se repete mesmo em iniciativas recentes e importantes de traduzir Apollinaire, como em *Caligramas*, por Álvaro Faleiros (2008, p. 25). Ele afirma, sobre o texto de Arbouin: "Trata-se de um artigo escrito por Apollinaire, sob o pseudônimo de Gabriel Arboin [sic], publicado na revista *Les Soirées de Paris*, sobre seu poema 'Carta-oceano'".

112. Augusto de Campos, "Poesia concreta", em Augusto de Campos, Décio Pignatari e Haroldo de Campos, op. cit., p. 50.

113. Augusto de Campos, Décio Pignatari e Haroldo de Campos, op. cit., p. 67. Itálicos meus.

114. Haroldo de Campos, "Brazilian Concrete Poetry: How It Looks Today: Haroldo and Augusto de Campos Interviewed by Marjorie Perloff". *Ciberletras*, n. 17, jul. 2007. Disponível em: <lehman.cuny.edu/ciberletras/documents/ISSUE17.pdf>. Acesso em: 9 jan. 2021.

115. Guillaume Apollinaire. *Pintores cubistas: Meditações estéticas*, op. cit., p. 14. Itálicos meus.

116. Id., "Réponse à une enquête", em *Œuvres complètes en prose*. Paris: Gallimard, 1991, tomo II, p. 958.

117. S. I. Lockerbie, op. cit., p. 4.

118. Johanna Drucker, "Visual Performance of the Poetic Text", em *Close Listening: Poetry And The Performed Word*. Oxford: Oxford University Press, 1998, p. 134.

119. Guillaume Apollinaire, apud Willard Bohn, *The Aesthetics of Visual Poetry, 1914-1928*. Chicago: University of Chicago Press, 1993, p. 48.

120. Ezra Pound, "Apollinaire and the English Muse", apud Willard Bohn, *Apollinaire and the International Avant-Garde*, op. cit., p. 34.

INTRODUÇÃO 89

121. Curiosamente, cummings resgata, como recursos poéticos, exatamente os sinais de pontuação que Apollinaire eliminara.

122. Gabriel Arbouin, "Devant l'Idéogramme d'Apollinaire", em Mark Antliff e Patricia Leighton, *A Cubism Reader: Documents and Criticism* (1906-1914). Chicago: The University of Chicago Press, 2008, p. 653.

123. Ibid.

124. Citado em Michael Webster, *Reading Visual Poetry After Futurism: Marinetti, Apollinaire, Schwitters, cummings.* Nova York: Peter Lang, 1995, p. 67.

125. S. I. Lockerbie, op. cit., p. 14.

126. Laurence Campa, "Actualité et modernité de Guillaume Apollinaire: "C'est lui qui ouvre le siècle poétique". *France Culture*. Disponível em: <https://www.radiofrance.fr/franceculture/podcasts/concordance-des-temps/actualite-et-modernite-de-guillaume-apollinaire-c-est-lui-qui-ouvre-le-siecle-poetique-5382989>. Acesso em: 2 jan. 2021.

127. Paulo Henriques Britto, *A tradução literária*. Rio de Janeiro: Civilização Brasileira, 2012, p. 67.

128. Id., "Para uma avaliação mais objetiva das traduções de poesia". *Eutomia*: *Revista de Literatura e Linguística*, v. 1, n. 20, p. 227, 2017. Disponível em: <periodicos.ufpe.br/revistas/eutomia/article/view/234813>. Acesso em: 4 jan. 2021.

129. Em alguns momentos de *Álcoois* e *Caligramas* Apollinaire não empregou crases onde, em francês, seriam necessárias. Nesta edição, optamos por manter a grafia adotada pelo autor sem correções.

Álcoois — poemas
Alcools — poèmes

ZONE

1 *A la fin tu es las de ce monde ancien*

Bergère ô tour Eiffel le troupeau des ponts bêle ce matin

Tu en as assez de vivre dans l'antiquité grecque et romaine

Ici même les automobiles ont l'air d'être anciennes
La religion seule est restée toute neuve la religion
Est restée simple comme les hangars de Port-Aviation

Seul en Europe tu n'es pas antique ô Christianisme
L'Européen le plus moderne c'est vous Pape Pie x
Et toi que les fenêtres observent la honte te retient
10 *D'entrer dans une église et de t'y confesser ce matin*
Tu lis les prospectus les catalogues les affiches qui
 [chantent tout haut
Voilà la poésie ce matin et pour la prose il y a les
 [journaux
Il y a les livraisons à 25 centimes pleines d'aventures policières
Portraits des grands hommes et mille titres divers

J'ai vu ce matin une jolie rue dont j'ai oublié le nom
Neuve et propre du soleil elle était le clairon
Les directeurs les ouvriers et les belles sténo-
 [-dactylographes

ZONA

1 No fim você está farto deste mundo antigo

Pastora ó torre Eiffel seu tropel de pontes esta manhã balindo

Você está cheio de viver na antiguidade greco-romana

Aqui até dos automóveis um quê de coisa antiga emana
Só a religião não sai de moda a religião
Continua simples como os hangares do Porto-de-Aviação

Só você na Europa não é mais antigo ó Cristianismo
O europeu mais moderno é o Papa Pio x você mesmo
A quem as janelas observam a vergonha o impedindo
10 De entrar numa igreja e se confessar cedinho
Você lê folhetos catálogos cartazes cantando
 [bem alto
Isto é poesia esta manhã e se quiser prosa tem sempre
 [o jornal
Tem fascículos baratos repletos de aventuras policiais
Biografias de famosos e mil títulos mais

Esta manhã vi uma rua bonita cujo nome esqueci
Claro e límpido clarim do sol ali
E diretores e trabalhadores e estenodatilógrafas bonitas
 [seguiam

Du lundi matin au samedi soir quatre fois par jour
 [y passent

Le matin par trois fois la sirène y gémit
20 *Une cloche rageuse y aboie vers midi*
 Les inscriptions des enseignes et des murailles
 Les plaques les avis à la façon des perroquets criaillent
 J'aime la grâce de cette rue industrielle
 Située à Paris entre la rue Aumont-Thiéville et l'avenue
 [des Ternes

Voilà la jeune rue et tu n'es encore qu'un petit enfant
Ta mère ne t'habille que de bleu et de blanc
Tu es très pieux et avec le plus ancien de tes camarades
 [René Dalize
Vous n'aimez rien tant que les pompes de l'Église
Il est neuf heures le gaz est baissé tout bleu vous sortez
 [du dortoir en cachette
30 *Vous priez toute la nuit dans la chapelle du collège*
 Tandis qu'éternelle et adorable profondeur améthyste
 Tourne à jamais la flamboyante gloire du Christ
 C'est le beau lys que tous nous cultivons
 C'est la torche aux cheveux roux que n'éteint pas le vent
 C'est le fils pâle et vermeil de la douloureuse mère
 C'est l'arbre toujours touffu de toutes les prières
 C'est la double potence de l'honneur et de l'éternité
 C'est l'étoile à six branches
 C'est Dieu qui meurt le vendredi et ressuscite le dimanche
40 *C'est le Christ qui monte au ciel mieux que les aviateurs*
 Il détient le record du monde pour la hauteur

Pupille Christ de l'œil
Vingtième pupille des siècles il sait y faire
Et changé en oiseau ce siècle comme Jésus monte dans l'air
Les diables dans les abîmes lèvent la tête pour le regarder
Ils disent qu'il imite Simon Mage en Judée
Ils crient s'il sait voler qu'on l'appelle voleur

ÁLCOOIS 95

De segunda de manhã a sábado à tarde passam quatro
 [vezes por dia
De manhã três vezes a sirene gania
20 Um sino colérico ladra perto do meio-dia
As pichações nos muros anúncios vários
Placas e letreiros gritam feito papagaios
Desta rua industrial adoro seu charme eterno
Que fica em Paris entre a rua Aumont-Thiéville e a avenida
 [dos Ternos

Eis aqui a rua jovem você agora é só uma criança
Sua mãe te vestindo com roupa azul e branca
Você é devoto como talvez só seu velho amigo René
 [Dalize seja
E nada o delicia mais que as pompas da Igreja
Nove da noite luz azul do gás no fim você foge do
 [dormitório
30 Reza a noite inteira na capela do oratório
Enquanto a eterna e adorável profundeza ametista
Gira para sempre a rutilante glória de Cristo
É o lírio lindo que nos é benquisto
É a tocha de cabelos ruivos que o vento não apaga
É o filho rosipálido da mãe cheia de mágoa
É a árvore sempre frondosa em cada folha uma reza
É a dupla forca da eternidade e da honradez
É a estrela de seis pontas reluzindo
É Deus que morre sexta e ressuscita domingo
40 É Cristo que sobe mais alto que qualquer piloto ou criatura
Ele detém o recorde mundial de altura

Menina dos olhos de Cristo
Vigésima pupila dos séculos ele é especialista nisto
E transformado em pássaro este século ascende como Jesus
Diabos erguem as cabeças e o encaram dos abismos
Dizem que ele é imitação do Mago Simão na Judeia
Gritam voar é fácil aviãozinho você já é

Les anges voltigent autour du joli voltigeur
Icare Énoch Élie Apollonius de Thyane
50 *Flottent autour du premier aéroplane*
Ils s'écartent parfois pour laisser passer ceux que transporte
[*la Sainte-Eucharistie*
Ces prêtres qui montent éternellement élevant l'hostie
L'avion se pose enfin sans refermer les ailes
Le ciel s'emplit alors de millions d'hirondelles
À tire-d'aile viennent les corbeaux les faucons les hiboux
D'Afrique arrivent les ibis les flamands les marabouts
L'oiseau Roc célébré par les conteurs et les poètes
Plane tenant dans les serres le crâne d'Adam la première tête
L'aigle fond de l'horizon en poussant un grand cri
60 *Et d'Amérique vient le petit colibri*
De Chine sont venus les pihis longs et souples
Qui n'ont qu'une seule aile et qui volent par couples
Puis voici la colombe esprit immaculé
Qu'escortent l'oiseau-lyre et le paon ocellé
Le phénix ce bûcher qui soi-même s'engendre
Un instant voile tout de son ardente cendre
Les sirènes laissant les périlleux détroits
Arrivent en chantant bellement toutes trois
Et tous aigle phénix et pihis de la Chine
70 *Fraternisent avec la volante machine*

Maintenant tu marches dans Paris tout seul parmi la foule
Des troupeaux d'autobus mugissants près de toi roulent
L'angoisse de l'amour te serre le gosier
Comme si tu ne devais jamais plus être aimé
Si tu vivais dans l'ancien temps tu entrerais dans un monastère
Vous avez honte quand vous vous surprenez à dire une prière
Tu te moques de toi et comme le feu de l'Enfer ton rire pétille
Les étincelles de ton rire dorent le fond de ta vie
C'est un tableau pendu dans un sombre musée
80 *Et quelquefois tu vas le regarder de près*

Ao redor do belo acrobata os anjos fazem folias
Ícaro Enoque Apolônio de Tiana e Elias
50 Flutuam ao redor do primeiro aeroplano
Às vezes se afastam pra deixar passar os que transportam
[a Santa Eucaristia
Estes padres que ascendem eternamente erguendo a hóstia
O avião pousa enfim mas sem fechar as asinhas
Agora o céu fica lotado com milhões de andorinhas
Batendo as asas velozes chegam falcões corujas corvos
Da África chegam flamingos íbises marabus
Os Pássaros-Rocas celebrados por contistas e poetas
Planam agarrando o crânio de Adão de cabeça primeva
No horizonte a águia solta um grande grito
60 Da América chega o pequeno colibri
Da China os sinuosos compridos pihis
Que têm só uma asa e sempre voam em pares
Depois a pomba espírito imaculado
Pelo pássaro-lira e o pavão escoltada
Fênix pira funérea a nascer de si
Por um instante se cobre com suas cinzas
E deixando pra trás perigosos estreitos
Sereias chegam em trio com seus cantos trejeitos
A fênix a águia o pihi da China a toda
70 Se confraternizam co'a máquina que voa

Agora você anda por Paris na multidão sozinho
Rebanhos de ônibus mugem cruzam seu caminho
A dor do amor faz a garganta travar
Como se ninguém fosse mais capaz de te amar
Se vivesse na antiguidade você entraria prum mosteiro
Que vergonha ser pego rezando com um rosário
Tira sarro de si e como o fogo do inferno seu riso crepita
As centelhas do riso douram o fundo da sua vida
É um quadro pendurado num museu deserto
80 Que você visita às vezes para ver de perto

Aujourd'hui tu marches dans Paris les femmes sont
[ensanglantées
C'était et je voudrais ne pas m'en souvenir c'était au
[déclin de la beauté

Entourée de flammes ferventes Notre-Dame m'a regardé
[à Chartres
Le sang de votre Sacré-Cœur m'a inondé à Montmartre
Je suis malade d'ouïr les paroles bienheureuses
L'amour dont je souffre est une maladie honteuse
Et l'image qui te possède te fait survivre dans l'insomnie
[et dans l'angoisse
C'est toujours près de toi cette image qui passe

Maintenant tu es au bord de la Méditerranée
Sous les citronniers qui sont en fleur toute l'année
Avec tes amis tu te promènes en barque
L'un est Nissard il y a un Mentonasque et deux Turbiasques
Nous regardons avec effroi les poulpes des profondeurs
Et parmi les algues nagent les poissons images du Sauveur

Tu es dans le jardin d'une auberge aux environs de Prague
Tu te sens tout heureux une rose est sur la table
Et tu observes au lieu d'écrire ton conte en prose
La cétoine qui dort dans le cœur de la rose

Épouvanté tu te vois dessiné dans les agates de Saint-Vit
Tu étais triste à mourir le jour où tu t'y vis
Tu ressembles au Lazare affolé par le jour
Les aiguilles de l'horloge du quartier juif vont à rebours
Et tu recules aussi dans ta vie lentement
En montant au Hradchin et le soir en écoutant
Dans les tavernes chanter des chansons tchèques

Te voici à Marseille au milieu des pastèques

ÁLCOOIS 99

Hoje você anda por Paris mulheres estão
 [sangrando
Era e quem dera esquecer era o declínio da beleza
 [quando

Entre chamas ardentes Nossa Senhora me contemplou
 [em Chartres
O sangue do seu Sagrado Coração me inundou em Montmartre,
Estou doente de tanto ouvir palavras de bença
O amor que sofro sim é vergonhosa doença
E a imagem que te possui e mantém vivo em noites de insônia
 [e dor
Aquela imagem fugaz sempre ao seu redor

Agora você às margens do Mediterrâneo
Sob os limoeiros que florescem todo o ano
Você sai pra passear de barco com sua trupe
Um é de Nice outro de Menton dois de La Turbie
O polvo das profundezas nos enchia de horror
E entre algas nadam peixes símbolos do Salvador

Você no jardim de uma pousada perto de Praga
Feliz da vida uma rosa sobre a mesa vaga
E observa em vez de escrever sua história em prosa
O besouro cochilando no coração da rosa

Apavorado se vê desenhado nas ágatas de São Vito
Triste aquele dia a ponto de morrer por ter se visto
Você parece Lázaro afligido pelo sol diário
Os ponteiros do relógio no bairro judeu giram ao contrário
E você também recua assim da vida aos poucos
Subindo rumo ao Hradchin ao poente escuta os ecos
Das músicas tchecas que chegam dos botecos

Você em Marselha entre melancias antes

Te voici à Coblence à l'hôtel du Géant

Te voici à Rome assis sous un néflier du Japon

Te voici à Amsterdam avec une jeune fille que tu trouves
 [belle et qui est laide
Elle doit se marier avec un étudiant de Leyde
On y loue des chambres en latin Cubicula locanda
Je m'en souviens j'y ai passé trois jours et autant à Gouda

Tu es à Paris chez le juge d'instruction
Comme un criminel on te met en état d'arrestation

Tu as fait de douloureux et de joyeux voyages
Avant de t'apercevoir du mensonge et de l'âge
Tu as souffert de l'amour à vingt et à trente ans
J'ai vécu comme un fou et j'ai perdu mon temps
Tu n'oses plus regarder tes mains et à tous moments je
 [voudrais sangloter
Sur toi sur celle que j'aime sur tout ce qui t'a épouvanté

Tu regardes les yeux pleins de larmes ces pauvres émigrants
Ils croient en Dieu ils prient les femmes allaitent des enfants
Ils emplissent de leur odeur le hall de la gare Saint-Lazare
Ils ont foi dans leur étoile comme les rois-mages
Ils espèrent gagner de l'argent dans l'Argentine
Et revenir dans leur pays après avoir fait fortune
Une famille transporte un édredon rouge comme vous
 [transportez votre cœur
Cet édredon et nos rêves sont aussi irréels
Quelques-uns de ces émigrants restent ici et se logent
Rue des Rosiers ou rue des Écouffes dans des bouges
Je les ai vus souvent le soir ils prennent l'air dans la rue
Et se déplacent rarement comme les pièces aux échecs
Il y a surtout des Juifs leurs femmes portent perruque
Elles restent assises exsangues au fond des boutiques

ÁLCOOIS 101

Você em Coblence no Hotel do Gigante

Você em Roma sentado sob uma ameixeira do Japão

Você em Amsterdam com uma donzela que nada tem de
[lady
110 Vai se casar com um acadêmico de Leida
Alugam quartos de estudante em latim Cubícula Locanda
Lembro de passar três dias lá e outros mais em Gouda

Você em Paris diante do juiz de instrução
Como se fosse um criminoso te dão voz de prisão

Você já fez alegres e dolorosas viagens
Ainda não conhecia a velhice e a falsidade
Aos vinte e aos trinta anos você de amor sofreu
Perdi meu tempo vivi como um imbecil
Você não ousa olhar suas mãos só tem vontade de
[chorar
120 Por você por ela que amo por tudo que a fez se assustar

Com olhos cheios de lágrimas vê estes pobres imigrantes
Crentes em Deus mulheres rezam amamentam infantes
Com seus cheiros enchem o hall da estação São Lázaro
Eles têm fé em sua estrela como os reis magos
Esperam ficar cheios de argém na Argentina
E ao país natal voltar gente grã-fina
Uma família carrega um edredom vermelho como você seu
[coração
Esse edredom e nossos sonhos são ambos irreais
Alguns desses imigrantes aqui passam a viver
130 Nos cortiços da rua dos Écouffes ou das Rosiers
Sempre os vejo ao entardecer na rua tomando um ar
Como jogadores de xadrez sem sair do lugar
Na maioria judeus com suas esposas de peruca
Que exangues sentam-se no fundo de suas baiucas

Tu es debout devant le zinc d'un bar crapuleux
Tu prends un café à deux sous parmi les malheureux

Tu es la nuit dans un grand restaurant

Ces femmes ne sont pas méchantes elles ont des soucis cependant
Toutes même la plus laide a fait souffrir son amant

140 *Elle est la fille d'un sergent de ville de Jersey*

Ses mains que je n'avais pas vues sont dures et gercées

J'ai une pitié immense pour les coutures de son ventre

J'humilie maintenant à une pauvre fille au rire horrible ma bouche

Tu es seul le matin va venir
Les laitiers font tinter leurs bidons dans les rues

La nuit s'éloigne ainsi qu'une belle Métive
C'est Ferdine la fausse ou Léa l'attentive

Et tu bois cet alcool brûlant comme ta vie
Ta vie que tu bois comme une eau-de-vie

150 *Tu marches vers Auteuil tu veux aller chez toi à pied*
Dormir parmi tes fétiches d'Océanie et de Guinée
Ils sont des Christ d'une autre forme et d'une autre croyance
Ce sont les Christ inférieurs des obscures espérances

Adieu Adieu

Soleil cou coupé

ÁLCOOIS

Você diante do balcão de algum bar devasso
Cercado de infelizes bebendo café barato

Você de noite num restaurante chique

Essas mulheres são honestas todas têm seus tiques
Mesmo as feias fazem seus amantes terem chiliques

140 Ela é filha de um policial das Ilhas Jersey

Suas mãos rachadas e duras eu já nem sei

Sinto uma pena imensa das cicatrizes em seu ventre

Humilho minha boca a mendiga que ri horrivelmente

Você sozinho e a manhã a caminho está
Nas ruas leiteiros batem suas latas

A noite se afasta como uma linda mulata
É Léa a esperta ou Ferdine a falsa

Você bebe o álcool que é sua vida ardente
Vida bebida como uma aguardente

150 Você rumo a Auteuil quer chegar em casa a pé
Dormir entre seus fetiches da Oceania e da Guiné
Estes são os Cristos de outras formas e outras crenças
São os Cristos inferiores de obscuras esperanças

Adeus Adeus

Sol Degolado

LE PONT MIRABEAU

1 *Sous le pont Mirabeau coule la Seine*
 Et nos amours
 Faut-il qu'il m'en souvienne
 La joie venait toujours après la peine

 Vienne la nuit sonne l'heure
 Les jours s'en vont je demeure

 Les mains dans les mains restons face à face
 Tandis que sous
 Le pont de nos bras passe
10 *Des éternels regards l'onde si lasse*

 Vienne la nuit sonne l'heure
 Les jours s'en vont je demeure

 L'amour s'en va comme cette eau courante
 L'amour s'en va
 Comme la vie est lente
 Et comme l'Espérance est violente

 Vienne la nuit sonne l'heure
 Les jours s'en vont je demeure

A PONTE MIRABEAU

1 Sob a ponte Mirabeau corre o Sena
 E o nosso amor
 Me lembra a cantilena
 O prazer sempre vem depois da pena

 Venha noite soe hora
 Dias vão eu não agora

 Fiquemos de mãos dadas face a face
 E sob a ponte
 De nossos braços passem
10 Os olhares eternos de ondas lassas

 Venha noite soe hora
 Dias vão eu não agora

 O amor se vai como a água cinzenta
 O amor se esvai
 Como esta vida é lenta
 E como esta Esperança é violenta

 Venha noite soe hora
 Dias vão eu não agora

Passent les jours et passent les semaines
20 *Ni temps passé*
 Ni les amours reviennent
Sous le pont Mirabeau coule la Seine

 Vienne la nuit sonne l'heure
 Les jours s'en vont je demeure

ÁLCOOIS

Passam os dias passam as semanas
20 Nem o passado
Nem o amor voltam à cena
Sob a ponte Mirabeau corre o Sena

Venha noite soe hora
Dias vão eu não agora

LES COLCHIQUES

Le pré est vénéneux mais joli en automne
Les vaches y paissant
Lentement s'empoisonnent
Le colchique couleur de cerne et de lilas
Y fleurit tes yeux sont comme cette fleur-là
Violâtres comme leur cerne et comme cet automne
Et ma vie pour tes yeux lentement s'empoisonne

Les enfants de l'école viennent avec fracas
Vêtus de hoquetons et jouant de l'harmonica
Ils cueillent les colchiques qui sont comme des mères
Filles de leurs filles et sont couleur de tes paupières

Qui battent comme les fleurs battent au vent dément

Le gardien du troupeau chante tout doucement
Tandis que lentes et meuglant les vaches abandonnent
Pour toujours ce grand pré mal fleuri par l'automne

AÇAFRÕES

1 O prado é venenoso mas lindo no outono
 Pastando ali as vacas
 Se envenenam aos poucos
 Os açafrões são cor de olheira e de lilás
 Florem seus olhos essas flores que aliás
 Tão violáceas como olheiras e este outono
 Envenenando a minha vida de abandono

 As crianças saindo da escola aos gritos
 Vestindo jaquetas tocam seus apitos
10 Colhem açafrões que suas mães fazem lembrar
 Filhas de suas filhas da cor das suas pálpebras

 Se batem feito flores no vento demente

 O guardador de rebanhos canta docemente
 Lentas e cabisbaixas as vacas abandonam
 O prado todo mal florido pelo outono

CHANTRE

Et l'unique cordeau des trompettes marines

CANTOR

E o cordão solitário das trombas marinhas

CRÉPUSCULE

A Mademoiselle Marie Laurencin

1 Frôlée par les ombres des morts
Sur l'herbe où le jour s'exténue
L'arlequine s'est mise nue
Et dans l'étang mire son corps

Un charlatan crépusculaire
Vante les tours que l'on va faire
Le ciel sans teinte est constellé
D'astres pâles comme du lait

Sur les tréteaux l'arlequin blême
10 Salue d'abord les spectateurs
Des sorciers venus de Bohême
Quelques fées et les enchanteurs

Ayant décroché une étoile
Il la manie à bras tendu
Tandis que des pieds un pendu
Sonne en mesure les cymbales

L'aveugle berce un bel enfant
La biche passe avec ses faons
Le nain regarde d'un air triste
20 Grandir l'arlequin trismégiste

CREPÚSCULO

Para Mademoiselle Marie Laurencin

1 Roçada por sombras dos mortos
 Na relva onde o dia se extenua
 A arlequina está toda nua
 Num lago onde mira seu corpo

 Um charlatão crepuscular
 Revela as atrações da noite
 Céu constelado a desbotar
 Estrelas brancas feito leite

 Do palco o pálido arlequim
10 Saúda seus espectadores
 Bruxos da Boêmia e afins
 As fadas e os encantadores

 Então ele destaca um astro
 E o faz rolar pelo seu braço
 No ritmo dos pés do acrobata
 E que esses címbalos ataca

 O cego nina a criancinha
 A corça traz a sua cria
 De cara triste o anão assiste
20 Crescer o arlequim trismegisto

ANNIE

Sur la côte du Texas
Entre Mobile et Galveston il y a
Un grand jardin tout plein de roses
Il contient aussi une villa
Qui est une grande rose

Une femme se promène souvent
Dans le jardin toute seule
Et quand je passe sur la route bordée de tilleuls
Nous nous regardons

Comme cette femme est mennonite
Ses rosiers et ses vêtements n'ont pas de boutons
Il en manque deux à mon veston
La dame et moi suivons presque le même rite

ANNIE

1 No litoral do Texas
Entre Mobile e Galveston há
Um jardim imenso cheio de rosas
E uma casa de campo por lá
Que é uma imensa rosa

Sempre uma moça passeia
Sozinha no jardim e quando
Passo pela estrada bordada de tílias
Nós nos olhamos

10 Como essa moça é menonita radical
Suas roupas e roseiras não têm botões
No meu paletó também faltam dois
Nós dois seguimos quase o mesmo ritual

LA MAISON DES MORTS

A Maurice Raynal

1 *S'étendant sur les côtés du cimetière*
La maison des morts l'encadrait comme un cloître
A l'intérieur de ses vitrines
Pareilles à celles des boutiques de modes
Au lieu de sourire debout
Les mannequins grimaçaient pour l'éternité

Arrivé à Munich depuis quinze ou vingt jours
J'étais entré pour la première fois et par hasard
Dans ce cimetière presque désert
10 *Et je claquais des dents*
Devant toute cette bourgeoisie
Exposée et vêtue le mieux possible
En attendant la sépulture

Soudain
Rapide comme ma mémoire
Les yeux se rallumèrent
De cellule vitrée en cellule vitrée
Le ciel se peupla d'une apocalypse
Vivace
20 *Et la terre plate à l'infini*
Comme avant Galilée
Se couvrit de mille mythologies immobiles
Un ange en diamant brisa toutes les vitrines

A CASA DOS MORTOS

Para Maurice Raynal

1 Estendendo-se ao redor do cemitério
A casa dos mortos o enquadrava como um claustro
No interior de suas vitrines
Como aquelas de butiques
Em vez de sorrirem de pé
Os manequins faziam caretas pra eternidade

Chegado em Munique há quinze ou vinte dias
Era a primeira vez que eu entrava e por acaso
Neste cemitério quase deserto
10 Meus dentes batiam
Diante de tanta burguesia
Em exibição e super bem-vestida
Só esperando a sepultura

De repente
Rápidos como minha memória
Os olhos se acenderam de novo
De célula vítrea a célula vítrea
O céu ficou lotado com um vívido
Apocalipse
20 E a terra plana infinita
Como antes de Galileu
Cobriu-se de mil mitologias imóveis
Um anjo de diamantes quebrou todas as vitrines

Et les morts m'accostèrent
Avec des mines de l'autre monde

Mais leur visage et leurs attitudes
Devinrent bientôt moins funèbres
Le ciel et la terre perdirent
Leur aspect fantasmagorique

30 *Les morts se réjouissaient*
De voir leurs corps trépassés entre eux et la lumière
Ils riaient de leur ombre et l'observaient
Comme si véritablement
C'eût été leur vie passée

Alors je les dénombrai
Ils étaient quarante-neuf hommes
Femmes et enfants
Qui embellissaient à vue d'œil
Et me regardaient maintenant
40 *Avec tant de cordialité*
Tant de tendresse même
Que les prenant en amitié
Tout à coup
Je les invitai à une promenade
Loin des arcades de leur maison
Et tous bras dessus bras dessous
Fredonnant des airs militaires
Oui tous vos péchés sont absous
Nous quittâmes le cimetière
50 *Nous traversâmes la ville*
Et rencontrions souvent
Des parents des amis qui se joignaient
A la petite troupe des morts récentes
Tous étaient si gais
Si charmants si bien portants
Qui bien malin qui aurait pu
Distinguer les morts des vivants

ÁLCOOIS

E os mortos me abordaram
Com caras de outro mundo

Mas seus rostos e atitudes
Logo ficaram menos fúnebres
O céu e a terra foram perdendo
Aquele olhar fantasmagórico

30 Os mortos se divertiam
Ao verem seus cadáveres entre eles e a luz
Riam de suas sombras e as examinavam
Como se elas fossem realmente
Suas vidas passadas

Então os contei
Eram quarenta e nove homens
Mulheres e crianças
Iam ficando lindos a olhos vistos
E me encaravam agora
40 Com tanta cordialidade
Tanta ternura até
Que fazendo amizade com eles
De repente
Convidei todos prum rolê
Longe dos arcos da sua casa
Todo mundo de braços dados
Cantando hinos militares
Sim seus pecados estão perdoados
Saímos do cemitério
50 Cruzamos a cidade
E encontrávamos direto
Amigos e parentes que se juntavam
À pequena trupe de mortos recentes
Todos felizes da vida
Tão charmosos e saudáveis
Tinha que ser muito malandro
Pra distinguir os mortos dos vivos

Puis dans la campagne
On s'éparpilla
60 *Deux chevau-légers nous joignirent*
On leur fit fête
Ils coupèrent du bois de viorne
Et de sureau
Dont ils firent des sifflets
Qu'ils distribuèrent aux enfants

Plus tard dans un bal champêtre
Les couples mains sur les épaules
Dansèrent au son aigre des cithares

Ils n'avaient pas oublié la danse
70 *Ces morts et ces mortes*
On buvait aussi
Et de temps à autre une cloche
Annonçait qu'un nouveau tonneau
Allait être mis en perce

Une morte assise sur un banc
Près d'un buisson d'épine-vinette
Laissait un étudiant
Agenouillé à ses pieds
Lui parler de fiançailles

80 *Je vous attendrai*
Dix ans vingt ans s'il le faut
Votre volonté sera la mienne

Je vous attendrai
Toute votre vie
Répondait la morte

Des enfants
De ce monde ou bien de l'autre
Chantaient de ces rondes

ÁLCOOIS

Depois no campo
Nos dispersamos
60 Dois dragões se juntaram
Os cavaleiros foram bem-vindos
Cortaram farpas de viburno
E de sabugueiro
Com o que fizeram apitos
Que distribuíram às crianças

Depois num baile campestre
Os casais de mãos sobre os ombros
Dançaram ao som acre das cítaras

Não tinham esquecido como se dança
70 Esses homens e mulheres mortos
Bons de copo também
E de quando em quando um sino
Anunciava a abertura
De um novo barril

Uma morta sentada num banco
Junto a uma moita de uva-espim
Deixava um estudante
Ajoelhado a seus pés
Pedir sua mão em casamento

80 Vou te esperar
Dez anos vinte se preciso
Sua vontade será a minha

Vou te esperar
Por toda a sua vida
A morta respondia

A criançada
Deste ou do outro mundo
Cantava cirandas

Aux paroles absurdes et lyriques
Qui sans doute sont les restes
Des plus anciens monuments poétiques
De l'humanité

L'étudiant passa une bague
A l'annulaire de la jeune morte

Voici le gage de mon amour
De nos fiançailles
Ni le temps ni l'absence
Ne nous feront oublier nos promesses
Et un jour nous auront une belle noce
Des touffes de myrte
A nos vêtements et dans vos cheveux
Un beau sermon à l'église
De longs discours après le banquet
Et de la musique
De la musique

Nos enfants
Dit la fiancée
Seront plus beaux plus beaux encore
Hélas! la bague était brisée
Que s'ils étaient d'argent ou d'or
D'émeraude ou de diamant
Seront plus clairs plus clairs encore
Que les astres du firmament
Que la lumière de l'aurore
Que vos regards mon fiancé
Auront meilleure odeur encore
Hélas! la bague était brisée
Que le lilas qui vient d'éclore
Que le thym la rose ou qu'un brin
De lavande ou de romarin

ÁLCOOIS 123

Com umas letras líricas e absurdas
90 Que por certo são as relíquias
Dos monumentos poéticos mais antigos
Da humanidade

O estudante passou a aliança
No dedo anelar da moça morta

Este é o penhor do meu amor
Do nosso noivado
Nem o tempo nem a ausência
Nos farão esquecer nossas promessas
E um dia teremos um casamento lindo
100 Com tufos de murta
Nas nossas roupas e nos seus cabelos
Um belo sermão na igreja
Longos discursos depois do banquete
E música
Música

Nossas crianças
A noiva falou
Serão mais bonitas agora
O anel de vidro se quebrou
110 Que fosse de prata ou de ouro
De esmeralda ou de diamante
E vão brilhar bem mais é claro
Que estas estrelas tão distantes
Do que a luz da aurora lá fora
Que seu olhar noiva que adoro
Terão odor melhor agora
O anel de vidro se quebrou
Do que um lilás que desabrocha
Que rosa ou tomilho um galhim
120 De lavanda ou de alecrim

Les musiciens s'en étant allés
Nous continuâmes la promenade

Au bord d'un lac
On s'amusa à faire des ricochets
Avec des cailloux plats
Sur l'eau qui dansait à peine

Des barques étaient amarrées
Dans un havre
On les détacha
130 *Après que toute la troupe se fut embarquée*
Et quelques morts ramaient
Avec autant de vigueur que les vivants

A l'avant du bateau que je gouvernais
Un mort parlait avec une jeune femme
Vêtue d'une robe jaune
D'un corsage noir
Avec des rubans bleus et d'un chapeau gris
Orné d'une seule petite plume défrisée

Je vous aime
140 *Disait-il*
Comme le pigeon aime la colombe
Comme l'insecte nocturne
Aime la lumière

Trop tard
Répondait la vivante
Repoussez repoussez cet amour défendu
Je suis mariée
Voyez l'anneau qui brille
Mes mains tremblent
150 *Je pleure et je voudrais mourir*

ÁLCOOIS

Depois que os músicos se foram
Continuamos o passeio

Nas margens de um lago
Brincamos de ricochetear
Pedrinhas achatadas
Nas águas que dançavam um pouco

Os barcos estavam amarrados
Em uma enseada
Soltaram todos
Depois que a tropa toda embarcou
E alguns mortos remavam
Com tanto vigor quanto os vivos

Na proa do barco que eu governava
Um morto falava com uma moça
Ela de vestido amarelo
Corpete preto
Com fitas azuis e um chapéu cinza
Decorado com uma pena pequena e lisa

Te amo
O morto dizia
Como o pombo ama a pomba
Como a noturna mariposa
Ama a luz

Agora é tarde
Respondeu a viva
Espante espante esse amor proibido
Sou casada
Olhe este anel cintilante
Minhas mãos estão tremendo
Estou chorando quem dera morrer

Les barques étaient arrivées
A un endroit où les chevau-légers
Savaient qu'un écho répondait de la rive
On ne se lassait point de l'interroger
Il y eut des questions si extravagantes
Et des réponses tellement pleines d'à-propos
Que c'était à mourir de rire
Et le mort disait à la vivante

Nous serions si heureux ensemble
160 *Sur nous l'eau se refermera*
Mais vous pleurez et vos mains tremblent
Aucun de nous ne reviendra

On reprit terre et ce fut le retour
Les amoureux s'entr'aimaient
Et par couples aux belles bouches
Marchaient à distances inégales
Les morts avaient choisi les vivants
Et les vivants
Des mortes
170 *Un genévrier parfois*
Faisait l'effet d'un fantôme
Les enfants déchiraient l'air
En soufflant les joues creuses
Dans leurs sifflets de viorne
Ou de sureau
Tandis que les militaires
Chantaient des tyroliennes
En se répondant comme on le fait
Dans la montagne

180 *Dans la ville*
Notre troupe diminua peu à peu
On se disait

ÁLCOOIS 127

Os barcos atracaram
Num lugar onde os dragões
Sabiam o que um eco respondia da margem
A gente não cansava de fazer perguntas
Eram perguntas tão extravagantes
E respostas tão pertinentes
Que quase morremos de rir
E o moço morto disse pra moça viva

Seríamos felizes juntos
160 Em nós a água há de fechar
Você chora e mãos tremem juncos
Nenhum de nós vai mais voltar

Pisamos na margem e foi assim o retorno
Amantes se entreamavam
E aos pares com bocas bonitas
Percorriam distâncias desiguais
Os mortos tinham escolhido as moças vivas
E os vivos
As moças mortas
170 Às vezes um zimbro
Lembrava um fantasma
Crianças rasgavam o ar
Soprando com bochechas ocas
Em seus apitos de viburno
Ou de sabugueiro
Enquanto os soldados
Cantavam tirolesas
Iodeleiando uns pros outros
Como fazemos nas montanhas

180 Na cidade
Nossa trupe foi minguando aos poucos
Todos diziam

Au revoir
A demain
A bientôt

Beaucoup entraient dans les brasseries
Quelques-uns nous quittèrent
Devant une boucherie canine
Pour y acheter leur repas du soir

190 *Bientôt je restai seul avec ces morts*
Qui s'en allaient tout droit
Au cimetière
Où
Sous les Arcades
Je les reconnus
Couchés
Immobiles
Et bien vêtus
Attendant la sépulture derrière les vitrines

200 *Ils ne se doutaient pas*
De ce qui s'était passé
Mais les vivants en gardaient le souvenir
C'était un bonheur inespéré

Et si certain
Qu'ils ne craignaient point de le perdre

Ils vivaient si noblement
Que ceux qui la veille encore
Les regardaient comme leurs égaux
Ou même quelque chose de moins
210 *Admiraient maintenant*
Leur puissance leur richesse et leur génie
Car y a-t-il rien qui vous élève
Comme d'avoir aimé un mort ou une morte

ÁLCOOIS 129

Tchau tchau
Até amanhã
A gente se vê

Muitos se mandaram pras cervejarias
Outros nos deixaram
Diante de um açougue canino
Pra comprar sua ceia noturna

190 Logo fiquei só com aqueles mortos
Que seguiam reto toda vida
Pro cemitério
Onde
Sob os Arcos
Eu os reconheci
Deitados
Imóveis
E chiques
Esperando a sepultura atrás das vitrines

200 Nem desconfiavam
Do que tinha acontecido
Mas os vivos guardavam a lembrança
Foi uma alegria inesperada

E tão certa
Que não tinham medo de perdê-la

Viviam com tanta nobreza
Que aqueles que a noite passada
Os olhavam como seus iguais
Ou mesmo um pouco inferiores
210 Agora admiravam também
Seu poder sua riqueza seu gênio
Pois não há nada que mais nos enobreça
Que amar um morto ou uma morta

On devient si pur qu'on en arrive
Dans les glaciers de la mémoire
A se confondre avec le souvenir
On est fortifié pour la vie
Et l'on n'a plus besoin de personne

ÁLCOOIS

A gente fica tão puro que se chega
Às geleiras da memória
Misturadas com a lembrança
A vida é quem nos dá aquela força
E a gente não precisa de ninguém

CLOTILDE

1 L'anémone et l'ancolie
 Ont poussé dans le jardin
 Où dort la mélancolie
 Entre l'amour et le dédain

 Il y vient aussi nos ombres
 Que la nuit dissipera
 Le soleil qui les rend sombres
 Avec elles disparaîtra

 Les déités des eaux vives
10 Laissent couler leurs cheveux
 Passe il faut que tu poursuives
 Cette belle ombre que tu veux

CLOTILDE

1 A anêmona e a ancolia
Floresceram nesse jardim
Onde dorme a melancolia
Entre o amor e tanto desdém

Vêm também nossas sombras frias
Até que esta noite as disperse
E o sol que as deixa tão sombrias
Com elas só desaparece

Deidades das águas correntes
10 Deixem escorrer seus cabelos
Passem e persigam somente
A bela sombra teu desejo

CORTÈGE

A M. Léon Bailby

Oiseau tranquille au vol inverse oiseau
Qui nidifie en l'air
À la limite où notre sol brille déjà
Baisse ta deuxième paupière la terre t'éblouit
Quand tu lèves la tête

Et moi aussi de près je suis sombre et terne
Une brume qui vient d'obscurcir les lanternes
Une main qui tout à coup se pose devant les yeux
Une voûte entre vous et toutes les lumières
Et je m'éloignerai m'illuminant au milieu d'ombres
Et d'alignements d'yeux des astres bien-aimés

Oiseau tranquille au vol inverse oiseau
Qui nidifie en l'air
A la limite où brille déjà ma mémoire
Baisse ta deuxième paupière
Ni à cause du soleil ni à cause de la terre
Mais pour ce feu oblong dont l'intensité ira s'augmentant
Au point qu'il deviendra un jour l'unique lumière

Un jour
Un jour je m'attendais moi-même
Je me disais Guillaume il est temps que tu viennes
Pour que je sache enfin celui-là que je suis
Moi qui connais les autres

CORTEJO

Para M. Léon Bailby

1 Ave tranquila em voo inverso ave
Que nidifica no ar
No limite onde nosso solo está a brilhar
Baixe sua pálpebra extra a terra te ofusca
Quando ergue a cabeça

E eu também de perto sou fosco e sem graça
Cerração que as lanternas embaça
Mão que de repente pousa nos olhos
Abóbada entre vocês e todas as luzes
10 Vou embora me iluminando em meio às sombras
E os olhos alinhados dos astros adorados

Ave tranquila em voo inverso ave
Que nidifica no ar
No limite onde já brilha minha memória
Baixe sua pálpebra extra agora
Não pela terra nem pelo sol
Mas por esse fogo oblongo que ficará mais intenso
A ponto de um dia ser uma luz só

Um dia
20 Um dia esperava por mim mesmo
Falei pra mim tá na hora de seu advento Guillaume
De eu saber enfim quem eu sou
Eu que conheço os outros

Je les connais par les cinq sens et quelques autres
Il me suffit de voir leurs pieds pour pouvoir refaire ces
 [gens à milliers
De voir leurs pieds paniques un seul de leurs cheveux
Ou leur langue quand il me plaît de faire le médecin
Ou leurs enfants quand il me plaît de faire le prophète
Les vaisseaux des armateurs la plume de mes confrères
La monnaie des aveugles les mains des muets
Ou bien encore à cause du vocabulaire et non de l'écriture
Une lettre écrite par ceux qui ont plus de vingt ans
Il me suffit de sentir l'odeur de leurs églises
L'odeur des fleuves dans leurs villes
Le parfum des fleurs dans les jardins publics
O Corneille Agrippa l'odeur d'un petit chien m'eût
 [suffi
Pour décrire exactement tes concitoyens de Cologne
Leurs rois-mages et la ribambelle ursuline
Qui t'inspirait l'erreur touchant toutes les femmes
Il me suffit de goûter la saveur du laurier qu'on cultive
 [pour que j'aime ou que je bafoue
Et de toucher les vêtements
Pour ne pas douter si l'on est frileux ou non
O gens que je connais
Il me suffit d'entendre le bruit de leurs pas
Pour pouvoir indiquer à jamais la direction qu'ils ont prise
Il me suffit de tous ceux-là pour me croire le droit
De ressusciter les autres
Un jour je m'attendais moi-même
Je me disais Guillaume il est temps que tu viennes
Et d'un lyrique pas s'avançaient ceux que j'aime
Parmi lesquels je n'étais pas
Les géants couverts d'algues passaient dans leurs villes
Sous-marines où les tours seules étaient des îles
Et cette mer avec les clartés de ses profondeurs
Coulait sang de mes veines et fait battre mon cœur
Puis sur cette terre il venait mille peuplades blanches

ÁLCOOIS

Conheço todos pelos cinco sentidos e alguns outros
Só preciso ver seus pés que já refaço seus milhares
 [de passos
Ver seus pés empânicos e um único fio de cabelo
Ou suas línguas quando dou uma de médico
Ou suas crianças quando dou uma de profeta
Os barcos dos magnatas as canetas dos camaradas
30 As moedas dos cegos as mãos dos mudos
Ou por causa do vocabulário e não da escrita
Uma carta escrita por quem tem menos de trinta
Só preciso sentir o cheiro de suas igrejas
O cheiro dos rios nas suas cidades
O perfume das flores nos parques públicos
Oh Cornelius Agrippa o cheiro de um cachorrinho é o
 [que preciso
Pra descrever seus concidadãos de Colônia com precisão
Seus reis magos e sua procissão de Ursulinas
Que inspiraram seu erro em relação às mulheres
40 Só preciso provar o louro que se cultiva aqui pra sentir
 [amor ou desdém
Só preciso tocar suas vestimentas
Para saber se uma pessoa é friorenta
Ah pessoas que conheço bem
Só preciso ouvir o som dos seus passos
Pra indicar pra sempre a direção que seguiram
Tudo isso me leva a crer ter o direito
De ressuscitar pessoas
Um dia eu mesmo me esperava
Dizia a mim mesmo Guillaume é hora de você chegar
50 E de um modo lírico avançavam aqueles que amo
Entre os quais eu não estava
Gigantes cobertos de algas passavam por suas cidades e vilas
Submarinas, onde as torres solitárias eram ilhas
E esse mar com o brilho de suas profundezas
Corria sangue das minhas veias e fazia meu coração bater
Então nesta terra vinham milhares de povos brancos

Dont chaque homme tenait une rose à la main
Et le langage qu'ils inventaient en chemin
Je l'appris de leur bouche et je le parle encore
60 Le cortège passait et j'y cherchais mon corps
Tous ceux qui survenaient et n'étaient pas moi-même
Amenaient un à un les morceaux de moi-même
On me bâtit peu à peu comme on élève une tour
Les peuples s'entassaient et je parus moi-même
Qu'ont formé tous les corps et les choses humaines

Temps passés Trépassés Les dieux qui me formâtes
Je ne vis que passant ainsi que vous passâtes
Et détournant mes yeux de ce vide avenir
En moi-même je vois tout le passé grandir

70 Rien n'est mort que ce qui n'existe pas encore
Près du passé luisant demain est incolore
Il est informe aussi près de ce qui parfait
Présente tout ensemble et l'effort et l'effet

ÁLCOOIS 139

Cada homem trazia uma rosa na mão
E a linguagem que no meu caminho inventavam
Aprendi com suas bocas e falo um pouco
60 O cortejo passava e eu atrás do meu corpo
E quem me cruzava e não era eu mesmo
Trazia um por um pedaços de mim a esmo
Construíram-me aos poucos como uma torre
Os povos se juntaram e apareci eu mesmo
Feito de todas as coisas corpos humanos

Tempos passados Os deuses que me formaram
Vivi passando assim como vocês passaram
E ao desviar os olhos do vazio porvir
Em mim mesmo só via o passado expandir

70 Somente o que ainda não existe está morto
Perto do ontem brilhante o amanhã é incolor
Ele é tão informe perto do que é perfeito
Apresenta tudo junto o esforço e o efeito

MARIZIBILL

1 Dans la Haute-Rue à Cologne
Elle allait et venait le soir
Offerte à tous en tout mignonne
Puis buvait lasse des trottoirs
Très tard dans les brasseries borgnes

Elle se mettait sur la paille
Pour un maquereau roux et rose
C'était un juif il sentait l'ail
Et l'avait venant de Formose
10 Tirée d'un bordel de Changaï

Je connais des gens de toutes sortes
Ils n'égalent pas leurs destins
Indécis comme feuilles mortes
Leurs yeux sont des feux mal éteints
Leurs cœurs bougent comme leurs portes

MARIZIBILL

1 Pela Rua Alta lá em Colônia
Ela ia e vinha de tarde
Para todos se oferecia
Sozinha depois do trottoir
Em um pé-sujo a cara enchia

Tá na lona por um paspalho
Um gigolô sempre de rosa
Um judeu com bafo de alho
Recém-chegado de Formosa
10 A pegou num bordel de Xangai

Sei de seres de toda sorte
Tão desiguais em seus destinos
Indecisos qual folhas mortas
Seus olhos fogos quase extintos
Peitos que batem feito portas

LE VOYAGEUR

A Fernand Fleuret

1 *Ouvrez-moi cette porte où je frappe en pleurant*

La vie est variable aussi bien que l'Euripe

Tu regardais un banc de nuages descendre
Avec le paquebot orphelin vers les fièvres futures
Et de tous ces regrets de tous ces repentirs
 Te souviens-tu

Vagues poissons arqués fleurs surmarines
Une nuit c'était la mer
Et les fleuves s'y répandaient

10 *Je m'en souviens je m'en souviens encore*

Un soir je descendis dans une auberge triste
Auprès de Luxembourg
Dans le fond de la salle il s'envolait un Christ
Quelqu'un avait un furet
Un autre un hérisson
L'on jouait aux cartes
Et toi tu m'avais oublié

Te souviens-tu du long orphelinat des gares
Nous traversâmes des villes qui tout le jour tournaient

ÁLCOOIS 143

O VIAJANTE

Para Fernand Fleuret

1 Abram esse portão onde bato chorando

Ainda variável tanto como o Euripo

Você olhava um banco de nuvens descendo
Com o barco órfão rumo às futuras febres
E todo esse pesar esse arrependimento
 Você lembra

Peixes ondas arqueadas flores supermarinhas
Uma noite era o mar
E os rios nele se expandiam

10 Eu lembro ainda lembro

Uma noite eu parei num albergue bem triste
Perto de Luxemburgo
E no fundo da sala revoava um Cristo
Alguém tinha um furão
Outro um ouriço
Pessoas jogavam baralho
E você você se esquecera de mim

Lembra do comprido orfanato das estações de trem
Cruzávamos cidades que passavam o dia a girar

20 *Et vomissaient la nuit le soleil des journées*
 O matelots ô femmes sombres et vous mes compagnons
 Souvenez-vous-en

 Deux matelots qui ne s'étaient jamais quittés
 Deux matelots qui ne s'étaient jamais parlé
 Le plus jeune en mourant tomba sur le côté

 O vous chers compagnons
 Sonneries électriques des gares chant des moissonneuses
 Traîneau d'un boucher régiment des rues sans nombre
 Cavalerie des ponts nuits livides de l'alcool
30 *Les villes que j'ai vues vivaient comme des folles*

 Te souviens-tu des banlieues et du troupeau plaintif
 [des paysages

 Les cyprès projetaient sous la lune leurs ombres
 J'écoutais cette nuit au déclin de l'été
 Un oiseau langoureux et toujours irrité
 Et le bruit éternel d'un fleuve large et sombre

 Mais tandis que mourants roulaient vers l'estuaire
 Tous les regards tous les regards de tous les yeux
 Les bords étaient déserts herbus silencieux
 Et la montagne à l'autre rive était très claire

40 *Alors sans bruit sans qu'on pût voir rien de vivant*
 Contre le mont passèrent des ombres vivaces
 De profil ou soudain tournant leurs vagues faces
 Et tenant l'ombre de leurs lances en avant

 Les ombres contre le mont perpendiculaire
 Grandissaient ou parfois s'abaissaient brusquement
 Et ces ombres barbues pleuraient humainement
 En glissant pas à pas sur la montagne claire

ÁLCOOIS

20 E de noite vomitavam o sol dos dias
Ah marinheiros Ah mulheres sombrias e vocês companheiros
 Lembrem-se

Dois marinheiros que nunca se desgrudavam
Dois marinheiros que nunca se conversavam
O mais jovem morria e a seu lado tombava

 Ah caros companheiros
Sinos elétricos das estações de trem a canção dos ceifadores
Carrinho de açougueiro regimento de ruas inumeráveis
Cavalaria de pontes noites pálidas de álcool
30 Cidades que vi de relance vivazes como mulheres possessas

Lembra dos subúrbios e dos rebanhos plangentes das
 [paisagens

Ciprestes lançavam sob a lua suas sombras
Nesta noite no declínio do verão ouço
Um pássaro sempre irritado e preguiçoso
E o rumor eterno de um rio que nos assombra

Mas moribundos e rolando rumo ao estuário
Todos os olhares de todos esses olhos
Barrancos ermos com mato e silenciosos
E o monte do outro lado do rio muito claro

40 Então silêncio não se via um vivente
Contra o monte passaram as sombras vivazes
De perfil ou súbito viram vagas faces
Tendo a sombra de suas lanças à sua frente

As sombras contra o monte perpendicular
Cresciam às vezes baixavam de repente
As sombras barbudas choravam como gente
Deslizavam passo a passo na montanha clara

Qui donc reconnais-tu sur ces vieilles photographies
Te souviens-tu du jour où une abeille tomba dans le feu
50 *C'était tu t'en souviens à la fin de l'été*
Deux matelots qui ne s'étaient jamais quittés
L'aîné portait au cou une chaîne de fer
Le plus jeune mettait ses cheveux blonds en tresse

Ouvrez-moi cette porte où je frappe en pleurant

La vie est variable aussi bien que l'Euripe

ÁLCOOIS 147

Me diga quem você reconhece nessas fotos antigas
Lembra do dia em que uma abelha caiu no fogo
50 Lembra era quase no fim do verão
Dois marinheiros que nunca se desgrudavam
O mais velho trazia um grilhão no pescoço
O mais jovem seus cabelos loiros em trança

Abram esse portão onde bato chorando

A vida é variável tanto como o Euripo

MARIE

Vous y dansiez petite fille
Y danserez-vous mère-grand
C'est la maclotte qui sautille
Toute les cloches sonneront
Quand donc reviendrez-vous Marie

Les masques sont silencieux
Et la musique est si lointaine
Qu'elle semble venir des cieux
Oui je veux vous aimer mais vous aimer à peine
Et mon mal est délicieux

Les brebis s'en vont dans la neige
Flocons de laine et ceux d'argent
Des soldats passent et que n'ai-je
Un cœur à moi ce cœur changeant
Changeant et puis encor que sais-je

Sais-je où s'en iront tes cheveux
Crépus comme mer qui moutonne
Sais-je où s'en iront tes cheveux
Et tes mains feuilles de l'automne
Que jonchent aussi nos aveux

MARIA

1 Dançou no tempo de guria
Quando for vovó vai dançar
Até um maclote encararia
Todos os sinos vão tocar
Quando você voltar Maria

Máscaras estão em silêncio
E a música está tão distante
Parece que desce do céu
Sim eu quero te amar te amaria bastante
10 É uma delícia este suplício

Ovelhas vagueiam na neve
Flocos de lã prata brilhante
Soldados passam mas nem veem
Este meu coração mutante
Que bate e não sei mais o quê

Sei pra onde sopram seus cabelos
Oceano crespo e revolto
Sei pra onde sopram seus cabelos
E suas mãos folhas de outono
20 Que também parecem querê-los

Je passais au bord de la Seine
Un livre ancien sous le bras
Le fleuve est pareil à ma peine
Il s'écoule et ne tarit pas
Quand donc finira la semaine

ÁLCOOIS

Eu passava às margens do Sena
Um livro antigo sob o braço
O rio parece a minha sina
Escoa à toa pelo espaço
Quando é que a semana termina

LA BLANCHE NEIGE

Les anges les anges dans le ciel
L'un est vêtu en officier
L'un est vêtu en cuisinier
Et les autres chantent

Bel officier couleur du ciel
Le doux printemps longtemps après Noël
Te médaillera d'un beau soleil
 D'un beau soleil

Le cuisinier plume les oies
 Ah! tombe neige
 Tombe et que n'ai-je
Ma bien-aimée entre mes bras

ÁLCOOIS

BRANCA DE NEVE

1 Os anjos os anjos no céu
Um vestido de oficial
Um vestindo avental
Outros cantando ao léu

Belo oficial da cor do céu
A doce primavera depois do Natal
Vai lhe medalhar um belo sol
 Um belo sol

O chef depenando gansos
10 Ah! tombe neve
 Já que ela não vem
Tombar em meus braços

POÈME LU AU MARRIAGE
D'ANDRÉ SALMON

Le 13 juillet 1909

1 *En voyant des drapeaux ce matin je ne me suis pas dit*
Voilà les riches vêtements des pauvres
Ni la pudeur démocratique veut me voiler sa douleur
Ni la liberté en honneur fait qu'on imite maintenant
Les feuilles ô liberté végétale ô seule liberté terrestre
Ni les maisons flambent parce qu'on partira pour ne
 [plus revenir
Ni ces mains agitées travailleront demain pour nous tous
Ni même on a pendu ceux qui ne savaient pas profiter
 [de la vie
Ni même on renouvelle le monde en reprenant la Bastille
10 *Je sais que seuls le renouvellent ceux qui sont fondés en poésie*
On a pavoisé Paris parce que mon ami André Salmon s'y marie

Nous nous sommes rencontrés dans un caveau maudit
Au temps de notre jeunesse
Fumant tous deux et mal vêtus attendant l'aube
Épris épris des mêmes paroles dont il faudra changer
 [le sens
Trompés trompés pauvres petits et ne sachant pas
 [encore rire
La table et les deux verres devinrent un mourant qui
 [nous jeta le dernier regard d'Orphée
Les verres tombèrent se brisèrent
Et nous apprîmes à rire

ÁLCOOIS

POEMA LIDO NO CASAMENTO
DE ANDRÉ SALMON

13 de julho de 1909

1 Vendo as bandeiras de manhã não disse pra mim mesmo
Eis aqui as roupas chiques dos pobres
Nem o pudor democrático quer encobrir a sua dor
Nem a liberdade que honramos faz com que imitemos
As folhas ó liberdade vegetal ó única liberdade terrestre
Nem as casas queimam porque tem alguém partindo
 [pra nunca mais voltar
Nem essas mãos agitadas vão trabalhar por nós amanhã
Nem mesmo foram enforcados aqueles que não sabiam
 [curtir a vida
Nem mesmo renovamos o mundo tomando de novo a Bastilha
10 Digo que só o renovam aqueles fundados na poesia
Paris se decora pois meu amigo André Salmon se casa agora

Nos cruzamos numa adega maldita
Na nossa juventude
Os dois maltrapilhos fumando esperando o amanhecer
Gamados gamados pelas mesmas palavras cujos sentidos
 [terão que mudar
Enganados enganados pobres meninos sem ainda saber
 [como se ri
A mesa e os dois copos viraram um moribundo que nos
 [lançou um derradeiro olhar de Orfeu
Os copos caíram se espatifaram
E aí aprendemos a rir

20 *Nous partîmes alors pèlerins de la perdition*
A travers les rues à travers les contrées à travers la raison
Je le revis au bord du fleuve sur lequel flottait Ophélie
Qui blanche flotte encore entre les nénuphars
Il s'en allait au milieu des Hamlets blafards
Sur la flûte jouant les airs de la folie
Je le revis près d'un moujik mourant compter les béatitudes
En admirant la neige semblable aux femmes nues
Je le revis faisant ceci ou cela en l'honneur des mêmes paroles
Qui changent la face des enfants et je dis toutes ces choses
30 *Souvenir et Avenir parce que mon ami André Salmon se*
 [marie

Réjouissons-nous non pas parce que notre amitié a été le
 [fleuve qui nous a fertilisés
Terrains riverains dont l'abondance est la nourriture que
 [tous espèrent
Ni parce que nos verres nous jettent encore une fois le
 [regard d'Orphée mourant
Ni parce que nous avons tant grandi que beaucoup
 [pourraient confondre nos yeux et les étoiles
Ni parce que les drapeaux claquent aux fenêtres des
 [citoyens qui sont contents depuis cent ans d'avoir
 [la vie et de menues choses à défendre
Ni parce que fondés en poésie nous avons des droits sur
 [les paroles qui forment et défont l'Univers
Ni parce que nous pouvons pleurer sans ridicule et que
 [nous savons rire
Ni parce que nous fumons et buvons comme autrefois
Réjouissons-nous parce que directeur du feu et des poètes
40 *L'amour qui emplit ainsi que la lumière*
Tout le solide espace entre les étoiles et les planètes
L'amour veut qu'aujourd'hui mon ami André Salmon
 [se marie

ÁLCOOIS 157

20 Depois partimos peregrinos da perdição
 Cruzamos ruas cruzamos países cruzamos a razão
 Eu o revi à beira do rio onde boiou Ofélia
 Que ainda branca boia entre ninfeias
 E ele passava por pálidos Hamlets
 Tocando na flauta melodias dementes
 Eu o revi recitando beatitudes junto a um mujique moribundo
 Admirando a neve semelhante a mulheres nuas
 Eu o revi fazendo isso ou aquilo em honra das mesmas palavras
 Que mudam a cara das crianças e digo todas essas coisas
30 Futuras e de outrora pois meu amigo André Salmon se casa
 [agora

 Celebremos não por nossa amizade ter sido o rio que
 [nos fertilizou
 Terrenos ribeirinhos cuja abundância é o alimento que
 [todos esperam
 Não porque nossos copos de novo nos lançam outro
 [moribundo olhar de Orfeu
 Ou por crescermos tanto que as pessoas tomam nossos
 [olhos por estrelas
 Nem porque bandeiras estalam nas janelas dos cidadãos
 [felizes há um século por terem a vida e suas
 [coisinhas pra defender
 Nem porque fundados na poesia temos direitos sobre essas
 [palavras que formam e desfazem o Universo
 Nem porque podemos chorar sem passar vexame e
 [aprendemos a rir
 Nem porque fumamos e bebemos como outrora
 Celebremos porque o diretor do fogo e dos poetas
40 O amor que inunda tudo como a luz
 Todo o sólido espaço entre as estrelas e os planetas
 O amor comemora e quer que meu amigo André Salmon
 [se case agora

L'ADIEU

1 *J'ai cueilli ce brin de bruyère*
L'automne est morte souviens-t'en
Nous ne nous verrons plus sur terre
Odeur du temps brin de bruyère
Et souviens-toi que je t'attends

O ADEUS

1 Eu colhi esse galho de alecrim
O outono morreu lembre-se que é vero
Não nos veremos mais na terra enfim
Cheiro de tempo galho de alecrim
E é só você lembrar como eu te espero

LA PORTE

1 La porte de l'hôtel sourit terriblement
Qu'est-ce que cela peut me faire ô ma maman
D'être cet employé pour qui seul rien n'existe
Pi-mus couples allant dans la profonde eau triste
Anges frais débarqués à Marseille hier matin
J'entends mourir et remourir un chant lointain
Humble comme je suis qui ne suis rien qui vaille

Enfant je t'ai donné ce que j'avais travaille

A PORTA

A porta deste hotel sorri horrivelmente
O que pode mamãe querer dizer pra gente
Ser um empregado que crê que o nada existe
Só pares de pi-mus na funda água triste
Anjovas frescas chegam em Marselha ontem
Só ouço essa canção morrendo no horizonte
Humilde como este que ninguém escuta

Já te dei o que tinha filho vai à luta

SALTIMBANQUES

A Louis Dumur

1 Dans la plaine les baladins
 S'éloignent au long des jardins
 Devant l'huis des auberges grises
 Par les villages sans églises

 Et les enfants s'en vont devant
 Les autres suivent en rêvant
 Chaque arbre fruitier se résigne
 Quand de très loin ils lui font signe

 Ils ont des poids ronds ou carrés
10 Des tambours des cerceaux dorés
 L'ours et le singe animaux sages
 Quêtent des sous sur leur passage

SALTIMBANCOS

Para Louis Dumur

1 Pela planície vêm os saltimbancos
Passando por jardins e pelos campos
Portas fechadas de estalagens tristes
Por vilas onde igrejas não existem

As crianças vão abrindo caminho
Os outros seguem sonhando um pouquinho
Árvores frutíferas se resignam
Quando ainda de longe eles acenam

Trazem na carroça bolas e pesos
10 Tamborins aros dourados bem presos
Um macaco e um urso que tudo sabem
Pra pedirem trocados na passagem

LA TZIGANE

1 La tzigane savait d'avance
 Nos deux vies barrées par les nuits
 Nous lui dîmes adieu et puis
 De ce puits sortit l'Espérance

 L'amour lourd comme un ours privé
 Dansa debout quand nous voulûmes
 Et l'oiseau bleu perdit ses plumes
 Et les mendiants leurs Ave

 On sait très bien que l'on se damne
10 Mais l'espoir d'aimer en chemin
 Nous fait penser main dans la main
 A ce qu'a prédit la tzigane

A CIGANA

1 A cigana sabia o futuro
Duas vidas barradas na noite
Ao dar adeus vimos de repente
A Esperança num poço escuro

Como um urso pesado e privê
O amor dançava ao nosso sinal
Ave azul que se despluma igual
Os mendigos todos os seus *Avés*

Você sabe quando alguém se dana
10 Mas na estrada a esperança de amar
De mãos unidas nos faz pensar
No que um dia predisse a cigana

AUTOMNE

1 *Dans le brouillard s'en vont un paysan cagneux*
Et son bœuf lentement dans le brouillard d'automne
Qui cache les hameaux pauvres et vergogneux

Et s'en allant là-bas le paysan chantonne
Une chanson d'amour et d'infidélité
Qui parle d'une bague et d'un cœur que l'on brise

Oh! l'automne l'automne a fait mourir l'été
Dans le brouillard s'en vont deux silhouettes grises

OUTONO

1 Na névoa segue o cambaio camponês
E o boi lentamente na névoa de outono
Que esconde vilas vergonhosas e pobres

E seguindo na distância então entona
Uma canção de amor e de traição
Sobre um coração partido e um anel

Ah outono o outono matou o verão
Na névoa silhuetas cinzas ao léu

SIGNE

1 *Je suis soumis au Chef du Signe de l'Automne*
 Partant j'aime les fruits je déteste les fleurs
 Je regrette chacun des baisers que je donne
 Tel un noyer gaulé dit au vent ses douleurs

 Mon Automne éternelle ô ma saison mentale
 Les mains des amantes d'antan jonchent ton sol
 Une épouse me suit c'est mon ombre fatale
 Les colombes ce soir prennent leur dernier vol

SIGNO

1 Eu sirvo só ao Chefe do Signo do Outono
Portanto adoro frutas e detesto as flores
Lamento cada um dos beijos que abandono
Nogueira que desfolha ao vento as suas dores

Oh meu eterno outono ó estação mental
Mãos de amantes antigas juncam teu canteiro
Uma esposa me segue é uma sombra fatal
As pombas saltam pro seu voo derradeiro

CLAIR DE LUNE

1 Lune mellifluente aux lèvres des déments
Les vergers et les bourgs cette nuit sont gourmands
Les astres assez bien figurent les abeilles
De ce miel lumineux qui dégoutte des treilles
Car voici que tout doux et leur tombant du ciel
Chaque rayon de lune est un rayon de miel
Or caché je conçois la très douce aventure
J'ai peur du dard de feu de cette abeille Arcture
Qui posa dans mes mains des rayons décevants
10 Et prit son miel lunaire à la rose des vents

CLAIR DE LUNE

1 Lua meliflua sobre os lábios dos dementes
Vergéis e burgos estão glutões novamente
Estrelas são abelhas são mesmo delícias
De luminoso mel que pinga das treliças
E eis que docemente elas descem desse céu
Cada raio de luar é um raio de mel
Escondido concebo essa doce aventura
Temo o dardo de fogo dessa abelha Arctura
Que pousa em minhas mãos seus raios fraudulentos
10 E rouba seu mel lunar da rosa dos ventos

1909

1 La dame avait une robe
En ottoman violine
Et sa tunique brodée d'or
Était composée de deux panneaux
S'attachant sur l'épaule

Les yeux dansants comme des anges
Elle riait elle riait
Elle avait un visage aux couleurs de France
Les yeux bleus les dents blanches et les lèvres très rouges
10 Elle avait un visage aux couleurs de France

Elle était décolletée en rond
Et coiffée à la Récamier
Avec de beaux bras nus

N'entendra-t-on jamais sonner minuit

La dame en robe d'ottoman violine
Et en tunique brodée d'or
Décolletée en rond
Promenait ses boucles
Son bandeau d'or
20 Et traînait ses petits souliers à boucles

1909

1 A dama usava um vestido
Aviolado otomano
E sua túnica bordada em ouro
Era feita de dois panôs
Presos no ombro

Seus olhos dançando como anjos
Ela ria ela só ria
Sua cara era das cores da França
Olhos azuis dentes brancos boca vermelho-fogo
10 Sua cara era das cores da França

Usava um decote pronunciado
Cabelo estilo Récamier
Com os belos braços nus

Nunca mais vai se ouvir meia-noite soar

A dama de vestido aviolado otomano
Numa túnica bordada a ouro
Decote pronunciado
Passeava seus cachos
Sua bandana dourada
20 E arrastava seus sapatinhos de fivelas

Elle était si belle
Que tu n'aurais pas osé l'aimer

J'aimais les femmes atroces dans les quartiers énormes
Où naissaient chaque jour quelques êtres nouveaux
Le fer était leur sang la flamme leur cerveau
J'aimais j'aimais le peuple habile des machines
Le luxe et la beauté ne sont que son écume
Cette femme était si belle
Qu'elle me faisait peur

Era tão linda ela
Você não se atreveria a amá-la

Eu amava as mulheres atrozes dos bairros imensos
Onde todo dia nasciam seres novos
O ferro era seu sangue e o fogo era seu cérebro
Eu amava esse povo que manja de máquinas
O luxo e a beleza são só a sua espuma
Essa mulher era tão linda
Que me dava medo

À LA SANTÉ

I

Avant d'entrer dans ma cellule
Il a fallu me mettre nu
Et quelle voix sinistre ulule
Guillaume qu'es-tu devenu

Le Lazare entrant dans la tombe
Au lieu d'en sortir comme il fit
Adieu adieu chantante ronde
Ô mes années ô jeunes filles

II

Non je ne me sens plus là
 Moi-même
Je suis le quinze de la
 Onzième

Le soleil filtre à travers
 Les vitres
Ses rayons font sur mes vers
 Les pitres

À SAÚDE

I

Antes de entrar na minha cela
Já me fizeram ficar nu
Alguém uiva de uma janela
Guillaume cê entrou pelo cano

Sou Lázaro entrando na cova
Não é como da outra vez
Adeus adeus rodas e trovas
Ai meus anos ai meus amores

II

Nem sei quem sou
 Agora mesmo
Sou só um número
 A esmo

O sol filtra através
 Dos vitrôs
Divertem meus versos
 palhaços

Et dansent sur le papier
 J'écoute
Quelqu'un qui frappe du pied
 La voûte

III

Dans une fosse comme un ours
Chaque matin je me promène
Tournons tournons tournons toujours
Le ciel est bleu comme une chaîne
Dans une fosse comme un ours
Chaque matin je me promène

Dans la cellule d'à côté
On y fait couler la fontaine
Avec les clefs qu'il fait tinter
Que le geôlier aille et revienne
Dans la cellule d'à côté
On y fait couler la fontaine

IV

Que je m'ennuie entre ces murs tout nus
 Et peints de couleurs pâles
Une mouche sur le papier à pas menus
 Parcourt mes lignes inégales

Que deviendrai-je ô Dieu qui connais ma douleur
 Toi qui me l'as donnée
Prends en pitié mes yeux sans larmes ma pâleur
 Le bruit de ma chaise enchaînée

ÁLCOOIS 179

E dançam no papel
 Bem perto
Alguém raspando o pé
20 No teto

III

E nesse fosso como um urso
Toda manhã o mesmo esquema
Giro giro o mesmo percurso
O céu azul como uma algema
Nesse fosso vou como um urso
Toda manhã o mesmo esquema

Na cela do lado da minha
Ligaram a água corrente
Com as chaves que ele tilinta
30 O carcereiro se avizinha
Na cela do lado da minha
Ligaram a água corrente

IV

Que tédio sinto entre esses muros
 Pintados de cores tão mortas
A mosca patrulha no escuro
 O papel minhas linhas tortas

O que será de mim ó Deus que sabe a dor
 Você que deu a dor a mim
Tem pena dos meus olhos e de meu palor
40 Ruídos que as correntes fazem

Et tous ces pauvres cœurs battant dans la prison
 L'Amour qui m'accompagne
Prends en pitié surtout ma débile raison
 Et ce désespoir qui la gagne

V

Que lentement passent les heures
Comme passe un enterrement

Tu pleureras l'heure où tu pleures
Qui passera trop vitement
Comme passent toutes les heures

VI

Que l'écoute les bruits de la ville
Et prisonnier sans horizon
Je ne vois rien qu'un ciel hostile
Et les murs nus de ma prison

Le jour s'en va voici que brûle
Une lampe dans la prison
Nous sommes seuls dans ma cellule
Belle clarté Chère raison

Septembre 1911

ÁLCOOIS

Os pobres corações batendo na prisão
 O Amor que me acompanha
Tem dó sobretudo de minha débil razão
 E o desespero que dela ganha

V

E como se arrastam as horas
Como num enterro bem lento

Vai chorar a hora em que chora
Que vai passar rapidamente
Como passam todas as horas

VI

Escuto os sons desta cidade
Prisioneiro sem horizonte
No céu há só hostilidade
E esses muros nus defronte

O dia se vai uma vela
Que bruxuleia na prisão
E somos só nós nesta cela
Belo clarão Cara razão

Setembro 1911

AUTOMNE MALADE

1 *Automne malade et adoré*
Tu mourras quand l'ouragan soufflera dans les roseraies
Quand il aura neigé
Dans les vergers

Pauvre automne
Meurs en blancheur et en richesse
De neige et de fruits mûrs
Au fond du ciel
Des éperviers planent
10 *Sur les nixes nicettes aux cheveux verts et naines*
Qui n'ont jamais aimé

Aux lisières lointaines
Les cerfs ont bramé

Et que j'aime ô saison que j'aime tes rumeurs
Les fruits tombant sans qu'on les cueille
Le vent et la forêt qui pleurent
Toutes leurs larmes en automne feuille à feuille
 Les feuilles
 Qu'on foule
20 *Un train*
 Qui roule
 La vie
 S'écoule

OUTONO DOENTE

Outono doente e adorado
Morrerás quando o furacão arrasar tuas roseiras
Quando nevar
Sobre o pomar

Pobre outono
Morres na brancura e na fartura
Da neve e das frutas maduras
No fundo do céu
Falcões flutuam
Sobre ninfeias néscias e nanicas de cabelos verdes
Que jamais amaram

Nas fronteiras distantes
Os cervos bramaram

E como amo ó estação amo teus rumores
As frutas no chão sem quem as recolha
O vento e a floresta que choram
Tuas lágrimas todas no outono folha a folha
As folhas
Pisadas
Um trem
Que passa
A vida
Ida

HÔTELS

1 La chambre est veuve
 Chacun pour soi
 Présence neuve
 On paye au mois

 Le patron doute
 Payera-t-on
 Je tourne en route
 Comme un toton

 Le bruit des fiacres
10 Mon voisin laid
 Qui fume un âcre
 Tabac anglais

 Ô La Vallière
 Qui boite et rit
 De mes prières
 Table de nuit

 Et tous ensemble
 Dans cet hôtel
 Savons la langue
20 Comme à Babel

HOTÉIS

1 O quarto é um ovo
Cada um por si
O freguês é novo
Paga ao mês aqui

Gerente duvida
Se eles pagarão
Rodo pela vida
Tal qual um pião

O som dos fiacres
10 Vizinho burguês
Que fuma seu acre
Tabaco de inglês

Ah La Vallière
Só ri a manquinha
Só quer que eu me ferre
É esta mesinha

Todos no saguão
Sabem neste hotel
A língua que falam
20 Mesma de Babel

Fermons nos portes
À double tour
Chacun apporte
Son seul amour

ÁLCOOIS

Fechemos as portas
Chequem por favor
Cada um transporte
Seu único amor

CORS DE CHASSE

Notre histoire est noble et tragique
Comme le masque d'un tyran
Nul drame hasardeux ou magique
Aucun détail indifférent
Ne rend notre amour pathétique

Et Thomas de Quincey buvant
L'opium poison doux et chaste
À sa pauvre Anne allait rêvant
Passons passons puisque tout passe
Je me retournerai souvent

Les souvenirs sont cors de chasse
Dont meurt le bruit parmi le vent

TROMPAS DE CAÇA

A nossa história é nobre e trágica
Como a máscara de um tirano
Nem cena perigosa ou mágica
Nenhum detalhe leviano
Torna nossa paixão patética

E Thomas de Quincey tomando
Ópio veneno doce e casto
À pobre Ana alucinando
Passe que tudo um dia passa
E voltarei de vez em quando

Lembranças são trompas de caça
Seus sons no vento vão minguando

Caligramas — poemas da paz e da guerra

Calligrammes — poèmes de la paix et de la guerre

LIENS*

1 Cordes faites de cris

Sons de cloches à travers l'Europe
Siècles pendus

Rails qui ligotez les nations
Nous ne sommes que deux ou trois hommes
Libres de tous liens
Donnons-nous la main

Violente pluie qui peigne les fumées
Cordes
10 Cordes tissées
Câbles sous-marins
Tours de Babel changées en ponts
Araignées-Pontifes
Tous les amoureux qu'un seul lien a liés

D'autres liens plus ténus
Blancs rayons de lumière
Cordes et Concorde

* Na primeira edição de *Calligrammes* (Mercure de France, 1918), este poema aparece em itálico. Optamos por manter o padrão e destacá-lo dos demais. Ver Comentários. (N. T.)

LAÇOS

1 *Cordas feitas de gritos*

Sons de sinos pela Europa
Séculos enforcados

Trilhos ligando nações
Somos só dois ou três homens
Livres de todos os laços
Vamos de mãos dadas

A chuva violenta penteia as fumaças
Cordas
10 *Cordas tecidas*
Cabos submarinos
Torres de Babel tornam-se pontes
Aranhas-Pontífices
Todos os amantes que um só laço ligou

Outros laços mais tênues
Brancos raios de luz
Cordas e Concórdia

J'écris seulement pour vous exalter
O sens ô sens chéris
Ennemis du souvenir
Ennemis du désir

Ennemis du regret
Ennemis des larmes
Ennemis de tout ce que j'aime encore

CALIGRAMAS — POEMAS DA PAZ E DA GUERRA

Escrevo só para exaltá-los
Oh meus sentidos queridos
20 *Inimigos da memória*
Inimigos do desejo

Inimigos da mágoa
Inimigos das lágrimas
Inimigos de tudo que ainda amo

LES FENÊTRES

1 *Du rouge au vert tout le jaune se meurt*
Quand chantent les aras dans les forêts natales
Abatis de pihis
Il y a un poème à faire sur l'oiseau qui n'a qu'une aile
Nous l'enverrons en message téléphonique
Traumatisme géant
Il fait couler les yeux
Voilà une jolie jeune fille parmi les jeunes Turinaises
Le pauvre jeune homme se mouchait dans sa cravate blanche
10 *Tu soulèveras le rideau*
Et maintenant voilà que s'ouvre la fenêtre
Araignées quand les mains tissaient la lumière
Beauté pâleur insondables violets
Nous tenterons en vain de prendre du repos
On commencera à minuit
Quand on a le temps on a la liberté
Bignorneaux Lotte multiples Soleils et l'Oursin du couchant
Une vieille paire de chaussures jaunes devant la fenêtre
Tours
20 *Les Tours ce sont les rues*
Puits
Puits ce sont les places
Puits
Arbres creux qui abritent les Câpresses vagabondes
Les Chabins chantent des airs à mourir

AS JANELAS

1 Do vermelho ao verde morre todo o amarelo
Quando as araras cantam nas florestas nativas
Miúdos de pihis
É preciso fazer um poema sobre o pássaro de uma asa só
Enviaremos por mensagem telefônica
Traumatismo gigante
Faz escorrerem os olhos
Olha que moça mais linda que passa entre as jovens de Turim
O pobre rapaz assoa o nariz na sua gravata branca
10 Você vai erguer a cortina
E eis que a janela agora se abre
Aranhas quando mãos teciam a luz
Beleza palidez insondáveis violetas
Tentaremos em vão um cochilo
Vamos começar à meia-noite
Onde se encontra o tempo se encontra a liberdade
Búzios Lampreias múltiplos Sóis e o Ouriço do crepúsculo
Um velho par de botas amarelas diante da janela
Torres
20 Torres são ruas
Poços
Pois poços são praças
Poços
Troncos ocos abrigando Cabritas vagabundas
Os Cabras cantam cantigas de morrer

Aux Chabines marronnes
Et l'oie oua-oua trompette au nord
Où les chasseurs de ratons
Raclent les pelleteries
Étincelant diamant
Vancouver
Où le train blanc de neige et de feux nocturnes fuit
 [l'hiver

O Paris
Du rouge au vert tout le jaune se meurt
Paris Vancouver Hyères Maintenon New-York et les Antilles
La fenêtre s'ouvre comme une orange
Le beau fruit de la lumière

CALIGRAMAS — POEMAS DA PAZ E DA GUERRA 199

Pras suas Cabrochas fujonas
E o ganso trompeteia seu ruá-ruá rumo ao norte
Onde caçadores de guaxinim
Raspam as peles da caça
30 Cintilante diamante
Vancouver
Onde o trem branco de neve e seus fogos noturnos fogem
[do inverno

Ó Paris
Do vermelho ao verde morre todo o amarelo
Paris Vancouver Hyères Maintenon New-York e as Antilhas
A janela se abre feito uma laranja
O belo fruto da luz

PAYSAGE

PAISAGEM

LES COLLINES

1 *Au-dessus de Paris un jour*
Combattaient deux grands avions
L'un était rouge et l'autre noir
Tandis qu'au zénith flamboyait
L'éternel avion solaire

L'un était toute ma jeunesse
Et l'autre c'était l'avenir
Ils se combattaient avec rage
Ainsi fit contre Lucifer
10 *L'Archange aux ailes radieuses*

Ainsi le calcul au problème
Ainsi la nuit contre le jour
Ainsi attaque ce que j'aime
Mon amour ainsi l'ouragan
Déracine l'arbre qui crie

Mais vois quelle douceur partout
Paris comme une jeune fille
S'éveille langoureusement
Secoue sa longue chevelure
20 *Et chante sa belle chanson*

AS COLINAS

1 Sobre os céus de Paris um dia
Combatiam dois aviões
Um bem vermelho o outro negro
E no zênite cintilava
O sempiterno avião solar

Um era minha juventude
O outro era nosso futuro
E lutavam com raiva imensa
Anjo das asas radiantes
10 Se digladiando com Lúcifer

Cálculo que odeia o problema
Tal como a noite odeia o dia
Meu amor ataca o que eu amo
O meu amor tão furacão
Arranca a árvores que grita

Mas olha que delícia em tudo
Paris parece uma mocinha
Que quando acorda está manhosa
Sacudindo os longos cabelos
20 E começando uma canção

Où donc est tombée ma jeunesse
Tu vois que flambe l'avenir
Sache que je parle aujourd'hui
Pour annoncer au monde entier
Qu'enfin est né l'art de prédire

Certains hommes sont des collines
Qui s'élèvent d'entre les hommes
Et voient au loin tout l'avenir
Mieux que s'il était le présent
30 *Plus net que s'il était passé*

Ornement des temps et des routes
Passe et dure sans t'arrêter
Laissons sibiler les serpents
En vain contre le vent du sud
Les Psylles et l'onde ont péri

Ordre des temps si les machines
Se prenaient enfin à penser
Sur les plages de pierreries
Des vagues d'or se briseraient
40 *L'écume serait mère encore*

Moins haut que l'homme vont les aigles
C'est lui qui fait la joie des mers
Comme il dissipe dans les airs
L'ombre et les spleens vertigineux
Par où l'esprit rejoint le songe

Voici le temps de la magie
Il s'en revient attendez-vous
À des milliards de prodiges
Qui n'ont fait naître aucune fable
50 *Nul les ayant imaginés*

CALIGRAMAS — POEMAS DA PAZ E DA GUERRA

Onde caiu a juventude
Vejo o futuro todo em chamas
Ouça o que falo deste dia
Anunciando ao mundo todo
Nasceu a arte da profecia

Há uns homens que são colinas
Eles se elevam sobre os outros
Eles veem de longe o futuro
Muito melhor do que o presente
30 Mais nítido do que o passado

Ornatos de estações estradas
Passam e duram sem parar
Deixe a serpente sibilar
Em vão contra o vento do sul
Onda e Psilos pereceram

Ordem do tempo se essas máquinas
Passarem enfim a pensar
Sobre praias de pedras raras
Quebrando-se em ondas de ouro
40 Seria a espuma mãe ainda

Homens voando sobre as águias
Homens alegria dos mares
Como eles dissipam nos ares
Sombra e tédios vertiginosos
Onde espírito cruza o sonho

Agora é tempo de magia
E olha só eles voltando
E esses milhares de prodígios
São pais de fábula nenhuma
50 E que ninguém imaginou

Profondeurs de la conscience
On vous explorera demain
Et qui sait quels êtres vivants
Seront tirés de ces abîmes
Avec des univers entiers

Voici s'élever des prophètes
Comme au loin des collines bleues
Il sauront des choses précises
Comme croient savoir les savants
Et nous transporteront partout

La grande force est le désir
Et viens que je te baise au front
O légère comme une flamme
Dont tu as toute la souffrance
Toute l'ardeur et tout l'éclat

L'âge en vient on étudiera
Tout ce que c'est que de souffrir
Ce ne sera pas du courage
Ni même du renoncement
Ni tout ce que nous pouvons faire

On cherchera dans l'homme même
Beaucoup plus qu'on n'y a cherché
On scrutera sa volonté
Et quelle force naîtra d'elle
Sans machine et sans instrument

Les secourables mânes errent
Se compénétrant parmi nous
Depuis les temps qui nous rejoignent
Rien n'y finit rien n'y commence
Regarde la bague à ton doigt

Amanhã vai investigar
Profundezas da consciência
E quem sabe que seres vivos
Resgataremos dos abismos
Junto aos universos inteiros

Eis se elevarem os profetas
São colinas azuis ao longe
E vão saber coisas precisas
Como acreditam os cientistas
60 Nos levarão por toda parte

Desejo é a força soberana
Vem pra que eu beije a sua testa
Oh ágil como labareda
Me queima essa dor que resta
Todo esse brilho e esse ardor

Virá o tempo em que seremos
Especialistas em sofrer
Não tem nada a ver com coragem
E nem mesmo será renúncia
70 Nada que se possa fazer

Ir ao fundo do humano mesmo
Mais longe que buscamos antes
Investiguemos seu desejo
E a força dele nascerá
Sem máquinas nem instrumentos

Os manes caridosos vagam
Compenetrando-se entre nós
Desde o tempo que nos uniu
Nada termina nem começa
80 Repara no seu dedo o anel

Temps des déserts des carrefours
Temps des places et des collines
Je viens ici faire des tours
Où joue son rôle un talisman
Mort et plus subtil que la vie

Je me suis enfin détaché
De toutes choses naturelles
Je peux mourir mais non pécher
Et ce qu'on n'a jamais touché
90 Je l'ai touché je l'ai palpé

Et j'ai scruté tout ce que nul
Ne peut en rien imaginer
Et j'ai soupesé maintes fois
Même la vie impondérable
Je peux mourir en souriant

Bien souvent j'ai plané si haut
Si haut qu'adieu toutes les choses
Les étrangetés les fantômes
Et je ne veux plus admirer
100 Ce garçon qui mime l'effroi

Jeunesse adieu jasmin du temps
J'ai respiré ton frais parfum
A Rome sur des chars fleuris
Chargés de masques de guirlandes
Et des grelots du carnaval

Adieu jeunesse blanc Noël
Quand la vie n'était qu'une étoile
Dont je contemplais le reflet
Dans la mer Méditerranée
110 Plus nacrée que les météores

CALIGRAMAS — POEMAS DA PAZ E DA GUERRA

Tempo de praças e colinas
Encruzilhadas e desertos
Vim exibir meus novos truques
Com o auxílio de um talismã
Morto e bem mais sutil que a vida

Eu estou enfim separado
De toda coisa natural
Posso morrer mas não pecar
E o que ninguém jamais tocou
90 Eu toquei fundo e apalpei

Eu explorei o que ninguém
Pôde sequer imaginar
E muitas vezes ponderei
A vida é mesmo imponderável
Posso morrer enfim sorrindo

Muitas vezes pairei tão alto
De cima dei adeus às coisas
Os fenômenos e os fantasmas
E já chega de admirar
100 O menino imitando o medo

Adeus jasmim e juventude
Respiro esse seu fresco aroma
E em Roma nos carros floridos
Cheios de máscaras guirlandas
E de apitos de carnaval

Adeus juventude e Natal
A vida era só uma estrela
Onde eu contemplava um reflexo
Por sobre o mar Mediterrâneo
110 Nacarado qual meteoro

Duvetée comme un nid d'archanges
Ou la guirlande des nuages
Et plus lustrée que les halos
Émanations et splendeurs
Unique douceur harmonies

Je m'arrête pour regarder
Sur la pelouse incandescente
Un serpent erre c'est moi-même
Qui suis la flûte dont je joue
120 *Et le fouet qui châtie les autres*

Il vient un temps pour la souffrance
Il vient un temps pour la bonté
Jeunesse adieu voici le temps
Où l'on connaîtra l'avenir
Sans mourir de sa connaissance

C'est le temps de la grâce ardente
La volonté seule agira
Sept ans d'incroyables épreuves
L'homme se divinisera
130 *Plus pur plus vif et plus savant*

Il découvrira d'autres mondes
L'esprit languit comme les fleurs
Dont naissent les fruits savoureux
Que nous regarderons mûrir
Sur la colline ensoleillée

Je dis ce qu'est au vrai la vie
Seul je pouvais chanter ainsi
Mes chants tombent comme des graines
Taisez-vous tous vous qui chantez
140 *Ne mêlez pas l'ivraie au blé*

E fofo qual ninho de arcanjo
Ou feito guirlanda de nuvens
Mais ilustrado do que halos
Emanações ou esplendores
Doces únicas harmonias

Então paro e presto atenção
Sobre o gramado incandescente
Uma serpente passa eu mesmo
Que segue a flauta que eu assopro
120 Chicote a castigar os outros

Tempo virá pro sofrimento
Tempo virá para a bondade
Juventude adeus já é hora
De saber mais sobre o futuro
Sem ter de morrer por saber

Será tempo da graça ardente
Onde só a vontade agirá
Sete anos de provas incríveis
O homem se fará divino
130 Mais puro mais vivo mais sábio

E vai descobrir outros mundos
O espírito murcha igual flores
Que geram frutos saborosos
Amadurecendo sem pressa
Sobre a colina ensolarada

Vou lhe dizer o que é a vida
Só eu que sei cantá-la assim
Minhas canções caem sementes
Vocês que cantam juntos calem-se
140 Não misturem joio e trigo

Un vaisseau s'en vint dans le port
Un grand navire pavoisé
Mais nous n'y trouvâmes personne
Qu'une femme belle et vermeille
Elle y gisait assassinée

Une autre fois je mendiais
L'on ne me donna qu'une flamme
Dont je fus brûlé jusqu'aux lèvres
Et je ne pus dire merci
150 Torche que rien ne peut éteindre

Où donc es-tu ô mon ami
Qui rentrais si bien en toi-même
Qu'un abîme seul est resté
Où je me suis jeté moi-même
Jusqu'aux profondeurs incolores

Et j'entends revenir mes pas
Le long des sentiers que personne
N'a parcourus j'entends mes pas
À toute heure ils passent là-bas
160 Lents ou pressés ils vont ou viennent

Hiver toi qui te fais la barbe
Il neige et je suis malheureux
J'ai traversé le ciel splendide
Où la vie est une musique
Le sol est trop blanc pour mes yeux

Habituez-vous comme moi
À ces prodiges que j'annonce
À la bonté qui va régner
À la souffrance que j'endure
170 Et vous connaîtrez l'avenir

CALIGRAMAS — POEMAS DA PAZ E DA GUERRA

Eis que um navio entra no porto
Navio imenso embandeirado
Ninguém a bordo a não ser
Uma mulher bela e vermelha
Que ali jazia assassinada

Tempos atrás eu mendigava
Pra que me dessem uma chama
Que me queimou até os lábios
E nem muito obrigado eu disse
150 Uma tocha que nada apaga

Cadê você agora amigo
Fechado em si longe daqui
Que só um abismo sobrou
Lá onde eu me lanço com tudo
Nos precipícios incolores

Escuto meus passos voltando
Por uma trilha onde ninguém
Passou e ouço os meus passos
A todo momento eles passam
160 Rápidos lentos vão e vêm

Inverno você faz a barba
Neva e me sinto deprimido
Viajei pelo céu esplêndido
Onde a vida vira uma música
O solo branco me deslumbra

Vá se acostume como eu
Aos inventos que ora anuncio
Bondade vai nos governar
E o sofrimento que eu aturo
170 É pista do nosso futuro

C'est de souffrance et de bonté
Que sera faite la beauté
Plus parfaite que n'était celle
Qui venait des proportions
Il neige et je brûle et je tremble

Maintenant je suis à ma table
J'écris ce que j'ai ressenti
Et ce que j'ai chanté là-haut
Un arbre élancé que balance
180 *Le vent dont les cheveux s'envolent*

Un chapeau haut de forme est sur
Une table chargée de fruits
Les gants sont morts près d'une pomme
Une dame se tord le cou
Auprès d'un monsieur qui s'avale

Le bal tournoie au fond du temps
J'ai tué le beau chef d'orchestre
Et je pèle pour mes amis
L'orange dont la saveur est
190 *Un merveilleux feu d'artifice*

Tous sont morts le maître d'hôtel
Leur verse un champagne irréel
Qui mousse comme un escargot
Ou comme un cerveau de poète
Tandis que chantait une rose

L'esclave tient une épée nue
Semblable aux sources et aux fleuves
Et chaque fois qu'elle s'abaisse
Un univers est éventré
200 *Dont il sort des mondes nouveaux*

CALIGRAMAS — POEMAS DA PAZ E DA GUERRA

A beleza será composta
De sofrimento e de bondade
Será beleza mais perfeita
Do que edifica a simetria
Neva me queima e me arrepia

Agora aqui sentado à mesa
Escrevo só o que eu senti
E o que eu cantava lá no alto
Árvore esbelta que balança
180 Cabelo entre redemoinhos

A cartola preta descansa
Uma mesa cheia de frutas
Luvas mortas junto à maçã
Uma moça que se estrangula
Do lado um homem que se engole

O baile espirala no eterno
Lá onde matei o maestro
E agora descasco aos amigos
Uma laranja cujo gosto
190 É um show de fogos de artifício

Pros mortos o maître do hotel
Serve uma champanhe irreal
Que espuma como um caramujo
Como cabeça de poeta
Enquanto uma rosa cantava

O escravo brande a espada nua
Com fontes rios se parece
E toda vez que ele se abaixa
Um universo é estripado
200 E dali nascem novos mundos

Le chauffeur se tient au volant
Et chaque fois que sur la route
Il corne en passant le tournant
Il paraît à perte de vue
Un univers encore vierge

Et le tiers nombre c'est la dame
Elle monte dans l'ascenseur
Elle monte monte toujours
Et la lumière se déploie
Et ces clartés la transfigurent

Mais ce sont de petits secrets
Il en est d'autres plus profonds
Qui se dévoileront bientôt
Et feront de vous cent morceaux
À la pensée toujours unique

Mais pleure pleure et repleurons
Et soit que la lune soit pleine
Ou soit qu'elle n'ait qu'un croissant
Ah! pleure pleure et repleurons
Nous avons tant ri au soleil

Des bras d'or supportent la vie
Pénétrez le secret doré
Tout n'est qu'une flamme rapide
Que fleurit la rose adorable
Et d'où monte un parfum exquis

CALIGRAMAS — POEMAS DA PAZ E DA GUERRA

O chofer gruda no volante
E toda vez que está na estrada
Quando buzina numa curva
Aparece a perder de vista
Um universo ainda virgem

E o terceiro é uma senhora
Subindo pelo elevador
Ela sobe sobe e não para
E a luz não cessa de espalhar-se
E esses clarões a transfiguram

Mas isso só são segredinhos
Tem outros que são mais profundos
Em breve a serem revelados
Farão de vocês cem pedaços
Ainda que um só pensamento

Mas chore chore uma vez mais
E esteja a lua toda cheia
Ou seja só uma crescente
Ah! Chore e chore uma outra vez
Rimos um tempão sob o sol

Braços áureos erguendo a vida
Penetrem dourado segredo
Pois tudo é um lume fugaz
Que flore uma rosa adorável
E exala um exótico perfume

ARBRE

A Frédéric Boutet

1 *Tu chantes avec les autres tandis que les phonographes*
 [galopent
 Où sont les aveugles où s'en sont-ils allés
 La seule feuille que j'aie cueillie s'est changée en
 [plusieurs mirages
 Ne m'abandonnez pas parmi cette foule de femmes
 [au marché
 Ispahan s'est fait un ciel de carreaux émaillés de bleu
 Et je remonte avec vous une route aux environs de Lyon

 Je n'ai pas oublié le son de la clochette d'un marchand
 [de coco d'autrefois
 J'entends déjà le son aigre de cette voix à venir
 Du camarade qui se promènera avec toi en Europe
10 *Tout en restant en Amérique*

 Un enfant
 Un veau dépouillé pendu à l'étal
 Un enfant
 Et cette banlieue de sable autour d'une pauvre ville au
 [fond de l'est
 Un douanier se tenait là comme un ange
 A la porte d'un misérable paradis
 Et ce voyageur épileptique écumait dans la salle d'attente
 [des premières

ÁRVORE

Para Frédéric Boutet

Você canta com os outros enquanto os fonógrafos
 [galopam
Onde estão os cegos onde se meteram
A única folha que arranquei multiplicou-se em
 [miragens
Não me deixe só nessa multidão de mulheres indo
 [ao mercado
Isfahan agora é um céu de azulejo esmaltado de azul
E sigo com você pela estrada perto de Lyon

Nunca me esqueci do som dos sininhos do vendedor
 [de refresco
Já ouço o som estridente daquela voz do futuro
Do camarada que vai passear com você pela Europa
Mas sem sair da América

Uma criança
Um vitelo esfolado suspenso no gancho do açougue
Uma criança
E esse subúrbio de areia ao redor de uma cidade pobre
 [no leste profundo
Um fiscal de alfândega parado como um anjo
À porta de um paraíso miserável
E o viajante epilético espumava na sala de espera da
 [primeira classe

Engoulevent Blaireau
Et la Taupe-Ariane
20 *Nous avions loué deux coupés dans le transsibérien*
Tour à tour nous dormions le voyageur en bijouterie et moi
Mais celui qui veillait ne cachait point un revolver armé

Tu t'es promené à Leipzig avec une femme mince
 [déguisée en homme
Intelligence car voilà ce que c'est qu'une femme intelligente
Et il ne faudrait pas oublier les légendes
Dame-Abonde dans un tramway la nuit au fond d'un
 [quartier désert
Je voyais une chasse tandis que je montais
Et l'ascenseur s'arrêtait à chaque étage

Entre les pierres
30 *Entre les vêtements multicolores de la vitrine*
Entre les charbons ardents du marchand de marrons
Entre deux vaisseaux norvégiens amarrés à Rouen
Il y a ton image

Elle pousse entre les bouleaux de la Finlande

Ce beau nègre en acier

La plus grande tristesse
C'est quand tu reçus une carte postale de La Corogne

Le vent vient du couchant
Le métal des caroubiers
40 *Tout est plus triste qu'autrefois*
Tous les dieux terrestres vieillissent
L'univers se plaint par ta voix
Et des êtres nouveaux surgissent
Trois par trois

CALIGRAMAS — POEMAS DA PAZ E DA GUERRA

Curiango Texugo
E a Toupeira-Ariadne
20 Alugamos duas cabines no Transiberiano
Dormimos em turnos o vendedor de joias e eu
Mas o que vigiava nem disfarçava o revólver carregado

Você passeando em Leipzig com uma mulher magra
[disfarçada de homem
Inteligência pois isso é que é uma mulher inteligente
E não devemos esquecer as lendas
Deusa Abundia no bonde noturno nas profundezas do
[bairro deserto
Vi uma caçada enquanto subia
E o elevador parou em cada andar

Entre as pedras
30 Entre as roupas multicoloridas nas vitrines
Entre os carvões ardentes dos vendedores de castanhas
Entre dois barcos noruegueses ancorados em Rouen
Flutua a tua imagem

Ela brota entre bétulas da Finlândia

Beleza negra em aço

Tristeza profunda
Receber aquele postal de La Corunha

O vento vem do poente
O metal das alfarrobeiras
40 Tudo mais triste que antes
Todos os deuses terrestres envelhecem
O universo se queixa através da tua voz
E surgem novos seres
De três em três

LUNDI RUE CHRISTINE

1 *La mère de la concierge et la concierge laisseront tout passer*
 Si tu es un homme tu m'accompagneras ce soir
 Il suffirait qu'un type maintînt la porte cochère
 Pendant que l'autre monterait

 Trois becs de gaz allumés
 La patronne est poitrinaire
 Quand tu auras fini nous jouerons une partie de jacquet
 Un chef d'orchestre qui a mal à la gorge
 Quand tu viendras à Tunis je te ferai fumer du kief

10 *Ça a l'air de rimer*

 Des piles de soucoupes des fleurs un calendrier
 Pim pam pim
 Je dois fiche près de 300 francs à ma probloque
 Je préférerais me couper le parfaitement que de les lui donner

 Je partirai à 20 h. 27
 Six glaces s'y dévisagent toujours
 Je crois que nous allons nous embrouiller encore davantage
 Cher monsieur
 Vous êtes un mec à la mie de pain
20 *Cette dame a le nez comme un ver solitaire*
 Louise a oublié sa fourrure

CALIGRAMAS — POEMAS DA PAZ E DA GUERRA

SEGUNDA-FEIRA RUA CRISTINA

A mãe da zeladora e a zeladora vão deixar passar
Vem comigo hoje à noite se for macho
Precisamos só de um cara pra vigiar a entrada
Enquanto o outro sobe a escada

Três lampiões a gás de fogo
A patroa tá um trapo
Quando você terminar vamos jogar gamão
Um maestro com dor de garganta
Quando você for pra Tunísia vou te fazer fumar haxixe

Parece rima vixe

Pilhas de pires umas flores um calendário
Pim pam pim
Devo quase 300 paus pra proprietária
Prefiro cortar o meu perfeitamente do que dar pra ela

Viajo às 8 e 27
Seis espelhos para sempre se encarando
Tô achando que vamos entrar é numa fria maior ainda
Caro senhor
Cê é um ladrão de galinha
O nariz daquela dona parece uma solitária
A Luísa esqueceu o casaco

Moi je n'ai pas de fourrure et je n'ai pas froid
Le Danois fume sa cigaretteden consultant l'horaire
Le chat noir traverse la brasserie

Ces crêpes étaient exquises
La fontaine coule
Robe noire comme ses ongles
C'est complètement impossible
Voici monsieur
30 La bague en malachite
Le sol est semé de sciure
Alors c'escie vrai
La serveuse rousse a été enlevée par un libraire

Un journaliste que je connais d'ailleurs très vaguement

Écoute Jacques c'est très sérieux ce que je vais te dire

Compagnie de navigation mixte

Il me dit monsieur voulez-vous voir ce que je peux faire
 [d'eaux-fortes et de tableaux
Je n'ai qu'une petite bonne

Après déjeuner café du Luxembourg
40 Une fois là il me présente un gros bonhomme
Qui me dit
Écoutez c'est charmant
A Smyrne à Naples en Tunisie
Mais nom de Dieu où est-ce
La dernière fois que j'ai été en Chine
C'est il y a huit ou neuf ans
L'Honneur tient souvent à l'heure que marque la pendule
La quinte major

CALIGRAMAS — POEMAS DA PAZ E DA GUERRA 225

Tô sem casaco mas também não tô com frio
O dinamarquês fuma seu cigarro enquanto checa os horários
O gato preto cruza o restaurante

As panquecas estavam divinas
A fonte flui
Vestido preto como suas unhas
Isso é completamente impossível
Prontinho senhor
O anel de malaquita
O chão está cheio de serragem
Então é verdade
A garçonete ruiva se mandou com o livreiro

Um jornalista que conheço assim de vista

Escuta aqui Jacques é muito sério o que vou te contar

Companhia de navegação mista

Ele me diz o senhor quer ver só como eu gravo e como
 [eu pinto
Tenho só uma empregadinha

Depois do almoço Café Luxemburgo
Chegando lá ele me apresenta um grandalhão
Que me diz assim
Escuta aqui isso seria um charme
Em Esmirna em Nápoles na Tunísia
Mas pelamor onde é que é isso
Da última vez que estive na China
Faz o que uns oito ou nove anos
A Honra sempre é uma questão de hora
Bati

LETTRE-OCÉAN

J'étais au bord du Rhin quand tu partis pour le Mexique
Ta voix me parvient malgré l'énorme distance
Gens de mauvaise mine sur le quai à la Vera Cruz

CALIGRAMAS — POEMAS DA PAZ E DA GUERRA 227

CARTA-OCEANO

 corto a cidade
nariz adiante
 e a divido em 2

Eu estava às margens do Reno quando você partiu pro México
Sua voz me alcança apesar da distância imensa
Gente de cara feia no cais em Vera Cruz

 Já que os passageiros do *Espagne* precisam ir
Juan Aldama pra Coatzacoalcos pra embarcar
 te envio este cartão em vez

 YPIRANGA
Correos **REPUBLICA MEXICANA** 11 45
Mexico **TARJETA POSTAL** 29-5
4 centavos 14
 Rue des Batignolles

 de aproveitar o correio de Vera Cruz que não é seguro
U.S. Postage Aqui tudo tranquilo estamos à espera
2 cents 2 dos acontecimentos.

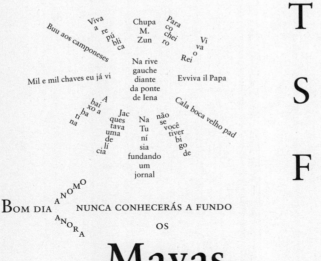

Te souviens-tu du tremblement de terre entre 1885 et 1890
on coucha plus d'un mois sous la tente

BONJOUR MON FRÈRE ALBERT à Mexico

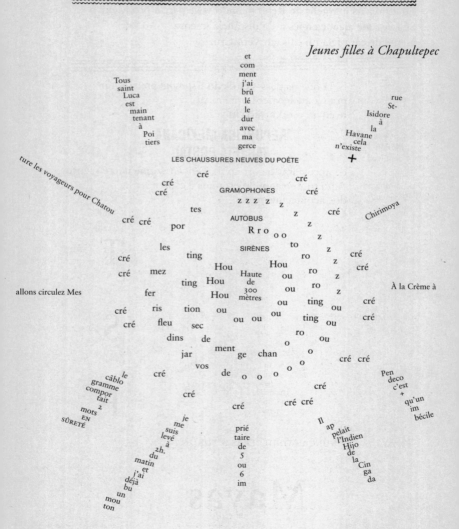

Jeunes filles à Chapultepec

Lembra do terremoto entre 1885 e 1890 foi mais de um mês dormindo em barraca

BOM DIA MEU IRMÃO ALBERT no México

Garotas em Chapultepec

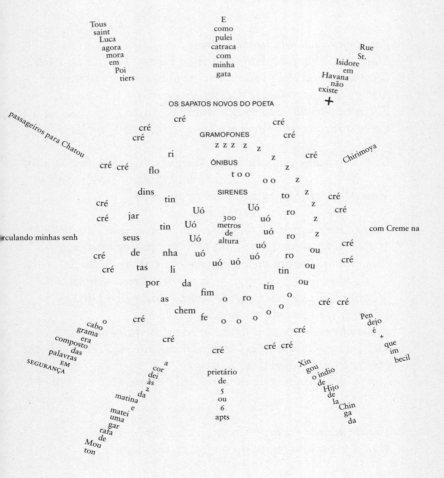

SUR LES PROPHÉTIES

1 *J'ai connu quelques prophétesses*
Madame Salmajour avait appris en Océanie à tirer les cartes
C'est là-bas qu'elle avait eu encore l'occasion de participer
À une scène savoureuse d'anthropophagie
Elle n'en parlait pas à tout le monde
En ce qui concerne l'avenir elle ne se trompait jamais

 Une cartomancienne céretane Marguerite je ne sais plus quoi
 Est également habile
Mais Madame Deroy est la mieux inspirée
10 *La plus précise*
Tout ce qu'elle m'a dit du passé était vrai et tout ce qu'elle
M'a annoncé s'est vérifié dans le temps qu'elle indiquait
J'ai connu un sciomancien mais je n'ai pas voulu qu'il
 [interrogeât mon ombre
Je connais un sourcier c'est le peintre norvégien Diriks
Miroir brisé sel renversé ou pain qui tombe
Puissent ces dieux sans figure m'épargner toujours
Au demeurant je ne crois pas mais je regarde et j'écoute et notez
Que je lis assez bien dans la main
Car je ne crois pas mais je regArde et quand c'est possible
 [j'écoute

20 *Tout le monde est prophète mon cher André Billy*
Mail il y a si longtemps qu'on fait croire aux gens

SOBRE PROFECIAS

1 Conheço umas profetisas por aí
Madame Salmajour aprendeu na Oceania a arte da taromancia
Foi lá também que teve a chance de participar
De uma deliciosa cena de antropofagia
Claro que ela não espalhou pra todo mundo
Mas sobre o futuro nunca errava uma

Uma cartomante de Céret Margarida não sei que lá
 Também é talentosa
Mas já Madame Delroy é a mais inspirada
10 A mais precisa
Tudo que disse sobre meu passado era verdade e o que ela
Predisse aconteceu no tempo que indicou
Conheço um ciomante mas não deixei que ele entrevistasse
 [minha sombra
Conheço um hidróscopo o pintor norueguês Diriks
Espelho quebrado sal derramado migalhas de pão
Que esses deuses sem face sempre me poupem
E ao mesmo tempo não boto fé mas olho e escuto e repare
Que leio mãos muito bem
Pois não boto fé mas mesmo assim eu olho e quando é
 [possível escuto

20 Todo mundo é profeta caro amigo André Billy
Mas por tanto tempo as pessoas foram levadas a crer

Qu'ils n'ont aucun avenir qu'ils sont ignorants à jamais
<div align="center">*Et idiots de naissance*</div>

Qu'on en a pris son parti et que nul n'a même l'idée
De se demander s'il connaît l'avenir ou non
Il n'y a pas d'esprit religieux dans tout cela
Ni dans les superstitions ni dans les prophéties
Ni dans tout ce que l'on nomme occultisme
Il y a avant tout une façon d'observer la nature
30 *Et d'interpréter la nature*
Qui est très légitime

Que não têm futuro que serão ignorantes para sempre
E idiotas de nascença
Que eles acabam se resignando e a ninguém ocorre
De se perguntar se ele conhece ou não o futuro
Não tem nada de religioso nisso
Nem nas superstições nem nas profecias
Nem no que chamamos de ocultismo
O que existe acima de tudo é um jeito de observar a natureza
De interpretar a natureza
Que é superlegítimo

LE MUSICIEN DE SAINT-MERRY

1 J'ai enfin le droit de saluer des êtres que je ne connais pas
Ils passent devant moi et s'accumulent au loin
Tandis que tout ce que j'en vois m'est inconnu
Et leur espoir n'est pas moins fort que le mien

Je ne chante pas ce monde ni les autres astres
Je chante toutes les possibilités de moi-même hors de
 [ce monde et des astres
Je chante la joie d'errer et le plaisir d'en mourir

Le 21 du mois de mai 1913
Passeur des morts et les mordonnantes mériennes
10 Des millions de mouches éventaient une splendeur
Quand un homme sans yeux sans nez et sans oreilles
Quittant le Sébasto entra dans la rue Aubry-le-Boucher
Jeune l'homme était brun et de couleur de fraise sur les joues
Homme Ah! Ariane
Il jouait de la flûte et la musique dirigeait ses pas
Il s'arrêta au coin de la rue Saint-Martin
Jouant l'air que je chante et que j'ai inventé
Les femmes qui passaient s'arrêtaient près de lui
Il en venait de toutes parts
20 Lorsque tout à coup les cloches de Saint-Merry se mirent
 [à sonner
Le musicien cessa de jouer et but à la fontaine

CALIGRAMAS — POEMAS DA PAZ E DA GUERRA 235

O MÚSICO DE SAINT-MERRY

1 Enfim tenho direito de saudar seres que sequer conheço
 Eles passam por mim e se acumulam na distância
 Enquanto tudo o que vejo neles me é desconhecido
 E sua esperança não é menos forte que a minha

 Não canto este mundo nem outros astros
 Canto todas as possibilidades de mim mesmo além deste
 [mundo e dos astros
 Canto o prazer de errar e o de morrer errando

 21 de maio de 1913
 Barqueiro dos mortos zum-zum das rameiras merryanas
10 Milhões de moscas abanavam um esplendor
 Quando um homem sem olhos sem nariz sem orelhas
 Virou na Sébastopol e entrou na rua Aubry-le-Boucher
 Era um moço moreno tinha bochechas morango
 O homem Ah! Ariadne
 Tocava flauta e a música guiava seus passos
 Parou na esquina da rua Saint-Martin
 Tocando a música que estou cantando agora e que inventei
 Mulheres passando paravam à sua volta
 Vinham de todos os lados
20 Quando de repente os sinos da Saint-Merry começaram
 [a tocar
 O músico parou de soprar e bebeu água na fonte

Qui se trouve au coin de la rue Simon-Le-Franc
Puis Saint-Merry se tut
L'inconnu reprit son air de flûte
Et revenant sur ses pas marcha jusqu'à la rue de la Verrerie
Où il entra suivi par la troupe des femmes
Qui sortaient des maisons
Qui venaient par les rues traversières les yeux fous
Les mains tendues vers le mélodieux ravisseur
30 Il s'en allait indifférent jouant son air
Il s'en allait terriblement

Puis ailleurs
A quelle heure un train partira-t-il pour Paris

A ce moment
Les pigeons des Moluques fientaient des noix muscades
En même temps
Mission catholique de Bôma qu'as-tu fait du sculpteur

Ailleurs
Elle traverse un pont qui relie Bonn à Beuel et disparaît
 [à travers Pützchen

40 Au même instant
Une jeune fille amoureuse du maire

Dans un autre quartier
Rivalise donc poète avec les étiquettes des parfumeurs

En somme ô rieurs vous n'avez pas tiré grand chose des
 [hommes
Et à peine avez-vous extrait un peu de graisse de leur misère
Mais nous qui mourons de vivre loin l'un de l'autre
Tendons nos bras et sur ces rails roule un long train de
 [marchandises

CALIGRAMAS — POEMAS DA PAZ E DA GUERRA

Que fica na esquina da rua Simon-Le-Franc
Saint-Merry ficou calada
O desconhecido tocou sua flauta outra vez
Retraçando seus passos foi até a rua de La Verrerie
Onde entrou sendo seguido pela trupe de mulheres
Que jorravam das casas
Que vinham pelas transversais com olhos loucos
Mãos espalmadas em direção ao raptor melodioso
30 E ele prosseguia indiferente fazendo seu som
Prosseguia terrivelmente

Em outro lugar
A que horas parte o trem pra Paris

E naquele instante
Pombos das Molucas defecam noz-moscada
Simultaneamente
Missão católica de Boma que fim vocês deram naquele escultor

E em outro lugar
Ela cruza a ponte que liga Bonn a Beuel e desaparece em
 [Pützschen

40 E ao mesmo tempo
Uma moça apaixonada pelo prefeito

E em outro bairro
Poetas competem com rótulos de perfumes

Resumindo vocês sarristas não arrancaram grandes
 [coisas dos homens
E mal conseguiram extrair um pouco de banha de suas misérias
Mas nós que morremos por viver longe um do outro
Estendamos nossos braços e nesses trilhos role um longo
 [comboio carregado de produtos

Tu pleurais assise près de moi au fond d'un fiacre

Et maintenant
50 *Tu me ressembles tu me ressembles malheureusement*

Nous nous ressemblons comme dans l'architecture du
[*siècle dernier*
Ces hautes cheminées pareilles à des tours

Nous allons plus haut maintenant et ne touchons plus le sol

Et tandis que le monde vivait et variait
Le cortège des femmes long comme un jour sans pain
Suivait dans la rue de la Verrerie l'heureux musicien

Cortèges ô cortèges
C'est quand jadis le roi s'en allait à Vincennes
Quand les ambassadeurs arrivaient à Paris
60 *Quando le maigre Suger se hâtait vers la Seine*
Quand l'émeute mourait autour de Saint-Merry

Cortèges ô cortèges
Les femmes débordaient tant leur nombre était grand
Dans toutes rues avoisinantes
Et se hâtaient raides comme balle
Afin de suivre le musicien
Ah! Ariane et toi Pâquette et toi Amine
Et toi Mia et toi Simone et toi Mavise
Et toi Colette et toi la belle Geneviève
70 *Elles ont passé tremblantes et vaines*
Et leurs pas légers et prestes se mouvaient selon la cadence
De la musique pastorale qui guidait
Leurs oreilles avides

L'inconnu s'arrêta un moment devant une maison à vendre
Maison abandonée

CALIGRAMAS — POEMAS DA PAZ E DA GUERRA

Você chorou sentada a meu lado no fundo de um táxi

E agora
50 Você parece comigo parece comigo infelizmente

A gente se parece como a arquitetura do século
[dezenove
Aquelas chaminés altas como torres

Vamos mais alto agora e não tocamos mais o solo

E enquanto o mundo vivia e se transformava
O cortejo de mulheres comprido como o dia sem pão
Seguia o músico feliz da vida pela rua de La Verrerie

Cortejos ó cortejos
Como quando o rei ia pra Vincennes
Quando os embaixadores chegavam em Paris
60 Quando o magro Suger corria pro Sena
Quando o motim morria ao redor da Saint-Merry

Cortejos ó cortejos
Mulheres transbordavam eram tantas
Por todas as ruas da vizinhança
Rápidas como balas
Seguindo o músico
Ah! Ariadne e você Paquette e você Amine
E você Mia e você Simone e você Mavise
E você Colette e até você bela Genevieve
70 Passaram trêmulas e vãs
E seus pés leves e lépidos seguiam a cadência
Da música pastoral que conduzia
Seus ávidos ouvidos

O desconhecido parou um instante diante de uma casa à venda
Casa abandonada

Aux vitres brisées
C'est un logis du seizième siècle
La cour sert de remise à des voitures de livraisons
C'st là qu'entra le musicien
80 *Sa musique qui s'éloignait devint langoureuse*
Les femmes le suivirent dans la maison abandonée
Et toutes y entrèrent confondues en bande
Toutes toutes y entrèrent sans regarder derrière elles
Sans regretter ce qu'elles ont laissé
Ce qu'elles ont abandonné
Sans regretter le jour la vie et la mémoire
Il ne resta bientôt plus personne dans la rue de la Verrerie
Sinon moi-même et un prêtre de Saint-Merry
Nous entrâmes dans la vieille maison

90 *Mais nous n'y trouvâmes personne*

Voici le soir
À Saint-Merry c'est l'Angélus qui sonne
Cortèges ô cortèges
C'est quand jadis le roi revenait de Vincennes
Il vint une troupe de casquettiers
Il vint des marchands de bananes
Il vint des soldats de la garde républicaine
O nuit
Troupeau de regards langoureux des femmes
100 *O nuit*
Toi ma douleur et mon attente vaine
J'entends mourir le son d'une flûte lointain

CALIGRAMAS — POEMAS DA PAZ E DA GUERRA 241

Vidros quebrados
Residência do século dezesseis
Pátio usado de garagem para caminhões de entrega
O músico entrou ali
80 Sua música diminuía ficando mais langorosa
As mulheres o seguiram na casa abandonada
E todas entraram num confuso bando
Todas todas entraram sem olhar pra trás
Sem arrependimentos pelo que deixaram
Ou abandonaram
Sem saudades da luz e da vida e da memória
Logo não tinha mais ninguém na rua de La Verrerie
A não ser eu e o padre da Saint-Merry
Entramos na casa velha

90 Mas não encontramos ninguém ali

Fim de tarde agora
O Ângelus badala na Saint-Merry
Cortejos ó cortejos
Como no dia em quo i o rei voltou de Vincennes
Veio uma trupe de chapeleiros
Vieram vendedores de banana
Vieram soldados da guarda republicana
Ó noite
Rebanho de lânguidos olhares femininos
100 Ó noite
Você minha dor e minha espera fútil
Ouço o som agonizante de uma flauta distante

LA CRAVATE ET LA MONTRE

```
                                        LA  CRAVATE

                                        DOU
                                        LOU
                                        REUSE
                                        QUE TU
                                        PORTES
                                        ET QUI T'
                                        ORNE Ô CI
                                        VILISÉ
                    COMME L'ON      ÔTE-    TU VEUX
                    S'AMUSE          LA      BIEN
                       BI            SI      RESPI
                       EN                    RER

                            les
                            heurs           la

            et le                      beau
            vers                    Mon
            dantesque               cœur        té
            luisant et
            cadavérique                             de

                                                       la
                                              les
                                              yeux    vie
            le bel         Il       Et
            inconnu       est      tout                   pas
                          ——        se
                           5        ra                        se
                          en        fi
                          fin       ni
            les Muses                             l'enfant  la
            aux portes de
            ton corps                                    dou

                                                         leur
            l'infini                         Agla
            redressé                                        de
                par un fou
                de philosophe                            mou

                                                         rir

                    semaine              la main

                            Tircis
```

A GRAVATA E O RELÓGIO

A GRAVATA

DO
LO
RIDA
QUE TE
VESTE
E ADORNA
Ô CIVILI
ZADO

MAS COMO
SÃO DIVER
TI
DAS

QUER É
RES- SÓ
PIRAR TI-
 RAR

as
horas

a

e o bele

verso Meu

de Dante coração za

radiante e

cadavérico da

 vi

 os
o belo às Pra olhos da
desconhecido tudo
 ___ se su
 5 a
 en ca pe
 fim bar
as Musas a criança ra
às portas do
teu corpo a

 dor
o infinito Agla
posto de pé de
por um filósofo
 doido mor

 rer

semana a mão

 Tircis

UN FANTÔME DE NUÉES

1 Comme c'était la veille du quatorze juillet
 Vers les quatre heures de l'après-midi
 Je descendis dans la rue pour aller voir les saltimbanques

 Ces gens qui font des tours en plein air
 Commencent à être rares à Paris
 Dans ma jeunesse on en voyait beaucoup plus qu'aujourd'hui
 Ils s'en sont allés presque tous en province

 Je pris le boulevard Saint-Germain
 Et sur une petite place située entre Saint-Germain-des-Prés
 [et la statue de Danton
10 Je rencontrai les saltimbanques

 La foule les entourait muette et résignée à attendre
 Je me fis une place dans ce cercle afin de tout voir
 Poids formidables
 Villes de Belgique soulevées à bras tendu par un ouvrier
 [russe de Longwy
 Haltères noirs et creux qui ont pour tige un fleuve figé
 Doigts roulant une cigarette amère et délicieuse comme la vie

 De nombreux tapis sales couvraient le sol
 Tapis qui ont des plis qu'on ne défera pas
 Tapis qui sont presque entièrement couleur de la poussière

CALIGRAMAS — POEMAS DA PAZ E DA GUERRA

UM FANTASMA DE NUVENS

Como era véspera do Dia da Bastilha
Lá pelas quatro da tarde
Desci pra rua e fui ver os saltimbancos

Essa gente que faz performances ao ar livre
Está virando raridade em Paris
Na juventude vivia topando com eles por aí
Já se mandaram quase todos pro interior

Peguei o Boulevard Saint-German
E numa pracinha entre a Saint-German-des-Prés e a estátua
[de Danton
Achei os saltimbancos

A multidão os cercava em silêncio esperando resignada
Descolei um lugar na roda a fim de ver tudo
Pesos formidáveis
Cidades belgas erguidas com um braço só pelo operário
[russo de Longwy
Halteres pretos e ocos cujas barras são um rio congelado
Dedos enrolando um cigarro amargo e gostoso como a vida

Tapetes imundos cobriam o chão
Tapetes com pregas que não se alisam
Tapetes totalmente coloridos de pó

20 *Et où quelques taches jaunes ou vertes ont persisté*
Comme un air de musique qui vous poursuit

Vois-tu le personnage maigre et sauvage
La cendre de ses pères lui sortait en barbe grisonnante
Il portait ainsi toute son hérédité au visage
Il semblait rêver à l'avenir
En tournant machinalement un orgue de Barbarie
Dont la lente voix se lamentait merveilleusement
Les glouglous les couacs et les sourds gémissements

Les saltimbanques ne bougeaient pas
30 *Le plus vieux avait un maillot couleur de ce rose violâtre*
 [qu'ont aux joues certaines jeunes filles fraîches
 [mais près de la mort

Ce rose-là se niche surtout dans les plis qui entourent
 [souvent leur bouche
Ou près des narines
C'est un rose plein de traîtrise

Cet homme portait-il ainsi sur le dos
La teinte ignoble de ses poumons

Les bras les bras partout montaient la garde

Le second saltimbanque
N'était vêtu que de son ombre
Je le regardai longtemps
40 *Son visage m'échappe entièrement*
C'est un homme sans tête

Un autre enfin avait l'air d'un voyou
D'un apache bon et crapule à la fois
Avec son pantalon bouffant et les accroche-chaussettes
N'aurait-il pas eu l'apparence d'un maquereau à sa toilette

CALIGRAMAS — POEMAS DA PAZ E DA GUERRA 247

20 Com umas manchas verdes ou amarelas que persistem
 Como uma canção que te persegue

 Veja essa figura magra e selvagem
 As cinzas dos seus pais nasceram em sua barba grisalha
 Trazia todos os traços hereditários em sua cara
 Parecia sonhar com o futuro
 Girando mecanicamente o realejo cuja voz
 Lentamente se lamentava em maravilhosos
 Glu-glus e quacs e uns gemidos surdos

 Os saltimbancos pararam
30 O mais velho vestia um maiô rosa violáceo que se vê
 [nas faces frescas das mocinhas a ponto
 [de morrer

 Esse rosa se aninha sobretudo nas dobras ao redor
 [das bocas
 Ou perto das narinas
 É um rosa cheio de trapaça

 Esse homem também carrega nas costas
 A tinta asquerosa de seus pulmões

 Braços braços por toda parte montando guarda

 O segundo saltimbanco
 Vestia só a sua sombra
 O admirei por um bom tempo
40 Sua face não lembro muito bem
 Era um homem sem cabeça

 O terceiro tinha jeito de bandido
 De um apache bom e crápula se preciso
 Com suas calças bufantes usando cintas-ligas
 Parecia o cafetão de alguma intriga

La musique se tut et ce furent des pourparlers avec le public
Qui sou à sou jeta sur le tapis la somme de deux francs
 [cinquante
Au lieu des trois francs que le vieux avait fixés comme
 [prix des tours

Mais quand il fut clair que personne ne donnerait plus rien
On se décida à commencer la séance
De dessous l'orgue sortit un tout petit saltimbanque habillé
 [de rose pulmonaire
Avec de la fourrure aux poignets et aux chevilles
Il poussait des cris brefs
Et saluait en écartant gentiment les avant-bras
Mains ouvertes

Une jambe en arrière prête à la génuflexion
Il salua ainsi aux quatre points cardinaux
Et quand il marcha sur une boule
Son corps mince devint une musique si délicate que
 [nul parmi les spectateurs n'y fut insensible
Un petit esprit sans aucune humanité
Pensa chacun
Et cette musique des formes
Détruisit celle de l'orgue mécanique
Que moulait l'homme au visage couvert d'ancêtres

Le petit saltimbanque fit la roue
Avec tant d'harmonie
Que l'orgue cessa de jouer
Et que l'organiste se cacha le visage dans les mains
Aux doigts semblables aux descendants de son destin
Fœtus minuscules qui lui sortaient de la barbe
Nouveaux cris de Peau-Rouge
Musique angélique des arbres
Disparition de l'enfant

CALIGRAMAS — POEMAS DA PAZ E DA GUERRA 249

A música parou e começou a negociação com a plateia
Que de tostão em tostão atirava no tapete o total de
 [dois francos e meio
Em vez dos três que o velho tinha dito no começo

Quando ficou claro que ninguém ia dar mais nada
50 Decidiram enfim tocar o show
Debaixo do órgão um pequeno saltimbanco de roupa
 [rosa-pulmonar apareceu
Joelhos e calcanhares forrados de pele
Deu uns gritinhos
E saudou graciosamente erguendo os antebraços
Mãos espalmadas

A perna de trás pronta pra dobrar
Saudou os quatro pontos cardeais
E então andou sobre uma bola
Seu corpinho virou uma música tão delicada que ninguém
 [da plateia podia resistir
60 Um pequeno espírito inumano
Pensou cada um
E aquela música de formas
Destruía a música do órgão mecânico
Que o homem com face inçada de ancestrais moía

O pequeno saltimbanco fez uma estrela
Com tanta harmonia
Que o órgão parou de tocar
E o organista escondeu a face entre as mãos
Seus dedos pareciam descendentes do seu destino
70 Fetos minúsculos brotando em sua barba
Os gritos novos dos Peles-Vermelhas
Música angelical das árvores
Criança desaparecida

Les saltimbamques soulevèrent les gros haltères à bout
 [de bras
Ils jonglèrent avec les poids

Mais chaque spectateur cherchait en soi l'enfant miraculeux
Siècle ô siècle des nuages

Os saltimbancos ergueram os halteres imensos na altura
[dos braços
Fazendo malabariscos

Mas cada espectador procurava em si a criança miraculosa
Século ó século de nuvens

CŒUR COURONNE ET MIROIR

Guillaume Apollinaire

CORAÇÃO COROA E ESPELHO

VOYAGE

A_{DIEU} ^{AMOUR} ^{NUAGE} _{QUI}
FUIS REFAIS LE VOYAGE DE DANTE
_{ET} ^{N'A} _{PAS} _{CHU} ^{PLUIE} ^{FÉCON}

OU VA DONC CE TRAIN QUI MEURT
DANS LES VALS ET LES BEAUX BOIS

 O
 D U
 CE T
 N I
 L U
 A N

 É
 T
 D O
 I
 L
 E
 S
 L
 P E
 INE
 N
 E

 J

VIAGEM

A_{DEUS} AMOR NUVEM QUE FOGE REFAZ A VIAGEM DE DANTE E NÃO CAIU CHU VA FECUN

| PRA | ON | DE | VAI | ESTE | TREM | QUE | MORRE |
| NOS | VA | LES | E | BE | LAS | MA | TAS |

O
D C
E

A

E
T
N O
I

E
S
D E
T
R
E
L
A
S

H
C E
I A

N
Ã
O

U
E

TÉLÉGRAPHE

OISEAU TOMBER
QUI
LAISSE

SES AILES PARTOUT

 ?
 E
 L
 A
AU LOIN P
FRAIS DU TENDRE ÉTÉ SI P

 L U

 N ET
 A
 I
 R
 E

 C' TON
 EST SA
 VI GE

 QUE

 V
 O I
 S PLU
 S

CALIGRAMAS — POEMAS DA PAZ E DA GUERRA

TELÉGRAFO
PÁSSARO
QUE CAIR
DEIXA
PENAS POR TODA PARTE

?
O
J
E

FRES TÃO **SUAVE INCOLOR** V
CAS LONGE

L U

N
A
R
E

A
É FA **C** E
SUA

QUE

V MAI
E J S
O

A TRAVERS L'EUROPE

A M. Ch.

1 Rotsoge
Ton visage écarlate ton biplan transformable en hydroplan
Ta maison ronde où il nage un hareng saur
Il me faut la clef des paupières
Heureusement que nous avons vu M. Panado
Et nous sommes tranquilles de ce côté-là
Qu'est-ce que tu vois mon vieux M. D...
90 ou 324 un homme en l'air un veau qui regarde à travers
 [le ventre de sa mère

 J'ai cherché longtemps sur les routes
10 Tant d'yeux sont clos au bord des routes
Le vent fait pleurer les saussaies
Ouvre ouvre ouvre ouvre ouvre
Regarde mais regarde donc
Le vieux se lave les pieds dans la cuvette
Una volta ho inteso dire Chè vuoi
Je me mis à pleurer en me souvenant de vos enfances

 Et toi tu me montres une violeté pouvantable

 Ce petit tableau où il y a une voiture m'a rappelé le jour
Un jour fait de morceaux mauves jaunes bleus verts et rouges
20 Où je m'en allais à la campagne avec une charmante
 [cheminée tenant sa chienne en laisse

CALIGRAMAS — POEMAS DA PAZ E DA GUERRA 259

CRUZANDO A EUROPA

Para Marc Chagal

1 Rotsoge
Tua face escarlate teu biplano transformável em hidroplano
Tua casa redonda onde um arenque defumado nada
Perdi a chave das pálpebras
Ainda bem que cruzamos seu Panado
Estamos tranquilos quanto a isso
O que você vê meu velho amigo M. D...
90 ou 324 um homem no ar um bezerro que vê através do
 [ventre da mãe

Por tanto tempo procurei os caminhos
10 Tantos olhos fechados à beira dos caminhos
O vento faz salgueiros chorarem
Abra abra abra abra abra
Olhe mas olhe então
O velho lavando os pés numa bacia
Una volta ho inteso dire Chè vuoi
Caio no choro ao lembrar da tua infância

E você me mostra uma terrível nuança violeta

Aquele quadrinho de uma carroça me faz lembrar o dia
Feito de pedaços de malva amarelo azul verde e vermelho
20 Em que fui pro campo com uma chaminé charmosa com
 [seu totó na coleira

Il n'y en a plus tu n'as plus ton petit mirliton
La cheminée fume loin de moi des cigarettes russes
La chienne aboie contre les lilas
La veilleuse est consumée
Sur la robe ont chu des pétales
Deux anneaux d'or près des sandales
Au soleil se sont allumés
Mais tes cheveux sont le trolley
A travers l'Europe vêtue de petits feux multicolores

Nada ficou você perdeu até o kazoo
A chaminé fuma cigarilhas russas longe de mim
O totó late pros lilases
A lamparina se apagou
Pétalas caídas num vestido
Dois anéis de ouro perto das sandálias
Pegaram fogo sob a luz do sol
Mas seu cabelo é o trole
Cruzando a Europa vestida de pequenos fogos multicoloridos

IL PLEUT

Il pleut des voix de femmes comme si elles étaient mortes même dans le souvenir

c'est vous aussi qu'il pleut merveilleuses rencontres de ma vie ô gouttelettes

et ces nuages cabrés se prennent à hennir tout un univers de villes auriculaires

écoute s'il pleut tandis que le regret et le dédain pleurent une ancienne musique

écoute tomber les liens qui ce retiennent en haut et en bas

CHOVE

chovem vozes de mulheres como se etivessem mortas mesmo na lembrança

vocês também chovem maravilhosos encontros da minha vida ó gotículas

e essas nuvens empinam-se poema a relinchar todo um universo de cidades auriculares

ouça essa chuva enquanto o pesar e o desprezo choram suas músicas antigas

ouça caírem os laços que te prendem de alto a baixo

LA PETITE AUTO

1 *Le 31 de mois d'Août 1914*
Je partis de Deauville un peu avant minuit
Dans la petite auto de Rouveyre

Avec son chauffeur nous étions trois

Nous dîmes adieu à toute une époque
Des géants furieux se dressaient sur l'Europe
Les aigles quittaient leur aire attendant le soleil
Les poissons voraces montaient des abîmes
Les peuples accouraient pour se connaître à fond
10 *Les morts tremblaient de peur dans leurs sombres demeures*

Les chiens aboyaient vers là-bas où étaient les frontières
Je m'en allais portant en moi toutes ces armées qui se
 [battaient
Je les sentais monter en moi et s'étaler les contrées
 [où elles serpentaient
Avec les forêts les villages heureux de la Belgique
Francorchamps avec l'Eau Rouge et les pouhons
Région par où se font toujours les invasions
Artères ferroviaires où ceux qui s'en allaient mourir
Saluaient encore une fois la vie colorée
Océans profonds où remuaient les monstres
20 *Dans les vieilles carcasses naufragées*

O PEQUENO AUTOMÓVEL

1 31 de agosto de 1914
Parti de Deauville por volta da meia-noite
No pequeno automóvel de Rouveyre

Éramos três contando o chofer

Demos adeus a toda uma época
Gigantes furiosos se erguiam sobre a Europa
Águias saíam dos ninhos para esperar o sol
Peixes vorazes subiam dos abismos
Povos se apressesvam em se conhecer a fundo
10 Os mortos tremiam de medo em suas moradas sombrias

Os cães latiam na direção das fronteiras
Eu partia e levava comigo todos os exércitos que estavam
 [lutando
Sentia-os subir em mim e se espalhar sobre as regiões
 [por onde serpenteavam
Com as florestas e vilarejos felizes da Bélgica
Francorchamps com seu Eau Rouge suas termas minerais
Região onde as invasões sempre começam
Artérias ferroviárias onde aqueles que vão morrer
Saudavam mais uma vez a vida colorida
Oceanos profundos onde monstros se agitavam
20 Em velhas carcaças de naufrágios

Hauteurs inimaginables où l'homme combat
Plus haut que l'aigle ne plane
L'homme y combat contre l'homme
Et descend tout à coup comme une étoile filante

Je sentais en moi des êtres neufs pleins de dextérité
Bâtir et aussi agencer un univers nouveau
Un marchand d'une opulence inouïe et d'une taille prodigieuse
Disposait un étalage extraordinaire
Et des bergers gigantesques menaient
De grands troupeaux muets qui broutaient les paroles
Et contre lesquels aboyaient tous les chiens sur la route

CALIGRAMAS — POEMAS DA PAZ E DA GUERRA

Alturas inimagináveis onde o homem combate
Onde a águia não consegue voar
Ali o homem luta contra o homem
E de repente despenca como estrela cadente

Sentia em mim novos seres cheios de destreza
Erigir ou mesmo organizar um novo universo
Um comerciante de opulência inaudita e estatura prodigiosa
Montava uma exibição extraordinária
E pastores gigantes tocavam
Grandes rebanhos mudos que pastavam palavras
Enquanto todos os cães latiam pra eles à beira da estrada

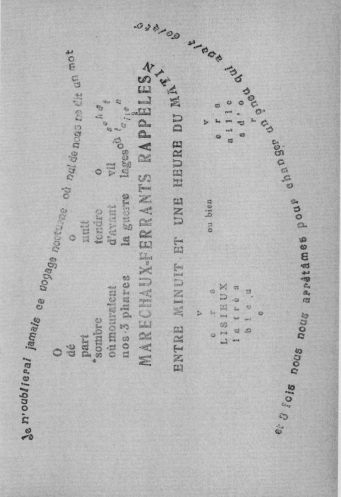

Nunca me esquecerei daquela viagem noturna onde ninguém disse palavra

Oh
partida
sombria
onde faleciam
nossos 3 faróis

Oh
noite
suave
véspera
da guerra

Oh
cida
des nas*quais corriam nossos*

FERRADORES CONVOCADOS

ENTRE MEIA-NOITE E UMA DA MANHÃ

Quer dizer

r
umo a
LISIEUX
tudo tão
azul

v
ers
ailles é
de ou
ro

e por 3 vezes paramos pra trocar um pneu que estourou

Et quand après avoir passé l'après-midi
Par Fontainebleau
Nous arrivâmes à Paris
Au moment où l'on affichait la mobilisation
Nous comprîmes mon camarade et moi
Que la petite auto nous avait conduits dans une époque
Nouvelle
Et bien qu'étant déjà tous deux des hommes mûrs
Nous venions cependant de naître

CALIGRAMAS — POEMAS DA PAZ E DA GUERRA

E quando depois de passar a tarde
Perto de Fontainebleau
Chegamos em Paris
No momento em que pregavam cartazes de mobilização
E então eu e meu parceiro percebemos
Que o pequeno automóvel havia nos conduzido a uma Época
 Nova
E embora fôssemos homens-feitos
Tínhamos acabado de nascer

LA MANDOLINE L'ŒILLET ET LE BAMBOU

Que cet œillet te dise
la loi des odeurs
qu'on n'a pas encore
promulguée et qui viendra
un jour
régner sur
nos cerveaux
bien +
précise & + subtile
que
les
sons
qui nous dirigent
je préfère ton nez
à
tous
tes
organes ô mon amie
Il est le trône de
la
future
SA
GES
SE

car la RAISON c'est ton Art femme et Ra comme une mandoline
à bataille c'est la terre trembla CON
ME
LA
BAL
LE
A
TRA
VERS
LE
ri- CORPS
vé
té la TRAVERSE SON LE

nez de la pipe les chars-ventre
l'univers infiniment d'idées qui
fourneaux y forgent les chaînes
lient les autres raisons formelles

BANDOLIM CRAVO E BAMBU

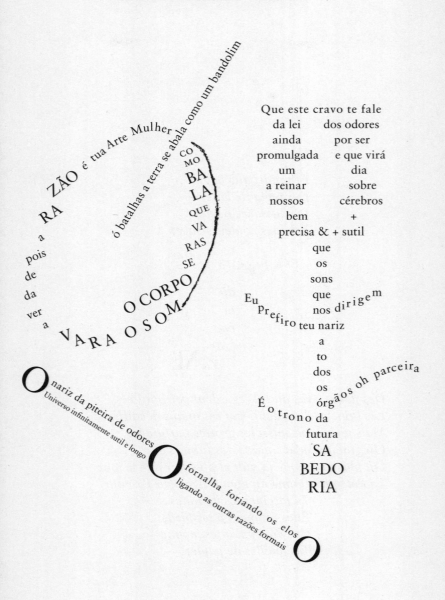

FUMÉES

Et tandis que la guerre
Ensanglante la terre
Je hausse les odeurs
Près des couleurs-saveurs

Et je fu*m*
e

du

ta

bac

de

Zo **NE**

Des fleurs à ras du sol regardent par bouffées
Les boucles des odeurs par tes mains décoiffées
Mais je connais aussi les grottes parfumées
Où gravite l'azur unique des fumées
Où plus doux que la nuit et plus pur que le jour
Tu t'étends comme un dieu fatigué par l'amour
Tu fascines les flammes
Elles rampent à tes pieds
Ces nonchalantes femmes
Tes feuilles de papier

BAFORADAS

E enquanto essa guerra
Ensanguenta a terra
Alço perto odores
Das cores-sabores

E eu fu m
 o
 ta
 ba
 co
 da
 Zo **NA**

Flores ao rés do chão nos olham em baforadas
Aros de odores que suas mãos desembaraçam
Eu também conheço umas grutas perfumadas
Onde gravita o azul singular das fumaças
Lá mais doce que a noite mais puro que o dia
Deitado como um deus depois que amor sacia
 Você fascina as flamas
 Arrastam-se a seus pés
 Tais preguiçosas fêmeas
 Suas folhas seus papéis

À NÎMES

A Émile Léonard

Je me suis engagé sous le plus beau des cieux
Dans Nice la Marine au nom victorieux

Perdu parmi 900 conducteurs anonymes
Je suis un charretier du neuf charroi de Nîmes

L'Amour dit Reste ici Mais là-bas les obus
Épousent ardemment et sans cesse les buts

J'attends que le printemps commande que s'en aille
Vers le nord glorieux l'intrépide bleusaille

Les 3 servants assis dodelinent leurs fronts
Où brillent leurs yeux clairs comme mes éperons

Un bel après-midi de garde à l'écurie
J'entends sonner les trompettes d'artillerie

J'admire la gaieté de ce détachement
Qui va rejoindre au front notre beau régiment

Le territorial se mange une salade
À l'anchois en parlant de sa femme malade

EM NÎMES

Para Émile Léonard

Eu me alistei sob o mais bonito dos céus
Na marina Nice vitória é o nome seu

Entre 900 condutores anônimos
Sou carreteiro no nono comboio de Nîmes

O Amor disse fica Mas lá longe os obuses
Esposam sem cessar seus alvos com abusos

Espero que a primavera mande reforços
Para o intrépido glorioso norte nosso

3 atiradores cofiam sobrancelhas
Seus olhos brilham nas esporas são centelhas

Bela tarde de guarda nesta estrebaria
Eu escutando os trompetes da artilharia

Admiro a alegria do destacamento
Vai se juntar no front a um belo regimento

O reservista traça salada de anchova
E reclama depois da doença da esposa

4 pointeurs fixaient les bulles des niveaux
Qui remuaient ainsi que les yeux des chevaux

Le bon chanteur Girault nous chante après 9 heures
Un grand air d'opéra toi l'écoutant tu pleures

Je flatte de la main le petit canon gris
Gris comme l'eau de Seine et je songe à Paris

Mais ce pâle blessé m'a dit à la cantine
Des obus dans la nuit la splendeur argentine

Je mâche lentement ma portion de bœuf
Je me promène seul le soir de 5 à 9

Je selle mon cheval nous battons la campagne
Je te salue au loin belle rose ô tour Magne

CALIGRAMAS — POEMAS DA PAZ E DA GUERRA

Artilheiros alinham a bolha dos níveis
Que rodopiam como os olhos dos corcéis

O bom cantor Girault cantou até as 9
Uma grande ópera que a todos comove

E eu só dando um tapa no canhãozinho gris
Gris como água do Sena e sonho com Paris

O pálido soldado contou na cantina
Do esplendor prateado do obus que ilumina

Mastigo lento essa ração de bife e couve
E passeio sozinho entre as 5 e as 9

Selo meu cavalo e circulo na campanha
De longe saúdo ó rosa torre Tamanha

LA COLOMBE POIGNARDEE ET LE JET D'EAU

CALIGRAMAS — POEMAS DA PAZ E DA GUERRA

A POMBA APUNHALADA E O CHAFARIZ

Doces faces apunhaladas Caros lábios floridos

MIA MAREYE
YETTE LORIE
ANNIE e você MARIE
 sim onde
 andam vocês
 ga rotas
 M A S
 junto a um
 chafariz que
 c h o r a e o r a
 eis esta pomba em êxtase

Lembranças todas de outras eras Cadê Raynal Billy Dalize
Ah meus amigos lá na guerra Seus nomes tristes deslizam
Jorrando rumo ao firmamento Como passos numa igreja diz
Seu olhar na água dormente Cadê Cremmitz que se alistou
Morre melancolicamente Quem sabe o que dele restou
Cadê Braque e Jacob agora Minh'alma de memórias plena
Derain olhos grises de aurora Chafariz chora minha pena

OS QUE PARTIRAM PARA A GUERRA LUTAM NO NORTE AGORA
A noite cai O mar sangrento
Jardins onde o louro ó flor guerreira sangra em abundância

VEILLE

Mon cher André Rouveyre
Troudla la Champignon Tabatière
On ne sait quand on partira
Ni quand on reviendra

Au Mercure de France
Mars revient tout couleur d'espérance
J'ai envoyé mon papier
Sur papier quadrillé

J'entends les pas des grands chevaux d'artillerie allant
 [au trot sur la grand-route où moi je veille
Un grand manteau gris de crayon comme le ciel
 [m'enveloppe jusqu'à l'oreille
 Quel
 Ciel
 Triste
 Piste
 Où
 Va le
 Pâle
 Sou-
 rire
 De la lune qui me regarde écrire

VIGIA

Meu caro amigo André Rouveyre
Cu-lá-lá Cogumelo Padaria
Ninguém sabe quando partiremos
Nem quando voltaremos

Na Mercure de France
Março marcha colorido de esperança
Meu artigo foi enviado
Em papel quadriculado

Ouço a passagem dos grandes cavalos da artilharia trotando pela
 [estrada onde faço a vigia
Uma manta imensa de giz cinza como o céu me cobre
 [as orelhas
 Qual
 Céu
 Triste
 Trilha
 Onde
 Vai o
 Alvo
 Sor-
 rir
 Da lua a me ver escrever

OMBRE

Vous voilà de nouveau près de moi
Souvenirs de mes compagnons morts à la guerre
L'olive du temps
Souvenirs qui n'en faites plus qu'un
Comme cent fourrures ne font qu'un manteau
Comme ces milliers de blessures ne font qu'un article de journal
Apparence impalpable et sombre qui avez pris
La forme changeante de mon ombre
Un Indien à l'affût pendant l'éternité
Ombre vous rampez près de moi
Mais vous ne m'entendez plus
Vous ne connaîtrez plus les poèmes divins que je chante
Tandis que moi je vous entends je vous vois encore
Destinées
Ombre multiple que le soleil vous garde
Vous qui m'aimez assez pour ne jamais me quitter
Et qui dansez au soleil sans faire de poussière
Ombre encre du soleil
Écriture de ma lumière
Caisson de regrets
Un dieu qui s'humilie

SOMBRA

1 Você de novo aqui perto de mim
Memórias dos meus companheiros mortos na guerra
Oliva de tempo
Memórias que agora formam uma só
Como cem peles fazem um só casaco
Como mil ferimentos fazem só uma matéria de jornal
Aparência impalpável e sombria você assume
A forma mutante de minha sombra
Um Índio de tocaia por toda a eternidade
10 Sombra você rasteja perto de mim
Mas já não consegue me ouvir
Nem vai saber dos poemas divinos que ando cantando
Enquanto ainda te ouço e te vejo
Destinos
Sombra múltipla que o sol te guarde
Você que me ama tanto nunca me deixará só
 Você que dança ao sol sem levantar pó
 Sombra tinta do sol
 Escrita de luz minha
20 Baú de mágoas
 Um deus que se humilha

LOIN DU PIGEONNIER

Et vous savez pourquoi

Pour quoi la chère couleuvre se love de la mer jusqu'à l'espoir attendri dessant l'Est

Malouréne 75 Canteraine

Xexa
èdres
bar
belés
mais un secret
collines bleues
en sentinelle

dans la
Forêt
où
nous chantons

O gerbes
des
3o5
en déroute

LONGE DO POMBAL

E você sabe por quê

Porque a cobra amada se lovenovela do mar até a esperança que vem Leste do tocante

MaLourainha 75 Cantarãzinha

Xexa
 edros
far
 pados
mas em segredo
 azuis colinas
em sentinela

na　　　　　Oh buquês
Floresta　　　dos
onde　　　　3o5
cantamos　　em debandada

S P

Au maréchal des logis
René Berthier

Qu'est-ce qu'on y met
Dans la case d'armons
Espèce de poilu de mon cœur

Pan pan pan perruque
Perruque pan pan
Pan pan pan
Perruque à canon

Pour lutter contre les vapeurs
les lunettes pour protéger les yeux
au moyen d'un masque nocivité gaz
un tissu trempé mouchoir des nez

dans
la so
lution
de bi
carbo
nate de
sodium

Les masques seront sim
plement mouillés des lar
mes de rire de rire

S P

Ao marechal de logística
René Berthier

O que a gente guarda
Na caixa do armão
Veterano do meu coração

Pou pou pou
Peruca peruca
Pou pou pou
Peruca de canhão

Para combater os vapores
os óculos protegerão os olhos
por meio de uma máscara antigás
um pano umedecido ou lenço de nariz

em
uma so
lução
de bi
carbo
nato de
sódio

As máscaras vão ficar sim
plesmente molhadas de lá
grimas de rir de rir

VISÉE

A Madame René Berthier

Chevaux couleur cerise limite des Zélandes

Des mitrailleuses d'or coassent les légendes

Je t'aime liberté qui veilles dans les hypogées

Harpe aux cordes d'argent ô pluie ô ma musique

L'invisible ennemi plaie d'argent au soleil

Et l'avenir secret que la fusée élucide

Entends nager le Mot, poisson subtil

Les villes tour à tour deviennent des clefs

Le masque bleu comme met Dieu son ciel

Guerre paisible ascèse solitude métaphysique

Enfant aux mains-coupées parmi les roses oriflammes

CALIGRAMAS — POEMAS DA PAZ E DA GUERRA 291

MIRA

Para Madame René Berthier

Cavalo cor cereja confins da Zelândia

Metralhadoras de ouro coaxando lendas

Te amo liberdade que vela em hipogeus

Harpa de cordas prata ó chuva minha música

Invisível inimigo chaga prata ao sol

E o futuro segredo o foguete elucida

Escute a Senha nada este peixe sutil

As cidades uma a uma virando chaves

Máscara azul como um Deus que veste seu céu

Guerra em paz ascese solidão metafísica

Criança mãos podadas rosas auriflamas

CARTE POSTALE
à Jean Royère

CORRESPONDANCE

Nous sommes bien

 Mais l'auto-bazar qu'on
dit merveilleux
ne vient pas jusqu'ici

LUL

on les
aura

CARTÃO-POSTAL

Para Jean Royère

CORRESPONDÊNCIA

Estamos bem
 só que o carro-bazar
 que dizem ser uma maravilha
 não chega até aqui

LUL

Vamos
 pegá-los

Fazer seguir
Rota transparente
França

SAILLANT

A André Level

Rapidité attentive à peine un peu d'incertitude
Mais un dragon à pied sans armes
Parmi le vent quand survient la

	S	torpille aérienne	
Salut	A	Le balai de verdure	Grain
Le Rapace	L	T'en souviens-tu	de
	U	Il est ici dans les pierres	blé
	T	Du beau royaume dévasté	

Mais la couleuvre me regarde dressée comme une épée

Vive comme un cheval pif
Un trou d'obus propre comme une salle de bain
Berger suivi de son troupeau mordoré
 Mais où est un cœur et le svastica

 Aÿ Ancien nom du renom
 Le crapaud chantait les saphirs nocturnes

 Lou VIVE
 Lou Verzy LE
 CAPISTON

Et le long du canal des filles s'en allaient

SALIENTE

Para André Level

Rapidez atenta só um pouco de incerteza
Mas um dragão sem armas e a pé
Em meio ao vento quando chega o

	S	torpedo aéreo	
	A	Vassoura de verdor	
Salve	L	Você se lembra	Grão
Ave de rapina	V	Fica aqui entre as pedras	de
	E	Do belo reino devastado	trigo

Mas a cobra me encarava de pé como uma espada

Agitada como um cavalo roncolho bum
Cratera de bomba limpa como um banheiro
Pastor seguido por seu rebanho marrom-dourado
 Onde habita um coração e a suástica

 Aÿ Antigo nome de renome
 Um sapo cantava safiras noturnas

 Lou VIVA
 Lou Verzy O
 CAPETÃO

E ao longo do canal as mocinhas partiam

GUERRE

Rameau central de combat
 Contact par l'écoute
On tire dans la direction "des bruits entendus"
 Les jeunes de la classe 1915
Et ces fils de fer électrisés
Ne pleurez donc pas sur les horreurs de la guerre
Avant elle nous n'avions que la surface
De la terre et des mers
Après elle nous aurons les abîmes
Le sous-sol et l'espace aviatique
Maîtres du timon
Après après
Nous prendrons toutes les joies
Des vainqueurs qui se délassent
Femmes Jeux Usines Commerce
Industrie Agriculture Métal
Feu Cristal Vitesse
Voix Regard Tact à part
Et ensemble dans le tact venu de loin
De plus loin encore
De l'Au-delà de cette terre

GUERRA

1 Ramal central de combate
 Contato por escuta
Atiramos na direção dos "ruídos ouvidos"
 Os jovens da turma de 1915
E esses arames eletrizados
Não chore mais por isso pelos horrores da guerra
Antes dela tudo o que tínhamos era a superfície
Da terra e dos mares
Depois dela teremos abismos
10 O subsolo o espaço aviático
Mestres do timão
Depois depois
Possuiremos todos os prazeres
Dos vencedores que relaxam
Mulheres Jogos Fábricas Comércio
Indústria Agricultura Metal
Fogo Cristal Velocidade
Voz Olhar Tocar separados
E juntos no toque vindo de longe
20 De mais longe ainda
Do Além desta terra

ORACLES

Je porte votre bague
Elle est très finement ciselée
Le sifflet me fait plus plaisir
Qu'un palais égyptien
Le sifflet des tranchées
Tu sais
Tout au plus si je n'arrête pas
Les métros et les taxis avec
O Guerre
Multiplication de l'amour

Petit
Sifflet
à 2 trous

Avec un fil
on prend
la mesure
du doigt

ORÁCULOS

Uso vosso anel
Ele é cinzelado com apuro
O apito me causa mais frisson
Que um palácio egípcio
O apito das trincheiras
Sabe
Melhor ainda se eu não paro
Metrôs e táxis com isso
Ah Guerra
Multiplicação de amor

Pequeno
Apito
com 2 buracos

Com uma linha
tira-se a me
dida de
seu dedo

LES SOUPIRS DU SERVANT DE DAKAR

C'est dans la cagnat en rondins voilés d'osier
Auprès des canons gris tournés vers le nord
Que je songe au village africain
Où l'on dansait où l'on chantait où l'on faisait l'amour
Et de longs discours
Nobles et joyeux

Je revois mon père qui se battit
Contre les Achantis
Au service des Anglais
Je revois ma sœur au rire en folie
Aux seins durs comme des obus
Et je revois
Ma mère la sorcière qui seule du village
Méprisait le sel
Piler le millet dans un mortier
Je me souviens du si délicat si inquiétant
Fétiche dans l'arbre
Et du double fétiche de la fécondité
Plus tard une tête coupée
Au bord d'un marécage
O pâleur de mon ennemi
C'était une tête d'argent
Et dans le marais
C'était la lune qui luisait

OS SUSPIROS DO ATIRADOR DE DAKAR

1 No muquifo de toras camuflado com vimes
Perto dos canhões cinzentos apontados pro norte
 Sonho com uma aldeia africana
Onde se dançava onde se cantava onde se fazia amor
 E discursos sem fim
 Nobres e felizes

 Revejo meu pai que lutou
 Contra os Axantes
 A serviço dos ingleses
10 Revejo minha irmã com sua risada maluca
 Seus seios duros como dois obuses
 Revejo
 Minha mãe a feiticeira só ela na aldeia
 Recusava sal
 Pilando milho com um morteiro
Lembro do tão delicado e perturbador
 Fetiche na árvore
E o duplo fetiche da fecundidade
Mais tarde uma cabeça degolada
20 Perto de um pântano
Oh palidez do meu inimigo
Era uma cabeça prata
 E no pântano
Era a lua que brilhava

C'était donc une tête d'argent
Là-haut c'était la lune qui dansait
C'était donc une tête d'argent
Et moi dans l'antre j'étais invisible
C'était donc une tête de nègre dans la nuit profonde
30 *Similitudes Pâleurs*
 Et ma sœur
 Suivit plus tard un tirailleur
 Mort à Arras

Si je voulais savoir mon âge
 Il faudrait le demander à l'évêque
 Si doux si doux avec ma mère
 De beurre de beurre avec ma sœur
 C'était dans une petite cabane
Moins sauvage que notre cagnat de canonniers-servants
40 *J'ai connu l'affût au bord des marécages*
 Où la girafe boit les jambes écartées
J'ai connu l'horreur de l'ennemi qui devaste
 Le Village
 Viole les femmes
 Emmène les filles
Et les garçons dont la croupe dure sursaute
J'ai porté l'administrateur des semaines
 De village en village
 En chantonnant
50 *Et je fus domestique à Paris*
 Je ne sais pas mon âge
 Mais au recrutement
 On m'a donné vingt ans
 Je suis soldat français on m'a blanchi du coup
 Secteur 59 je ne peux pas dire où
Pourquoi donc être blanc est-ce mieux qu'être noir
 Pourquoi ne pas danser et discourir
 Manger et puis dormir
 Et nous tirons sur les ravitaillements boches

CALIGRAMAS — POEMAS DA PAZ E DA GUERRA

Era sim uma cabeça prata
Lá em cima a lua dançava
Era sim uma cabeça prata
E eu invisível neste antro
Era sim uma cabeça de negro na calada da noite
 Semelhanças Palidezes
 Minha irmã depois
 Fugiu com um atirador
 Morto em Arrás

Se eu quisesse saber minha idade
 Teria que perguntar pro bispo
 Um docinho de coco com minha mãe
 Uma manteiga derretida com minha irmã
 Era uma cabaninha
Menos selvagem que nosso muquifo de atiradores
 Sei de um esconderijo na beira do pântano
 Onde a girafa bebe de pernas bem abertas
Sei do horror do inimigo que devasta
 A Aldeia
 Estupra as mulheres
 Rapta as meninas
E os meninos cujas bundas duras saltam
Fui guia de um administrador por mais de uma semana
 De aldeia em aldeia
 Cantando
 Fui um criado em Paris
 Não sei minha idade
 Mas no recrutamento
 Me deram vinte anos
 Sou um soldado francês e virei branco de repente
 Setor 59 não posso dizer onde
Por que será que ser branco é melhor que ser negro
 Por que não dançar e discursar
 Comer e então dormir
E abrimos fogo contra as linhas de suprimentos boches

60

Ou sur les fils de fer devant les bobosses
Sous la tempête métallique
Je me souviens d'un lac affreux
Et de couples enchaînés par un atroce amour
Une nuit folle
Une nuit de sorcellerie
Comme cette nuit-ci
Où tant d'affreux regards
Éclatent dans le ciel splendide

CALIGRAMAS — POEMAS DA PAZ E DA GUERRA 305

60 Ou contra arames farpados bem à frente dos chucrutes
Sob a tempestade metálica
 Lembro de um lago horroroso
E casais algemados por um amor atroz
 Noite insana
 Noite de feitiçaria
 Como esta noite
 Onde tantos olhos horrorosos
 Explodem no céu esplêndido

TOUJOURS

À Madame Faure-Favier

1 *Toujours*
Nous irons plus loin sans avancer jamais

Et de planète en planète
De nébuleuse en nébuleuse
Le don Juan des mille et trois comètes
Même sans bouger de la terre
Cherche les forces neuves
Et prend au sérieux les fantômes

Et tant d'univers s'oublient
10 *Quels sont les grands oublieurs*
Qui donc saura nous faire oublier telle ou telle partie du monde
Où est le Christophe Colomb à qui l'on devra l'oubli d'un
 [continent

 Perdre
Mais perdre vraiment
Pour laisser place à la trouvaille
 Perdre
La vie pour trouver la Victoire

SEMPRE

Para Madame Faure-Favier

Sempre
Iremos mais longe sem nunca avançar

E de planeta em planeta
De nebulosa em nebulosa
O don Juan dos mil e três cometas
Mesmo sem sair da terra
Procura forças novas
E leva a sério os fantasmas

E tantos universos são esquecidos
Quem são os grandes esquecedores
Quem vai nos fazer esquecer essa ou aquela parte do mundo
Cadê o Cristóvão Colombo a quem devemos o esquecimento
 [de um continente

Perder
Mas perder pra valer
Pra dar lugar à descoberta
Perder
A vida para avistar a Vitória

FÊTE

A André Rouveyre

1 *Feu d'artifice en acier*
Qu'il est charmant cet éclairage
 Artifice d'artificier
Mêler quelque grâce au courage

Deux fusants
Rose éclatement
Comme deux seins que l'on dégrafe
Tendent leurs bouts insolemment
IL SUT AIMER
10 *quelle épitaphe*

Un poète dans la forêt
Regarde avec indifférence
 Son revolver au cran d'arrêt
Des roses mourir d'espérance

Il songe aux roses de Saadi
Et soudain sa tête se penche
Car une rose lui redit
La molle courbe d'une hanche

L'air est plein d'un terrible alcool
20 *Filtré des étoiles mi-closes*
Les obus caressent le mol
Parfum nocturne où tu reposes
 Mortification des roses

FESTA

Para André Rouveyre

1 Aço dos fogos de artifício
Essas charmosas claridades
 Um artifício desse artífice
Misturando a graça e a coragem

Dois clarões
Róseas explosões
Seios arrebitam no frio
Bicos eretos insolentes
ELE SOUBE AMAR
10 que epitáfio

Um poeta pela floresta
Contempla com indiferença
 O cão de sua arma funesta
Rosas morrendo de esperança

Sonha com as rosas de Saadi
Daí sua cabeça inclina
Pois uma rosa dá saudade
Da tua cintura tão fina

Ar cheio de um álcool terrível
20 Filtrado de estrelas oclusas
Bombas acariciam o leve
Noturno aroma onde repousas
 A mortificação das rosas

MADELEINE

MADELEINE

No vilarejo árabe

As Lembranças mas tem outras canções

Bom dia meu poeta

Eu não me esqueço da tua voz
tua pequena fada
da tua voz

Fotografia tão esperada

acende tição rosa

LA NUIT D'AVRIL 1915

A L. de C.-C.

1 *Le ciel est étoilé par les obus des Boches*
 La forêt merveilleuse où je vis donne un bal
 La mitrailleuse joue un air à triples-croches
 Mais avez-vous le mot
 Eh! oui le mot fatal
 Aux créneaux Aux créneaux Laissez là les pioches

 Comme un astre éperdu qui cherche ses saisons
 Cœur obus éclaté tu sifflais ta romance
 Et tes mille soleils ont vidé les caissons
10 *Que les dieux de mes yeux remplissent en silence*

 Nous vous aimons ô vie et nous vons agaçons

 Les obus miaulaient un amour à mourir
 Un amour qui se meurt est plus doux que les autres
 Ton souffle nage au fleuve où le sang va tarir
 Les obus miaulaient
 Entends chanter les nôtres
 Pourpre amour salué par ceux qui vont périr

 Le printemps tout mouillé la veilleuse l'attaque

 Il pleut mon âme it pleut mais it pleut des yeux morts

NOITE DE ABRIL DE 1915

Para L. de C.-C.

Céu estrelado pelas bombas dos Chucrutes
A floresta encantada onde vivo dá um baile
A metralha toca uma valsa em três por quatro
Tu sabes a senha
 Sim! a senha fatal
Pras ameias Largai picaretas ali

Como estrela perdida em busca de estações
Peito bomba que explode e assobia canções
Teus mil sóis exauriram minhas munições
Que o deus dos meus olhos em silêncio repõem

A gente te ama vida a gente te irrita

Os obuses miavam um amor de matar
Um amor moribundo nenhum outro adoça
Teu sopro nada no rio onde há de secar
Bombas miavam
 Ouçam a canção das nossas
Amor roxo saudado por quem vai morrer

Primavera encharcada lamparina o ataque

Chove minh'alma chove mas chove olhos mortos

20 *Ulysse que de jours pour rentrer dans Ithaque*

Couche-toi sur la paille et songe un beau remords
Qui pur effet de l'art soit aphrodisiaque

Mais
 orgues
 aux fétus de la paille où tu dors
L'hymne de l'avenir est paradisiaque

CALIGRAMAS — POEMAS DA PAZ E DA GUERRA

20 Ulisses quantos dias pra voltar pra Ítaca

Deite-se na palha e sonhe um belo remorso
Que puro efeito artístico é afrodisíaco

Mas
 música de órgãos
 no feno onde dormes
O hino do futuro é bem paradisíaco

L'ADIEU DU CAVALIER

1 *Ah Dieu! que la guerre est jolie*
Avec ses chants ses longs loisirs
Cette bague je l'ai polie
Le vent se mêle à vos soupirs

Adieu! voici le boute-selle
Il disparut dans un tournant
Et mourut là-bas tandis qu'elle
Riait au destin surprenant

O ADEUS DO CAVALEIRO

1 Ah Deus essa guerra é tão linda
Canções tempo livre retiros
Tem este anel que lustro ainda
Rajadas mesclam seus suspiros

Adeus já soaram os clarins
Ele sumiu na encruzilhada
Morreu por lá e ela enfim
Ria da sina inesperada

LE PALAIS DU TONNERRE

Par l'issue ouverte sur le boyau dans la craie
En regardant la paroi adverse qui semble en nougat
On voit à gauche et à droite fuir l'humide couloir
 [désert
Où meurt étendue une pelle à la face effrayante à
 [deux yeux réglementaires qui servent
 [a l'attacher sous les caissons
Un rat y recule en hâte tandis que j'avance en hâte
Et le boyau s'en va couronné de craie semée de
 [branches
Comme un fantôme creux qui met du vide où il passe
 [blanchâtre
Et là-haut le toit est bleu et couvre bien le regard fermé
 [par quelques lignes droites
Mais en deçà de l'issue c'est le palais bien nouveau et
 [qui paraît ancien
Le plafond est fait de traverses de chemin de fer
Entre lesquelles il y a des morceaux de craie et des touffes
 [d'aiguilles de sapin
Et de temps en temps des débris de craie tombent comme
 [des morceaux de vieillesse
À côté de l'issue que ferme un tissu lâche d'une espèce
 [qui sert généralement aux emballages
Il y a un trou qui tient lieu d'âtre et ce qui y brûle est
 [un feu semblable à l'âme

O PALÁCIO DO TROVÃO

1 Pela abertura que dá na trincheira calcária
Encarando a parede oposta que parece torrone
Vê-se à esquerda e à direita o corredor molhado e deserto
[fugir
Morta uma pá jogada com a cara apavorada seus dois
[olhos reguladores que servem pra prendê-la
[sob a caixa de munições
Um rato recua com pressa enquanto eu avanço com pressa
E a trincheira segue em frente coroada de giz tripa
[semeada de galhos
Como um fantasma oco que espalha vazio por onde
[pálido passa
No alto o teto é azul cobre bem o olhar bloqueado por
[umas linhas retas
Mas deste lado da abertura o palácio novinho em folha
[parece antigo
10 Seu teto é feito de dormentes de trem
Entre eles há torrões de giz e tufos de abetos de
[pinheiro
E de vez em quando detritos de giz despencam como
[pedaços caquéticos
Ao lado da saída fechada por um pano de estopa que
[geralmente a gente usa pra embalagens
Nossa chaminé é um buraco e o que se queima aqui
[é flama de alma humana

Tant il tourbillonne et tant il est inséparable de ce qu'il
 [dévore et fugitif
Les fils de fer se tendent partout servant de sommier
 [supportant des planches
Ils forment aussi des crochets et l'on y suspend mille choses
Comme on fait à la mémoire
Des musettes bleues des casques bleus des cravates
 [bleues des vareuses bleues
20 Morceaux du ciel tissus des souvenirs les plus purs
Et it flotte parfois en l'air de vagues nuages de craie

Sur la planche brillent des fusées detonateurs joyaux
 [dorés à tête émaillée
Noirs blancs rouges
Funambules qui attendent leur tour de passer sur les
 [trajectoires
Et font un ornement mince et élégant à cette demeure
 [souterraine
Ornée de six lits placés en fer à cheval
Six lits couverts de riches manteaux bleus

Sur le palais il y a un haut tumulus de craie
Et des plaques de tôle ondulée
30 Fleuve figé de ce domaine idéal
Mais privé d'eau car ici il ne roule que le feu jailli de
 [la mélinite
Le parc aux fleurs de fulminate jaillit des trous
 [penchés
Tas de cloches aux doux sons des douilles rutilantes
Sapins élégants et petits comme en un paysage japonais
Le palais s'éclaire parfois d'une bougie à la flamme
 [aussi petite qu'une souris
Ô palais minuscule comme si on te regardait par le gros
 [bout d'une lunette
Petit palais où tout s'assourdit
Petit palais où tout est neuf rien rien d'ancien

CALIGRAMAS — POEMAS DA PAZ E DA GUERRA 321

Que redemoinha e é tão inseparável do que a devora
 [e tão fugidia
Fios de ferro espalhados por toda parte formando uma
 [rede que sustenta as pranchas
Servindo de ganchos para pendurar mil coisas
Como quem pendura coisas na lembrança
Mochilas azuis capacetes azuis gravatas azuis jaquetas
 [azuis
20 Pedaços de céu tecidos das lembranças mais puras
E às vezes no ar flutuam vagas nuvens de giz

Sobre a prancha o brilho dos foguetes detonadores
 [joias douradas de cabeças esmaltadas
Negros brancos vermelhos
Equilibristas esperando a vez de percorrer suas
 [trajetórias
Eles fazem decorações delicadas e elegantes para sua
 [moradia subterrânea
Seis camas arrumadas em formato de ferradura
Seis camas cobertas com ricos casacos azuis

Sobre o palácio há um túmulo alto de giz
E chapas de ferro ondulado
30 Rio congelado de um domínio ideal
Mas sem água pois só o que flui aqui é o fogo do atrito
 [da melinita
O parque com flores de fulminato jorrava dos buracos
 [pensos
Pilhas de sinos cujos sons débeis são cartuchos rutilantes
Pinheiros pequeninos elegantes de paisagem japonesa
O palácio é iluminado às vezes por uma vela que parece
 [um camundongo
Palácio minúsculo como se olhado pelo outro lado
 [da luneta
Pequeno palácio que abafa o som
Pequeno palácio onde tudo é novo e nada nada é antigo

Et où tout est précieux où tout le monde est vêtu
[comme un roi
40 *Une selle est dans un coin à cheval sur une caisse*
Un journal du jour traîne par terre
Et cependant tout paraît vieux dans cette neuve demeure
Si bien qu'on comprend que l'amour de l'antique
Le goût de l'anticaille
Soit venu aux hommes dès le temps des cavernes
Tout y était si précieux et si neuf
Tout y est si précieux et si neuf
Qu'une chose plus ancienne ou qui a déjà servi y apparaît
Plus précieuse
50 *Que ce qu'on a sous la main*
Dans ce palais souterrain creusé dans la craie si blanche
[et si neuve
Et deux marches neuves
Elles n'ont pas deux semaines
Sont si vieilles et si usées dans ce palais qui semble
[antique sans imiter l'antique
Qu'on voit que ce qu'il y a de plus simple de plus neuf
[est ce qui est
Le plus près de ce que l'on appelle la beauté antique
Et ce qui est surchargé d'ornements
A besoin de vieillir pour avoir la beauté qu'on appelle antique
Et qui est la noblesse la force l'ardeur l'âme l'usure
60 *De ce qui est neuf et qui sert*
Surtout si cela est simple simple
Aussi simple que le petit palais du tonnerre

CALIGRAMAS — POEMAS DA PAZ E DA GUERRA 323

E onde tudo é precioso e todo mundo se veste
 [como um rei
40 Uma sela descansa num canto cavalgando um caixote
 Um jornal do dia espalhado pelo chão
 E no entanto tudo parece velho nesta nova moradia
 Dá pra entender a paixão das pessoas por coisas antigas
 Um gosto por cacarecos
 Que acompanham os homens desde o tempo das cavernas
 Tudo antes era tão precioso e novo
 Tudo agora é tão precioso e novo
 Que uma coisa mais antiga ou já usada parece
 Ainda mais preciosa
50 Do que o que está à mão
 Neste palácio subterrâneo cavado no giz tão novo
 [e tão branco
 Com dois degraus novinhos
 Que não têm nem duas semanas
 Tão velhos e usados neste palácio que parecem antigos
 [mas sem imitar a antiguidade
 Você vai ver que o que é mais novo e mais
 [simples
 Está mais perto do que chamamos de beleza antiga
 E o que é entulhado com ornamentos
 Precisa envelhecer para possuir a chamada beleza antiga
 Que é nobreza força ardor alma e atrição
60 Do que é novo e do que tem serventia
 Principalmente se for simples simples
 Tão simples quanto o pequeno palácio do trovão

DANS L'ABRI-CAVERNE

1 Je me jette vers toi et il me semble aussi que tu te jettes
 [vers moi
 Une force part de nous qui est un feu solide qui nous soude
 Et puis il y a aussi une contradiction qui fait que nous
 [ne pouvons nous apercevoir
 En face de moi la paroi de craie s'effrite
 Il y a des cassures
 De longues traces d'outils traces lisses el qui semblent
 [être faites dans de la stéarine
 Des coins de cassures sont arrachés par le passage des
 [types de ma pièce
 Moi j'ai ce soir une âme qui s'est creusée qui est vide
 On dirait qu'on y tombe sans cesse et sans trouver
 [de fond
10 Et qu'il n'y a rien pour se raccrocher
 Ce qui y tombe et qui y vit c'est une sorte d'êtres laids qui
 [me font mal et qui viennent de je ne sais où
 Oui je crois qu'ils viennent de la vie d'une sorte de vie qui
 [est dans l'avenir dans l'avenir brut qu'on n'a pu
 [encore cultiver ou élever ou humaniser
 Dans ce grand vide de mon âme il manque un soleil il
 [manque ce qui éclaire
 C'est aujourd'hui c'est ce soir et non toujours
 Heureusement que ce n'est que ce soir
 Les autres jours je me rattache à toi

NO ABRIGO-CAVERNA

1 Me lanço em tua direção e parece que você também se
[lança em minha direção
Uma força dispara de nós um fogo sólido que nos solda
Só que há uma contradição no fato da gente não
[se ver
Na minha cara a parede de giz esfarela
Cheia de fraturas
Traços compridos de utensílios traços lisos elegantes
[parecem feitos de estearina
Pedaços de rachaduras são arrancados quando passam
[os colegas de toca
Diria que hoje tenho uma alma vazia e oca
E que nela alguém despenca sem cessar nem nunca tocar
[o fundo
10 Lugar algum onde se segurar
O que despenca e vive em mim é uma multidão de seres feios
[que me machucam e que não sei de onde vêm
Vai ver eles vêm da vida um tipo de vida no futuro um
[futuro bruto que ainda não pudemos
[cultivar refinar ou humanizar
No imenso vácuo da minha alma não há ausência que
[não ilumine
É hoje esta tarde e não pra sempre
Felizmente é só por esta noite
Nos outros dias me agarro em você

Les autres jours je me console de la solitude et de toutes
[les horreurs
En imaginant ta beauté
Pour l'élever au-dessus de l'univers extasié
Puis je pense que je l'imagine en vain
Je ne la connais par aucun sens
Ni même par les mots
Et mon goût de la beauté est-il donc aussi vain
Existes-tu mon amour
Ou n'est-tu qu'une entité que j'ai créée sans le vouloir
Pour peupler la solitude
Es-tu une de ces déesses comme celles que les Grecs
[avaient douées pour moins s'ennuyer
Je t'adore ô ma déesse exquise même si tu n'es que dans
[mon imagination

CALIGRAMAS — POEMAS DA PAZ E DA GUERRA

Nos outros dias consolo minha solidão e todos os
[horrores
Imaginando a tua beleza
Para elevá-la acima do universo em êxtase
20 Depois penso se não fico imaginando em vão
Já que não posso conhecê-la com meus sentidos
Nem mesmo pelas palavras
Então meu gosto pela beleza também é vão
Será que você existe meu amor
Ou será só um ser que criei sem querer
Pra povoar minha solidão
Será que você é umas dessas deusas que os gregos
[inventaram pra espantar o tédio
Te adoro minha delicada deusa nem que seja só na minha
[imaginação

DÉSIR

Mon désir est la région qui est devant moi
Derrière les lignes boches
Mon désir est aussi derrière moi
Après la zone des armées

Mon désir c'est la butte du Mesnil
Mon désir est là sur quoi je tire
De mon désir qui est au-delà de la zone des armées
Je n'en parle pas aujourd'hui mais j'y pense

Butte du Mesnil je t'imagine en vain
Des fils de fer des mitrailleuses des ennemis trop sûrs d'eux
Trop enfoncés sous terre déjà enterrés

Ca ta clac des coups qui meurent en s'éloignant

En y veillant tard dans la nuit
Le Decauville qui toussote
La tôle ondulée sous la pluie
Et sous la pluie ma bourguignotte

Entends la terre véhémente
Vois les lueurs avant d'entendre les coups

Et tel obus siffler de la démence
Ou le tac tac tac monotone et bref plein de dégoût

DESEJO

1 Meu desejo é aquela região ali na minha frente
 Atrás das linhas dos chucrutes
 Meu desejo também está atrás de mim
 Além da zona dos exércitos

 Meu desejo é a colina do Mesnil
 Meu desejo está bem longe onde eu atiro
 Do meu desejo que jaz além da zona dos exércitos
 Hoje não falo mas só penso nisso

 Colina do Mesnil te imagino em vão
10 Os fios de ferro das metralhadoras inimigas tão seguras de si
 Enfiados bem fundo na terra já sepultos

 Ca ta claque de tiroteio que diminui e morre

 Tarde da noite de vigia
 O trem de trincheira tossia
 Chapa ondulada sob a chuva
 Sob a chuva minha armadura

 Ouça a terra veemente
 Você vê os flashes antes de ouvir os tiros

 E o obus sibilante da demência
20 O tic tac breve e monótono do nojo

Je désire
Te serrer dans ma main Main de Massiges
Si décharnée sur la carte

Le boyau Gœthe où j'ai tiré
J'ai tiré même sur le boyau Nietzsche
Décidément je ne respecte aucune gloire

Nuit violente et violette et sombre et pleine d'or par
 [moments
Nuit des hommes seulement
Nuit du 24 septembre
Demain l'assaut
Nuit violente ô nuit dont l'épouvantable cri profond
 [devenait plus intense de minute en minute
Nuit qui criait comme une femme qui accouche
Nuit des hommes seulement

CALIGRAMAS — POEMAS DA PAZ E DA GUERRA

Meu desejo
É segurar sua mão Main de Massiges
Tão macilenta no mapa

Atirei contra a trincheira Goethe
Atirei até contra a trincheira Nietzsche
Não há mesmo glória alguma que eu respeite

Noite violenta e violeta e sombria cheia de ouro por
[uns instantes
Noite dos homens somente
Noite de 24 de setembro
Amanhã o ataque
Noite violenta ó noite cujo grito fica mais assustador
[e profundo a cada minuto
Noite gritando como uma mulher na hora do parto
Noite dos homens somente

CHANT DE L'HORIZON EN CHAMPAGNE

A M. Joseph Granie

Voici le tétin rose de l'euphorbe verruquée
Voici le nez des soldats invisibles
Moi l'horizon invisible je chante
Que les civils et les femmes écoutent ces chansons
Et voici d'abord la cantilène du brancardier blessé

 Le sol est blanc la nuit l'azure
 Saigne la crucifixion
 Tandis que saigne la blessure
 Du soldat de Promission

 Un chien jappait l'obus miaule
 La lueur muette a jailli
 A savoir si la guerre est drôle
 Les masques n'ont pas tressailli

 Mais quel fou rire sous le masque
 Blancheur éternelle d'ici
 Où la colombe porte un casque
 Et l'acier s'envole aussi

Je suis seul sur le champ de bataille
Je suis la tranchée blanche le bois vert et roux
L'obus miaule
Je te tuerai
Animez-vous fantassins à passepoil jaune

CANÇÃO DO HORIZONTE EM CHAMPANHE

Para M. Joseph Granié

Eis a tetinha rosa da eufórbia verrugosa
Eis os narizes dos soldados invisíveis
E eu o horizonte invisível a cantar
Que civis deixem mulheres ouvirem minhas canções
E eis aqui este lamento do maqueiro ferido

O solo é branco a noite o azula
E sangra a Crucificação
Enquanto vão sangrando as pústulas
Do soldado da Promissão

Um cão que late a bomba mia
Mudo clarão que jorra ali
Vai ver a guerra seja hilária
Quando a máscara não abrir

Risada doida sob a máscara
Branco eterno deste lugar
Até a pomba se mascara
E o aço no espaço a voar

Estou sozinho sobre o campo de batalha
Sou a trincheira branca o bosque verde e vermelho
As bombas miam
Vou te matar
Animem-se recrutas de fitas amarelas

Grands artilleurs roux comme des taupes
Bleu-de-roi comme les golfes méditerranéens
Veloutés de toutes les nuances du velours
Ou mauves encore ou bleu-horizon comme les autres
Ou déteints
Venez le pot en tête
Debout fusée éclairante
Danse grenadier en agitant tes pommes de pin
Alidades des triangles de visée pointez-vous sur les lueurs
Creusez des trous enfants de 20 ans creusez des trous
 Sculptez les profondeurs
Envolez-vous essaims des avions blonds ainsi que les avettes
Moi l'horizon je fail le roue comme un grand Paon
Écoutez renaître les oracles qui avaient cessé
 Le grand Pan est ressuscité
Champagne viril qui émoustille la Champagne
Hommes faits jeunes gens
Caméléon des autos-canons
Et vous classe 16
Craquements des arrivées ou bien floraison blanche dans
 [les cieux
J'étais content pourtant ça brûlait la paupière
Les officiers captifs voulaient cacher leurs noms
Œil du Breton blessé couché sur la civière
Et qui criait aux morts aux sapins aux canons
Priez pour moi Bon Dieu je suis le pauvre Pierre

 Boyaux et rumeur du canon
 Sur cette mer aux blanches vagues
 Fou stoïque comme Zénon
 Pilote du cœur tu zigzagues

 Petites forêts de sapins
 La nichée attend la becquée
 Pointe-t-il des nez de lapins
 Comme l'euphorbe verruquée

CALIGRAMAS — POEMAS DA PAZ E DA GUERRA

Artilheiros robustos e ruivos como toupeiras
Azul-royal como as baías mediterrâneas
Aveludados com todos os nuances do veludo
Ou então lilás ou azul-horizonte como os outros
Ou desbotado
Ponham seus capacetes
Acendam os foguetes
30 Dance granadeiro agite seus pontudos pinhões
Alidades medem o alvo e miram contra os clarões
Cavem jovens de vinte anos cavem
 Esculpam as profundezas
Voem pra longe enxames de aviões loiros como abelhas
Eu o horizonte espalho a cauda como um Pavão gigantesco
Escutem renascer os oráculos que haviam cessado
 O grande Pã ressuscitou
Vinho viril que excita a Champanhe
Homens maduros e jovens
40 Camaleão de canhão motorizado
E vocês da turma de 16
Estrondo dos foguetes que chegam ou brancas florações
 [no céu
Estava feliz embora tudo isso queimasse as pálpebras
Prisioneiros militares querendo esconder seus nomes
O olhar de Breton ferido em cima da maca
Gritando pros mortos pros canhões pros pinheiros
Reze por mim Bom Deus eu sou só o pobre Pedro

 Trincheira e estrondo de canhão
 Neste mar de brancas espumas
50 Como doido estoico Zenão
 Peito-piloto sem um prumo

 Miniflorestas de pinheiros
 Ninho faminto se impacienta
 Pintam focinhos de coelhos
 São uma eufórbia verruguenta

Ainsi que l'euphorbe d'ici
Le soleil à peine boutonne
Je l'adore comme un Parsi
Ce tout petit soleil d'automne

60 *Un fantassin presque un enfant*
Bleu comme le jour qui s'écoule
Beau comme mon cœur triomphant
Disait en mettant sa cagoule

Tandis que nous n'y sommes pas
Que de filles deviennent belles
Voici l'hiver et pas à pas
Leur beauté s'éloignera d'elles

O Lueurs soudaines des tirs
Cette beauté que j'imagine
70 Faute d'avoir des souvenirs
Tire de vous son origine

Car elle n'est rien que l'ardeur
De la bataille violente
Et de la terrible lueur
Il s'est fait une muse ardente

Il regarde longtemps l'horizon
Couteaux tonneaux d'eaux
Des lanternes allumées se sont croisées
Moi l'horizon je combattrai pour la victoire

80 *Je suis l'invisible qui ne peut disparaître*
Je suis comme l'onde
Allons ouvrez les écluses que je me précipite et renverse tout

CALIGRAMAS — POEMAS DA PAZ E DA GUERRA

Como a eufórbia deste lugar
O sol floresce mal e mal
Como um Parse eu a adorar
O pequeno sol outonal

60 Um recruta com rosto infante
Azul feito o dia que passa
Diz belo é o peito triunfante
E põe a máscara de gás

Enquanto não estamos mais lá
Quantas garotas dão botão
Agora é inverno pé ante pé
Suas belezas morrerão

Oh Clarões súbitos de tiros
Beleza que imagino bem
70 *Já que não tenho mais memórias*
Tira de você sua origem

Pois esse é o único ardor
De uma batalha violenta
E desse tiroteio e horror
Compôs a sua musa ardente

Ele olhou o horizonte por um tempo
Cutelos tonéis de água
Lanternas brilham em zigue-zague
E eu o horizonte vou lutar pela vitória

80 Sou o invisível que não pode desaparecer
Sou como uma onda
Abram represas pra que eu me lance e vire tudo do avesso

OCÉAN DE TERRE

A G. de Chirico

1 *J'ai bâti une maison au milieu de l'Océan*
 Ses fenêtres sont les fleuves qui s'écoulent de mes yeux
 Des poulpes grouillent partout où se tiennent les murailles
 Entendez battre leur triple cœur et leur bec cogner aux
 [vitres
 Maison humide
 Maison ardente
 Saison rapide
 Saison qui chante
 Les avions pondent des œufs
10 *Attention on va jeter l'ancre*
 Attention à l'encre que l'on jette
 Il serait bon que vous vinssiez du ciel
 Le chèvrefeuille du ciel grimpe
 Les poulpes terrestres palpitent
 Et puis nous sommes tant et tant à être nos propres fossoyeurs
 Pâles poulpes des vagues crayeuses ô poulpes aux becs pâles
 Autour de la maison il y a cet océan que tu connais
 Et qui ne se repose jamais

OCEANO DE TERRA

Para Giorgio de Chirico

1 Fiz uma casa no meio do Oceano
Suas janelas são rios escoando dos meus olhos
Polvos pululam por toda parte por suas muralhas
Ouça a batida de seu triplo coração e seus bicos batendo
[nos vidros
 Casa úmida
 Casa ardente
 Estação rápida
 Estação cantante
 Aviões lançam seus ovos
10 Atenção para sua âncora retinta
Atenção para seu jato de tinta
Seria demais se você descesse do céu
As madressilvas do céu escalam
Os polvos terrestres palpitam
E tantos de nós cavam sua própria cova
Pálidos polvos de ondas de giz ó polvos de bicos pálidos
Ao redor da casa tem um oceano que você conhece
E que nunca adormece

MERVEILLE DE LA GUERRE

1 *Que c'est beau ces fusées qui illuminent la nuit*
Elles montent sur leur propre cime et se penchent pour
 [regarder
Ce sont des dames qui dansent avec leurs regards pour
 [yeux bras et cœurs

J'ai reconnu ton sourire et ta vivacité

C'est aussi l'apothéose quotidienne de toutes mes Bérénices
 [dont les chevelures sont devenues des comètes
Ces danseuses surdorées appartiennent à tous les temps
 [et à toutes les races
Elles accouchent brusquement d'enfants qui n'ont que
 [le temps de mourir

Comme c'est beau toutes ces fusées
Mais ce serait bien plus beau s'il y en avait plus encore
10 *S'il y en avait des millions qui auraient un sens complet*
 [et relatif comme les lettres d'un livre
Pourtant c'est aussi beau que si la vie même sortait des
 [mourants

Mais ce serait plus beau encore s'il y en avait plus encore
Cependant je les regarde comme une beauté qui s'offre
 [et s'évanouit aussitôt

MARAVILHA DA GUERRA

1 Que beleza esses foguetes iluminando a noite
Escalam seus próprios cimos e se debruçam para
[admirar
São damas dançando cujos relances são olhos braços
[e corações

Reconheci teu sorriso e tua vivacidade

É também a apoteose diária de todas as minhas Berenices
[cujas cabeleiras viraram rabos de cometas
Essas dançarinas douradas pertencem a todos os tempos
[e raças
Geram bebês instantâneos que só têm tempo
[de morrer

Que beleza todos esses foguetes
Mais belo seria se houvesse mais deles ainda
10 Se fossem milhões com um sentido completo e relativo
[como letras num livro
Mas é tão belo que é como se a vida mesma escapasse
[dos moribundos

Mais belo seria se houvesse mais deles agora
E no entanto os vejo como uma beleza que se oferece
[e desmaia de repente

Il me semble assister à un grand festin éclairé a giorno
C'est un banquet que s'offre la terre
Elle a faim et ouvre de longues bouches pâles
La terre a faim et voici son festin de Balthasar
 [cannibale

Qui aurait dit qu'on pût être à ce point anthropophage
Et qu'il fallût tant de feu pour rôtir le corps humain
C'est pourquoi l'air a un petit goût empyreumatique
 [qui n'est ma foi pas désagréable
Mais le festin serait plus beau encore si le ciel y mangeait
 [avec la terre
Il n'avale que les âmes
Ce qui est une façon de ne pas se nourrir
Et se contente de jongler avec des feux versicolores

Mais j'ai coulé dans la douceur de cette guerre avec
 [toute ma compagnie au long des longs boyaux
Quelques cris de flamme annoncent sans cesse ma présence
J'ai creusé le lit où je coule en me ramifiant en mille petits
 [fleuves qui vont partout
Je suis dans la tranchée de première ligne et cependant je
 [suis partout ou plutôt je commence à être partout
C'est moi qui commence cette chose des siècles à venir
Ce sera plus long à réaliser que non la fable d'Icare
 [volant

Je lègue à l'avenir l'histoire de Guillaume Apollinaire
Qui fut à la guerre et sut être partout
Dans les villes heureuses de l'arrière
Dans tout le reste de l'univers
Dans ceux qui meurent en piétinant dans le barbelé
Dans les femmes dans les canons dans les chevaux
Au zénith au nadir aux 4 points cardinaux
Et dans l'unique ardeur de cette veillée d'armes

CALIGRAMAS — POEMAS DA PAZ E DA GUERRA 343

Pareço estar numa grande festa iluminada *a giorno*
Num banquete que a terra se oferecesse
Ela tem fome e abre suas bocas pálidas e compridas
A terra tem fome e este é o festim de Baltazar o
 [canibal

Quem diria que se chegaria a esse ponto de antropofagia
E que seria preciso tanto fogo para tostar carne humana
Por isso o ar tem um gosto levemente empireumático
 [que juro já não é tão mau
Mas a festa seria ainda mais bela se o céu jantasse com
 [a terra
O céu só come as almas
Que é um jeito de não se alimentar
Se satisfaz em fazer malabarismo com fogos multicoloridos

Mas eu fluía nessa delícia de guerra com minha companhia
 [inteira ao longo das trincheiras
Gritos de fogo não cessavam de anunciar minha presença
Cavei o leito onde fluí e me ramifiquei em milhares de
 [riachos que vão dar em toda parte
Estou nas trincheiras da linha de frente e ainda em toda
 [parte ou melhor começando a estar em toda parte
Pois começa comigo essa coisa de séculos futuros
Vai demorar mais tempo pra se concretizar que a fábula
 [do Ícaro volante

Lego ao futuro a história de Guillaume Apollinaire
Que esteve na guerra e soube estar em toda parte
Nas cidades felizes atrás das linhas de frente
Em todo o resto do universo
Nos que morreram emaranhados nos arames farpados
Nas mulheres nos canhões nos cavalos
No zênite no nadir nos 4 pontos cardeais
E no ardor singular desta vigília de guerra

344 ZONA E OUTROS POEMAS

Et ce serait sans doute bien plus beau

40 *Si je pouvais supposer que toutes ces choses dans*

[lesquelles je suis partout

Pouvaient m'occuper aussi

Mais dans ce sens il n'y a rien de fait

Car si je suis partout à cette heure il n'y a cependant

[que moi qui suis en moi

CALIGRAMAS — POEMAS DA PAZ E DA GUERRA

E com certeza seria mais belo
40 Se eu pudesse supor que todas essas coisas em que estou
 [por toda parte
Me ocupassem também
Mas não há nada a se fazer nesse sentido
Pois embora esteja em toda parte agora mesmo só
 [eu estou em mim

EXERCICE

1 *Vers un village de l'arrière*
S'en allaient quatre bombardiers
Ils étaient couverts de poussière
Depuis la tête jusqu'aux pieds

Ils regardaient la vaste plaine
En parlant entre eux du passé
Et ne se retournaient qu'à peine
Quand un obus avait toussé

Tous quatre de la classe seize
10 *Parlaient d'antan non d'avenir*
Ainsi se prolongeait l'ascèse
Qui les exerçait à mourir

EXERCÍCIO

Rumo a uma vila na retaguarda
Iam marchando os quatro artilheiros
A lama recobria suas fardas
Da cabeça até os seus artelhos

Olhavam o vasto descampado
E conversavam sobre outros tempos
Nem sequer olharam para o lado
Quando ouviram tossir um obus

Todos da turma de dezesseis
Do que foi e não do que vai ser
Falavam prorrogavam asceses
Que os exercita só pra morrer

IL Y A

1 *Il y a un vaisseau qui a emporté ma bien-aimée*
Il y a dans le ciel six saucisses et la nuit venant on dirait
 [des asticots dont naîtraient les étoiles
Il y a un sous-marin ennemi qui en voulait à mon amour
Il y a mille petits sapins brisés par les éclats d'obus
 [autour de moi
Il y a un fantassin qui passe aveuglé par les gaz asphyxiants
Il y a que nous avons tout haché dans les boyaux
 [de Nietzsche de Gœthe et de Cologne
Il y a que je languis après une lettre qui tarde
Il y a dans mon porte-cartes plusieurs photos de mon amour
Il y a les prisonniers qui passent la mine inquiète
10 *Il y a une batterie dont les servants s'agitent autour*
 [des pièces
Il y a le vaguemestre qui arrive au trot par le chemin
 [de l'Arbre isolé
Il y a dit-on un espion qui rôde par ici invisible comme
 [l'horizon dont il s'est indignement revêtu
 [et avec quoi il se confond
Il y a dressé comme un lys le buste de mon amour
Il y a un capitaine qui attend avec anxiété les
 [communications de la T S F sur
 [l'Atlantique
Il y a à minuit des soldats qui scient des planches pour
 [les cercueils

HÁ

1 Há um barco a vapor que levou a minha amada
Há seis salsichas no céu noite chegando vai ver são larvas
[parindo estrelas
Há um submarino inimigo assediando o meu amor
Há mil pinheiros despedaçados pelos estilhaços de obuses
[ao meu redor
Há um recruta passando cego de gases asfixiantes
Há tudo o que destroçamos nas trincheiras tripas
[Nietzsche e Goethe e Colônia
Há minha expectativa por uma carta que nunca chega
Há várias fotos do meu amor na minha carteira
Há prisioneiros passando pela mina alvoroçados
10 Há uma bateria com os artilheiros agitados ao redor
[das peças
Há um mensageiro que chega trotando pela trilha
[da Árvore solitária
Há um boato de um espião rondando por aqui invisível
[como o horizonte azul que ele veste sem vergonha
[como camuflagem e com ele se confunde
Há o busto do meu bem ereto como um lírio
Há um capitão esperando ansiosamente por
[mensagens vindas pelo Atlântico via
[Telefonia Sem Fio
Há soldados à meia-noite serrando tábuas para
[os caixões

Il y a des femmes qui demandent du maïs à grands
 [cris devant un Christ sanglant à Mexico
Il y a le Gulf Stream qui est si tiède et si bienfaisant
Il y a un cimetière plein de croix à 5 kilomètres
Il y a des croix partout de-ci de-là
Il y a des figues de Barbarie sur ces cactus en Algérie
Il y a les longues mains souples de mon amour
Il y a un encrier que j'avais fait dans une fusée de
 [15 centimètres et qu'on n'a pas laissé partir
Il y a ma selle exposée à la pluie
Il y a les fleuves qui ne remontent pas leur cours
Il y a l'amour qui m'entraîne avec douceur
Il y avait un prisonnier boche qui portait sa mitrailleuse
 [sur son dos
Il y a des hommes dans le monde qui n'ont jamais
 [été à la guerre
Il y a des Hindous qui regardent avec étonnement
 [les campagnes occidentales
Ils pensent avec mélancolie à ceux dont ils se demandent
 [s'ils les reverront
Car on a poussé très loin durant cette guerre l'art de
 [l'invisibilité

CALIGRAMAS — POEMAS DA PAZ E DA GUERRA

Há mulheres aos gritos exigindo mais milho diante
 [de um Cristo sangrando no México
Há a Gulf Stream tão morna e benfazeja
Há um cemitério cheio de cruzes a 5 quilômetros daqui
Há cruzes aqui ali por toda parte
Há figos-da-barbária nos cactos na Argélia
Há as mãos longas e macias do meu amor
Há um tinteiro que fiz de um foguete de 15 centímetros
 [que não explodiu
Há minha sela pegando chuva lá fora
Há os rios que nunca mais vão retomar seus cursos
Há esse amor que me arrasta com doçura
Há um prisioneiro chucrute com sua metralhadora
 [nas costas
Há homens no mundo que nunca estiveram
 [na guerra
Há os hindus observando atônitos as campanhas
 [ocidentais
Eles pensam nos amigos com tristeza imaginam se vão
 [vê-los de novo
Pois nesta guerra fomos longe demais na arte
 [da invisibilidade

SIMULTANÉITÉS

1 Les canons tonnent dans la nuit
 On dirait des vagues tempête
 Des cœurs où pointe un grand ennui
 Ennui qui toujours se répète

 Il regarde venir là-bas
 Les prisonniers L'heure est si douce
 Dans ce grand bruit ouaté très bas
 Très bas qui grandit sans secousse

 Il tient son casque dans ses mains
10 Pour saluer la souvenance
 Des lys des roses des jasmins
 Éclos dans les jardins de France

 Et sous la cagoule masqué
 Il pense à des cheveux si sombres
 Mais qui donc l'attend sur le quai
 O vaste mer aux mauves ombres

 Belles noix du vivant noyer
 La grand folie en vain vous gaule
 Brunette écoute gazouiller
20 La mésange sur ton épaule

SIMULTANEIDADES

Os canhões trovejam na noite
Vai ver são ondas tempestades
De tédio no peito um açoite
Tédio que dura eternidades

Vê prisioneiros do outro lado
Mas é tão doce este intervalo
Que este estrondo tão abafado
Vai aumentando sem abalos

Traz seu capacete nas mãos
Para saudar doces lembranças
Dos lírios das rosas jasmins
A explodir nos jardins da França

Sob esse capuz antigás
Pensa em suas melenas e coxas
Mas quem o espera nesse cais
É o vasto mar de sombras roxas

Belas nozes desta nogueira
A insânia em vão quer seus escombros
Morena vê como gorjeia
O pardalzinho no seu ombro

Notre amour est une lueur
Qu'un projecteur du cœur dirige
Vers l'ardeur égale du cœur
Qui sur le haut Phare s'érige

O phare-fleur mes souvenirs
Les cheveux noirs de Madeleine
Les atroces lueurs des tirs
Ajoutent leur clarté soudaine
A tes beaux yeux ô Madeleine

CALIGRAMAS — POEMAS DA PAZ E DA GUERRA

O nosso amor é um clarão
Que o projetor do cor dirige
Pro ardor igual do coração
Que no alto do Farol se erige

Ó flor-farol meus devaneios
Cabelos negros Madeleine
Clarão atoz dos tiroteios
Funde-se ao brilho repentino
Do belo olhar de Madeleine

DU COTON DANS LES OREILLES

ALGODÃO NAS ORELHAS

Ceux qui revenaient de la mort
En attendaient une pareille
Et tout ce qui venait du nord
Allait obscurcir le soleil

Mais que voulez-vous
 c'est son sort
 Allô la truie

C'est quand sonnera le réveil

ALLÔ LA TRUIE

La sentinelle au long regard
La sentinelle au long regard
Et la cagnat s'appelait

LES CÉNOBITES

TRANQUILLES

La sentinelle au long regard la sentinelle au large regard
Allô la truie

Aqueles que voltam da morte
Só esperavam sorte igual
E tudo o que vinha do Norte
Quase obscurecia o sol

Você queria o que
 é tua sorte
 Alô La Truie

Isso é quando soa o sinal

ALÔ LA TRUIE

Sentinela de olhar comprido
Sentinela de olhar comprido
E nossa toca se chamava

OS CENOBITAS TRANQUILOS

Sentinela de olhar comprido sentinela de olhar ávido
Alô La Truie

Tant et tant de coquelicots
D'où tant de sang a-t-il coulé
Qu'est-ce qu'il se met dans le coco
Bon sang de bois il s'est saoulé
Et sans pinard et sans tacot
 Avec de l'eau
 Allô la truie

10 Le silence des phonographes
Mitrailleuses des cinémas
Tout l'échelon là-bas piaffe
Fleurs de feu des lueurs-frimas
Puisque le canon avait soif
 Allô la truie
Et les trajectoires cabrées
Trébuchements de soleils-nains
Sur tant de chansons déchirées

Il a l'Étoile du Benin
20 Mais du singe en boîtes carrées
Crois-tu qu'il y aura la guerre
 Allô la truie
 Ah! s'il vous plaît
 Ami l'Anglais
 Ah! qu'il est laid
Ton frère ton frère ton frère de lait

Tem tantas papoulas vermelhas
Por onde tanto sangue escorre
Mas o que deu na sua telha
É sangue bom só tá de porre
Mesmo sem um goró nem breja
 Na aguinha só
 Alô La Truie

Dos fonógrafos só o silêncio
Metralhadoras de cinema
Todo o escalão agitadiço
Flores de fogo de geada-gemas
Pois o canhão tem sede disso
 Alô La Truie
E as trajetórias empinadas
Estrebuchos de estrelas-anãs
Sobre canções estraçalhadas

Ele tem a Estrela do Benim
Mas carne enlatada em conserva
Acha mesmo que vai ter guerra
 Alô La Truie
 Ah meu cortês
 Amigo inglês
 És feio não vê
Teu mano teu mano teu mano de fé

Et je mangeais du pain de Gênes
En respirant leurs gaz lacrymogènes
Mets du coton dans tes oreilles
 D'siré

Puis ce fut cette fleur sans nom
À peine un souffle un souvenir
Quand s'en allèrent les canons
Au tour des roues heure à courir
La baleine a d'autres fanons
Éclatements qui nous fanons

Mais mets du coton dans tes oreilles
Évidemment les fanions
 Des signaleurs
 Allô la truie

Ici la musique militaire joue
 Quelque chose
Et chacun se souvient d'une joue
 Rose
Parce que même les airs entraînants
Ont quelque chose de déchirant quand on les entend à la guerre

Écoute s'il pleut écoute s'il pleut

E eu comia um pão genoveno
Respirando seu gás lacrimogênio
Bote algodão nas orelhas
30 *D'siré*

Eis a flor sem nome nem nada
Um sopro só vaga lembrança
Quando canhões passam na estrada
No giro da roda hora tensa
A baleia tem outras barbas
A explosão nos acobarda

Mas bote algodão nas orelhas
São só as bandeiras bravas
 Dos sinalizadores
40 Alô La Truie

Aqui uma música militar despeja
 Qualquer coisa
Cada cara lembra uma bochecha
 Rosa
Pois até aquelas canções animadas
Têm uma coisa que nos dilacera quando as escutamos na guerra

A chuva escute escute a chuva

puis
é
cou
tez
tom
ber
la
pluie
si
ten
dre
et
si
dou
ce

sol
dats
a
veu
gles
per
dus
par
mi
les
che
vaux
de
fri
se
sous
la
lu
ne
li
qui
de

des
Flan
dres
à
l'
a
go
nie
sous
la
pluie
fi
ne
la
pluie
si
ten
dre
ne
si
dou
ce

con
fon
dez-
vous
a
vec
l'
ho
ri
zon
beaux
ê
tres
in
vi
si
bles
sous
la
pluie
fi
ne

la
pluie
si
tem
dre
la
pluie
si
dou
ce

*Les longs boyaux où tu chemines
Adieu les cagnats d'artilleurs*

então	sol	de	vo	a
es	da	Flan	cês	chuva
cu	dos	dres	se	tão
tem	ce	a	fun	sua
a	gos	go	dem	ve
chuva	per	ni	com	a
cair	di	zan	o	chuva
a	dos	do	ho	tão
chuva	en	sob	ri	do
tão	tre	a	zon	ce
sua	os	chu	te	
ve	ca	va	se	
e	va	fi	res	
tão	los	na	lin	
do	de	a	dos	
ce	fri	chu	in	
	sa	va	vi	
	sob	tão	sí	
	a	sua	veis	
	lu	ve	sob	
	a	e	a	
	lí	do	chu	
	qui	ce	va	
	da		fi	
			na	

Longas trincheiras onde adentras
Adeus toca de artilheiros

Tu retrouveras
La tranchée en première ligne
Les éléphants des pare-éclats
Une girouette maligne
Et les regards des guetteurs las
Qui veillent le silence insigne
 Ne vois-tu rien venir

 au
 Pé
 ris
 co
 pe

La balle qui froisse le silence
Les projectiles d'artillerie qui glissent
 Comme un fleuve aérien
Ne mettez plus de coton dans les oreilles
 Ça n'en vaut plus la peine
Mais appelez donc Napoléon sur la tour
 Allô

Le petit geste du fantassin qui se gratte au cou où les
 [totos le démangent
La vague
 Dans les caves
 Dans les caves

Você vai achá-la
Trincheira da primeira linha
Os elefantes-para-balas
Uma biruta bem maligna
Olhares exaustos dos guardas
Velando aquela trégua insigne ah
 Não vê nada chegando

 pelo
 Pe
 ris
 có
 pio

A bala que rasga o silêncio
Os projéteis da artilharia deslizam
 Como um rio aéreo
Não bote mais algodão nas orelhas
 Não vale mais a pena
Melhor ligar pro Napoleão na torre
 Alô

O gesto simples do recruta coçando a nuca bem onde
 [os piolhos machucam
Lá vem a onda
 Se escondam
 Se escondam

CARTE POSTALE

1 *Je t'écris de dessous la tente*
Tandis que meurt ce jour d'été
Où floraison éblouissante
Dans le ciel à peine bleuté
Une canonnade éclatante
Se fane avant d'avoir été

CARTÃO-POSTAL

1 Te escrevo debaixo da tenda
Quando morre o dia de estio
Onde a floração ofuscante
Nesse céu de azul diluído
Um bombardeio cintilante
Fenece sem ter existido

ÉVENTAIL DES SAVEURS

Attols singuliers.
de brownings quel
goût
de viv
re Ah!

Des lacs versicolores
Dans les glaciers solaires

1 tout
petit
oiseau
qui n'a pas
de queue et
qui s'envole
quand on
lui en met
u ne

Mes tapis de la saveur moussons des sons obscurs

et ta bouche au souffle

azur

ouïs ouïs le cri les pas le pho
NOGRAPHE ouïs ouïs L'ALOÈS
éclater et le petit mirliton

CALIGRAMAS — POEMAS DA PAZ E DA GUERRA 371

LEQUE DOS SABORES

Atóis singulares
de brownings que
delícia
é viv
er Ah!

Dois lagos versicolores
Dessas
geleiras solares

ı piu
piu
s e m
rabinho
a l g u m
e que voa
se você
lhe mete
u m

Meus tapetes de sabor monções dos sons obscuros

e tua boca tem um hálito

a z u l

ouça ouça gritos passos o fo
NÓGRAFO ouça ouça Ô ALOÉ
explodir e o pequeno kazoo

SOUVENIRS

1 Deux lacs nègres
 Entre une forêt
 Et une chemise qui sèche

Bouche ouverte sur un harmonium
C'était une voix faite d'yeux
Tandis qu'il traîne de petites gens

Une toute petite vieille au nez pointu
J'admire la bouillotte d'émail bleu
Mais le rat pénètre dans le cadavre et y demeure

10 Un monsieur en bras de chemise
Se rase près de la fenêtre
En chantant un petit air qu'il ne sait pas très bien
Ça fait tout un opéra

Toi qui te tournes vers le roi
Est-ce que Dieu voudrait mourir encore

RECORDAÇÕES

Dois lagos negros
Entre a floresta
E uma camisa que seca

Boca aberta sobre o órgão de igreja
Era uma voz feito deus olhos
Enquanto a gente humilde rasteja

Uma velhinha de nariz pontudo
Admiro a botija de água quente esmaltada de azul
Mas o rato entra no cadáver e não sai mais

Um senhor de mangas arregaçadas
Barbeia-se à janela
Cantando uma canção que não sabe muito bem
Acaba virando uma ópera

E você que vira pro rei e diz
Será que Deus quer morrer outra vez

CHEVAUX DE FRISE

1 *Pendant le blanc et nocturne novembre*
Alors que les arbres déchiquetés par l'artillerie
Vieillissaient encore sous la neige
Et semblaient à peine des chevaux de frise
Entourés de vagues de fils de fer
Mon cœur renaissait comme un arbre au printemps
Un arbre fruitier sur lequel s'épanouissent
 Les fleurs de l'amour

Pendant le blanc et nocturne novembre
10 *Tandis que chantaient épouvantablement les obus*
Et que les fleurs mortes de la terre exhalaient
 Leurs mortelles odeurs
Moi je décrivais tous les jours mon amour à Madeleine
La neige met de pâles fleurs sur les arbres
 Et toisonne d'hermine les chevaux de frise
 Que l'on voit partout
 Abandonnés et sinistres
 Chevaux muets
 Non chevaux barbes mais barbelés
20 *Et je les anime tout soudain*
 En troupeau de jolis chevaux pies
Qui vont vers toi comme de blanches vagues
 Sur la Méditerranée
 Et t'apportent mon amour

CALIGRAMAS — POEMAS DA PAZ E DA GUERRA 375

CAVALOS DE FRISA

1 Naquelas noites brancas de novembro
As árvores sendo estraçalhadas pela artilharia
Ainda envelhecendo sob a neve
Vagamente lembrando cavalos de frisa
Cercados por ondas de arame farpado
Meu coração renascia como uma árvore na primavera
Árvore frutífera onde se abrem
 As flores do amor

Naquelas noites brancas de novembro
10 Enquanto obuses assobiavam assustadoramente
E as flores mortas da terra exalavam
 Seus aromas fatais
Dia a dia eu descrevia meu amor à Madeleine
A neve fixa flores pálidas nas árvores
 E forra de arminho os cavalos de frisa
 Eles estão por toda parte
 Abandonados e sinistros
 Cavalos mudos
 Não cavalos barbos mas farpos
20 E os transformo de repente
 Numa tropa de belos cavalos malhados
Vão avançando até você como ondas brancas
 Sobre o Mediterrâneo
 E trago meu amor por você

Roselys ô panthère ô colombes étoile bleue
 Ô Madeleine
Je t'aime avec délices
Si je songe à tes yeux je songe aux sources fraîches
Si je pense à ta bouche les roses m'apparaissent
30 Si je songe à tes seins le Paraclet descend
 O double colombe de ta poitrine
Et vient délier ma langue de poète
 Pour te redire
 Je t'aime
Ton visage est un bouquet de fleurs
 Aujourd'hui je te vois non Panthère
 Mais Toutefleur
Et je te respire ô ma Toutefleur
Tous les lys montent en toi comme des cantiques d'amour
 [et d'allégresse
40 Et ces chants qui s'envolent vers toi
 M'emportent à ton côté
 Dans ton bel Orient où les lys
Se changent en palmiers qui de leurs belles mains
Me font signe de venir
La fusée s'épanouit fleur nocturne
 Quand il fait noir
Et elle retombe comme une pluie de larmes amoureuses
De larmes heureuses que la joie fait couler
 Et je t'aime comme tu m'aimes
50 Madeleine

CALIGRAMAS — POEMAS DA PAZ E DA GUERRA 377

Rosalis ó pantera ó pombas estrela azul
 Ó Madeleine
Delícia amar você
Se sonho com teus olhos sonho fontes frescas
Se penso em tua boca rosas aparecem
Se sonho com teus seios baixa o Paracleto
 Ó pomba dupla teu peito
E vem desatar minha língua de poeta
 Só pra repetir
 Te amo
Teu rosto é um buquê de flores
 Hoje não te vejo Pantera
 Mas Todaflor
E eu te aspiro ó minha Todaflor
Todos os lírios brotam em você como canções de amor
 [e alegria
E aquelas canções voando em tua direção
 Me leve ao lado teu
 Pro teu Oriente bonito onde os lírios
Viram palmeiras cujas mãos suaves
Me chamando acenam
Do foguete explode a flor noturna
 Quando está escuro
Cai sobre a terra como uma chuva de lágrimas amorosas
Lágrimas felizes que a alegria derrama
 E eu te amo e você me ama
 Madeleine

CHEF DE SECTION

1 *Ma bouche aura des ardeurs de géhenne*
Ma bouche te sera un enfer de douceur et de séduction
Les anges de ma bouche trôneront dans ton cœur
Les soldats de ma bouche te prendront d'assaut
Les prêtres de ma bouche encenseront ta beauté
Ton âme s'agitera comme une région pendant un
 [tremblement de terre
Tes yeux seront alors chargés de tout l'amour qui s'est
 [amassé dans les regards de l'humanité depuis
 [qu'elle existe
Ma bouche sera une armée contre toi une armée pleine
 [de disparates
Variée comme un enchanteur qui sait varier ses
 [métamorphoses

10 *L'orchestre et les chœurs de ma bouche te diront mon*
 [amour
Elle te le murmure de loin
Tandis que les yeux fixés sur la montre j'attends la minute
 [prescrite pour l'assaut

CALIGRAMAS — POEMAS DA PAZ E DA GUERRA 379

COMANDANTE DE PELOTÃO

1 Minha boca terá as ardências de Geena
Minha boca será para ti um inferno de doçura e sedução
Os anjos de minha boca vão entronizar teu coração
Os soldados de minha boca vão te tomar de assalto
Os sacerdotes de minha boca vão incensar tua beleza
Tua alma tremerá como uma região durante um
 [terremoto
Teus olhos serão municiados com todo o amor acumulado
 [nos olhares da humanidade desde
 [que ela existe
Minha boca será um exército contra ti um exército
 [disparando disparates
Mutante como um mágico que sabe variar suas
 [metamorfoses
10 A orquestra e os corais de minha boca te dirão meu
 [amor
Ela te murmura de longe
Enquanto grudo os olhos no relógio espero o momento
 [do ataque

TRISTESSE D'UNE ÉTOILE

1 *Une belle Minerve est l'enfant de ma tête*
Une étoile de sang me couronne à jamais
La raison est au fond et le ciel est au faîte
Du chef où dès longtemps Déesse tu t'armais

C'est pourquoi de mes maux ce n'était pas le pire
Ce trou presque mortel et qui s'est étoilé
Mais le secret malheur qui nourrit mon délire
Est bien plus grand qu'aucune âme ait jamais celé

Et je porte avec moi cette ardente souffrance
10 *Comme le ver luisant tient son corps enflammé*
Comme au cœur du soldat il palpite la France
Et comme au cœur du lys le pollen parfumé

TRISTEZA DE UMA ESTRELA

1 Bela Minerva que nasce nesta cabeça
Estrela de sangue minha coroa eterna
A razão lá no fundo o céu em minha testa
Você Deusa que há tempos é quem me governa

Por isso não foi lá tão mal o meu martírio
O furo quase fatal virou uma estrela
Mas a dor secreta que nutre meu delírio
É bem maior que uma alma possa escondê-la

Só que transporto em mim esta ardente ânsia
10 Como vaga-lume seu corpo incendiado
Como ao peito do soldado bate uma França
E no peito do lírio um pólen perfumado

LA VICTOIRE

1 *Un coq chante je rêve et les feuillards agitent*
Leurs feuilles qui ressemblent à de pauvres marins

Ailés et tournoyants comme Icare le faux
Des aveugles gesticulant comme des fourmis
Se miraient sous la pluie aux reflets du trottoir

Leurs rires amassés en grappes de raisin

Ne sors plus de chez mois diamant qui parlais
Dors doucement tu es chez toi tout t'appartient
Mon lit ma lampe et mon calque troué

10 *Regards précieux saphirs taillés aux environs de Saint-Claude*
 Les jours étaient une pure émeraude

Je me souviens de toi ville des météores
Ils fleurissaient en l'air pendant ces nuits où rien ne dort
Jardins de la lumière où j'ai cueilli des bouquets

Tu dois en avoir assez de faire peur à ce ciel
 Qu'il garde son hoquet

On imagine difficilement
A quel point le succés rend les gens stupides et tranquilles

A VITÓRIA

1 Um galo canta eu sonho folhagens se agitam
 Suas folhas parecendo pobres marinheiros

 Com asas e girando como um Ícaro de araque
 Os cegos gesticulando feito formigas
 Se admiravam nas calçadas empoçadas de chuva

 Suas risadas aglomeradas em cachos de uvas

 Não me deixe mais meu rubi falante
 Durma suave a casa é tua tudo aqui é teu
 Minha cama minha lamparina meu capacete furado

10 Olhares safiras preciosas cortadas perto de Saint-Claude
 Eram dias de pura esmeralda

 Cidade de meteoros não me esqueci de vocês
 Floresciam no ar naquelas noites de insônia
 Jardins da luz onde colhi buquês

 Você deve estar cansado de assustar o céu
 Que ele seu soluço abafe

 Difícil imaginar
 Como o sucesso torna as pessoas estúpidas e impassíveis

A l'institut des jeunes aveugles on a demandé
20 N'avez-vous point de jeune aveugle ailé

O bouches l'homme est à la recherche d'un nouveau langage
Auquel le grammairien d'aucune langue n'aura rien à dire

Et ces vieilles langues sont tellement près de mourir
Que c'est vraiment par habitude et manque d'audace
Qu'on les fait encore servir à la poésie

Mais elles sont comme des malades sans volonté
Ma foi les gens s'habitueraient vite au mutisme
La mimique suffit bien au cinéma

 Main entêtons-nous à parler
30 Remuons la langue
 Lançons des postillons
On veut de nouveaux sons de nouveaux sons de nouveaux sons
On veut des consonnes sans voyelles
Des consonnes qui pètent sourdement
 Imitez le son de la toupie
Laissez pétiller un son nasal et continu
Faites claquer votre langue
Servez-vous du bruit sourd de celui qui mange sans
 [civilité
Le raclement aspiré du crachement ferait aussi une
 [belle consonne

40 Les divers pets labiaux rendraient aussi vos discours claironnants
Habituez-vous à roter à volonté
Et quelle lettre grave comme un son de cloche
 A travers nos mémoires
Nous n'aimons pas assez la joie
De voir les belles choses neuves
Ô mon amie hâte-toi
Crains qu'un jour un train ne t'émeuve
 Plus

CALIGRAMAS — POEMAS DA PAZ E DA GUERRA

No instituto dos jovens cegos foram perguntar
Não tem aí um jovem cego que saiba voar

Oh bocas a humanidade busca uma linguagem nova
Uma que deixe os gramáticos sem ter nada a dizer

Essas velhas línguas estão a ponto de morrer
Só mesmo por muito comodismo e covardia
Que ainda as usamos para fazer poesia

Elas são como doentes sem vontade
Meu Deus vamos nos acostumar ao mutismo
Mímica funciona bem no cinema

Mas vamos insistir em falar
Agitemos a língua
Lancemos perdigotos
Queremos novos sons novos sons novos sons
Queremos consoantes sem vogais
Consoantes que peidem surdamente
Imitem o rumor do pião
Borbulhem um som nasal e contínuo
Estalem sua língua
Usem aquele barulho de gente mastigando de boca aberta
[sem educação
A raspada do cuspe também dá uma bela
[consoante

Vários peidos labiais dariam brilho aos seus discursos
Se acostumem a arrotar à vontade
E qual letra grave como o som de um sino
Atravessando nossas memórias
Não amamos o bastante a alegria
De ver as belas coisas novas
Vamos amiga se apresse
Tema que um dia um trem não te comova
Mais

Regarde-le plus vite pour toi
50 Ces chemins de fer qui circulent
Sortiront bientôt de la vie
Ils seront beaux et ridicules

Deux lampes brûlent devant moi
Comme deux femmes qui rient
Je courbe tristement la tête
Devant l'ardente moquerie
Ce rire se répand
Partout
Parlez avec les mains faites claquer vos doigts
60 Tapez-vous sur la joue comme sur un tambour
 O paroles
 Elles suivent dans la myrtaie
 L'Éros et l'Antéros en larmes
Je suis le ciel de la cité

 Écoutez la mer

La mer gémir au loin et crier toute seule
 Ma voix fidèle comme l'ombre
 Veut être enfin l'ombre de la vie
Veut être ô mer vivante infidèle comme toi

70 La mer qui a trahi des matelots sans nombre
Engloutit mes grands cris comme des dieux noyés
Et la mer au soleil ne supporte que l'ombre
Que jettent des oiseaux les ailes éployées

La parole est soudaine et c'est un Dieu qui tremble
Avance et soutiens-moi je regrette les mains
De ceux qui les tendaient et m'adoraient ensemble
Quelle oasis de bras m'accueillera demain
Connais-tu cette joie de voir des choses neuves

Olhe mais depressa veja você mesma
50 Essas ferrovias que circulam
Logo vão sumir de nossas vidas
E virar coisas belas e ridículas

Duas lamparinas queimam diante de mim
Como duas mulheres que riem
Curvo minha cabeça tristemente
Diante desse sarro ardente
Suas risadas se expandem
Por toda parte
Falem com as mãos estalem os dedos
60 Batuquem na bochecha como um tamborim
 Oh palavras
 Elas perseguem no bosque de murta
 Eros e Anteros às lágrimas
Sou o céu desta cidade

 Ouçam o oceano

Mar uivando e gemendo longe e sozinho
 Minha voz fiel feito uma sombra
 Quer ser enfim só a sombra da minha vida
Ser enfim oh só o mar infiel como você

70 O mar traidor de marinheiros sem conta
Engole meus gritos são deuses à deriva
E o mar ao sol só pode suportar a sombra
Que lançam pássaros de asas estendidas

A palavra é repentina um Deus que tremula
Avance e me apoie que eu sinto falta ainda
Daqueles dedos que me adoraram tão bem
Que oásis de braços me darão boas-vindas
Você conhece o prazer de ver coisas novas

O voix je parle le langage de la mer
80 Et dans le port la nuit les dernières tavernes
Moi qui suis plus têtu que non l'hydre de Lerne

La rue où nagent mes deux mains
Aux doigts subtils fouillant la ville
S'en va mais qui sait si demain
La rue devenait immobile
Qui sait où serait mon chemin

Songe que les chemins de fer
Seront démodés et abandonnés dans peu de temps
Regarde

90 La Victoire avant tout sera
De bien voir au loin
De tout voir
De près
Et que tout ait un nom nouveau

CALIGRAMAS — POEMAS DA PAZ E DA GUERRA

Ó voz eu falo a língua do oceano eterno
80 No porto de noite nas últimas tavernas
Eu mais cabeça-dura que a Hidra de Lerna

Na rua onde nadam minhas mãos
Dedos sutis fuçando a cidade
Se vão sem nem saber se amanhã
Se essa rua ficasse parada
Onde é que estaria a minha estrada

Pense que um dia as ferrovias
Vão sair de moda e as abandonaremos em breve
Olha

90 Vitória sobretudo será
A capacidade de ver longe
Como ver tudo
De perto
E que tudo mais ganhe um nome novo

LA JOLIE ROUSSE

1 *Me voici devant tous un homme plein de sens*
 Connaissant la vie et de la mort ce qu'un vivant peut
 [connaître
 Ayant éprouvé les douleurs et les joies de l'amour
 Ayant su quelquefois imposer ses idées
 Connaissant plusieurs langages
 Ayant pas mal voyagé
 Ayant vu la guerre dans l'Artillerie et l'Infanterie
 Blessé à la tête trépané sous le chloroforme
 Ayant perdu ses meilleurs amis dans l'effroyable lutte
10 *Je sais d'ancien et de nouveau autant qu'un homme seul*
 [pourrait des deux savoir
 Et sans m'inquiéter aujourd'hui de cette guerre
 Entre nous et pour nous mes amis
 Je juge cette longue querelle de la tradition
 [et de l'invention
 De l'Ordre et de l'Aventure

 Vous dont la bouche est faite à l'image de celle de Dieu
 Bouche qui est l'ordre même
 Soyez indulgents quand vous nous comparez
 A ceux qui furent la perfection de l'ordre
 Nous qui quêtons partout l'aventure

20 *Nous ne sommes pas vos ennemis*
 Nous voulons vous donner de vastes et d'étranges domaines

A RUIVA BONITA

1 Aqui estou eu diante de todos um homem cheio de sentidos
Que sabe a vida e da morte tanto quanto pode um homem
[vivo
Que provou as delícias e dores do amor
Que soube às vezes impor suas ideias
Que aprendeu várias linguagens
Que viajou um bocado
Que viu a guerra na Artilharia e na Infantaria
Ferido na testa trepanado sob clorofórmio
Que perdeu os melhores amigos na luta terrível
10 Que sabe do antigo e do novo tanto quanto um homem
[só pode saber de ambos
E sem se inquietar hoje com essa guerra
Só entre nós e para nós meus amigos
Estou aqui para julgar a antiga polêmica entre a tradição
[e a invenção
Entre a Ordem e a Aventura

Vocês e sua boca feita à imagem da boca de Deus
Boca em si mesma uma ordem
Sejam indulgentes quando nos compararem
Com os que foram a perfeição da ordem
Nós em toda parte em busca de aventura

20 Não somos seus inimigos
Queremos dar a vocês vastos e estranhos domínios

Où le mystère en fleurs s'offre à qui veut le cueillir
Il y a là des feux nouveaux des couleurs jamais vues
Mille phantasmes impondérables
Auxquels il faut donner de la réalité
Nous voulons explorer la bonté contrée énorme où tout
[se tait
Il y a aussi le temps qu'on peut chasser ou faire
[revenir
Pitié pour nous qui combattons toujours aux frontières
De l'illimité et de l'avenir
30 Pitié pour nos erreurs pitié pour nos péchés

Voici que vient l'été la saison violente
Et ma jeunesse est morte ainsi que le printemps
O Soleil c'est le temps de la Raison ardente
 Et j'attends
Pour la suivre toujours la forme noble et douce
Qu'elle prend afin que je l'aime seulement
Elle vient et m'attire ainsi qu'un fer l'aimant
 Elle a l'aspect charmant
 D'une adorable rousse

40 Ses cheveux sont d'or on dirait
Un bel éclair qui durerait
Ou ces flammes qui se pavanent
Dans les roses-thé qui se fanent

Mais riez riez de moi
Hommes de partout surtout gens d'ici
Car il y a tant de choses que je n'ose vous dire
Tant de choses que vous ne me laisseriez pas dire
Ayez pitié de moi

CALIGRAMAS — POEMAS DA PAZ E DA GUERRA

Onde o mistério florescente se oferece a quem quiser colhê-lo
E onde há novos fogos cores nunca vistas
Mil fantasmas imponderáveis
Que só precisam ganhar uma realidade
Queremos explorar a bondade país imenso onde tudo
 [está em silêncio
Tem também o tempo que pode ser banido ou chamado
 [de volta
Piedade de nós que combatemos sempre nas fronteiras
Do infinito e do futuro
30 Piedade dos nossos erros piedade dos nossos pecados

Vem agora o verão estação violenta
A juventude morta como a primavera
Oh Sol chegou a hora da Razão ardente
 E eu à espera
De seguir pra sempre a forma nobre e amável
Que ela assume para que eu a ame somente
É ela que me atrai como se fosse um ímã
 Ela que tem o charme incrível
 De uma jovem ruiva adorável

40 Os seus cabelos são de ouro
Um belo clarão que perdura
Aquelas chamas que se mostram
Nas rosas-chás que já desbotam

Mas riam riam sim de mim
Homens de toda parte especialmente daqui
Pois há tantas coisas que não ouso dizer
Tantas coisas que vocês nunca me deixariam dizer
Tenham piedade de mim

Comentários

ÁLCOOIS

ZONA

Publicado na revista de literatura e arte *Les Soirées de Paris* em dezembro de 1912. O título anterior era "Cri" (grito). Poema-chave do modernismo francês e internacional, é considerado um dos poemas mais importantes do século XX. Com 155 versos, foi o escolhido por Apollinaire para abrir *Álcoois*. Junto com o monóstico "Cantor", foi o último poema a ser escrito e incluído no livro. Serve de perfeita transição de *Álcoois* (1913) para *Caligramas* (1918), sobretudo para a primeira parte ("Ondas"). Poema em versos livres e rimas emparelhadas: perfeitas, imperfeitas ou toantes. Exemplo clássico de *poema-passeio* (como "O músico de Saint-Merry", "Um fantasma de nuvens", "As colinas", entre outros). Na composição, que já foi definida como uma pastoral urbana, o "eu lírico" flana por Paris (com "aparições" em outras cidades) ao longo de 24 horas, formando um ciclo completo. Marcado pelo fluxo de consciência, os saltos não lineares da memória, e com estrutura peripatética, "Zona" está repleto de alusões autobiográficas, além de referências mitológicas, religiosas, históricas e urbanas. O poema representa uma virada em sua poesia, a criação de uma zona de fronteira entre tradição e inovação, tendo impacto na poesia mundial, inclusive brasileira. Apollinaire teria sido impulsionado a terminar seu poema graças aos exemplos de poemas e livros importantes que tinham acabado de sair: *Páscoa em Nova*

396 ZONA E OUTROS POEMAS

Iorque, de Blaise Cendrars (outubro de 1912), *O monoplano do Papa*, de seu conterrâneo Filippo Marinetti (1912), e *A prosa do Transiberiano e da pequena Joana de França*, de Cendrars e Sonia Delaunay (1913). Melhor seja dizer que "Zona" dialoga com essas composições. O título, "Zone" (do grego, "cinturão", "cintura") vai bem ao gosto da poética simultaneísta de Apollinaire, uma palavra que comporta vários significados: 1) nome dado às zonas pobres e aos cortiços da periferia, localizados no cinturão de Paris (antigamente uma zona militar que se estendia além das antigas fortificações da cidade, ocupada ilegalmente por construções leves e miseráveis); 2) referência à zona do meretrício, "zona erógena"; 3) possível referência à zona geográfica (*zone franche*) situada perto de Étival (nas montanhas do Jura, onde esteve em junho de 1912 com Picabia e Duchamp); 4) referência às primeiras experiências de aviação, realizadas na Zone de Issy, perto do bairro de Auteuil, onde Apollinaire morou; 5) o título também remete a seu sentido etimológico de cinturão, à estrutura circular do poema: da manhã do segundo verso ao nascer do Sol Degolado, que o encerra.

Linha 1: Apollinaire começa o poema com as palavras "No fim", reforçando o caráter circular da composição. Primeiro verso em alexandrino clássico, com as devidas sílabas tônicas na sexta e 12ª sílabas: "*A/ la/ fin/ tu/ es/ las/ de/ ce/ mon/ dean/ ci/ en*". No/ fim/ vo/ cees/ tá/ **far**/ to/ des/ te/ mun/ doan/ **ti** (go), como se o "cansaço" fosse também com os modelos e as convenções da poesia francesa. Os demais são escritos em versos livres e irregulares (alguns se aproximando do alexandrino). Estrofes também irregulares, com a presença de versos isolados. Prosseguindo a leitura vemos que os versos não são tão "livres" quanto parecem. Como observa Ron Padgett, "a dicção de Apollinaire é tão natural que demora um pouco para muitos leitores perceberem que o poema é escrito principalmente em *dísticos rimados*".[1] De fato, o poema quase inteiro é composto de rimas emparelhadas (*a a, b b* etc., sejam elas perfeitas, imperfeitas, compostas, toantes etc.). Há exceções: *éternité/œil, cachette/collège*. Um traço intrínseco da obra que muitos tradutores evitaram, não o recuperando em suas versões.

COMENTÁRIOS 397

Linha 2: Usando personificação, o poeta opera uma fusão do pastoral com o urbano: no século XIX a magnífica torre Eiffel (inaugurada em 1889), símbolo da modernidade, era chamada de "A Pastora" (*La Bergère*), por ficar à margem (*berge*) do rio Sena. Já o trânsito sobre as pontes de Paris (havia mais de trinta sobre o Sena) é descrito como um tropel (*troupeau*): um "conjunto de pessoas ou animais movendo-se rapidamente e de maneira desordenada", o "barulho que se faz ao andar" (tropel de passos), "ruído forte produzido pela locomoção de vários animais" e ainda figurativo para "situação confusa e barulhenta; alvoroço, caos". Mais adiante, temos a imagem "rebanho de ônibus". Paradoxalmente, o poeta nos joga no torvelinho do mundo moderno e urbano (a fervilhante Paris da belle époque) usando imagens do campo ("tropel", "pastora", "rebanho", "mugem"), além de alusões arcaicas, exóticas e mitológicas.

Linha 3: Além da total ausência de pontuação o poema é marcado por uma grande indeterminação pronominal. Ora o sujeito é *eu*, ora *você* (o poeta dirige-se a si mesmo ou se retrata na segunda pessoa), ora *nós* e *eles*. Essa indeterminação e fragmentação do sujeito lírico serão marcas da poesia modernista (ecoando a sugestão de Rimbaud, uma das referências de Apollinaire, "Eu é um outro"). O "eu" é fragmentado, com mudanças constantes de ponto de vista, como o tratamento dos objetos numa pintura cubista ou uma imagem em um espelho quebrado. Mesmo assim, a catalisadora de todas as contradições do poema é a consciência desse "eu". Como definiria o poeta pioneiro da "poesia da cidade", Baudelaire, o flâneur é "um calidoscópio dotado de consciência".

Linha 4: Alguns dos primeiros automóveis (outro símbolo da modernidade) lembravam as antigas carroças. Embora a princípio Apollinaire cante a modernidade, há certa nostalgia pelo passado (as certezas da religião, infância, imagens da vida rural, a natureza).

Linha 6: *Port-Aviation*: aeródromo para pousos, decolagens e corridas localizado a cerca de vinte quilômetros ao sul do centro de Paris, o primeiro do seu tipo no mundo. Fundado pela Sociedade de Encorajamento à Aviação, ali também

funcionava uma escola de pilotagem. O aeródromo continha hangares, arquibancadas, edifícios administrativos e campo de pouso. Padgett[2] observa que o design do aeroporto era limpo e funcional (por isso, "simples como os hangares do Porto-Aviação"). Os meios de transporte em geral fascinavam Apollinaire, sobretudo a aviação e os automóveis. Referências aos aviões (geralmente fundidos com milagres de santos, com Jesus Cristo ou, ainda, o mito de Ícaro) aparecem em outros poemas. Para Pär Bergman, nos poemas do modernismo (Marinetti, Apollinaire) os aviões exercem muitas vezes uma função simbólica, significando "o pensamento humano, a imaginação do poeta e outras qualidades do espírito".[3]

Linhas 7-8: Pio x (Giuseppe Merchiorre Sarto, 1835-1914) foi papa de 1903 a 1914. O termo "modernismo" teria aparecido, pela primeira vez, em sua encíclica *Pascendi dominici gregis* (1907), condenando o modernismo católico, como indica o subtítulo: "Carta encíclica do papa Pio x sobre os erros do modernismo". Portanto, o verso não deixa de ser uma afirmação irônica de Apollinaire. Em 1911 o papa abençoou o aviador André Beaumont, vencedor da corrida Port--Aviation-Turim-Roma. Em 11 de junho do mesmo ano *Le Petit Journal*, um diário bastante popular de Paris, trazia na capa uma ilustração colorida do papa, assistindo ao avião de Beaumont sobrevoar a basílica de São Pedro. Apollinaire, que era antenado com tudo o que acontecia, certamente a viu.

Linhas 12-4 e 21-2: O "eu lírico", flutuante, calidoscópico, incorpora, como uma colagem, todos os textos e fragmentos de linguagem e signos da grande cidade moderna, dos meios de comunicação e reprodução em massa: cartazes, placas, propaganda, folhetos publicitários, jornais, "ficção de polpa" etc.

Linha 17: *Sténo-dactylographes*: secretária que domina a estenodatilografia (técnica que combina a estenografia, um método de escrita abreviada, com a datilografia para a transcrição veloz de informações). *Dactyl* (dáctilo): uma medida da poesia greco-latina, formada de uma sílaba longa e duas breves.

Linha 19: *Sirène*: em uma palavra Apollinaire novamente funde o arcaico e o moderno, remetendo à mitologia grega (Sereias, representadas originalmente como metade mulheres e

COMENTÁRIOS 399

metade pássaros, e não peixes) e o nome dos dispositivos modernos de alarmes (sirenes).

Linha 15: Provalmente a rua Guersant, em Paris.

Linha 24: *Avenida dos Ternos e rua Aumont-Thiéville*: ruas ao nordeste de Paris, perto da Porta de Champerret.

Linha 26: Na infância a mãe, Angelica, costumava vestir o poeta e seu irmão Albert de branco e azul, cores associadas à Virgem Maria, conforme nota Ron Padgett.[4]

Linha 27: René Dalize, pseudônimo literário de René Dupuy des Islettes (1879-1917), um grande amigo de infância e de colégio em Mônaco. Dalize e Apollinaire se reencontrariam em Paris em 1903. Juntos, fundariam em 1912 uma revista, *Les Soirées de Paris*, que rapidamente se tornaria uma importante referência artístico-cultural. Dalize, a quem *Caligramas* é dedicado, foi morto na Primeira Guerra Mundial.

Linha 30: Capela do oratório do Colégio Saint-Charles, em Mônaco, onde o poeta estudou quando criança.

Linha 31: *Ametista*: símbolo da divindade e da crucificação em obras cabalísticas e lapidários medievais. Em um poema, intitulado "Paris", Apollinaire chamou a capital francesa de "uma grande ametista".

Linha 32: *Glória*: aqui a referência é à arte cristã, ao halo ou anel de luz que aparece nas representações de santos e figuras religiosas.

Linha 33: O lírio é o símbolo da Virgem Maria e, portanto, da pureza.

Linha 37: Referência à cruz sagrada.

Linha 38: Símbolo de poder e proteção, está presente em várias culturas antigas, tradicionalmente associado ao judaísmo (estrela de davi). No cristianismo, é identificada com o Messias (Jesus).

Linha 41: *Prosopopeia*: o século xx é capaz de levitar e voar, como Cristo, fundido num aeroplano e transformado num aviador (ou um "super-homem" nietzscheano). Apollinaire, segundo alguns estudiosos, teria "emprestado" essa imagem do Cristo-avião de Filippo Tommaso Marinetti, em seu romance em versos futurista *O monoplano do papa* (1912) e em *Poeta futurista*. A imagem do "Cristo Voador" também remete à pintura de seu amigo Marc Chagall, com seus per-

400 ZONA E OUTROS POEMAS

sonagens e seres flutuantes no espaço da tela (os *Luftmenchen*, pessoas aéreas e sonhadoras, em iídiche).

Linha 42: *Pupila dos olhos de Cristo*: trocadilho com pupila (ocular e discípula) e Cristo (cristalino do olho).

Linha 46: *Simão Mago*: na Bíblia (Atos 8,9-24), da discussão de Simão com o apóstolo Pedro nasce o termo "simonia": ato de Simão, tráfico de coisas sagradas e espirituais. Simão Mago ofereceu dinheiro para comprar o Espírito Santo. Com seu mestre, Dositeu, teria aprendido as artes mágicas, incluindo voar e levitar, dando exibições públicas para provar sua doutrina gnóstica.

Linha 47: *Ils crient s'il sait voler qu'on l'appelle voleur*: os demônios, nesta passagem que remete a Dante, gritam tal frase para o Jesus-aviador, escarnecendo dele e acusando-o de plágio e imitação (mencionando outros "aviadores" famosos). Os demônios fazem um trocadilho sacana com *voler* (voar) e *vouler* (gíria para "roubar"): "Eles gritam: 'se ele sabe voar, que o chamem de ladrão'". "Gritam voar é fácil aviãozinho você já é", uma solução aproximada, enquanto "Já é" mantém relação sonora com "Judeia", já que a rima (mesmo que toante) é fundamental para a estrutura do poema. No Brasil, "avião" ou "aviãozinho" é o traficante que repassa/vende/transporta drogas. *Avion* (do latim *avis*, ave, e o sufixo *atio*) era uma palavra relativamente recente (foi empregada pela primeira vez em 1863 e difundida em 1890, em um registro de patente, por um pioneiro da aviação, Clément Ader). Apollinaire adorava a palavra, sobretudo pelo trocadilho que possibilitava com o sobrenome de seu poeta favorito, Villon.

Linha 49: *Ícaro Enoque Apolônio de Tiana e Elias*: tanto o patriarca Enoque, filho de Caim, quanto Elias (Gênesis 5,18--24) são mencionados como tendo sido levados aos céus (o primeiro "levado por Deus, desapareceu"). No livro de Enoque ele detalha sua abdução e naves voadoras, que ele descreve como sendo "casas de cristais". O profeta Elias (Reis 2,2-13), que tinha habilidades extraordinárias, foi levado aos céus por "carruagens de fogo". *Apolônio de Tiana* (15-100 d.C.): filósofo grego neopitagórico, com reputação de fazedor de milagres e capaz de desaparecer em público. "Na sua morte ele simplesmente saiu voando pelos céus."[5]

COMENTÁRIOS 401

Ícaro: personagem da mitologia grega, célebre por seu desejo de voar e sua conhecida desventura: ao se aproximar do sol, a cera de suas asas se derrete e ele cai no mar.

Linhas 54-70: Um cortejo de aves raras e exóticas, provenientes de várias partes do mundo. A imagem do cortejo é elemento importante em "Zona" e em poemas como "Cortejo", "O músico de Saint-Merry" e "A casa dos mortos". Possível inspiração em *O monoplano do papa*, de Marinetti, ou nos versos de *A prosa do Transiberiano*, de Blaise Cendrars: "É a terra dos pássaros/ O pássaro do paraíso, o pássaro-lira/ O tucano, o beija-flor/ E o beija-flor faz ninho no coração dos lírios negros/ Venha!".[6]

Linha 56: *Marabus*: grande cegonha africana.

Linha 57: *Pássaro-Roca* ou *Roca*: ave gigantesca e fictícia da mitologia oriental. Aparece, por exemplo, em *O livro das mil e uma noites*, simbolizando tanto morte iminente quanto imortalidade.

Linha 58: Referência ao crânio do primeiro homem a morrer no Calvário.

Linha 63: A pomba é símbolo tradicional do Espírito Santo.

Linha 64: *Pássaro-lira*: mais um item para o catálogo de aves mitológicas e exóticas. Originária da Austrália, uma das maiores aves canoras do planeta, com incrível capacidade de imitar sons. Suas penas, quando esticadas, exibem o formato de uma lira.

Linha 65: *Fênix*: pássaro da mitologia grega que tinha o poder de renascer das próprias cinzas.

Linha 67: As *Sirenas* da mitologia grega, que marcam presença na *Odisseia*, de Homero, originalmente eram metade mulheres e metade *pássaros*.

Linha 69: *Pihis*: refere-se ao *Jianjian* (鶼鶼), ave da mitologia chinesa que tem uma asa e um olho só. Por isso, elas só conseguem decolar e voar aos pares, uma "colada" à outra. Simbolizam a inseparabilidade e interdependência de marido e mulher.

Linha 71: Aqui o catálogo simultaneísta de aves se encerra bruscamente e o poeta retoma sua errância por Paris. Volta o tema da perda da amada e da desilusão amorosa (o poema é marcado pelo rompimento traumático com a pintora Marie Laurencin, em 1912).

402 ZONA E OUTROS POEMAS

Linha 81: Referência ao fluxo menstrual, imagem amenizada em relação à primeira versão.

Linha 84: Sagrado Coração, famosa basílica situada no alto da colina de Montmartre, com vista panorâmica de Paris.

Linha 89: *Mediterrâneo*: Apollinaire passou sua infância na Côte d'Azur, litoral sul da França.

Linha 92: *Nissard*. *Turbiasque*. *Mentonasque*: habitantes das cidades de Nice, La Turbie e Menton, todas no sul da França. Reminiscências dos amigos de infância.

Linha 94: Um dos primeiros símbolos do cristianismo, ao lado da cruz, o símbolo do peixe remetia a *ichthys*, cujas letras para os cristãos formam a frase "*Iēsous Christos Theou Yios Sōtēr*" [Jesus Cristo, Filho de Deus, Salvador].

Linha 97: Eco de William Blake e seu poema "The Sick Rose", que fala do "câncer no coração da rosa". Imagem da pureza corrompida pelo pecado.

Linha 98: *Cétoine*: referência a *Cetonia aurata*, besouro verde e dourado que se alimenta de rosas.

Linha 99: *São Vito*: catedral de Praga, onde Apollinaire teria visto o próprio rosto nos veios de uma parede de ágata. Ele teria se aterrorizado com a experiência (o mesmo ocorre com o personagem do judeu errante na sua história "O transeunte de Praga"). São Vito é também o nome da igreja romana onde ele foi batizado.

Linha 102: Referência aos famosos relógios localizados na cidade velha de Praga, que giram em sentido anti-horário, como o "eu lírico" nesse poema, retrocedendo ao passado.

Linha 104: *Hradchin*: castelo real em Praga (República Tcheca), na parte antiga da cidade.

Linha 107: *Koblenz*: cidade alemã situada no entroncamento dos rios Reno e Moselle.

Linha 110: *Leyde*: Leiden ou Leida, cidade da Holanda.

Linha 111: *Cubicula locanda*: "alugam-se quartos", em latim.

Linha 112: *Gouda*: cidade holandesa, a 62 quilômetros ao sul de Amsterdam, famosa pelo seu queijo.

Linha 113: Referência ao interrogatório e posterior prisão de Apollinaire em 1911, suspeito pelo roubo de algumas estátuas do Museu do Louvre, durante as investigações do sumiço da *Mona Lisa*.

COMENTÁRIOS 403

Linha 121: Agora a hora do crepúsculo, um passeio pelas ruas do quarteirão judeu de Paris e menção às prostitutas, bem como aos destituídos, refugiados e imigrantes (como ele). O *dark side* da modernidade. Um dos rumores que corriam era que Apollinaire fosse judeu, por parte de mãe (o que não era verdade).

Linha 124: *Gare Saint-Lazare*: um dos maiores terminais de trem de Paris e, segundo Martin Sorrell, "onde os emigrantes embarcavam no trem para La Havre, para embarcar para os Estados Unidos".[7] Apollinaire frequentava os bares da região nos primeiros anos em Paris.

Linha 125: Apollinaire faz trocadilho com *argent* ("prata", dinheiro) e *Argentina* (um dos destinos dos refugiados judeus). *Argent* originou a palavra portuguesa "argém", usada antigamente para designar a "prata" ou a grana.

Linha 127: *Edredom vermelho*: refere-se à coberta dada pela mãe do poeta na infância e suas constantes mudanças.

Linha 130: Ruas do bairro do Marais, no Quarto Arrondissement, em Paris.

Linha 140: *Jersey*: ilha localizada no canal da Mancha, hoje considerada um paraíso fiscal.

Linha 143: *Pauvre fille*: tradutores como Greet, Revell e Padgett verteram como "pobre menina". Beckett, um dos melhores tradutores desse poema, fez *"To a poor harlot horribly laughing I humble my mouth"* [Para uma pobre prostituta rindo horrivelmente, humilho minha boca]. Avaliei usar "putinha" mas, pelo contexto do poema (descrição de pessoas à margem da sociedade, imigrantes, pobres, mendigos, mendigas, prostitutas etc.), optei por "mendiga".

Linha 146: *Métive*: a antiga forma de *métisse* (mestiça, mulata), branca e preta. Provável referência à novela pornográfica *Une Nuit d'orgies à Saint-Pierre Martinique*, de Effe Géache ou, ainda, a Marie Laurencin. O poeta mergulha em sua solidão e no álcool.

Linha 147: *Ferdine* e *Léa*: nomes de prostitutas. Ferdine, possível referência a uma prostituta da novela pornográfica *Une Nuit d'orgies à Saint-Pierre Martinique*, de Effe Géache. A novela constava do catálogo de livros proibidos da Biblioteca Nacional que Apollinaire ajudou a compilar. Possível referência à famosa pintura de Picasso, *As damas de Avignon*.

404 ZONA E OUTROS POEMAS

Linha 148: *Eau-de-vie*: literalmente, "água-da-vida", termo genérico para destilados (rum, gim, uísque etc.). Era o título original de *Álcoois*. Em português temos a palavra "aguardente" (água + ardente).

Linha 150: Auteuil é o bairro parisiense em que Apollinaire morava desde 1909, primeiramente na rua Gros nº 37 e, depois, na rua Jean de la Fontaine nº 10, para estar mais perto da casa de Laurencin.

Linhas 151-3: Apollinaire, Vlaminck, Picasso e outros artistas da época eram fascinados pela arte africana (*nègre*) e "primitiva". Apollinaire colecionava várias estatuetas e máscaras da África e da Oceania em seu apartamento. Claude Debon observa: "Zona" começa como um hino à modernidade mas termina com "um mergulho num passado mítico de civilizações então consideradas primitivas".[8]

Linha 154: *Adieu Adieu*: a ausência de pontuação e a repetição da palavra permitem a Apollinaire fazer um trocadilho sonoro: *Adieu à Dieu* (Adeus a Deus).

Linha 155: *Soleil* (sol) *cou* (pescoço) *coupé* (cortado). A versão anterior desse verso era "*Soleil levant cou tranche*" [Sol nascente pescoço cortado]. Apollinaire já havia, em outros poemas, comparado o sol com uma cabeça cortada ou, ainda, com um ventre estripado sangrando sobre o céu. Em "O noivado" ("Les fiançailles", não traduzido aqui) temos os versos "Ele vive decapitado sua cabeça é o sol/ E a lua seu pescoço cortado". Para Francis Carmody a imagem deriva de Marinetti, no retrato de Sainte Pourriture do drama *O rei pândego* (1909): *Durant la nuit, je me visse au cou une lune... dès l'aurore je fixe sur mon cou un rouge soleil levant*".[9] [Durante a noite, rosqueio uma lua em volta do meu pescoço... na aurora fixo em meu pescoço um nascer do sol vermelho]. Apollinaire fecha seu poema com uma imagem típica de sua "estética da surpresa": analogia entre o sol nascendo, "cortado" pela linha do horizonte (ou do *skyline* de Paris visto do telhado de sua casa), e um pescoço decapitado. O amanhecer em Paris, durante a Revolução Francesa, era conhecido como o momento em que aconteciam os guilhotinamentos. Aqui o poeta complica o jogo verbal-imagético: *cou* é pescoço mas *cou coupé* (pescoço cortado) é um pássaro nativo da África que possui

COMENTÁRIOS 405

uma mancha vermelho-sangue no pescoço: o *cou coupé*, *amadine cou coupé*, *Amadina fasciata*. Daí o nome, entre nós, de *degolado*. A alusão faz total sentido no contexto do poema, por seu cortejo de pássaros exóticos e a menção anterior à África e Oceania: os degolados são originários das planícies do Senegal e Sudão. Além de enfatizar a paisagem povoada de pássaros de todas as partes do mundo, Apollinaire tinha interesse em pássaros exóticos e curiosos e conhecia o "degolado", bem como a "pomba apunhalada" (*Colombe poignardée*), do poema "A pomba apunhalada e o chafariz". Tudo isso faz esse último verso (feito de três palavras curtas) particularmente difícil de ser traduzido: optei por "Sol Degolado" (com o nome do pássaro em maiúscula sugerindo visualmente o pássaro de garganta cortada ou, ainda, como um "O" cortado pela metade, se visto de outro ângulo da página). Augusto de Campos, em *Dessurrealistas franceses: Extraduções* (Londrina: Galileu, 2020), traduz apenas o último verso, criando um caligrama do sol nascendo ("sol/ goela/ degolada").

A PONTE MIRABEAU

Escrito no fim de 1911. Publicado pela primeira vez em fevereiro de 1912 na revista *Les Soirées de Paris*. O poema, cheio de aliterações e assonâncias, alterna quartetos (4) e dísticos (4). Tem uma métrica complexa, que não costuma ser respeitada pelos tradutores. Primeiro verso em dez sílabas poéticas, o segundo em quatro, o terceiro em seis (somando, tem-se um decassílabo dividido em duas linhas) e o quarto verso em dez sílabas, seguido pelo dístico em sete sílabas (funcionando como refrão). Influenciada pela *chanson de toile*, gênero narrativo da poesia dos trovadores provençais (século XII). O espaçamento e o layout sugerem uma ondulação na página, prefigurando os jogos espaciais de *Caligramas*. A abolição da pontuação potencializa o tema, já que assim os versos parecem fluir, possibilitando várias leituras. *Mirabeau*, *Mirabèu*, em provençal, vem de "mirar" ("ver", "olhar") + *bèu* ("belo", "bonito"): lugar belo de se ver, bela vista. Apollinaire vai incorporar esse jogo de palavras nas imagens do poema no verso "os olhares eternos de ondas lassas".

406 ZONA E OUTROS POEMAS

Talvez o poema mais popular de Apollinaire, "A ponte Mirabeau" tem sido definido como uma breve meditação heraclitiana sobre o tempo e a vida: "Não se atravessa duas vezes o mesmo rio". Os versos ecoam também uma citação de Lamartine: "O homem não é um porto, o tempo não tem margem,/ nem o tempo é um rio./ Mas ele escoa e nós passamos". É também uma elegia, um poema sobre a melancolia, a passagem do tempo e do amor, escrito na ressaca da separação da pintora Marie Laurencin (1883-1956). O crítico Michel Décaudin vê esse poema como um resumo da questão central de *Álcoois*: "O mundo de *Álcoois* é um mundo em fuga, onde tudo se esvai. O poeta imóvel sobre a ponte Mirabeau vê as águas passarem como passam o amor e a lembrança".[10] Traz, ainda, a estranha sensação do mundo ser um fluxo e apenas o *eu* um ponto imóvel no espaço (como a ponte). Vemos aqui um bom exemplo de "correlato objetivo"[11] de T.S. Eliot: a ponte, a passagem de suas águas, os sinos, tudo traduz uma emoção complexa. Apollinaire mostra, não descreve. *Mirabeau*: ponte sobre o rio Sena, construída entre 1895 e 1897, a primeira ponte metálica, moderna, de Paris. Apollinaire frequentemente passava por ela, pois era seu caminho para chegar à casa de Laurencin. Pura melopeia (ênfase dada à música das palavras), foi musicado diversas vezes. Anne Hyde Greet aponta ecos com a canção medieval anônima "Gaieté et Oriour" e com o poema "Allé s'en est, et je demeure", de François Villon (1431--63). Há também ecos de "Canção de outono", de Paul Verlaine, outro poeta que ele amava: "*Tout suffocant/ Et blême, quand/ Sonne l'heure,/ Je me souviens/ Des jours anciens/ Et je pleure*" [E soluçando,/ Pálido, quando/ Soa a hora,/ Recordo todos/ Os dias doidos/ De outrora].[12]

Linha 21: O amor é associado ao rio Sena. Ver o poema "Maria".

AÇAFRÕES

Escrito provavelmente no outono de 1901 e começo de 1902, na temporada em que Apollinaire morou e trabalhou na Alemanha como professor de francês da filha da viscondessa de Milhau, o

COMENTÁRIOS

407

poema revela a melancolia de seu amor não correspondido por Annie Playden (1880-?), governanta inglesa que trabalhava na mesma casa. Foi publicado na revista neossimbolista *La Phalange* em 15 de novembro de 1907, sendo composto quase todo em alexandrinos (doze sílabas poéticas, com alguns versos com treze), tecido por aliterações (em *l*, *c*, *f*) e rimas quase todas emparelhadas (esquema *a b a c c a a l c c d d b l b a a*). Na minha tradução, a métrica também é irregular, tendo empregado sobretudo o verso de onze sílabas.

Título: *Colchique automnale*: flor da família da liliácea, conhecida como ancólia ou ancolia (outro nome para "aquilégia"), cólquica, açafrão-do-prado e lírio-verde. O nome vem de Cólquida, região grega onde nasceu a bruxa e envenenadora Medeia. O açafrão-do-prado é tóxico por conter a substância colchicina. O tema da mulher-flor teria sido sugerido a Apollinaire pela poesia de Pierre de Ronsard (1524-85).

Linhas 2-3: Na primeira versão desse poema, datada "Neu Glück 1902" (uma das casas da viscondessa de Milhau), essas linhas eram uma só (em alexandrino): "*Les vaches y paissant lentement s'empoisonnent*".

Linhas 2, 7: A repetição do advérbio "lentamente" reforça a identificação do "eu lírico" com os animais: ambos pastam as flores venenosas (em um caso, as flores reais, em outro, metaforizadas nos olhos da amada que o rejeitou, uma tônica em *Álcoois*).

Linha 8: A chegada das crianças rompe a monotonia da cena. Elas também, como as vacas, colhem as flores sem se importar ou saber se são venenosas. *Fracas*: agitação barulhenta.

Linha 9: *Harmonica*: gaita de boca (aqui traduzido, pela exigência da rima, mas sem que a imagem perca muito, por *apitos*). A imagem é circular: assim como os açafrões envenenam (hipoteticamente) as vacas, os açafrões dos olhos e olheiras da amada envenenam a vida do poeta. *Hoqueton*: casaco curto e sem mangas, frequentemente usado por militares ou pessoas envolvidas em atividades ao ar livre (como pastores) que exigiam proteção contra o frio.

Linha 11: *Filhas de suas filhas*: enfatiza ainda mais a circularidade, os ciclos da natureza. A *correspondência* entre o estado

408 ZONA E OUTROS POEMAS

de espírito do poeta e a paisagem que descreve é interrompida pela entrada dos estudantes barulhentos, remetendo à infância do poeta.

Linha 12: *Personificações*: o vento "demente" se debate, como as pálpebras, sob o efeito tóxico dos açafrões; a paisagem toda está intoxicada e morrendo aos poucos.

Linhas 13-5: As vacas "vão embora" *para sempre* (ou seja, morrem), lentamente, sob efeito da colchicina. Ambiguidade: mal floriu/ floriu de mal. O verso final remete a *As flores do mal*, obra de Charles Baudelaire. Este escreve, em "O veneno": "Isso tudo não vale o veneno que vem/ Dos seus olhos [...]".

CANTOR

Poema incluído em *Álcoois* na última hora, terminado em setembro-outubro de 1913. Ocupa, no livro, uma proximidade contrastante com o poema longo "Zona". É o poema mais curto de Apollinaire e se aproxima do haiku (de modo apollinairiano, sob sua "estética da surpresa"). Monóstico (poema de apenas um verso) em alexandrino clássico (doze sílabas poéticas, com uma cesura entre a sexta e sétima sílabas e sílabas tônicas na segunda e sexta sílabas): "*Et l'uni/ que cordeau// des trompet/tes marines*". O mesmo na tradução: "E o cordão solitário das trombas marinhas". *Trompette marine* é a tromba ou trompa marinha, estranho instrumento medieval de uma corda só, tocado com um arco. Podemos considerar essa composição como um caligrama minimalista, já que a linha única acaba sendo a representação gráfica da corda solitária do insólito instrumento (assim como os fios de água correndo pela vidraça, representados em linhas diagonais, em "Chove", exemplos de tipografia funcional e nada decorativa dos caligramas).

O título do poema já se apresenta na forma de uma charada. "Cantor" remete ao poeta lírico, chamado aedo (rouxinol) na Grécia antiga, que declamava acompanhado de uma lira, instrumento de cordas. Referência também ao poeta-cantor Orfeu, da mitologia grega, com quem Apollinaire se identificava (ele batizou o momento artístico de orfismo, que busca-

COMENTÁRIOS

409

va analogias entre a música e a abstração). Procurei manter a estranheza no uso da palavra "cordão" (e não "corda") e na opção mais estranha por "trombas marinhas". Há um trocadilho no uso de *cordeau* (corda), que sonoramente remete à *cordeaux* (cordão de alinhamento usado por pedreiros e jardineiros), *cor d'eau* (corno ou trompete de água), *cord'eau* (cordão de água) e *corps d'eau* (corpo d'água). Bem ao gosto da estética da surpresa apollinairiana, o verso sugere leituras simultâneas: 1) a corda grossa e solitária do instrumento, 2) a linha-verso solitária do próprio poema, e 3) analogia com o cordão de uma tromba-d'água no mar. O *trompette marine* é tocado de pé, como o violoncelo, e seu formato lembra um ser humano estilizado (sugerindo as telas cubistas em que Braque e Picasso inseriam instrumentos musicais).

CREPÚSCULO

Escrito em fevereiro de 1909. Publicado pela primeira vez em *Les Argonautes* (fevereiro de 1909) junto com "Saltimbancos". Poema composto de cinco quartetos em octossílabos (verso de oito sílabas, um dos metros favoritos de Apollinaire). Muitas assonâncias, com rimas ocorrendo de modo irregular de estrofe a estrofe. Poema misterioso e, como "Annie", "1909" e outros, traz uma mulher como personagem (aqui, a Arlequina). O poema estabelece um diálogo com as pinturas de Marie Laurencin (a quem o poema é dedicado), Rousseau e Picasso, pela presença de arlequins, mágicos, feiticeiros, cartas de tarô e animais. Anne Hyde Greet[13] assinala que as imagens sugerem a atmosfera de conto de fadas da temporada do poeta na Alemanha e a poesia de Max Jacob. O crepúsculo ou lusco-fusco é uma hora de ambiguidade, assinalando a morte do dia e o nascimento da noite, passagem do sol para a sombra. Composição de atmosfera simbolista, remete às performances dos acrobatas em "Um fantasma de nuvens" e "Saltimbancos". Carmody[14] identifica ecos de versos de Heine, Verhaeren, Marinetti e Rimbaud. A plateia de "especialistas" (mágicos, encantadores, feiticeiras etc.) se reúne para julgar a performance e os truques mágicos do Arlequim Trismegisto, que se *trismegista*. Outros personagens aparecem

410 ZONA E OUTROS POEMAS

durante a performance: um cego ou cega acalentando um bebê,
um asno, um anão duende, um enforcado.

Linha 20: Apollinaire faz aqui um trocadilho com o epíteto de
Hermes Trismegisto, para desespero do anão. "Hermes, o três
vezes grande", legislador, cabalista, astrólogo egípcio, suposto
autor do *Corpus hermeticum*. Aqui usado especialmente no
sentido de *mágico*.

ANNIE

Poema escrito entre 1904 e 1912, alude à partida da governanta
inglesa Annie Playden para os Estados Unidos. Publicado na re-
vista *Les Soirées de Paris* (setembro de 1912) sob o título
"Fanny", junto com "Trompas de caça" e "O viajante". Poema
em versos livres (ou seja, não metrificados e irregulares) com as-
sonâncias e rimas inesperadas ("Texas", pronunciado *Texás/ Il y
a/ villa// mennonite/ même rite*"). A primeira estrofe tem cinco
versos, a segunda e a terceira, quatro.
 Apollinaire e Annie (ambos com 21 anos) se conheceram no
verão de 1901, em Neu-Glück, Alemanha. Ele, tutor da filha da
viscondessa Elinor de Milhau. Ela, governanta da família. O
poeta ficou obcecado pela inglesa, chegando a ir duas vezes
para Londres pedir sua mão em casamento. Foi rejeitado em
ambas, sendo que na segunda Annie "fugiu" para os Estados
Unidos. Aqui o poeta imagina um reencontro com Annie nos
Estados Unidos (e uma possível reconciliação, dessa vez). Em
1946 o poeta e crítico belga Robert Goffin conseguiu descobrir
o paradeiro de Annie em um rancho da Califórnia. Ela disse
não se lembrar do poeta, muito menos sabia dos poemas que
ele havia lhe dedicado e que se tornariam famosos. "Aqueles
que amam sua poesia", disse ela, "deveriam estar gratos por eu
não ter casado com ele. Se eu tivesse, quem sabe, tal poesia não
teria sido escrita".[15]

Linhas 1-2: Há uma imprecisão geográfica aqui: Galveston é
uma cidade ao leste do estado do Texas mas Mobile fica no
Alabama.

COMENTÁRIOS 411

Linhas 10-4: O poeta transforma Annie (que era de estrita família anglicana) em uma *menonita* (grupo cristão radical na tradição anabatista). O nome deriva do padre católico holandês Menno Simons (1496-1561). *Boutons*: em francês, como em português, significa botões de camisa, de flor e também bico de seio. Afastados do mundo "moderno", os menonitas usam fechos no lugar de botões em suas roupas (como os membros da comunidade Amish).

A CASA DOS MORTOS

Publicado no jornal *Le Soleil* em 31 de agosto de 1907. Primeiro escrito como um conto, chamado "O obituário". Depois foi transformado em versos livres, com rimas ocasionais e muitas aliterações. Algumas estrofes estão quase inteiramente rimadas e compostas em octossílabos regulares. O poema oscila entre o lírico e o narrativo, explorando o efeito de simultaneidade (de espaços e de tempos). Os mortos e os vivos compartilham o mesmo espaço. Um típico *poème-flânerie*, poema-passeio, ao modo do surrealismo mágico de "O músico de Saint-Merry" e "Um fantasma de nuvens". O poema foi inspirado por uma visita feita a um dos maiores cemitérios de Munique, na Páscoa de 1902. Nele os cadáveres, antes do enterro, eram expostos através de um vidro em um necrotério aberto ao público. Como conta a biógrafa de Apollinaire, Laurence Campa: "Quando ele entrou pela primeira vez no Nördlicher Friedhof [cemitério em Munique] os mortos pareciam cumprimentá-lo logo na entrada, sob os arcos. Eles haviam sido bem preparados, tinham sido vestidos burguesamente, impassíveis atrás de sua vitrine, esperando pacientemente sua sepultura em seus caixões abertos. Essa visão do outro mundo impressionou o visitante".[16] Apollinaire transformou a visão em um cortejo e festa fúnebre que borram as fronteiras entre vida e morte, presença e ausência, alegria e tristeza, esquecimento e memória. Escreve Anne Greet: "O poeta, como Virgílio no poema de Dante, é o intermediário entre os mortos e os vivos mas, ao contrário do poeta medieval italiano (*turar augustano*), Apollinaire está vivo, e sua história se passa *neste mundo*".[17]

412 ZONA E OUTROS POEMAS

Apollinaire inverte Dante: os mortos aqui não são exilados miseráveis, peregrinos ambulantes ou espíritos abençoados; eles são visitas educadas, que gostam de beber, namorar e festejar. Ao longo do poema não ficamos sabendo o que difere os mortos dos vivos.

Linha 44: "Convidei-os para um passeio": não resisti em usar rolê, essa gíria hoje parte do nosso repertório. "Rolê" era usada já nos anos 1960 pela malandragem e grupos marginais no Rio (como Apollinaire, que era um ítalo-polaco em Paris e cujas amizades eram, na maior parte, estrangeiros e imigrantes). Irônico que uma palavra brasileira tão popular tenha justamente derivado do francês (rouler é "rodar", "girar"), passando tanto a designar um passeio, um movimento na capoeira e um detalhe da culinária (bife rolê).

Linha 60: Chevaux-légers: são os cavaleiros-leves ou ligeiros, membros da guarda do rei do Exército francês, que deixaram de ser usados em 1815. Equivalentes aos nossos "dragões". Com esse detalhe Apollinaire sobrepõe o presente ao passado medieval. O poema parece também dialogar com o poema "Os adormecidos", de Walt Whitman.

Linhas 109, 117: "Ai de mim! o anel foi quebrado": na tradução, fiz uma alusão à nossa ciranda mais conhecida, apropriado pelo elogio que ele faz às cirandas (linhas 86-92). A aliança foi quebrada, a união é impossível. Imagens circulares são comuns em sua poesia.

Linhas 127-38: A alusão aqui é óbvia: Caronte, na mitologia greco-romana, é o barqueiro do Inferno que conduz a alma dos mortos para o Hades. O "eu lírico" se torna também uma espécie de Hermes Psicopompo (condutor de almas) às avessas, já que ele faz a travessia dos mortos de volta à vida.

Linhas 129, 154: Não fica claro, no poema, quem seriam os outros barqueiros.

Linhas 177-9: Tomei a liberdade de criar o neologismo, "iodeleiar", cantar ao modo do Yodelei, canto alpino. Wikipédia: "A palavra iodelei ou jodeln é uma palavra onomatopaica, ou seja, uma palavra cuja sonoridade imita a voz, ruídos de objetos ou animais. O yodel é a troca do registro de peito para o falsete e do registro de falsete para o de peito em uma

COMENTÁRIOS 413

certa velocidade. Esta técnica vocal é usada em muitas culturas, mas é principalmente conhecida na região dos Alpes, pois a região favorece o eco por seu terreno acidentado cheio de vales, lagos e rochedos".

CLOTILDE

Poema provavelmente escrito em Stavelot (Bélgica) em 1899. Primeira publicação na revista *Les Soirées de Paris* (julho de 1912), ao lado dos poemas "Marie-Sybille" (mais tarde rebatizado "Marizibill") e "Rosemonde". Poema em três quartetos, com versos de sete e oito sílabas poéticas e rimas intercaladas (*a b b a / c d c d / e f e f*). Alude a um Paraíso ou Jardim do Éden. A tradução estabilizou tudo em versos de oito sílabas.

Linha 7: *Ombre*: sombra (também no sentido de espírito, alma, fantasma), palavra recorrente na poesia de Apollinaire. Ainda que afirme a interpenetração de sol e sombra, no poema a noite afugenta as sombras e o sol as torna mais sombrias (como no lusco-fusco do crepúsculo). A presença de deidades mitológicas, exploração da musicalidade e do mistério são resquícios do simbolismo.

CORTEJO

Escrito parcialmente em 1906 e terminado em 1912. Seu título anterior era "Brumário". Publicado pela primeira vez em *Poème et Drame* (novembro de 1912). Aparentemente escrito em versos livres, traz versos alexandrinos ocasionais, versos de treze e catorze sílabas e octossílabos, em diversas configurações. Três estrofes curtas (de cinco, seis e sete versos) são seguidas de uma estrofe imensa (47 versos). Nas três últimas ele retoma a métrica e um esquema rímico: as duas últimas estrofes trazem dois quartetos em alexandrinos (doze sílabas poéticas) com esquema de rimas emparelhadas (*a a b b*). Poema complexo, que permite múltiplas leituras e onde se tematiza a busca por uma identidade, que vai sendo construída pouco a pouco. Esse poema importante, como

"Viagem", prenuncia "Zona". Apollinaire descreve-se, na passagem central, como um compósito de toda a humanidade, passada e presente, segundo Anne Hyde Greet,[18] sugerindo um diálogo com o movimento poético chamado unanimismo.

Título: *Cortejo*: do italiano *corteggio*. Segundo o dicionário, "procissão, comitiva, por vezes pomposa, que segue pessoa ou grupo de pessoas, geralmente de excepcionais qualidades, a fim de lhe(s) prestar homenagem ou expressar respeito; séquito". Cortejo significa também saudação, cumprimento, vênia (geralmente a pessoas distintas ou importantes).

Linhas 1-5: Aplicando sua "estética da surpresa", da justaposição *sobre*natural e da colagem, o poema abre com dois versos inusitados: "*Oiseau tranquille au vol inverse oiseau/ Qui nidifie en l'air*". São dois versos octossílabos que o poeta desestabiliza, ao deslocar *oiseau* para o fim do verso anterior, ganhando um enjambement. Alusão a um pássaro que Apollinaire encontrou no livro de aventuras fantásticas *Le Monde enchanté, cosmographie et histoire naturelle fantastiques de Moyen Âge* (1843), descrita pela primeira vez em *Voyages en Afrique, Asie, Indes orientales et occidentales*, de Jean Mocquet (1617): um pássaro que voa de ponta-cabeça (ou "de dorso", como os aviões acrobáticos). De fato, alguns pássaros e aves podem voar brevemente de cabeça para baixo. Apollinaire remete, simultaneamente, à então recente invenção do aeroplano ou *avion* (uma de suas obsessões "modernas"). Trocadilho entre *inverse* (invertido) e *en verse* (em verso). O pássaro contempla o brilho ofuscante do oceano da Terra, rebatendo a luz do sol, quando ergue a cabeça (portanto, olhando para baixo). Em *Le Monde enchanté* Apollinaire leu também sobre um pássaro que nunca toca o solo e que voa tão alto que os ovos que caem têm tempo de chocar-se em pleno ar. Há também a nem sempre reconhecida influência de Marinetti e de outros futuristas como Soffici. No romance futurista em versos livres *O monoplano do papa* (1912) Marinetti se imagina um pássaro, voando "sobre minha asa direita" e "Sob meus pés, *ao inverso/* a campanha começa a fugir".[19]

Linha 3: *Notre sol*: Greet (p. 228) vê um possível jogo de palavras aqui, entre *sol* ("sol", "terra", em francês) e *sol* (o "sol", em

COMENTÁRIOS 415

português, espanhol, dinamarquês, norueguês e finlandês). Do latim *solis*.

Linha 5: *Pálpebra extra*: trata-se da membrana nictante ou terceira pálpebra, presente em águias e outros animais, para proteção e lubrificação dos olhos enquanto enxergam.

Linha 17: *Fogo oblongo*: descrição de um rastro de cometa ou possível referência à imagem do Salvador. Ou, ainda, como sugerido pelo poema de Marinetti, ao refletor do avião.

Linha 19: A partir daqui há ecos da poesia de Walt Whitman. O poeta-flâneur, fora e dentro da multidão ao mesmo tempo, aparece também como um superdetetive capaz de decifrar enigmas com base em mínimas pistas (lembremos que Apollinaire era fã das histórias policiais e da série cinematográfica *Fantômas*).

Linha 26: *Leurs pieds paniques*: "seus pés empânicos". Pânico remete ao deus grego Pã. Aqui Apollinaire transforma um substantivo (pânico) em um adjetivo.

Linha 36: *Agrippa*: Cornelius Agrippa (1486-1535), filósofo e alquimista nascido em Colônia (Alemanha), escreveu um tratado sobre santa Úrsula. Ele se fazia acompanhar por um imenso cão negro.

Linha 38: *Ursulinas*: referência à santa Úrsula e suas 11 mil seguidoras virgens que, segundo a lenda, foram massacradas pelos hunos na cidade de Colônia (século V). Isso provava, para Agrippa, a superioridade das mulheres (com que Apollinaire discorda, num comentário misógino).

Linha 54: Um oximoro (justaposição de palavras de sentido oposto): claridade das profundezas.

MARIZIBILL

Escrito em 1901 durante viagem à Colônia, Alemanha. Publicado na revista *Les Soirées de Paris* (julho de 1912) sob o título "Marie-Sybille" (Maria-Sibila, provável nome de guerra de uma jovem prostituta). Poema composto de três quintetos, em octossílabos (oito sílabas poéticas) e rimas alternadas (*a b a b a / c d c d c / e f e f e*).

Linha 1: *Rua Alta*: no começo do século XX a Hohe Strasse era a rua principal de comércio e também de prostituição de Colônia.

Linha 5: *Brasserie*: é um tipo de bar-restaurante francês que serve bebida e comida simples e barata. Apollinaire alitera e personifica *brasseries*, adicionando o adjetivo *borgnes* (zarolhos). Para manter a rima e a personificação, optei traduzir *brasserie* por "pé-sujo".

Linha 6: *Se mettre sur la paille*: "se meter ou deitar na palha" é gíria para estar duro, sem um puto, arruinado financeiramente, na miséria, sem ter onde dormir.

Linhas 11-5: Para Anne Hyde Greet o quinteto final é "outra maneira de expressar aquela compaixão pela humanidade que ocupa posição central em 'Cortejo'".[20] Notar a ambiguidade: não é possível saber se o pronome "seus" se refere às pessoas em geral ou a eles (Marizibill e seu cafetão). Analogias como "peitos batendo como portas" antecipam as imagens surrealistas (termo criado por Apollinaire, que escreveu um poema chamado "As nove portas de seu corpo").

O VIAJANTE

Publicado pela primeira vez em *Les Soirées de Paris*, n. 8, setembro de 1912. Composição bem diferente de "Ponte Mirabeau", escrito na mesma época. Poema em versos livres, com algumas linhas órfãs, flutuantes, e outras (32-47) perfeitamente metrificadas e rimadas (alexandrinos). Antecipa, ao lado de "Cortejo", o poema "Zona". Dedicado a Fernand Fleuret (1884-1943), poeta, escritor e amigo. Dos versos 32 a 47 Apollinaire adota o quarteto em versos de doze sílabas (alexandrino) com rimas *a a b b*. A diferença leva Anne Hyde Greet a supor que o trecho seja fragmento de um poema anterior. Décaudin mostrou que o poema é uma verdadeira colagem, seguindo também o princípio da montagem cinematográfica, com o uso de versos de poemas inacabados. "O viajante" é um poema cosmopolita, uma mistura de reminiscências de lugares em que o poeta viveu ou passou: Mediterrâneo, Renânia (Alemanha), Paris e Holanda (para onde viajou de trem em 1909).

COMENTÁRIOS 417

Podemos caracterizá-lo como um *poème-promenade*, ou poema-
-viagem-passeio. Como observa Martin Sorrell, "é uma das evo-
cações mais bem-sucedidas da alienação, da falta de um centro
fixo do mundo moderno. O modernismo da visão de Apollinai-
re aparece não só no tema e no tom do poema, mas também em
sua prosódia".[21]

Linha 1: Greet[22] aponta semelhança com a primeira linha do
 poema "A porta" ("A porta do hotel sorri horrivelmente")
 e com "Hotéis", onde cada ser humano vive a portas fecha-
 das. Portas e janelas são símbolos recorrentes na poesia de
 Apollinaire, passagens e limites ao mesmo tempo. *Euripo*:
 estreito localizado no mar Egeu, Grécia, entre a Beócia e
 a ilha de Euboe. No Euripo as correntes mudam de dire-
 ção várias vezes por dia, por isso são imprevisíveis. Para
 Greet, a menção a Euripo é uma alusão à morte (segundo a
 lenda, foi o lugar onde o filósofo Aristóteles teria morrido
 afogado). Outra comparação surpreendente, ao gosto de
 Apollinaire.
Linha 4: *Paquebot*: navio ou barco a vapor. Há clara referência
 aqui ao poema "O barco ébrio", de Rimbaud, onde o meio
 de transporte aparece como imagem do próprio poeta.
Linha 7: *Surmarine*: supermarinha ou sobremarinha. Cunhagem
 de Apollinaire, assim como surrealismo.
Linhas 11-31: Greet[23] observa que o trecho prenuncia não só
 a estrutura de "Zona" mas também imagens que irão apa-
 recer naquele poema: o Cristo-avião, rebanho de paisagens,
 cavalaria e tropas de ruas e pontes, os sem-teto e "órfãos"
 (vagões?) na Gare Saint-Lazare, noites pálidas de "álcool".
Linhas 32-47: O poema, que vinha se desenrolando em verso
 livre, muda para quartetos em alexandrinos, com esquema
 rímico *a b b a*. Greet[24] destaca a bela metáfora olhos = on-
 dulações no rio, e a imagem paradoxal de *sombras vivas*,
 fantasmas vivos (e não cores vivas).
Linhas 51-3: Referência a uma das poucas fotos existentes de
 Apollinaire quando criança, na qual aparece com seu único
 irmão, Albert, ambos vestidos de marinheiro.
Linhas 49-50: Greet destaca ainda a beleza da imagem da abelha
 caindo na fogueira do verão, anunciando a morte da estação.

ZONA E OUTROS POEMAS

"O brilho e o zumbido da abelha ligados à imagem do fogo",
trazendo a ideia de vida e morte ao mesmo tempo.
Linhas 51-5: O verso volta a ser em alexandrinos.

MARIA

Primeira publicação na revista *Les Soirées de Paris*, n.9, ou-
tubro de 1912. Poema composto de cinco quintetos em oc-
tossílabos, a exceção sendo a linha 9, curiosamente em ale-
xandrino clássico (acentuações tônicas na sexta e 12ª sílabas).
Esquema de rimas alternadas (*a b a b a*). Poema altamente
lírico, melopaico, com uma rima rica nos versos 11 e 15: *neige*
(neve) e *n'ai-je* (não a tenho), que ele repete em "Branca de
Neve". O poema é provavelmente contemporâneo do clássico
"A ponte Mirabeau" pelo tema da perda da amada (também
Marie Laurencin) e pela metáfora do rio Sena. Transformado
em canção por Léo Ferré (1916-93).

Linhas 1-3: Os primeiros três versos remetem à Marie Dubois,
uma moça que ele conheceu na temporada que passou em
Stavelot (Bélgica), na região da Valônia, quando tinha deze-
nove anos. A especialidade de Marie era dançar o *maclotte*.
Depois a referência passa a ser a outra Marie, a pintora
Marie Laurencin, que também gostava de dançar e com
quem teve sua relação mais longa (cinco anos). *Marie* não
só remete à imagem da *Mère* (a Virgem Maria) como se
trata de um anagrama de *aimer* (amar). *Mère-grand* (vovó):
substantivo que data do século xv, sinônimo de *grand-mère*
(cuja figura aparece, por exemplo, em "Chapeuzinho Ver-
melho").

Linha 3: *Maclotte* ou *matelote* (martelote): dança típica da
região rural da Valônia, na Bélgica, onde fica a cidadezi-
nha de Stavelot. "O passo básico do *maclote* ocupa duas
barras 4/4 ou 6/8 e consiste em dois passos saltados (ge-
ralmente partindo do pé esquerdo) seguidos de três passos
martelados". Apollinaire gosta de usar pontualmente pa-
lavras em desuso, raras ou estranhas, na linha da obscuri-
dade da tradição simbolista.

COMENTÁRIOS 419

Linha 9: O único verso em alexandrino, retirado de um caderno de anotações do tempo de Stavelot e enxertado no poema (colagem). Para Anne Greet, a intenção de alongar esse verso foi dar uma qualidade onomatopaica ao amor do poeta, prolongando-o até que ele se dissolvesse, como na música. Pela diferença com o restante do poema, a intenção da linha parece ser o de *aparte* teatral: recurso em que o personagem faz um comentário direto para a plateia ou para um determinado personagem, não ouvido pelos demais. Inseri o verbo "amor" no condicional para inscrever a palavra "Maria".

Linha 10: Oximoro: Apollinaire combina duas palavras ou ideias opostas ou contraditórias, criando um efeito de contraste. Como o título de uma das composições de seu amigo, Erik Satie: "Desespero agradável" (1908).

Linhas 11-3: Tentei reproduzir o jogo de palavras do original: *Neige/ n'ai- je* (neve/ nem veem).

Linhas 21-5: ecoam os versos de "A ponte Mirabeau".

BRANCA DE NEVE

Provavelmente escrito durante a temporada na Alemanha (1901-2). Um dos poucos poemas inéditos de *Álcoois* (1913). Quase nada se sabe sobre as circunstâncias de sua composição, que remete às imagens de contos de fadas alemães, ao modo das canções infantis. O pano de fundo, novamente, é o fim do relacionamento com Annie Playden, colega de trabalho na vila de Bennerscheid (perto de Oberpleis e do rio Reno). Foi transformado em um belo madrigal (música de câmara vocal) por Francis Poulenc (1899-1963). Ron Padgett relembra uma "coincidência anacrônica".[25] Dois anos depois de publicar esse poema Apollinaire ficou amigo, no front da Primeira Guerra Mundial, de um tenente e seu cozinheiro. O nome do cozinheiro era Loiseau ("O pássaro", se adicionarmos um apóstrofo depois do "L": *L'oiseau*. O título remete à neve e à famosa personagem dos irmãos Grimm, simultaneamente.

420 ZONA E OUTROS POEMAS

Linhas 1-8: Um anjo disfarçado de oficial (uniforme azul de militar) e o outro de chef de cozinha (avental branco). A cor dos uniformes militares franceses era chamada de azul-horizonte. Apollinaire canta uma cena celeste em ambiente terrestre. *Médaillera* (medalhará): neologismo.

Linhas 9-10: No sul da França há uma expressão popular para quando começa a nevar: "*Le bon Dieu plume ses oies*" [O bom Deus despluma seus gansos]. Há uma conotação sexual malandra também, como na gíria "afogar o ganso" (transar). *Oie* (gansa), fêmea do *jars* (ganso), pode ter sentido pejorativo para "mulher", como em *oie blanche* (gansa branca = uma jovem ingênua e inocente). Há também um trocadilho entre *tombe* (tomba) e *tombe* (tumba).

Linhas 10-1: Tentei novamente reproduzir o jogo de palavras do original: *neige/ n'ai-je* (neve/ não vem).

POEMA LIDO NO CASAMENTO DE ANDRÉ SALMON

Publicado pela primeira vez em *Verse et Prose* (outubro de 1911). Datado de 13 de julho de 1909. Segundo Apollinaire, esse poema, em versos livres, foi escrito no andar de cima de um ônibus, enquanto ia para o casamento de André Salmon (1881-1969) com Jeanne Blazy-Escarpette (1882-1949). Ele estava acompanhado de seu amigo René Dalize, que não parava de falar. Salmon foi poeta, crítico de arte e grande amigo de Apollinaire. Na verdade, embora a composição pareça ter sido escrita num jato e fosse comum o poeta escrever em lugares públicos, o poema foi bastante retrabalhado posteriormente. Pelos versos longos, uso da anáfora e a temática "democrática", a composição dialoga com a poesia de Walt Whitman e com ideias do unanimismo.

Linha 1: Paris já estava enfeitada para o feriado do Dia da Bastilha (14 de julho). Salmon se casaria no dia seguinte, na igreja de Saint-Merry (a mesma do poema "O músico de Saint-Merry").

Linha 5: *Liberdade vegetal*: referência ao naturismo, uma das correntes literárias no *fin-de-siècle* na França.

COMENTÁRIOS 421

Linha 12: *Caveau maudit*: a "caverna maldita" refere-se, para
alguns, ao Café du Départ (célebre ponto de encontro de
escritores e artistas em Paris). Para outros (como o próprio
Salmon), a uma adega que ficava no Quartier Latin frequen-
tada por *poetas malditos* (termo criado por Paul Verlaine,
um habitué do Café du Départ).

Linha 18: *Orfeu*: na mitologia grega, lendário poeta-músico ca-
paz de encantar todos os seres e coisas sobre a terra.

Linha 23: *Ofélia*: personagem da peça *Hamlet*, de William Shake-
speare, que termina em trágico suicídio nas águas de um rio.

O ADEUS

Escrito provavelmente em Stavelot (Bélgica) em 1901. Publicado
na revista *Le Festin d'Ésope* em dezembro de 1903. Um quinteto
em octossílabos (aqui vertido em decassílabos), com esquema de
rimas *a b a a b*. Poema de despedida aos mortos e/ou aos amores
perdidos (como Marie Dubois, sua paixão da temporada belga).
Anne Hyde Greet e outros identificam semelhança com o poema
que Victor Hugo escreveu para a morte da filha ("Demain, dès
l'aube", em alexandrinos) e um diálogo entre uma pessoa viva
(primeiros três versos) e uma morta (dois últimos). Elíptico e mis-
terioso, o poema teve variantes.

Linha 1: *Bruyère* é a urze (ou torga, *Calluna vulgaris*), nome
comum de diversas plantas da família Ericaceae, conhecida
mais pela cor violeta e que nasce em regiões montanhosas.
Vertido como alecrim (também encontrado nas cores rosa,
azul ou violeta) para efeito de rima.

A PORTA

Provavelmente escrito em 1900, em seu quarto miserável onde
a família morava na rua Constantinople nº 9, segundo o bió-
grafo Marcel Adéma (no endereço funciona hoje um hotel
Ibis Styles). Publicado em *Vers et Prose*, v. XXXI, outubro-
-novembro-dezembro de 1912. Poema composto de um septeto

422 ZONA E OUTROS POEMAS

e um monóstico. Métrica: versos alexandrinos. Esquema de rimas: emparelhadas (*a a b b c c d / d*). Poema enigmático, já empregando o método da colagem, parecendo ambientado simultaneamente em Paris e na Côte d'Azur (lembranças de onde Apollinaire passou a infância). Reminiscências da vida precária e nômade com a mãe, *femme galante*, e o irmão, de hotel em hotel, e os constantes pedidos de sua mãe para que procurasse trabalho.

Linha 4: *Pi-mu*: *pi-mú-yú*, peixe fantástico do Oriente que possui apenas um olho, o que o obriga a sempre nadar colado com seu par. Apollinaire leu sobre essa e outras criaturas em *Journal Asiatique*, uma coleção de lendas indianas, em janeiro de 1896.

Linha 5: *Anges frais*: Apollinaire usa a palavra "anges" ("anjos", supostamente os casais que chegam ao hotel), mas logo ficamos sabendo que são "frescos" e se referem também a "anges", o peixe-anjo (peixe ornamental, cujas barbatanas lembram as asas de um anjo e que acabaram dando nome à Baie des Anges, perto de Nice). O único jeito de captar a ambiguidade sem alongar o verso foi criar uma palavra-valise, "anjovas" (anjos-anchovas), fiel ao exotismo léxico de Apollinaire, um "parente" hipotético do *pi-mu*. *Marselha*: no porto de Marselha chegam tantos pescados quanto passageiros.

Linha 6: Possível alusão às Sereias, da mitologia grega (originalmente representadas como uma mistura de pássaros e mulheres), que enfeitiçavam e torturavam marinheiros com sua música.

SALTIMBANCOS

Publicado em *Les Argonautes* em fevereiro de 1909, ao lado de "Crepúsculo". Os poemas "Saltimbancos" e "Crepúsculo" aparecem juntos num mesmo rascunho. Poema em três estrofes de quatro versos em octossílabos (decassílabos na minha tradução) e rimas emparelhadas (*a a b b*). Como outros artistas do círculo de Apollinaire (Picasso, Marie Laurencin), o poeta tinha fasci-

COMENTÁRIOS 423

nação pelos saltimbancos, acrobatas, cegos, ciganas, mendigos, judeus errantes, se identificando com marginais, aventureiros, excêntricos (Jarry, Satie) e "marginais" da sociedade. Anne Hyde Greet[26] sugere que o poema é parcialmente inspirado nas memórias da Alemanha, bem como nas pinturas de saltimbancos de Picasso e outros pintores-amigos, cujos ateliês Apollinaire frequentava assiduamente.

Linha 3: *Gris*: adjetivo que significa, em francês, tanto "cinza" quanto "bêbado".

Linha 9: *Poids ronds ou carrés*: pesos redondos ou quadrados, material de trabalho dos saltimbancos.

Linha 11: *L'ours et le singe animaux sages*: o urso e o símio, animais sábios. Animais amestrados eram parte regular das trupes de saltimbancos. O poema também dialoga com "Bohémiens en voyage" [Ciganos em viagem], de Charles Baudelaire.

A CIGANA

Outro poema da temporada alemã, começado em 1901 e terminado em 1902. Publicado em *La Phalange*, n. 17, 15 de novembro de 1907, ao lado de "Açafrões" e "Lul de Faltenin". Poema composto de três quartetos, em octossílabos e rimas intercaladas (*a b b a*). A cigana, associada à errância e ao destino, aparece em outros poemas, como "Sobre profecias" e "Saltimbancos".

Linhas 2-4: A cigana acertará a previsão: os amantes não ficarão juntos.

Linhas 3-4: Trocadilho com *et puis/ de ce puits* (e depois/ desse poço). Há uma ambiguidade no que é dito pela cigana. A Esperança, para os amantes, está no fundo de um poço, mas ele é escuro e turvo.

Linhas 5-6: A imagem do urso e de ciganos aparece em "Saltimbancos". Associação surpreendente do amor como um urso *privé*, que dança sobre duas patas. Mantive *privé*, já entronizado entre nós, pela ambiguidade: pode significar

424 ZONA E OUTROS POEMAS

tanto domesticado quanto privado, frustrado e, ainda, íntimo, seleto, particular. Se o poema se refere à sua relação com Annie Playden, como diz Greet,[27] aquela paixão foi esquecida, domesticada, e a esperança de vê-la novamente, perdida (cada vida segue seu caminho).

Linha 7: Os antigos romanos usavam penas de pássaros como oráculos. No caso, índice de mau presságio. O pássaro azul aparece em vários contos de fadas como símbolo da felicidade. Os amantes também se transformam em mendigos com seus *Ave-Maria*, isto é, suas esperanças, suas preces. "Seus *Ave*" foi traduzido aqui, para efeito de rima, por "Seus *Avés*", uma variação ortográfica alternativa para "ave", especialmente usada em contexto religioso ou literário. É uma forma menos comum, mas pode ser encontrada em certos contextos para se referir à oração ou à saudação cristã Ave--Maria, ou para diferenciar entre o pássaro e a saudação religiosa.

OUTONO

Provavelmente escrito na Alemanha em 1901. Publicado originalmente na revista *La Plume*, n. 374, em 15 de junho de 1905. Composto de três tercetos em versos alexandrinos e esquema de rimas *a b a / b c d / c d*. Adotei o verso hendecassílabo na tradução. Mais uma peça de atmosfera simbolista, remetendo à temporada alemã às margens do Reno ou aos arredores do vilarejo de Stavelot (Bélgica). Anne Greet observa o caráter circular do poema, de eterno retorno, como em "Açafrões".

Linhas 4-5: Possível alusão a "Das zerbrochene Ringlein" [O anelzinho quebrado], lied do poeta e romancista alemão Joseph von Eichendorff (1788-1857). Temos, no Brasil, os versos da famosa ciranda, dança de roda infantil: "O anel que tu me deste/ Era vidro e se quebrou/ O amor que tu me tinhas/ era pouco e se acabou", apropriado à condição de "mal-amado" de Apollinaire.

COMENTÁRIOS 425

SIGNO

Provavelmente escrito em 1904, logo depois da partida de Annie
Playden para os Estados Unidos. Primeira publicação na revista
Schéhérazade em 15 de março de 1911. Dois quartetos em versos
alexandrinos e rimas cruzadas (*a b a b / c d c d*), típico da fase ini-
cial e neossimbolista da poesia de Apollinaire.[28] Mantive o verso
de doze sílabas e o esquema rímico, mas não respeitei as tônicas
nas sexta e 12ª sílabas.

Linha 1: *Chef*: na linguagem da heráldica, *chefe* é a parte supe-
 rior de um escudo ou brasão de armas. O verso manifesta a
 ambiguidade típica da poesia simbolista. *Signo do Outono*:
 Apollinaire era do signo astrológico de Virgem, que coincide
 com o outono europeu (sua estação preferida e com a qual
 se identifica).
Linhas 4 e 6: "Todas as nozes da árvore foram colhidas, e o poe-
 ta, pobremente amado", segundo leitura de Greet.[29]

CLAIR DE LUNE

Publicado em setembro de 1901, na revista *La Grande France*,
com o título "Lunaire". Poema em alexandrino clássico, com ri-
mas emparelhadas (*a a b b c c d d e e f f g g*). Apesar de ser con-
siderado um poema menor, "uma paródia superficial das imagens
simbolistas",[30] o incluí por ser o primeiro publicado por Apolli-
naire. Ele também é exemplar da primeira fase de sua poesia, mas
já antecipando, em algumas imagens, a "estética da surpresa"
(ver última linha, que traça uma intricada fusão simultaneísta:
raios-bússola-luar-mãos-mel). A lua, melancólica e nostálgica, é
tema clássico da poesia simbolista. Como lembra Pär Bergman, a
lua será considerada decadente pelos futuristas do século XX, que
irão celebrar a eletricidade.

Título: Referência ao famoso "Clair de lune", de Paul Verlaine
 ("Clarão de luar", em *As festas galantes*, 1869) e à célebre
 composição homônima, de Claude Debussy (1890), inspira-
 da pelo poema de Verlaine.

426 ZONA E OUTROS POEMAS

Linha 2: Uso de personificação. "Gourmand", do francês medieval (fim do século XV), significa glutão. O sentido de "pessoa que aprecia boas comidas e bebidas" aparece por volta de 1785. "Gourmand" também tem o sentido de "ganancioso".

Linhas 5 e 7: *Doux, douce*: Apollinaire joga com o duplo sentido da palavra doce: gentil e açucarado.

Linha 8: *Arcture*: conhecida como Arturo ou Arcturus, pertencente à constelação do Boieiro, é a quarta estrela mais brilhante no céu noturno.

Linha 10: *Rose de vents*: a rosa dos ventos é um instrumento de navegação (bússola).

1909

Primeira publicação em *Álcoois*. Versos livres, alguns metrificados. Como Anne Hyde Greet[31] observa, o ano de 1909 é aqui personificado na forma de uma bela e misteriosa jovem parisiense, luxuosamente bem-vestida. Greet vê na composição um tom parecido ao dos versos de um contemporâneo de Apollinaire, o norte-americano Vachel Lindsay. Há ecos de um poema de Baudelaire, "Recueillement" [Recolhimento], de *As flores do mal*. Mil novecentos e nove é também o ano em que Apollinaire se aproxima das ideias do unanimismo e da poesia de Verhaeren e Whitman.

Título: A inspiração pode ter sido um calendário ilustrado. Lembremos que estamos na Paris da belle époque, da grande capital da moda, dos grandes inventos e "máquinas" novas.

Linha 12: Referência à moda de Madame Récamier e ao estilo "orientalista" do estilista Paul Poiret (1879-1944), apelidado de *Le magnifique*. Buscando manter o estranhamento do original, optei por uma palavra em português mais parecida com o som e significado de *violine*: "aviolado" é da cor roxa, violeta, violáceo, e ainda "em forma de viola". *Récamier*: antes da nossa era de celebridades, Madame Récamier (nascida Jeanne-Françoise-Julie-Adélaïde, 1777-1849) foi uma famosa socialite, admirada em toda a Europa, símbolo de elegância, ícone da beleza neoclássica francesa. Seu *salon* atraía a nata dos políticos e literatos de seu tempo. O poe-

COMENTÁRIOS 427

ma remete a uma série de pinturas que tiveram a socialite
como modelo, especialmente *Retrato de Madame Récamier*,
de Jacques-Louis David (1748-1825). Além do seu estilo de
cabelo, Récamier também virou o nome de um tipo de sofá
onde gostava de se reclinar.

Linha 14: Nesse monóstico Apollinaire adota o decassílabo. Refe-
rência direta a uma frase de Charles Perrault no conto "Cinde-
rela": "Assim, ela ouviu soar o primeiro toque da meia-noite".
É uma lenda que remonta à Antiguidade. Novamente, vemos
uma simultaneidade de épocas: Antiguidade, séculos XVIII e
XX. O uso do pretérito imperfeito em todo o poema remete ao
tempo dos contos de fadas ("Era uma vez").

Linhas 23-7: Aqui Apollinaire sai do verso livre e passa para o
alexandrino. Com exceção da métrica da linha 23, as demais
foram respeitadas.

Linha 23: "Gente tão perita em máquinas": Apollinaire pode estar
fazendo aqui um elogio às prostitutas dos bairros pobres, às
operárias que trabalhavam nas fábricas, ou no sentido geral
de operários. Já Susan Harrow[32] vê no poema, e especialmen-
te nesse verso, um exemplo de uma visão distópica da era da
reprodução mecânica, em massa, onde até mesmo seres huma-
nos parecem nascer de uma linha de montagem, como auto-
móveis. Em um trecho da famosa conferência "O espírito novo
e os poetas", Apollinaire chama a atenção, no melhor estilo
futurista, para os "seres formidáveis que são as máquinas".

À SAÚDE

Primeira publicação em *Álcoois*. Nessa composição, datada de se-
tembro de 1911, Apollinaire usa vários tipos de estrofes (quarteto,
quinteto etc.), metros (octossílabos, decassílabos, alexandrinos e
o menos comum verso de onze sílabas, o hendecassílabo) e es-
quemas de rimas. Poema em seis seções, poema-diário de prisão,
um fragmento para cada um dos seis dias que passou confinado
na prisão La Santé (de 1º a 7 de setembro), como suspeito de en-
volvimento no roubo da *Mona Lisa* do Museu do Louvre. O epi-
sódio o marcaria profundamente. Apollinaire já era onipresente e
famoso na cena artística e cultural de Paris, sobretudo pela defesa

428 ZONA E OUTROS POEMAS

das vanguardas e por suas colunas em jornais e revistas. Por isso, sua prisão foi um escândalo e notícia internacional. A imprensa xenófoba francesa pedia sua deportação (era estrangeiro, de passaporte italiano). Muitos amigos lhe voltaram as costas. Outros se uniram numa corrente para libertá-lo.

Título: À La Santé traz um trocadilho: pode ser lido tanto como "Ao presídio La Santé", quanto o tradicional brinde "À sua saúde!" (À votre santé!). Minha solução tenta preservar os dois sentidos.

Linha 12: Apollinaire ficou na cela 15 e não na 11, como ele coloca, para efeito de rima.

OUTONO DOENTE

Escrito na primavera de 1902, depois de sua visita a Munique, durante a temporada em que trabalhou para a viscondessa de Milhau. Primeira publicação em *Álcoois*. Data do chamado "período renano" de sua poesia. Poema em versos irregulares (últimas seis linhas em dissílabos) com rimas ocasionais, presença ostensiva de assonâncias (*ou, a, ai, on* etc.) e aliterações (em *l, p, n* etc.). O pano de fundo: a decepção amorosa com Annie Playden (a linha 10 seria referência à governanta inglesa e colega de trabalho). A chegada do outono, estação com a qual o poeta se identifica, é tema recorrente em *Álcoois*. Há ecos de Émile Verhaeren, outro poeta de sua predileção. Lembremos também do clássico "Canção do outono", de Paul Verlaine.

Título: Personificação do outono, associado à morte e ao fim das coisas.

Linha 7: O outono também é estação de passagem: vem da vitalidade e dos frutos maduros (verão) e caminha para a morte (inverno).

Linha 10: *Nixes nicettes*: trocadilho com a semelhança fônica entre as palavras. *Nixes* são ninfas das águas na mitologia germânica e nórdica, que atraem homens para afogá-los de paixão (como a Sereia da mitologia grega e a Iara brasileira). Apollinaire rebaixa o mito: são *nixes nicettes* (simples, igno-

COMENTÁRIOS 429

rantes, ingênuas, em francês antigo, provavelmente do latim *nesciens*) e *naines* (anãs, nanicas). Jogo de palavras que ecoa o nome *Annie* (*naines* é praticamente um anagrama de *Annie*).

Linha 17: Metáfora: folhas que caem = lágrimas, contrapondo os frutos que apodrecem nas árvores, sem quem os recolha (o amor de Apollinaire sendo novamente recusado?).

Linhas 17-22: Os últimos seis versos (de apenas duas sílabas) são uma espécie de alexandrino rediagramado, cortado em seis versos, com a intenção de imitar visual e sonoramente a queda oscilante da folha de um galho, símbolo tradicional da solidão. O poeta e.e. cummings radicalizaria a ideia no famoso poema "l(a" ("*a leaf falls*", "uma folha cai", de 1958). A disposição final dos últimos seis versos sugere "letras-folhas" caindo debaixo da palavra "outono" (linha 16), antecipando também os futuros caligramas (sobretudo "Chove").

HOTÉIS

Publicado pela primeira vez em *Álcoois*. Poema composto de seis quartetos, com versos tetrassílabos (quatro sílabas métricas, cinco na minha tradução). Rimas alternadas (*a b a b*) em todas as estrofes. Para alguns estudiosos, o poema teria como pano de fundo o episódio em que o poeta e seu irmão, abandonados pela mãe, foram obrigados a fugir de uma pensão de Stavelot (Bélgica) sem pagar a conta. As demais estrofes referem-se ao hotel em que morou na Rue de Constantine, nos primeiros tempos de Paris. Já para Décaudin, o poema tem como tema a vida solitária nos hotéis, suas mobílias, hábitos e hóspedes.

Linha 9: *Fiacre*: táxi movido a cavalo.

Linha 13: *La Vallière*: duquesa de la Vallière (1644-1710), famosa amante do rei Luís XIV, e que mancava levemente de uma perna.

Linha 15: "que manca e ri das minhas preces", no original.

Linha 20: *Babel*: cada hóspede fala uma língua diferente, como no mito bíblico.

430 ZONA E OUTROS POEMAS

TROMPAS DE CAÇA

Publicado na revista *Les Soirées de Paris*, n. 8, setembro de
1912, junto com "Fanny" (posteriormente "Annie") e "O via-
jante". Poema composto de dois quintetos e um dístico. Ver-
sos octossílabos, com rimas *a b a b a / b d b d b / d b*. Ao lado
de "A ponte Mirabeau", "Maria" e trechos de "Zona", mais
um poema que tematiza a passagem do tempo e, sobretudo,
a dor amorosa com o fim do relacionamento com a pintora
Marie Laurencin.

Título: *Trompa de caça*: instrumento de sopro usado em mú-
 sica de salão e em caçadas. Imagem recorrente em poemas
 de Baudelaire, Victor Hugo, Paul Verlaine, Alfred de Vigny
 e Jules Laforgue. Há referência ao teatro (Greet chama o
 poema de "um drama simbólico em miniatura").[33]
Linhas 6-8: Thomas de Quincey (1785-1859) ensaísta in-
 glês, famoso por seu *Confissões de um inglês comedor
 de ópio*. Apollinaire também conviveu com o ópio, con-
 sumido sobretudo na temporada de Nice, com Louise,
 pouco antes de se alistar em 1914, e nos meses finais
 de vida. Quincey conhecera, nas ruas de Londres, uma
 prostituta e pedinte de quinze anos chamada Ann (a
 "Ana de Oxford Street", que salvara sua vida, segun-
 do Quincey). Ele passou anos em uma busca desespe-
 rada para encontrá-la. Ann ecoa o nome da obsessão e
 desilusão amorosa de Apollinaire: a governanta inglesa
 Annie Playden e suas viagens frustradas a Londres para
 pedir a sua mão em casamento. Greet escreve: "Viver é
 atravessar um palco; lembrar é olhar para trás. As me-
 mórias são como trompas de caça, fora de cena, que lhe
 chamam, e seu ecoar e notas repetidas sugerem o passa-
 do, e especialmente as lembranças, nos poemas de Vigny,
 Baudelaire, Laforgue".[34] O tema do outono doente e a
 imagem das trompas de caça aparecem em um poema de
 Émile Verhaeren, um dos seus poetas prediletos.

COMENTÁRIOS 431

CALIGRAMAS

LAÇOS

Publicado pela primeira vez na revista *Montjoie*, em abril de 1913, o poema abre *Caligramas* e a seção "Ondas" (em referência às ondas do rádio e às ondas da física). É a única composição totalmente em itálico do volume, como se fosse uma espécie de manifesto ou prefácio, em função similar à de "Zona" em *Álcoois*. Exemplar do novo estilo "telegráfico" e "simultaneísta" de Apollinaire (versos livres, curtos e sincopados, estrutura paratática), com autonomia maior de cada linha. Willard Bohn[35] ressalta a analogia com o procedimento da colagem verbal, "em que frases e estrofes são justapostas abruptamente, ao modo da pintura cubista". Anne Greet lê a composição como uma celebração modernista do admirável mundo novo dos sentidos. Como ela enfatiza, "o tempo urgente da nova sensibilidade é refletida no ritmo e na sintaxe, com suas rápidas sequências de frases, muitas delas sem verbo".[36]

Título: Todo o poema gira ao redor do título e a ambiguidade é sua marca. Apollinaire aplica suas lições do cubismo à palavra poética, explorando-a a partir de várias perspectivas, associação de ideias, criando paradoxos. A imagem de "laços" traz a ideia de apego e desapego, conexão e desconexão ao mesmo tempo. *Liens* pode ser vertido como "liames", "elos", "correntes", "ligações", "vínculos" (como na expressão "laços de família"). *Liens*, segundo Mario Richter,[37] pode também se referir às próprias linhas poéticas, unindo sílabas, formando correntes de som e sentido, conectando-se umas às outras em novas possibilidades. As linhas de trem estavam rapidamente ligando países, prendendo-os numa só corrente.

Linha 1: *Cordas*: a palavra tem associação tradicional com a lira e com a poesia lírica, bem como com cordas vocais e peças musicais para instrumentos de corda. Cordas são usadas para juntar, pendurar, atravessar objetos. Gritos também têm a função de chamar e ligar pessoas. Por isso, a imagem de "cordas feitas de gritos".

Linhas 2-3: Para Greet,[38] a imagem sugere a simultaneidade espaçotemporal do mundo moderno. Lembremos que Apollinaire

era leitor e divulgador dos futuristas italianos, que associavam sua sensibilidade à simultaneidade e tinham verdadeiro fascínio pela velocidade. Os sinos têm badalado através dos séculos e, ao mesmo tempo, seus sons atravessam fronteiras. Séculos estão suspensos ou mortos (no passado) e enforcados (reforçando a imagem-título, mais um sentido para "laços").

Linha 4: Trens aparecem aqui sugerindo solidariedade e coletividade.

Linha 5: Possível alusão a Picasso, Cendrars, ao pintor simultaneísta Delaunay e à elite da vanguarda parisiense, da qual Apollinaire era o principal porta-voz.

Linhas 8-9: Uma imagem de tempestade que ecoa o caligrama "Chove". *Cordas de água*: ver "Cantor".

Linha 10: As "cordas tecidas" agora remetem simultaneamente aos cabos submarinos (linha 11) e às aranhas (linha 6).

Linha 11: *Câbles sous-marines*: os primeiros cabos telefônicos submarinos entre França e Inglaterra foram instalados em 1891. Outra imagem de conexão e comunicação entre os povos. Como os cabos transmitem uma algaravia de vozes simultaneamente, Apollinaire os compara a Babéis horizontais, na linha seguinte.

Linha 13: *Araignées*: a aranha simboliza a maestria em construir "redes", estabelecer elos entre as pessoas.[39] *Pontifex*: Apollinaire continua a sequência metafórica, as metamorfoses, agora usando a palavra pontífice menos no sentido de sacerdote romano ou papa e mais no sentido etimológico de "construtor(a) de pontes".

Linhas 18-24: Greet[40] joga alguma luz no significado desse trecho: ela nos lembra que Apollinaire escreveu o poema especialmente para uma revista de vanguarda que tinha como lema editorial ser "contra todo o sentimentalismo na arte e na vida".

AS JANELAS

Em versos livres e com rimas esparsas, poema composto em novembro-dezembro de 1912, durante as seis semanas que o poeta passou com o casal de pintores Sonia e Robert Delaunay. Escrito especialmente para o catálogo da exposição de Robert em Ber-

COMENTÁRIOS 433

lim (janeiro de 1913). Publicado, no mesmo mês, em *Poème et Drame*, v. ii. Um dos mais célebres de Apollinaire e um de seus favoritos. Ao lado de "Segunda-feira rua Cristina", exemplar dos poemas simultaneístas e *poemas-conversas*, em que se busca captar, segundo sua expressão, o "lirismo ambiente". Ele dizia estar conseguindo "simplificar a estética poética"[41] e formular, neste e outros poemas que estava escrevendo (os da seção "Ondas"), "uma estética toda nova cujas fontes eu jamais encontrei posteriormente".[42] Ênfase na técnica da colagem, com inserção de "fragmentos da realidade". Há duas versões não necessariamente excludentes para a criação dessa peça: as primeiras linhas teriam sido escritas coletivamente por ele, André Billy e René Dalize no bar Crucifix, na rua Daunou, cada um escrevendo um verso. Já Delaunay afirma que "As janelas" foi escrito inteiramente em sua casa-estúdio em novembro e dezembro de 1912, na temporada em que o poeta e crítico de arte morou com ele e sua esposa. As duas versões explicam a sensação de estarmos em três ambientes ao mesmo tempo: em um café, em um ateliê e no universo órfico que o poema fabrica. Delaunay: "Acho que 'As janelas' marca o que Apollinaire chamou de Pura Pintura ao buscar a Pura Poesia" ("puro", aqui, no sentido de que o poeta, como o artista, cria uma nova realidade, e não meramente a imita). É difícil também identificar "quem fala" nos fragmentos individuais. Na tradição da *acusmatia*, ele deixa em aberto todas as possibilidades. "As janelas" é feito de uma colagem de referências às telas e teorias do casal Delaunay, objetos do ateliê, reminiscências, sensações, interrupções e comentários. Parte dele pode ser chamado de poema-ambiente (como "Segunda-feira rua Cristina"). Bohn comenta que ele "capta uma visão aérea do mundo onde o tempo e o espaço foram abolidos".[43] O poeta tenta aplicar às palavras e aos versos, em sua manipulação estética, a teoria dos "contrates simultâneos" aplicada às pinturas do casal. Como "Segunda-feira rua Cristina," o poema antecipa a ideia de *texto* de Roland Barthes, como "um tecido de citações, oriundas dos mil focos da cultura".[44] Como na colagem, cada linha é autônoma e, ao mesmo tempo, parte de um todo. Marcado pela ambiguidade e indeterminação, com uso intensivo da *parataxe* (ver Introdução), o poema é composto "como uma sequência de justaposições radicais",[45] sugerindo a

simultaneidade espacial. "As janelas" também é, do começo ao fim, marcado por grande indeterminação pronominal. O poeta convoca a participação ativa do leitor em sua reconstrução. A linguagem compacta e impactante sugere o encolhimento do mundo pelos meios de transporte e comunicações.

Título: Refere-se às janelas em geral, às janelas que o poema abre, às do estúdio do casal Delaunay e, sobretudo, à série de pinturas desenvolvidas à época por Robert Delaunay, como *Janelas simultâneas* e *Janelas abertas simultaneamente* (1912).

Linhas 1, 34: Provavelmente um comentário de Robert Delaunay sobre o efeito pictórico dos "contrastes simultâneos" e cores complementares. Bohn[46] oferece uma chave: as cores do espectro (o disco de Newton) são organizadas em vermelho, laranja, amarelo, verde, azul, índigo e violeta. Já que o vermelho fica na extrema esquerda do espectro, o amarelo (como o laranja) vai "desaparecendo" e "morrendo" rapidamente, à medida que o olhar se move da esquerda para a direita. Do vermelho ao verde morre todo o amarelo. Da mesma forma, tomando a outra direção do disco, todo amarelo renasce do verde ao vermelho.

Linha 2: *Aras*: araras, do tupi *a'rara*. Ave barulhenta e multicor (que alude à paleta de cores da linha 1): verde, amarelo, azul, vermelho. Possível referência ao Brasil, no uso de uma palavra tupi, e às famosas florestas tropicais onde vivem as araras.

Linha 3: *Abatis*: espécie de cabidela, feita com miúdos de aves. Apollinaire era um gourmand, com um gosto enciclopédico para tudo que fosse exótico. *Abatis* também é um termo militar para trincheiras feitas de árvores derrubadas e cortadas, estacadas no solo, com a função de retardar o avanço das tropas inimigas. *Pihi*: pássaro da lenda chinesa que faz aparição em "Zona". O *pihi* (鶼鶼) tem apenas uma asa, o que o obriga a voar sempre em pares (o macho à direita, a fêmea à esquerda). É análogo ao *pi-mu*, (ver "A porta"), peixe fantástico do Oriente que possui apenas um olho, o que o obriga a sempre nadar colado com seu par. Bohn[47] sugere, criativamente, que a palavra "pihi" é um ícone verbal, um tipo de caligrama simultaneísta em si mesmo. Seguindo sua sugestão,

COMENTÁRIOS 435

podemos tomar os pontos nos *is* como sendo os *olhos* e o *h* como o *corpo* do pássaro (e, por que não, o *p* como sendo a única asa).

Linhas 4-5: Referência ao telefone sem fio (TSF) e ao estilo "telegráfico" (ver caligrama do pássaro-telegrama em "Viagem"). A presença de "nós" e as mudanças abruptas de pronomes acentuam o tom conversacional (poema-conversas). Apollinaire lembrou que havia prometido enviar um prefácio para a exposição de Delaunay naquele mesmo dia, por isso a urgência.

Linha 6: *Traumatismo gigante*: possivelmente refere-se novamente à cor vermelha ou no sentido de trauma psicológico ou, de maneira cifrada, a um pôr do sol.

Linha 8: A imagem das moças de Turim, como em "1909" e "Carta-oceano", pode ter sido inspirada por algum calendário ilustrado ou fotografia que ostentava a parede do bar Crucifix (seu dono era de Turim).

Linha 9: Apollinaire estava de gravata branca nas fotos em que aparece sendo preso pelo affair das estatuetas do Louvre (1911), amplamente divulgadas pelos jornais da época (lembrando que o branco é a cor resultante da mistura aditiva das cores vermelha, verde e azul, representando a presença completa das cores no espectro de luz).

Linha 11: Além da mencionada referência à pintura de Delaunay, possível alusão ao verso de Blaise Cendrars: "As janelas de minha poesia estão abertas para os bulevares".

Linha 16: Trocadilho com o nome de dois jornais parisienses, *La Liberté* e *Le Temps* e com o fato de que *A Liberdade* republicava as matérias que saíam em *O Tempo*. Expressão que o atarefado jornalista Apollinaire sempre repetia, reclamando de tempo livre para escrever.

Linha 17: *Búzios Lampreias múltiplos Sóis e o Ouriço do crepúsculo*: uma natureza-morta marinha em uma linha. A reiteração de motivos circulares e solares em todo o poema, mas, especialmente aqui, remete diretamente aos "discos simultâneos" da pintura dos Delaunay. *Soleils Bignorneaux* são os búzios, os caracóis-marinhos. Podem se referir também aos peixes-sóis (*Lepomis gibbosus*), o *crapet-soleil* ou *perche soleil*.

436 ZONA E OUTROS POEMAS

Linha 19: Uso de "palavras semafóricas" (ao gosto dos futuristas italianos), abruptamente justapostas, em papel análogo às placas e aos letreiros urbanos.

Linhas 19-23: A série de quadros de "janelas simultâneas" de Delaunay trazia a icônica torre Eiffel ao fundo (por isso, *Torres*). *Puits/ puis*: trocadilho. *Puits* (poço) e *puis* (depois, então), similar ao que ele faz em "A cigana". *Torres são ruas*: Apollinaire se diverte com o fato de que uma mudança de perspectiva pode alterar a aparência dos objetos. É preciso adotar o ponto de vista aéreo: uma avenida se estendendo ao longe, vista de cima de uma janela, pode parecer uma torre. Do mesmo modo, as praças, vistas de cima, parecem poços.

Linhas 24-6: Todo esse trecho usa personagens do romance de aventuras antiescravagista *The Quadroon* (*O mulato*), de Thomas Mayne Reid, que Apollinaire, em tradução para o francês, leu e releu na prisão La Santé (1911). *Câpre/ Câpresse* (de *capre*, alcaparra): designação, nas Antilhas Francesas (Caribe), para a pessoa descendente de negro e mulato. *Chabins/ Chabines*: designações, nas Antilhas, dos filhos de negro com mulato. No Brasil temos "Cabrita" e "Cabrocha" como designações antigas para jovem mulher mestiça ou mulata. O mesmo com homens: "Cabra", mestiço de negro com mulata. Trocadilho com *Chabins* e *le chabanais* (barulho ou arruaça). *Marronne* designa um escravo fugitivo. *Marronne* (1590), do adjetivo francês *marron*, "*fugitive*". *Airs à mourir* sugere canções extremamente emocionais, que são "matadoras" ou "de matar" (no sentido de algo ótimo, excelente). Ou no sentido de canções "lindas de matar" (no Brasil, quando queremos dizer que alguma coisa ou alguém é tão bonito que se poderia morrer por ela ou ele).

Linha 26: *Oie oua-oua* (pássaro huá-huá) ou *cacawee* (*Anas glacialis*), presente em *The Quadroon*. Talvez inspirado em linha de Whitman: "*Ya-honk!* ele grita, e envia seu grito pra mim feito um convite", de *Folhas de relva*. Os caçadores canadenses, mencionados aqui, também aparecem no romance de Reid.

Linha 32: O ritmo sincopado e agora a imagem do trem de palavras-cidades dotam o poema de velocidade, expressando

COMENTÁRIOS 437

o desejo de borrar as fronteiras geográficas, simbolizando, modernamente, a sensação de "ubiquidade" (a presença em vários locais ao mesmo tempo).

PAISAGEM

Publicado em *Les Soirées de Paris* (agosto de 1914), com o título "Paisagem animada", ao lado de outros "ideogramas líricos" (batizados posteriormente de "caligramas") como "Viagem", "Coração coroa e espelho" e "A gravata e o relógio". *Caligrama* (palavra-valise composta de *caligrafia* + *ideograma*, cunhagem de Apollinaire). O plano de Apollinaire, interrompido pela guerra, era unir ao grupo o poema "Carta-oceano" e publicá-los, juntamente com outros que estava criando, em um livro que se chamaria *Et moi aussi je suis peintre* (E eu também sou pintor). O projeto foi abandonado pela explosão da Primeira Guerra e retomado quatro anos depois, bastante modificado e expandido, com o título *Caligramas*. Bohn[48] identificou uma incrível semelhança com a pintura *Les Fumeurs* [Os fumantes], de Fernand Léger (1911). "Paisagem" traz quatro texto-imagens, apresentados simultaneamente para o leitor: uma casa, um arbusto, uma figura humana e um charuto aceso e sua fumaça. Cada caligrama pode ser tomado individualmente e, ao mesmo tempo, em relação aos demais, possibilitando várias leituras e interpretações. O mais ambíguo é o da figura humana, pois o texto se refere a um casal, a "amantes". Podemos imaginar então, como sugere o texto, de que se trata de amantes deitados juntos, quem sabe um sobre o outro (*collage* também é gíria para dois amantes que não se desgrudam). Talvez, inspirado pelos *pi-mus*, pássaros da lenda chinesa de uma só asa que só conseguiam decolar e voar colados a seu par. Para complicar, o caligrama refere-se também a "meus membros" (sugerindo a leitura amantes = membros do poeta), fragmentando a figura como os pintores cubistas. Note o movimento geral dos quatro elementos, como se imitassem uma forma de ascensão: pluma de fumaça da casa sobre o telhado, o arbusto que cresce verticalmente, os braços lançados para cima (aspirando aos céus), a fumaça do charuto que sobe. Várias narrativas possíveis: a partir da figura humana, em sentido anti-horário teríamos 1) o casal e o sexo,

438 ZONA E OUTROS POEMAS

2) o charuto após o sexo, 3) a gravidez, 4) a casa e, nela, o nascimento de uma divindade (o poeta?). Lembrando que o título anterior era "Paisagem animada", Anne Hyde Greet sugere pelo menos mais duas possibilidades de leitura. Uma delas começa da figura humana e prossegue em sentido horário: o poeta se desmembrando da amante, então levantando-se para saudar a paisagem ao redor, rejuvenescido pelo amor. "O tema seria a projeção do amor como uma força que emana dos amantes e se espalha pela paisagem, fazendo tudo frutificar em uma operação quase mágica".[49] O poema é um bom exemplo de como o caligrama é mais complexo do que apenas uma tautologia (ver Introdução).

AS COLINAS

Publicado pela primeira vez em *Caligramas*, é um dos últimos escritos por Apollinaire (dezembro de 1917). Poema de 45 quintetos, o mais extenso do livro, contém trechos compostos em diversos períodos, numa colagem dinâmica. Inteiramente em octossílabos, tem escassez radical de rimas externas, não encontrada em nenhuma peça da primeira e importante seção "Ondas". Como "A bela ruiva", "As colinas" é uma espécie de testamento poético e foi escrito quando ele se recuperava de sua cirurgia. Em 1918 Apollinaire escrevia a Picasso sobre suas intenções com "As colinas": "Estou tentando renovar o tom poético, mas no ritmo clássico". O poema foi traduzido por Carlos Drummond de Andrade (que não respeitou a métrica). A composição ecoa várias formulações de Apollinaire, algumas delas em sua conferência "O espírito novo e os poetas", proferida em 26 de novembro de 1917. Retomada do visionarismo e desregramento de Rimbaud. Ecos de Marinetti. O poeta como profeta, inventor, cientista, anjo de vanguarda. Ocupando o centro da seção "Ondas", como observa Harrow,[50] ele "fornece um elo simbólico entre a série de poemas experimentais e os últimos" (como "A vitória" e "A ruiva bonita").

Linha 3: Em 1916 o aviador francês Jean Navarre (1895-1919) havia pintado seu avião de vermelho-vivo para desafiar e intimidar os inimigos alemães durante a Primeira Guerra

COMENTÁRIOS 439

Mundial. Simultaneidade de tempos: Apollinaire funde os duelos aéreos e os duelos de cavaleiros medievais e bíblicos (versos 8-10).

Linha 33: Num verbo, "sibilar", Apollinaire aproxima as serpentes às Sibilas da mitologia grega. Aqui ele recorta e cola, como é comum, uma imagem do poema "A canção do mal-amado": "*Ô mon ombre ô vieux serpent*" [Oh minha sombra oh velha serpente].

Linha 35: *Psylles*: segundo Heródoto, os psilos eram uma antiga tribo da África (na Líbia), conhecida por sua habilidade em controlar serpentes e por uma história intrigante. De acordo com relatos, quando o vento sul secou todos os poços da tribo, eles decidiram declarar guerra contra o vento como vingança. Contudo, o vento respondeu com uma terrível tempestade de areia que devastou completamente a tribo.

Linha 76: Os manes, na mitologia romana, são os espíritos dos mortos considerados divindades tutelares de uma família. Do latim *manes*, espírito de um falecido, fantasma, sombra de um morto. A palavra está geralmente associada à bondade e ao adjetivo latino *manus* ("bom"). O tema das almas dos antigos se juntando aos contemporâneos é desenvolvido no poema "A casa dos mortos".

Linhas 79-80: A imagem do anel retoma a ideia de circularidade e ciclo, recorrente em sua poesia (ver "Açafrões", "As janelas" e "Zona", por exemplo). Nada começa, nada termina: tudo é um círculo, como um anel.

Linha 151: O amigo aqui é Picasso. Ambos haviam se distanciado um pouco desde o imbróglio da prisão de Apollinaire.

ÁRVORE

Primeiras publicações na revista *Le Gay Sçavoir* (10 de março de 1913), na revista dadaísta *Cabaret Voltaire* (n. 1, 25 de maio 1916) e em *Portugal Futurista* (n. 1, novembro de 1917). Poema em versos livres.

Título: Há várias interpretações para um título tão geral e cifrado. Segundo Greet,[51] ele faz referência a uma árvore cujos

440 ZONA E OUTROS POEMAS

frutos dão poderes divinos, ou escondida num bosque e vigiada por um monstro e que é, ainda, uma cruz e uma forca. Pode remeter ao mapa das veias de um corpo humano e a uma árvore genealógica.

Linha 1: O fonógrafo, inventado por Thomas Edison em 1877, reproduzia o som gravado num cilindro de cera. Já o gramofone, inventado pelo alemão Emil Berloner em 1887, reproduzia um som gravado num disco plano. Em 1835 a palavra "fonógrafo" tinha o sentido de "caractere representando um som, um caractere usado em fonografia" (de *fono*, "som" + *grafia*, "escrita"). Esse sentido mais antigo era raro e é obsoleto. Há uma alusão ao poeta "*globe-trotter*" e amigo Blaise Cendrars (1887-1961).

Linha 5: *Ispahan*: cidade do Irã onde fica a mesquita Sha, uma das obras-primas da arquitetura persa, cuja grande cúpula é feita de azulejos azul-claros, amarelos e brancos. Apollinaire tem um poema publicado postumamente chamado "Ispahan".

Linha 7: *Marchand de coco*: na França, "coco" era o nome de uma bebida popular até o fim do século XVIII, uma mistura de água, limão e suco de alcaçuz. Era vendida por ambulantes, chamados de "*marchands de coco*", que usavam um jarro de ferro nas costas e anunciavam a bebida com sininhos. Semelhantes ao nosso vendedor de refresco, uma figura popular no Brasil desde a escravidão até um passado não tão distante.

Linhas 7-10: Alusão a versos do poema "Hamac", de *Dezenove poemas elásticos*, que Cendrars escreveu em homenagem a Apollinaire. O jovem e ambicioso poeta suíço, que estava chegando à cena literária parisiense, provocava, ao concluir seu poema com um epitáfio que dizia: "Apollinaire (1900-1911): por 12 anos, o único poeta da França". Cendrars tinha desafiado Apollinaire nestes versos de "Hamac": "Viajante ocidental/ Por que você não vem comigo pros Estados Unidos?". O fantástico personagem barão d'Ormesan, personagem de "O heresiarca", de Apollinaire, era capaz de "aparecer" em centenas de lugares ao mesmo tempo. O barão foi inspirado no belga e *troublemaker* Géry Pieret, que viveu alguns anos nos Estados Unidos e foi preso por suspeita de estar associado ao roubo da *Mona Lisa*, em 1911.

COMENTÁRIOS 441

Linhas 15-6: Referência ao pintor francês Henri Rousseau (1844-1910), conhecido pelo apelido "Le Douanier" (aduaneiro ou fiscal de alfândega), já que ele havia trabalhado muito tempo como alfandegário. Ele também pintou um famoso quadro de Marie Laurencin e Apollinaire, que foi um enérgico defensor do valor de sua pintura.

Linhas 18-9: *Toupeira-Ariadne*: composição metafórica que opera uma fusão simultaneísta do mundo animal com o mitológico. *Toupeira* era gíria parisiense comum para prostituta. *Ariadne*: na mitologia grega, a "Senhora dos Labirintos" do Minotauro (ela reaparece em "O músico de Saint-Merry"). Tanto a toupeira quanto Ariadne são especialistas em subterrâneos (onde crescem as raízes da árvore aludida no título). Segue uma das sugestões do segundo "Manifesto técnico da literatura futurista" de Marinetti[52] (1912), que defende que "um substantivo deve ser seguido, sem nenhuma frase conjuntiva, pelo substantivo ao qual está ligado por analogia. Exemplo: homem-barco torpedeiro, mulher-golfo, turba-ressaca, praça-funil, porta-torneira".

Linhas 20-2: Aqui Apollinaire reescreve uma passagem do poema *La Prose du Transsibérien et de la petite Jehanne de France*, de Cendrars, que foi aprendiz de joalheiro ("E parti na companhia de um caixeiro-viajante de joias a caminho de Harbin"). Referência à Ferrovia Transiberiana (Moscou-Vladivostok), com 9289 quilômetros de extensão e abrangendo oito fusos horários. Reminiscência da viagem que Cendrars fez em 1904 com seu chefe, um comerciante de joias.

Linha 23: Provável alusão a Marie Laurencin. Em junho de 1912 ela rompera relações com o poeta, que mergulhou em grande depressão.

Linha 26: *Dame-Abonde*: Abundia, Deusa Abundia, fada das lendas medievais, ora boa, ora má. Aparece em *Roman de la Rose*. Como o nome indica, está ligada à abundância (a frutificação da árvore, portanto). Possuía, na Idade Média, papel semelhante ao Papai Noel para os franceses.

Linha 34: Possível alusão à sua mãe, Angelica, nascida na Finlândia russa, de onde o poeta, como em uma árvore genealógica, ramificou.

442 ZONA E OUTROS POEMAS

Linhas 36-7: *La Corogne*: La Coruña, cidade portuária no no-
roeste da Espanha. Local onde Marie Laurencin estava com o
amante quando Apollinaire enviou o postal.

SEGUNDA-FEIRA RUA CRISTINA

Primeira publicação na revista *Les Soirées de Paris* (15 de de-
zembro de 1913). Poema em versos livres, com uso extremo da
parataxe e descontinuidade (ver "As janelas"). Cada fragmento-
-linha é, ao mesmo tempo, autônomo e parte de uma compo-
sição. Metonímia: a parte pelo todo. "Poema-conversas" ou
"poema-*algaravia*", é feito de uma colagem de fragmentos de
conversas, comentários, descrições e sons entreouvidos num pe-
queno café na rua Christine, uma rua estreita localizada no Sex-
to Arrondissement, em Paris. O poeta estava com o escritor e
jornalista Jacques Dyssord (1880-1952) e outro amigo, Madsen,
na noite anterior da partida de Dyssord para a Tunísia. O poe-
ma é exemplar da evolução de sua poética, um desenvolvimento
de uma estrutura tão ou mais importante que os caligramas. O
insight da escolha por conversas banais, lugares-comuns, clichês,
frases prontas e fragmentos da linguagem ordinária na poesia é
análogo à inserção de pedaços do cotidiano nas telas cubistas.
Há também uma referência aos ready-mades de seu amigo Mar-
cel Duchamp (o primeiro, "Roda de bicicleta", é de 1913). Nesse
tipo de composição o poeta assume o papel de um *operador de
som* (um colagista de vozes e fragmentos de linguagem encon-
trados no ambiente) e menos um sujeito lírico autobiográfico.
Poesia estereofônica.

Há várias coisas acontecendo ao mesmo tempo aqui: o plane-
jamento de um roubo (linhas 1 a 4), clichês, pleonasmos, interven-
ções descritivas do ambiente (linhas 5, 11, 24, 26, 27 e 31, por
exemplo), frases ditas durante uma partida de baralho (linhas 7
e a última), ruídos do restaurante (linha 12), protocolos sociais
("Caro senhor", "Prontinho senhor", "perfeitamente", este in-
serido no verso 14, onde o contexto pediria um palavrão), ono-
matopeias do bar em atividade ("pim pam pim"), piadas sexuais
(linhas 14 e 37), insígnia comercial ("Companhia de navegação
mista"). Há outras conversas paralelas: a criação de um novo jor-

COMENTÁRIOS 443

nal, contatos internacionais, fofocas, comentários sobre gírias, viagens, drogas, sexo, vestuário etc. Apollinaire vai usar o recurso em "As janelas" e "Carta-oceano", entre outros poemas. Segundo Apollinaire, o poema-*conversation* faz parte do desejo do poeta de libertar-se da tirania da linguagem e registrar, "no centro da vida, por assim dizer, o *lirismo ambiente*"[53] (itálicos meus).

Além de seu personagem do conto "O rei-lua" (e seu dispositivo capaz de tocar sons e ruídos de várias partes do planeta), a inspiração vem do fenômeno da *acusmatia* (a escuta atenta de um som cuja origem se ignora), que o fascinava desde criança. "Fofocas ouvidas com um ouvido indiscreto, palavras proferidas por santos e condenados, vozes de poetas e profetas, todas as formas de fala o encantavam", descreve Laurence Campa.[54] Parece ser também inspirado nas *transcrições de conversas*,[55] um gênero jornalístico em si, praticado ao longo do século XIX, como aponta Maria Dario: "O poema é na verdade uma colagem de afirmações anônimas e fragmentadas e descontínuas, que não podem mais ser atribuídas a nenhum sujeito lírico. Eles são de materiais triviais, extraídos de seu contexto local e justapostos, que, ao integrar diferentes pontos de vista, produzem um efeito de percepção fragmentada, semelhante à leitura do jornal".[56] Finalmente, a inspiração fundamental do procedimento da *colagem* (segunda fase da pintura cubista), quando Picasso, Braque e outros começaram a inserir *fragmentos de linguagem* "real" como letras, texturas pré-fabricadas, objetos cotidianos, fragmentos de páginas de jornais, de partituras, de livros etc.

Linha 5: *Bec de gaz*: lampiões a gás, usados na iluminação pública ou presentes no interior do restaurante. Curiosamente, era também gíria da época para policiais. Apollinaire escreve em "Les fiançailles" [O noivado]: "Os bicos de gás mijavam suas chamas ao luar". *Allumé* também era gíria para estar ligeiramente bêbado, entusiasmado.

Linha 14: Um dos fregueses diz que prefere cortar seu próprio pênis a pagar a locatária. Curiosamente, onde se esperaria um palavrão (caralho, pau) Apollinaire enfia um fragmento de conversa ("perfeitamente"), provavelmente dito pelo garçom que os atende.

444 ZONA E OUTROS POEMAS

Linha 16: Os espelhos são personificados e estão de frente um para o outro, criando a ilusão de um espaço infinito.

Linha 20: Trocadilho com *solitária* (sozinha) e *solitária* (tênia, parasita).

Linha 37: Há uma insinuação sexual e provavelmente homossexual nessa frase dita por algum pintor ou marchand.

Linha 48: *La quinte major*: o *royal straight flush* no pôquer, uma mão imbatível. O poema termina abruptamente, como se alguém revelasse as cartas vencedoras e encerrasse o jogo (e o poema) de forma repentina, refletindo a imbatibilidade do *royal straight flush* (daí a minha interpretação). As traduções variam: Greet e Revell optam por "A mão vencedora", enquanto Sorrell e Padgett preferem "Royal Flush" e "The Royal Flush".

CARTA-OCEANO

Primeira publicação na revista *Les Soirées de Paris* em 15 de junho de 1914. No original, a primeira, segunda e quarta páginas do poema eram dispostas na vertical. Um dos mais complexos e bem-sucedidos caligramas de Apollinaire, exemplar simultaneísta. A peça se enquadra também dentro do poema-algaravia ou poemas-conversas (ver "As janelas", "Segunda-feira rua Cristina" etc.). Como escreve Anne Hyde Greet,[57] a composição "é sem dúvida nenhuma o experimento mais radical em 'simultaneidade tipográfica', envolvendo uma maior subordinação do texto à forma gráfica do que em outros caligramas". Foi originalmente publicado em duas páginas abertas, lado a lado, o que não costuma ser respeitado em outras aparições, para prejuízo de sua leitura.

Lettre-océan: a "carta-oceano" era transmitida por um telegrafista através do TSF (telégrafo sem fio) de um navio a outro (tendo sido usada, por exemplo, no naufrágio do *Titanic*, em 1912). Depois a mensagem era transcrita e encaminhada ao porto mais próximo, seguindo para seu destino via correio postal. Justifica-se, assim, o título da seção "Ondas" (referentes também às ondas de rádio). Greet[58] lembra que "Carta-oceano" "celebra a consciência global do homem moderno

COMENTÁRIOS 445

através dos avanços das comunicações em todo o mundo".
As linhas onduladas remetem às ondas de rádio, da física e
do mar, simultaneamente. A estrutura visual única desse poe-
ma de Apollinaire torna impossível uma análise detalhada li-
nha por linha. Sua forma e disposição são fundamentais para
a compreensão da mensagem, dificultando a abordagem tra-
dicional de comentários por linha.

Carte postale: Apollinaire se dirige a seu irmão, Albert, que par-
tira em janeiro de 1913 para o México.

Juan Aldama: patriota mexicano fuzilado em 1811.

Ypiranga: nome do navio a vapor que fazia o trajeto do México
para a Europa.

 Como faz em outros poemas, Apollinaire inscreve as cir-
cunstâncias imediatas de composição. Os números indicam a
hora (11h45), o dia (24 de maio), o ano (1914) e o local (Rue
des Batignolles) de onde a mensagem foi enviada.

Zut!: gíria francesa similar ao nosso "porra!", "merda!", "puta
que pariu!". A interjeição nomeou os artistas do grupo Zú-
tico, que contava com poetas como Charles Cros, Verlaine
e Rimbaud (este chegou a ser expulso). *M. Zun*: trata-se de
xingamento cifrado à Henri-Martin Bazun, poeta e diretor
da revista *Poème et Drame*, com o qual Apollinaire teve
uma polêmica em 1914 sobre "simultaneísmo". Também é
"interjeição popular de desprezo e indiferença", como lem-
bra Augusto de Campos.[59]

Pad: os manuscritos revelam que Apollinaire havia escrito inicial-
mente *Bar* (inicial de Barzun), mas decidiu substituir por *pad*.

Des clefs: verso de "La clef", poema de juventude.

TSF: o Telégrafo Sem Fio, inventado por Marconi, transmitia si-
nais em código Morse. Havia uma poderosa antena no topo
da torre Eiffel.

Garotas em Chapultepec: lugar turístico famoso na Cidade do
México, legenda do cartão-postal enviado pelo irmão Albert.

Brûlé le dur: gíria parisiense para "viajar sem pagar bilhete".

Gerce: gíria para jovem amante.

Chirimoya: a exótica fruta-do-conde.

Pendeco: Apollinaire se refere à palavra "pendejo" (babaca).

Toussaint-Luca: amigo de Apollinaire, que ele conheceu ainda na
juventude, em Mônaco.

446 ZONA E OUTROS POEMAS

Anomo: "Bom dia, homem", em maia.

Anora: "Bom dia, mulher", em maia.

1890: referência ao terremoto ocorrido na Côte d'Azur em 1887.

O primeiro círculo pode sugerir também um molho de chaves. As duas grandes formas circulares representam 1) as ondas do rádio sendo propagadas para todas as direções do planeta do alto da torre Eiffel, o novo centro mundial; 2) um disco de gramofone, o qual, como lembra Greet,[60] Apollinaire considerava vital para o desenvolvimento da poesia futura. Ele nos deixa uma última surpresa: no centro do círculo, ele indica ao leitor que o ponto de vista é o aéreo: a torre Eiffel, de trezentos metros de altura, vista exatamente de cima, a partir de sua antena.

Crea: uma observação mundana e "antipoética", em linguagem onomatopaica repetitiva, imita o som dos sapatos novos do poeta-flâneur pelas ruas, ao mesmo tempo que joga com o verbo "créer" (criar). Também ecoa a palavra "creme" (A la Crème à).

Allons circulez Mes: provável mensagem cortada para "Vamos em frente, vamos circulando, *mesdames* (minhas senhoras)" ou "[...] *mes amis* (meus amigos)".

SOBRE PROFECIAS

Primeira publicação na revista *Les Soirées de Paris*, n. 24, 15 de maio de 1914, com o título "Profecias". O estilo desse poema em versos livres é conversacional, relaxado, coloquial. Apollinaire faz uma defesa das superstições e profecias. Para a imaginação e seu lirismo realista-mágico, essas formas são tão válidas quanto a ciência.

Linha 2: Madame Salmajour, cartomante fictícia.

Linha 7: Outra cartomante fictícia. Céret: um vilarejo do sul da França, no sopé da cordilheira dos Pirineus.

Linha 9: Madame Deroy realmente existiu. Violette Deroy teria profetizado que Apollinaire seria preso, como insinuou o poeta em sua famosa coluna "A Vida Anedótica", em 16 de outubro de 1911.

COMENTÁRIOS

447

Linha 13: *Ciomante*: aquele que adivinha o futuro através da comunicação com as sombras dos mortos (do grego *scio*, sombra, fantasma). Mais um motivo para Apollinaire temer ter a sua sombra interrogada. A imagem da sombra tem um papel importante na poesia de Apollinaire, adquirindo vários significados (morte, dualidade, inconsciente, efemeridade etc.).

Linha 14: *Diriks*: Edward Diriks (1855-1930), pintor norueguês (apelidado de "pintor do vento") e amigo do poeta.

Linha 20: Amigo de Apollinaire e escritor, André Billy (1872--1971) na época era hostil às inovações modernistas. O poema adquire aqui um caráter epistolar, com Apollinaire defendendo a profecia e as adivinhações como formas legítimas de conhecimento (ver "As colinas").

O MÚSICO DE SAINT-MERRY

Primeira publicação na revista *Les Soirées de Paris* (15 de fevereiro de 1914). Poema em versos livres, com alguns alexandrinos. Mesmo com os "interlúdios simultaneístas" (linhas 32-44, 48--52, 53-61), nessa peça Apollinaire retoma alguma narratividade e linearidade, como ocorre em "Um fantasma de nuvens" e "Sobre profecias". Novamente a imagem do cortejo, da procissão (ver "Cortejo", "A casa dos mortos" e "Zona", por exemplo). A composição é meticulosa. É importante saber que Apollinaire liderara uma visita guiada pelo bairro de Saint-Merry no dia 4 de maio de 1913, em nome da Sociedade dos Amigos da Paris Pitoresca. Suas anotações e perambulações, ao pesquisar sobre o bairro para preparar sua visita, serviram de base para o experimento, o que se revela em sua precisão geográfica e histórica. Novamente, ele vai explorar a simultaneidade espaçotemporal: a antiga fábula germânica do Flautista de Hamelin é transportada para o distrito histórico de Marais, em Paris, em 4 de maio de 1913, com recuos para outros momentos históricos. Havia uma estátua de um flautista na fachada da igreja Saint-Merry que pode ter sido o gatilho para a composição. O poeta surge como um mestre do maravilhoso e do estranhamento, fundindo realidade e imaginação, criando uma espécie de lirismo realista--mágico. Escreve Anne Hyde Greet: "Poucos poemas ilustram

melhor o conceito estético de *surnaturalisme*, quer dizer, uma poesia que incorpora uma visão mítica da realidade sem nunca perder contato com o imediatismo da vida comum".[61]

Título: Saint-Merri ou Saint-Merry é o 13º bairro administrativo de Paris (Quarto Arrondissement). A igreja Saint-Merry, mencionada no poema, fica na Rue de la Verrerie, esquina com a Saint-Martin. Seu nome vem de Medéric, um abade eremita que se estabeleceu por ali no século VII. Foi a mesma igreja em que se casou André Salmon (ver "Poema lido no casamento de André Salmon").

Linhas 1 e 6: Podem ser lidas como uma *ars poetica*. A canção pode ser o próprio poema no momento em que está sendo composto. Apollinaire tinha costume de fazer poemas enquanto caminhava por Paris, às vezes cantarolando. Greet sugere que esse trecho foi recortado e colado de outra composição, servindo como uma abertura.

Linha 7: Sendo um legítimo flâneur, Apollinaire explora o duplo sentido do verbo "errar": cometer um erro e vagar, perambular.

Linha 8: Novamente, Apollinaire inclui a datação e circunstância em que foi escrito o poema na própria composição.

Linha 9: *Mordonnantes mériennes*: tema de alguma polêmica interpretativa. Para Greet,[62] trata-se uma palavra-valise, da junção de *mort* (os franceses chamam o período pós-orgasmo de *petite mort*, pequena morte) + *bourdonnantes* (zumbidoras, sonantes). *Mériennes* designa, segundo algumas leituras, as prostitutas de Saint-Merry. *Merry* também quer dizer, em inglês, alegre e divertido. Há também possível referência subliminar a duas decepções amorosas (*Marie*, de Stavelot, e a pintora *Marie* Laurencin).

Linha 10: Alusão a Belzebu (Βεελζεβούλ), que em grego significa "senhor das moscas e da pestilência". O Diabo.

Linha 11: Entra o personagem principal do poema, o flautista cego e estrangeiro. Aqui Apollinaire incorpora e erotiza a lenda folclórica alemã do Flautista de Hamelin. O famoso conto dos irmãos Grimm é baseado em uma história mais antiga (de 1284). O flautista um dia chega à cidade. Hamelin sofre com uma infestação de ratos. Com a promessa de

COMENTÁRIOS 449

uma recompensa, o Desconhecido começa a passear pela cidade, hipnotizando os roedores com a música de sua flauta. Os ratos o seguem, enfeitiçados, até o rio Weser, onde o flautista os afoga. No entanto, a cidade recusa-se a pagar a recompensa (alegando que ele não apresentou as cabeças dos bichos como provas). O Desconhecido vai embora, jurando vingança. Num de seus retornos, enquanto todos estão na igreja, ele enfeitiça, com sua flauta, 130 meninos e meninas, que são conduzidos para fora de Hamelin e trancados numa caverna. Por isso, em Hamelin não há ratos, nem crianças. O último som ouvido foi a flauta morrendo na distância. O flautista também remete ao mito de Orfeu, deus da poesia, da música e da profecia. Ele tinha o poder de encantar todos os seres vivos e objetos inanimados com sua lira.

O homem sem face e o poeta são a mesma pessoa. Como os cubistas, Apollinaire multiplica os pontos de vista, alternando os pronomes. Bohn defende que o herói do poema é o próprio Apollinaire, que está presente sob três disfarces ou personas: como protagonista (o músico), o narrador (o locutor) e o poeta (o cantor). A canção que ele está cantando é o próprio poema que está sendo escrito. Apollinaire se vinga das mulheres que o fizeram sofrer ao se tornar um músico irresistível que as conduz para o Hades (ou para a morte, ver linhas 84-6).

Linhas 11 e 13: Willard Bohn[63] sugere que o homem "sem olhos sem nariz e sem orelhas" (mas com uma boca e de bochechas rosadas) seria uma espécie de Homem-Pênis Ereto (leitura que Apollinaire, pornógrafo e editor de Sade, concordaria). O *homem sem rosto* (os *bocas quebradas*) seria uma visão comum durante a Primeira Guerra Mundial, que começaria um ano depois.

Linha 18: O corteja de mulheres misteriosas que começa a seguir o músico se refere às *filles de joie* (prostitutas) que habitavam os cortiços do bairro desde a Idade Média. A sugestão é de que *Ariane* (a Ariadne do mito do labirinto do Minotauro) é quem lidera o cortejo. Ariadne reaparece no poema "Árvore".

Linha 21: Refere-se à Fontaine Maubuée, fonte de água do século XIII. Localizada na esquina das ruas Saint-Martin e Ve-

nise, no Quarto Arrondissement, em Paris, é mencionada no famoso poema "Testamento", de François Villon, um dos favoritos de Apollinaire. A má qualidade da água a fazia ser apelidada de "que lava mal" ou, ainda, "que me lave o mal". A fonte original ficava na esquina da rua Saint-Martin com a Maubuée.

Linhas 32-53: A narrativa é interrompida para a inserção de uma primeira série de "notícias do mundo" que alcançam a mente do poeta (Paris, as Molucas, Congo, Alemanha). Interessante lembrar que Apollinaire havia inventado, em *L'Hérésiarque et Cie.*, o barão d'Ormesan, criminoso e aventureiro, inventor de uma máquina de ubiquidade, que lhe permitia aparecer em centenas de lugares do mundo ao mesmo tempo.

Linha 35: *Pombas defecam noz-moscada*: a ave *Ducula spilorrhoa*, cujo nome popular é pombo-da-noz-moscada, da família Columbidae, é encontrada na Austrália, Indonésia e Papua-Nova Guiné. Alimenta-se de bagas e frutos. As sementes de noz-moscada, de fato, também fazem parte de sua dieta.

Linha 37: Na época, alguns missionários se imbuíram da missão de destruir esculturas africanas por sua idolatria e indecência. Um missionário de Bôma, capital do então Congo Belga, havia ganhado notoriedade ao destruir sistematicamente fetiches congoleses. Apollinaire possuía uma escultura de Bôma na sua coleção. O verso, para Bohn,[64] pode ser lido como um ataque de Apollinaire à imposição do cristianismo à população africana. Os escultores africanos, convertidos ao cristianismo e com a proibição de manufaturar fetiches, máscaras e deuses tribais, acabam também perdendo sua profissão. Ver linhas 150-3 de "Zona".

Linha 39: Apollinaire pode estar se referindo aqui à Marie Laurencin (que fora embora de Paris, recém-casada com um barão alemão) ou Annie Playden (a governanta inglesa pela qual ele foi apaixonado na Alemanha). Esse é o trajeto da personagem Tristouse Ballerinete, de *O poeta assassinado*, baseada em Marie Laurencin.

Linha 43: Para Bohn, assim como pintores e escultores como Picasso estavam sendo influenciados pela descoberta das esculturas africanas, a poesia moderna deveria se inspirar nos layouts, pôsteres e rótulos de perfumes.

COMENTÁRIOS 451

Linhas 44-5: Para Bohn, há uma crítica social nessa passagem,
relativa à luta de classes: "os capitalistas exploram a misé-
ria dos pobres, enquanto o proletariado tem que lutar para
sobreviver".

Depois do catálogo de nomes de prostitutas (linhas 67-
-9), um breve catálogo de clientes (linhas 95-9). Apollinaire
evoca também vários cortejos históricos, evidenciando al-
gum parentesco entre "O músico de Saint-Merry" e "Cor-
tejo" (de *Álcoois*).

Linhas 46-8: A referência, novamente, é Marie Laurencin, su-
pondo que ela esteja tão mal quanto ele com a separação.

Linha 48: Mais uma inserção autobiográfica: Apollinaire havia
consolado Laurencin pela perda da mãe enquanto tomavam
um táxi.

Linha 50: Possível alusão ao famoso verso de Baudelaire de "Ao
leitor", de *As flores do mal*: "Hipócrita leitor — meu seme-
lhante — meu irmão!".

Linha 53: Assim como as linhas 33 e 47 se referem a trens, esta
alude ao avião, dois símbolos da modernidade cantada por
Apollinaire.

Linha 55: *Como um dia sem pão*: em maio de 1913 ocorreu uma
greve dos padeiros em Saint-Merry (na época uma espécie de
quartel-general dos padeiros parisienses). Só duas padarias,
na rua de La Verrerie, ficaram abertas, causando imensas filas.
Em protesto, vidraças foram quebradas, ecoando as vidraças
quebradas do imóvel abandonado que ele visitou (linha 74),
existente até hoje na mesma rua. Bohn lembra que existe um
tipo de pão francês chamado *flûte* (flauta). Esses episódios são
transformados por Apollinaire no realismo mágico ou *surna-
turel* do poema. A imagem da procissão, como em "Cortejo",
passa a ser o fio condutor do poema.

Linha 60: "O magro Suger" refere-se ao abade Suger de Saint-
-Denis (1080-1151), conselheiro de Luís VI e Luís VII. Diplo-
mata e autor de histórias, ele tinha uma casa na mesma rua
de La Verrerie.

Linha 61: Em 5 de junho de 1832, durante o funeral do general
Lamarque, houve uma insurreição popular no bairro.

Linha 67: *Paquette*: no folclore francês, "*paquette*" é o nome ge-
nérico de uma camponesa "disponível". No *Cândido*, de Vol-

452 ZONA E OUTROS POEMAS

taire, "Paquette" é uma camareira que é obrigada a se tornar prostituta para sobreviver e responsável pela sífilis contraída pelo personagem Pangloss. Também é uma forma abreviada de "*paquerette*" (a flor margarida, em português).

Linhas 74-89: Casas vazias e abandonadas fazem parte da convenção de contos fantásticos.[65] Aqui a referência é a um prédio no nº 83 da rua de La Verrerie, local de uma das casas mais antigas e pitorescas da velha Paris. Havia uma curiosa escadaria de corrimão de madeira, registrada como monumento histórico e atração turística. O edifício e o pátio interno existem até hoje.

Linha 92: *Angélus*: a hora da Ave-Maria, na tradição católica. No caso, indicação de que são seis da tarde. Segundo Bohn,[66] o toque dos sinos anuncia o fim da "fantasia" e o retorno à "realidade".

Linha 94: O rei Luís XIV (1683-1715) ampliou a rua de La Verrerie para possibilitar a passagem dos cortejos de embaixadores e tropas que iam do Louvre em direção a seu Castelo de Vincennes, a leste de Paris.

Linhas 95-9: Apollinaire mistura informações retiradas de guias turísticos com suas observações na área, para poder usá-las em sua visita guiada para a Sociedade dos Amigos da Paris Pitoresca. Menção aos clientes das *mordonnantes mériennes*. Havia uma série de chapelarias na rua Roi-de-Sicile. A guarda republicana tinha um quartel no bairro. Para Apollinaire, segundo Bohn,[67] tudo no poema adquire uma dimensão mítica.

A GRAVATA E O RELÓGIO

Publicado pela primeira vez na revista *Les Soirées de Paris* (julho-agosto de 1914). Junto com outros caligramas, essa composição faria parte do livro *Et moi aussi je suis peintre*, que acabou não sendo publicado.

Caligrama da *gravata*: Há uma anedota de que o poema teria sido composto na redação da revista *Les Soirées de Paris*, quando Apollinaire tirou sua gravata e colocou-a ao lado

COMENTÁRIOS 453

do relógio do colega Serge Férat. A passagem do tempo e a
liberdade criativa são temas-chave de Apollinaire, sobretudo
em *Álcoois*. Para Greet[68] a gravata representa, segundo as
próprias palavras que a compõem, uma crítica às restrições
impostas pela civilização (a sensação de sufocamento causa-
da pelas convenções sociais) e um convite à liberdade.

À direita do relógio: Caligrama da *pulseira* ou *corrente*: traz
uma mensagem de *carpe diem* (a exortação a viver a vida
plenamente, a cada segundo): "A beleza da vida supera a
dor de morrer", que introduzem as horas.

Caligrama do *relógio*: Cada uma das doze palavras que repre-
sentam as horas faz um trocadilho ou lança um enigma para
o leitor.

A *coroa*, onde se dá a corda no relógio, traz as palavras "*Com-
me l'on s'amuse bien*" seguida das palavras "as horas", pro-
pondo uma brincadeira com o leitor. Em francês, *on* tem
três significados: 1) "nós" ou "a gente"; 2) para indicar um
grupo, exterior a nós; e 3) no sentido de "alguém". Portan-
to, pode ser traduzida por "Como nos divertimos bem" ou
"Como são bem divertidas".

Ponteiros: Sigo aqui a decifração de Anne Greet para os doze
ponteiros:[69] 1) um coração: uma hora (apenas um coração).
2) Os olhos: duas horas (são dois olhos). 3) Criança: três ho-
ras (resultado do acasalamento, $1 + 1 = 3$). 4) Agla (אלגא), as
quatro letras formam uma sigla hebraica cabalística para *Atah
Gibor Le-olam Adonai* ("Sois poderoso e eterno, Senhor"). 5)
A mão (= cinco dedos). 6) Tircis, o pastor de Virgílio, tra-
dicional amante da poesia pastoral, dá lugar a uma charada
erótica: *Je tire six*, eu tiro ou dou três. 7) Semana (sete dias).
8) Símbolo matemático do infinito posto de pé (∞). 9) As nove
musas da mitologia grega. 10) x é o numeral romano para
dez. "O belo desconhecido" é o símbolo "x", usado para re-
presentar uma incógnita matemática. Também remete à lenda
do rei Arthur e os Cavaleiros da Távola Redonda: em *A mor-
te de Arthur* o irmão de Gauvain chega à corte do rei Arthur
como um "*Bel inconnu*", um "Belo desconhecido". 11) Onze
horas está representada pela palavra "o verso dantesco" (a
Divina comédia é toda composta em hendecassílabos). 12)
Doze horas está representada pelas palavras "as horas" (são

454 ZONA E OUTROS POEMAS

doze no relógio), que ligam relógio e coroa. A meia-noite é tradicionalmente a hora da morte e do fim.

Caligrama dos ponteiros: Indicando visualmente o que parece ser cinco minutos para a meia-noite, mas, paradoxalmente, se referindo no texto às cinco da tarde, quando o expediente na redação da revista acaba (das nove às cinco). Possível referência à Cinderela, cuja magia acabava à meia-noite (ver "1909").

UM FANTASMA DE NUVENS

Primeira publicação em *Les Écrits Français*, n. 1 (5 de dezembro de 1913). Composição em versos livres, exemplar do poema-passeio, retomando alguma narratividade e discursividade, como ocorre em "O músico de Saint-Merry", "Sobre profecias", entre outros. De acordo com André Billy, as primeiras dez linhas foram escritas em prosa, como o começo de uma história. Desafiado por Billy, Apollinaire resolveu transformá-la num poema que alterna um estilo prosaico e lírico. Várias *metamorfoses* acontecem ao longo da peça.

Título: faz referência à mitologia grega. O vilão Ixíon, rei dos lápitas, é convidado para uma festa. Zeus percebe Ixíon assediando sua esposa Hera e lhe prepara uma armadilha. Ele faz uma réplica da esposa a partir de uma nuvem, dando-lhe o nome de Néfele. Quando deixa a réplica sozinha, Ixíon de fato a seduz, pensando ser Hera. Da transa de Ixíon e Néfele (a nuvem) nasce a raça dos centauros. Greet: "Ixíon é o poeta abraçando sua visão e, portanto, criando uma poesia que, como os centauros, tem uma natureza híbrida, ao mesmo tempo humana e divina".[70] No conto "O rei-lua" Apollinaire nos dá mais uma pista para o poema: "Os operadores novamente colocaram uma espécie de cinto que segurava o dispositivo por uma ponta, e me pareceu que todos eles devem ter se assemelhado à Ixíon quando ele acariciou o Fantasma de Nuvens, a Juno invisível" (Juno é equivalente à Hera). Greet sugere que a imagem do fantasma feito de nuvens é um símbolo do otimismo trazido pelo novo século, antes da Primei-

COMENTÁRIOS 455

ra Guerra, bem como da própria poesia. Lembremos que o
lema de Apollinaire era um centauro (remetendo à Ixíon) e
as palavras "Eu maravilho". A composição exemplifica o que
pode ser chamado de *lirismo realista-mágico* (rigoroso, preci-
so, nada arbitrário e automático). O poeta transita livremente
entre o que ele observa e sua imaginação. Como ele escreve
em *Meditações estéticas*: "Os grandes poetas e os grandes ar-
tistas têm por função social renovar incessantemente a apa-
rência que a natureza reveste aos olhos do homem". Algumas
imagens foram retiradas de seu ensaio "Os jovens: Picasso,
pintor" (1905), sobre a pintura do espanhol.

Linhas 1-7: Assim como faz em outros momentos, quase como
uma marca registrada, Apollinaire incorpora textualmente a
data em que se passa a ação do poema. Catorze de julho é o
feriado nacional francês que comemora a Tomada da Basti-
lha. Ocorrida em 1789, ela deu início à Revolução Francesa.

Linha 4: A sugestão dos saltimbancos, acrobatas e mendigos re-
mete aos personagens que habitavam a pintura de Picasso
das fases azul e rosa. Essas figuras também aparecem em
seus poemas "Crepúsculo" e "Saltimbancos".

Linha 14: *Longwy*: cidade industrial no nordeste da França, na
fronteira com a Bélgica.

Linhas 30-2: O primeiro saltimbanco: alusão à aparência de
meninas nas telas de Picasso, sobretudo em *Femme à la cor-
neille*. Apollinaire observa algo de andrógino na figura dos
arlequins. Ele também escreve, no ensaio sobre Picasso: "ar-
lequins taciturnos têm as faces e as frontes emaciadas pela
sensibilidade mórbida".

Linhas 37-41: O segundo saltimbanco: Greet[71] aponta aqui
para uma alusão ao "enforcado" e ao "Trismegisto" do poe-
ma "Crepúsculo". Ele carrega sua sombra, isto é, seu fantas-
ma, lembrando também o "homem sem face" de "O músico
de Saint-Merry".

Linhas 42-5: O terceiro saltimbanco: com a aparência de um
bandido, é ele quem negocia o couvert da apresentação com
os espectadores. *Apache*: tribo indígena dos Estados Unidos,
conhecida por sua ferocidade e astúcia (Gerônimo sendo seu
membro mais conhecido). Gíria pejorativa, na belle époque,
para designar um grupo de bandidos, marginais e crimino-

456 ZONA E OUTROS POEMAS

sos violentos que atuavam sobretudo na noite de Paris (provavelmente cunhado pelo jornalista Victor Moris, em 1902). A palavra aparece, em vários dicionários, no sentido de marginal, meliante, malfeitor e bandido.

Linhas 58-9: O quarto saltimbanco: uma criança que remete diretamente a *O acrobata e a bola* (1905), quadro da fase rosa de Picasso. Remete também a uma passagem de seu ensaio sobre o pintor e amigo espanhol: "As irmãs adolescentes, pisoteando em equilíbrio as grandes esferas dos saltimbancos, imprimem a essas bolas o movimento radiante dos mundos.[72]

Última linha: "Século ó século de nuvens" remete ao título, circularmente, e reforça a sugestão de que o fantasma de nuvens é uma personificação do século xx. O fantasma de nuvens pode, ainda, referir-se ao próprio poema construído para seduzir o leitor (metalinguagem). Greet defende que "Um fantasma de nuvens" oferece uma ideia diferente de simultaneidade do que em "As janelas": "não como uma maneira de abordar a variedade inumana do universo, mas como *uma ponte entre dois tipos de experiência humana* cuja aliança pode enriquecer nossas potências criativas"[73] (itálicos meus).

CORAÇÃO COROA E ESPELHO

Publicado pela primeira vez na revista *Les Soirées de Paris* (julho-agosto de 1914), junto com outros caligramas. Mesmo modernista, Apollinaire não abria mão das lições simbolistas e de seu gosto pelo exótico e pitoresco. Espécie de autorretrato caligramático e emblemático do poeta, como sugere Greet.[74]

A imagem do *coração invertido* é uma autocitação de um verso do poema "Tu descendais dans l'eau", de *Vitam impendere amori* (1917): "a flama é meu coração invertido". O caligrama foi inserido em seu túmulo no Père Lachaise.

A *coroa* remete à linhagem nobre e aristocrata dos seus antepassados, os Kostrowitzky. Para Greet, também é um comentário sobre os reis que estavam desaparecendo no período e com os quais Apollinaire se identifica. Seu pseudônimo e identidade poética parecem flutuar no espaço do *espelho*, emoldurados por

COMENTÁRIOS 457

palavras que remetem a Mallarmé e sua "negação da realidade". Pode remeter a um verso de "As janelas", de Mallarmé: *Je me mire et me vois ange!*" [Olho-me e me vejo anjo]. Além da moldura do espelho, é possível ver ainda a figura geométrica da elipse como representação de uma *auréola de santo* e uma *coroa de louros*. A simbologia do poema seria a seguinte: 1) o *coração* (com seus dois ventrículos, representados por letras maiores) estaria para o rei, 2) a *coroa* (com joias incrustadas, em letras maiores, indicando a direção vertical de leitura) para o poder, e 3) o *espelho* para o espírito. Alain-Marie Bassy[75] defende que as três figuras são organizadas de acordo com a fórmula alquímica: *formatio, reformatio, transformatio*. O leitor testemunha duas transformações simultâneas: 1) homem — rei — santo, e 2) amor — poder — espiritualidade. Greet[76] nota que os três caligramas oferecem imagens de reflexão, memória e transformação, além de um autorretrato emblemático do poeta, contribuindo para a construção de uma identidade. Lembremos os vários nomes que o poeta teve em vida.

VIAGEM

Publicado pela primeira vez em *Les Soirées de Paris*, julho--agosto de 1914. Nesse caligrama Apollinaire propõe outra forma de ler-ver um poema e uma paisagem, ao modo dos jogos no espaço das telas cubistas e dos experimentos dos futuristas (as "palavras em liberdade" do seu conterrâneo Marinetti). Para Greet,[77] "o layout tipográfico é, quando muito, uma representação bastante esquemática de uma paisagem. É mais *através de uma interpretação visual da forma*, e por um processo cinético de leitura, que um sentido de espaço é criado" (itálicos meus). Críticos apontam que o poema coincide com o casamento de Marie Laurencin com um barão alemão, remetendo à sua "viagem de núpcias". Apollinaire retoma, de forma caligramática, dois temas caros à sua poesia, sobretudo a de *Álcoois*: o tema da perda amorosa e da *passagem* (da vida, do tempo, do amor, das coisas). Uso de fontes e tamanhos diferentes, com as palavras sugerindo várias possibilidades de direção de leitura.

458 ZONA E OUTROS POEMAS

No alto da página: temos uma colagem curiosa: o desenho de um *poste de telégrafo* que servia de logotipo do jornal de grande circulação *Le Matin*. O procedimento é análogo à inserção de recortes de jornal e texturas pré-fabricadas nas telas de Braque e Picasso. Serve também como uma espécie de bandeira de seu novo "estilo telegráfico".

No alto das páginas: ao lado do logotipo do poste e fios elétricos, o primeiro caligrama é uma nuvem carregada de chuva e, do lado direito, um "pássaro-telegrama". Na *nuvem*, ao mencionar o poeta Dante Alighieri (1265-1321) e o verbo "cair", Apollinaire refere-se a sua jornada pessoal pelo Inferno, Purgatório e Paraíso, no contexto do seu relacionamento com Laurencin.

No centro da página: simbolizando a passagem do tempo (como em "Outono doente") temos o caligrama dos *vagões*, da *locomotiva* e da *fumaça*. O poeta, que abolira a pontuação em *Álcoois*, curiosamente faz aqui uso expressivo e plástico do sinal de pontuação (ponto de interrogação--fumaça do trem).

Abaixo: caligrama de céu estrelado (letras-sílabas-estrelas) e lua crescente (representada pela letra C em negrito e em fonte maior). Todos os elementos ocupam o mesmo espaço da página e possibilitam vários pontos de vista e linhas de fuga.

CRUZANDO A EUROPA

Primeira publicação em *Les Soirées de Paris* (15 de abril de 1915) e na revista expressionista alemã *Der Sturm*, maio de 1914. Texto híbrido que faz uso radical da colagem e da descontinuidade (ver "Segunda-feira rua Cristina"), borrando as fronteiras entre linguagem poética e linguagem comum. De estrutura altamente paratática, com ênfase no pensamento não linear, o poema foi escrito em quatro horas, sob o impacto da visita, das conversas e, sobretudo, do universo das pinturas do russo Marc Chagall (1887-1985), a quem ele dedica o poema apenas pelas iniciais. Apollinaire, que era crítico de arte, também dialoga diretamente com telas que ele viu no ateliê e que ficariam famosas, como *La vache enceinte, Paris, à travers de*

COMENTÁRIOS 459

la fenêtre, Paupières, Le mariage, Le promenade, entre outras.
Além disso, ele incorpora observações sobre a vizinhança, des-
crições mínimas de objetos do estúdio, fragmentos de conver-
sas (a viagem de trem da Rússia a Paris feita por Chagall) e
flashbacks. Como Greet bem observa, "a flutuação contínua
entre as memórias do poeta e o que ele vê no mundo do pintor
fornece uma estrutura poética".[78] O poeta identifica-se com o
universo de Chagall, remetendo-o ao próprio passado (a per-
da, ainda recente, de Marie Laurencin, linha 24 em diante).
Também importante mencionar que ele estava fascinado com a
teoria dos "contrastes simultâneos" de Delaunay via Chevreau
(ver "As janelas"), o que transparece na estrofe final.

Título: Sugere o cosmopolitismo dos tempos modernos, com o
 mundo e as distâncias se encolhendo pelos novos meios de
 transporte e comunicação.
Linha 1: Ambiguidade linguística: o poema ia se chamar inicial-
 mente "Rotsoge" (referindo-se ao cabelo ruivo de Chagall,
 cujo apelido carinhoso dado pelos amigos era Rodztag).
 Royt tog significa "dia vermelho" em iídiche (Chagall era
 russo e judeu). Essa expressão pode também fazer referência
 a alguns autorretratos de Chagall, onde ele aparece com o
 rosto avermelhado.
Linha 2: Possível menção à bissexualidade de Chagall, aos no-
 vos meios de transporte e, ainda, às figuras flutuantes de
 suas telas.
Linha 3: *Maison ronde* (casa redonda) refere-se a La Ruche (A
 colmeia), prédio localizado no número 2 da Passagem Dant-
 zig, em Paris, onde ficava o estúdio de Chagall e outros artis-
 tas. *Hareng saur*: arenque defumado, comida barata e nutri-
 tiva, favorita do pintor, e que aparece nos quadros *L'homme
 au hareng* e *Le saoul*.
Linha 5: *Mr. Panado*: referência cifrada a Ricciotto Canudo
 (1879-1923), escritor, editor da revista *Montjoie* e vanguar-
 dista, amigo do poeta. Canudo se irritava com os atrasos de
 Apollinaire nos deadlines das matérias e compromissos. *La
 panade* é uma sopa de pão. Por isso, *panade* virou gíria para
 estar na miséria, sem dinheiro, significando também uma si-
 tuação difícil, um apuro ou uma confusão.

460 ZONA E OUTROS POEMAS

Linha 6: *M.D.*: três possibilidades aqui: iniciais para o pintor Maurice Dennis, M. Delaunay (o pintor Robert Delaunay, cuja teoria das cores influenciava Apollinaire) ou ainda a M. Dalize (seu amigo mais antigo, René Dalize).

Linha 7: Apollinaire estaria fazendo uma charada matemática ao elencar esses números. *90 ou 324*: $9 + 0 = 9$; $3 + 2 + 4 = 9$. Curiosamente, 324 metros também é a altura da torre Eiffel, até a ponta da antena.

Linha 8: Remissão às pinturas que Apollinaire viu no estúdio. Para alguns críticos, o verso remete diretamente a uma imagem do quadro de Chagall de que ele mais gostava, *Paris, vista através da janela* (1913). A tela mostra, ao fundo, uma pessoa pulando de paraquedas da torre Eiffel. Isso estava se tornando comum em Paris (o austríaco Franz Reichelt morreria em 1912, devido a uma falha em sua "roupa-paraqueda", que não abriu).

Linha 15: *Una volta ho inteso dire Chè vuoi*: em italiano, "Uma vez ouvi alguém dizer o que você quer". Possivelmente uma citação de uma conhecida passagem de *Os diabos amorosos*, de Jacques Cazotte, em que Belzebu, transformado em camelo, pergunta "O que você quer?" ao protagonista.

Linha 17: Possível alusão à tela *O passeio*, de Chagall.

Linha 18: A pintura a qual Apollinaire se refere é, provavelmente, *O vendedor de animais* (1912).

Linha 19: As cores aludem à teoria de "contrastes simultâneos" da pintura de Robert Delaunay.

Linha 20: *Chaminé charmosa*: a alusão aqui é Marie Laurencin (transformando o lugar-comum "fumava como uma chaminé" em incomum).

Linha 29: *Trolley*: os cabelos negros, crespos e eriçados de Marie lhe lembravam as faíscas dos trilhos dos bondes. Padgett[79] crê que a imagem se refere, especificamente, ao cabo aéreo que conduzia a corrente elétrica de um *trolley* (bonde de passageiros) e as faíscas provocadas nos pontos de contato.

Linha 22: *Mirliton*: o mirlitão é um instrumento de sopro do tipo kazoo, e que Marie Laurencin gostava de tocar.

COMENTÁRIOS 461

CHOVE

Caligrama escrito no balneário de Deauville em julho de
1914, pouco antes dos eventos narrados no poema "O pe-
queno automóvel" e da explosão da Primeira Guerra Mun-
dial. Publicado pela primeira vez na revista de vanguarda SIC,
n. 12, dezembro de 1916. Um dos poemas mais amados, imi-
tados e conhecidos de Apollinaire, antecipando-se a movimen-
tos como o *letrismo, poesia concreta* e *poesia visual*. Greet[80]
aponta possível influência, em seu arranjo vertical, de uma
série de quadros do pintor futurista Umberto Boccioni (*Esta-
dos mentais: aqueles que vão* e *Estados mentais: aqueles que
ficam*, de 1911). Ela nota ainda que as linhas não só imitam
e emulam a rapidez e a tristeza da chuva como carregam um
sentido de aventura e exploração espacial. Os cinco versos,
sem rimas finais, vertem-se verticalmente, ao modo da escrita
chinesa e japonesa, que Apollinaire estudou. Elas podem ser
visualizadas de várias maneiras: 1) a chuva caindo, 2) gotas de
chuva percorrendo uma vidraça, e 3) os cinco dedos de uma
mão. Faleiros[81] chama a atenção para os "tremores tipográ-
ficos" das linhas, que acentuam ainda mais o tom melancóli-
co. Apesar de nitidamente visual (fanopeia), é marcado por
grande fluência e musicalidade. "*Il pleut*" pode remeter ainda
ao verso de Rimbaud, "*Il pleut doucement sur la ville*" [Cho-
ve docemente sobre a cidade], e a "*Il pleure dans mon cœur/
Comme il pleut sur la ville*" [Chora no meu coração/ Como
chove sobre a cidade], de Paul Verlaine.

Linha 1: *Pleut/ pleurent*: jogo de palavras entre "chover" e
 "chorando". Fusão de imagem, fundindo os modos visuais,
 verbais e auditórios.
Linhas 3-4: *Auriculares*: palavra presente em Rabelais, vem do
 latim *auricularius*, "derivado das orelhas". As "cidades au-
 riculares" ou ainda "cidades de orelhas". A chuva faz baru-
 lho, se espalhando e sendo ouvida pela cidade. Enquanto os
 dois primeiros versos têm um tom melancólico, familiar aos
 leitores de *Álcoois*, as linhas 3 e 4 devem ser lidas no con-
 texto da modernidade. Há, segundo Greet,[82] "uma dialética
 mais complexa na qual a chuva é associada ao enriqueci-

462 ZONA E OUTROS POEMAS

mento de novas experiências e ao envolvimento sincero com o mundo moderno".

Linha 5: Novamente, ele explora a duplicidade semântica do verbo "tomber", que significa, como em português, "cair" e "morrer". Os elos são comparados à chuva, que liga terra e céu, passado e futuro. O poeta repetirá o uso de linhas verticais e diagonais em "Mira" e "Algodão nas orelhas".

O PEQUENO AUTOMÓVEL

Embora faça referência à data de 31 de agosto de 1914, "O pequeno automóvel" foi provavelmente escrito meses depois dos eventos mencionados. Publicado pela primeira vez em *Caligramas*. Versos livres, com caligrama inserido na metade do poema: as letras desenham três pessoas (o chofer, Apollinaire e o amigo jornalista Rouveyre), o carro, volante, rodas, estribo, estrada (ou representação de dois fluxos de ar). Exemplo de *poème-promenade*, *poema-passeio* (como "Zona", "Um fantasma de nuvens", "Cruzando a Europa" e "O músico de Saint-Merry"), recapitula a viagem de carro de Deauville a Paris e a eclosão da Primeira Guerra Mundial. Também inaugura os "poemas de guerra" de *Caligramas*.

Título: Lembremos da adoração dos futuristas italianos pelo automóvel. No "Manifesto futurista", de 1909, Marinetti defendia: "Declaramos que o esplendor do mundo se enriqueceu de uma nova beleza: a beleza da velocidade. Um automóvel de corrida cuja carroceria é adornada por grandes tubulações como serpentes de alento explosivo... um automóvel que ruge, que parece correr sobre a metralha, é mais belo do que a *Vitória de Samotrácia*. [...] Queremos cantar o homem ao volante, cuja lança ideal atravessa a Terra, ela própria lançada no circuito de sua órbita". Como contraposição irônica, o automóvel de Apollinaire é um "carrinho", bem mais modesto e menos poderoso do que o dos futuristas e ainda sujeito a acidentes banais de percurso (pneus estourados três vezes durante a viagem, faróis que não funcionam). Apesar do tom apocalíptico do começo, o poeta, como muitos, saúda a guer-

COMENTÁRIOS
463

ra com otimismo algo infantil. Como muita gente na época, ele tinha a ilusão de que ela iria durar pouco tempo e que teria um efeito "higiênico" sobre a Europa. Essa visão irá mudar sensivelmente, sobretudo quando ele finalmente conhecer os horrores do front e a insanidade da guerra de trincheiras em 1915-6. O poema dá um caráter mítico ao momento histórico e traumático da eclosão da Primeira Guerra Mundial.

Linhas 1-4: *Deauville*: balneário turístico da Normandia, a 196 quilômetros de Paris. Apollinaire e seu amigo André Rouveyre (1879-1962, jornalista e desenhista) foram para lá em julho para fazer uma reportagem sobre a temporada turística. O poema narra a viagem de volta para Paris (passando por Lisieux e Fontainebleau), com a chegada à capital no momento em que começava a mobilização geral para a guerra. Curiosamente, como aponta Greet, eles partiram de Deauville no dia 31 de julho, e não 31 de agosto. A mudança pode ter sido para que o primeiro verso emulasse uma famosa canção popular de marinheiros ("Le 31 du mois d'août", de "Les marins d'Iroise"), que comemorava uma vitória naval sobre os ingleses em 1800. Trinta e um de agosto (de 1880) é a data em que Apollinaire foi registrado e nasceu oficialmente (ver último verso).

Linhas 14-6: Em 31 de julho a Alemanha ainda não invadira a Bélgica, o que aconteceria, de forma relâmpago, no dia 3 de agosto. Isso confirma que o poema foi sendo escrito em etapas, certamente finalizado depois da data mencionada no poema. A caminho de Paris, a bordo de um carro, o poeta tem uma visão profética: o cataclisma da Primeira Guerra Mundial e o nascimento de uma Nova Era (sem perceber que era uma belle époque que terminava naquele momento).

Linha 18: *Francorchamps*: cidade nas Ardenas, perto de Stavelot (Bélgica), onde Apollinaire morou por um curto período. Lá passaria a ser realizado, a partir de 1921, o famoso Circuito de Spa-Franchorchamps. *Eau Rouge*: Água Vermelha, nome de uma estação de águas e de um pequeno rio da região, que hoje dá nome a uma das curvas mais desafiadoras da Fórmula 1. Apollinaire teria ficado encantado com a coincidência. *Pouhon*: fonte de água mineral ferruginosa.

No caligrama do carro: *Maréchaux-ferrants* (ferradores) era o nome dado aos soldados que consertavam as ferraduras da cavalaria.

No caligrama da *roda traseira*: *Lisieux*: cidadezinha da Normandia.

No caligrama da *roda dianteira*: Há um trocadilho com a palavra *Versailles* (a cidade e o famoso castelo) com *vers ailles d'or* ("rumo às asas douradas"). Greet[83] nota, com propriedade, que o caligrama do carrinho é meramente descritivo, "sem a ambiguidade visual de outros".

Linhas 25-31: O poeta surge como um profeta e alguém capaz de estar em todos os lugares ao mesmo tempo. A referência a comerciantes poderosos e pastores pode ter relação com os líderes dos grandes países envolvidos no conflito.

Trecho final do poema: *Fontainebleau*: cidade a 69 quilômetros ao sul de Paris. A esticada até a cidadezinha, fora do caminho, se deu porque Rouveyre morava ali. Nessa parada, no dia 1º de agosto, foi feita a única imagem em movimento do poeta, ao lado de Rouveyre, a partir de cinquenta fotos tiradas numa cabine de "fotos automáticas", outra novidade moderna. No mesmo dia Apollinaire se alistaria para lutar na guerra, sem sucesso.

BANDOLIM CRAVO E BAMBU

Caligrama escrito em Nice, em outubro de 1914, na mesma época de "Fumées" ("Baforadas"). Nos rascunhos o poema teve três títulos anteriores: "O bambu perfumado", "O mistério fragrante" e "O sonho", que já oferecem pistas para sua decifração. Remete aos sentidos: visão, audição (bandolim), olfato (a flor cravo e a piteira de bambu) e tato (corpo varado).

Caligrama do *bandolim* ou *mandolim*: Escreve Greet: "a comparação da terra tremendo com a música etérea torna os sons da batalha e as balas rasgando a carne sugestivos de uma compressão mais profunda (*la verité*)".[84] A linha circular do bandolim remete ao pensamento também circular expresso: guerra-som-verdade-razão-mulher-som. Greet comenta ainda que o bandolim "contém em si toda a violência da guerra, que

COMENTÁRIOS 465

ecoa do centro de seu tampo, com o braço do instrumento lembrando peças de artilharia".[85]

Caligrama da flor *cravo*: Forma gráfica dominante do poema. Através do olfato (mais até do que a audição), no caligrama do bandolim, "o poeta é capaz de vislumbrar as leis que trarão uma grande expansão da mente humana", como escreve Greet. O uso do sinal de + no lugar da palavra "mais" remete, sutilmente, às experiências dos futuristas.

Caligrama do *bambu*: Refere-se à piteira com a qual Apollinaire e a condessa divorciada Louise de Coligny-Châtillon (1881--1963) fumavam ópio em Nîmes (pronuncia-se "Nima"). O poeta e agora quase soldado a conheceu numa *fumerie* de ópio. Ver "Baforadas".

O caligrama da *piteira de bambu* remete à experiência da expansão da consciência com o ópio. Uma experiência tida geralmente em lugares confinados, como sugerido pelo design. É o mais ambíguo dos três caligramas, com sintaxe bastante elíptica e várias leituras possíveis. Os três aros podem ser lidos também como "Ohs", aros de fumaça baforados no ar e os nós da piteira.

Greet[86] anota que o poema, como um todo, "diz respeito à sensação como um estímulo para a imaginação poética" provocada pelo ópio. Ela chama também a atenção para o trocadilho com *raison* (razão, relacionada à mulher e à verdade) e *rai-son* (raio-som).

BAFORADAS

Escrito pouco depois de ser aceito pela artilharia em Nîmes, em dezembro de 1914. Publicado pela primeira vez em *Caligramas*. Primeiro quarteto em versos de seis sílabas, seguido de caligrama de um *cachimbo* (em nove sílabas). A estrofe final é composta de seis versos de doze sílabas (alexandrinos), com as últimas quatro linhas alternando seis e cinco sílabas (6-5-6-5). A composição remete às lembranças das orgias com Lou (Louise de Coligny-Châtillon), regadas a ópio, em Nîmes. Com ela terá uma relação curta e conturbada e, durante a guerra, intensa correspondência. Os poemas dedicados a Lou serão reunidos em

466 ZONA E OUTROS POEMAS

dois livros póstumos: *Ombre de mon amour* (Sombra do meu amor, 1947) e *Poèmes à Lou* (Poemas a Lou, 1955).

Zone: refere-se aqui à "Zône", uma zona franca na fronteira da França com a Suíça, onde estivera em 1913 com Picabia e Duchamp. Pode se referir à *zone fumeurs* (área de fumantes, fumódromo), mas não deixa de sugerir o poema "Zona", que abre *Álcoois*, além de *zoner* (deitar-se em qualquer lugar). "Zona", no Brasil, é um dos nomes dados à zona de meretrício.

Estrofe final: *Flammes-femmes*: flamas-fêmeas, rima rica, em que uma palavra tem o efeito de iluminar e intensificar a outra, visualmente inclusive (remetendo ao tratamento das cores da pintura dos Delaunay e seus "contrastes simultâneos").

Linhas 6-15: A atmosfera onírica e alucinatória sugere o ópio. A imagem da fumaça aparece em vários poemas de guerra, aqui associada ao próprio ato de escrever.

EM NÎMES

Datado de dezembro de 1914. Publicado pela primeira vez com o título "Le dépôt" ("O depósito") em *La Grande Revue*, n.11 (novembro de 1917). Composto de dísticos rimados (*a a // b b* etc.). Tentei respeitar a rima e a métrica o tanto quanto possível nesta tradução. Como nota Greet, o verso alexandrino, "despido de sua costumeira melodiosidade, recebe algo da inflexão ingênua da poesia folclórica".[87] Apollinaire se alistara no dia 4 de dezembro, em Nice (para onde foi depois do começo da guerra). Ele juntou-se ao 38º regimento de artilharia de campo em Nîmes no dia 6 de dezembro. O poema retrata seu entusiasmo, a aceitação de sua nova identidade (a de soldado), o treinamento e seus primeiros dias na caserna, em preparação para ir para o front.

Linha 2: *Nice*: cidade localizada na costa sudoeste da França, aos pés dos Alpes Marítimos, onde Apollinaire passou a infância. Vem do grego *Nike*, a deusa grega da vitória.

Linha 8: *Bleusaille*: gíria militar para jovem recruta (pela cor da blusa azul que usavam).

COMENTÁRIOS 467

Linha 15: *Territorial*: reservista do Exército francês em 1914, com idade entre 34 e 49 anos.

Linha 17: *Pointeur*: artilheiro que aponta o canhão. "Bolhas dos níveis." *Nível*: instrumento para indicar ou medir inclinações, usado por carpinteiros, pedreiros, engenheiros, eletricistas, agrimensores e, neste caso, por artilheiros. Enclinômetro.

Linha 28: *Torre Magna*: construída entre os séculos XVI e XV a.C. Localizada no ponto mais alto de Nîmes (Mont), a Torre Magna é a único remanescente das fortificações romanas na área e oferece uma vista para toda a planície. Para efeito de rima, traduzi como torre Tamanha (cuja origem etimológica é o latim *tam magnus*, tão grande).

A POMBA APUNHALADA E O CHAFARIZ

Escrito no Natal de 1914 e publicado pela primeira vez em *Caligramas*. Inspirado em um desenho de pombas que Apollinaire recebeu de seu amigo André Rouveyre no fim de 1914 (ver "O pequeno automóvel"). Greet nota que o tom do poema é o da elegia. O poeta retoma o tema do *Ubi sunt* [onde estão], derivado da expressão em latim *Ubi sunt qui ante nos fuerunt?* [Onde estão aqueles que foram antes de nós?], a qual convoca a uma reflexão sobre a morte e a efemeridade da vida. Referência possível a um dos poetas de sua predileção, François Villon (1431-desaparecido em 1466), e seu famoso verso "Onde estão as neves de antanho?"), do poema "Balada das mulheres dos tempos passados". O poema dialoga com "A pomba apunhalada", de Jules Lefèvre-Deumier (1797-1857) e "O chafariz", de Baudelaire.

Colombe poignardée: "pomba apunhalada", espécie de pomba do gênero Gallicolumba, também chamada de "coração sangrento" devido à mancha vermelho-sangue que possui no alto do peito. Aqui ela substitui, metaforicamente, a imagem da "paz destruída". Ver semelhança com a imagem do Degolado que fecha "Zona". O caligrama da pomba é composto de uma mistura de versos de seis e oito sílabas e um decassílabo, contendo alguns nomes de mulheres do

468 ZONA E OUTROS POEMAS

passado do poeta (Annie, Mia, Mareye, Marie) e outras imaginárias.

Jet d'eau: jato d'água, chafariz. O caligrama do chafariz e seus esguichos, feitos de catorze versos em octossílabos, tem esquema de rimas *a a / b b / c c* etc. O chafariz chora os nomes de alguns amigos, artistas e escritores com os quais Apollinaire perdera o contato depois de se alistar: René Dalize, André Billy, Max Jacob, Robert Desnos, Maurice Raynal e Georges Braque. O caligrama da base do chafariz (ou seria uma boca?) é composto de octossílabos "emendados" nas partes superior e inferior, o centro também em octossílabos. Mais um exemplo prático do desejo de Apollinaire de equilibrar, em sua poesia, a tradição ("Ordem") e a experimentação ("Aventura"), que ele irá elaborar no ensaio-manifesto "O espírito novo e os poetas".

VIGIA

Enviado para seu grande amigo André Rouveyre (o mesmo de "O pequeno automóvel"), de Nîmes, sul da França, em 13 de março de 1915. As primeiras estrofes em octossílabos e as demais em versos livres. Na primeira versão havia um refrão chulo que se repetia, brincando com "Rouveyre-Tabatière": *"trou du cul"* (literalmente, "buraco do cu", em linguagem grosseira, ou ainda xingamento, "cuzão", "otário"). A primeira estrofe é uma paródia da canção popular francesa "Marbrough s'en va-t-en guerre" ("Marlbrouck vai para a guerra"): *"Marbrough s'en va-t-en guerre,/ mironton, mironton, mirontaine,/ Marbrough s'en va-t-en guerre,/ Ne sait quand reviendra"*.

Linha 2: *Troudla la Champignon Tabatière*: Como um "código" entre amigos, provavelmente Apollinaire está parodiando o segundo verso da canção famosa (*"mironton, mironton, mirontaine"*), justapondo três gírias usadas no *fin-de-siècle* em Paris: *troudla* ou *trou-du-cul* ("cu", "buraco do cu") + *champignon* ("pênis") + *tabatière* ("tabaqueira", palavra usada como gíria para "bunda", cu", "traseiro"). Minha solução tenta reproduzir o efeito: no Brasil "cogumelo" é o nome para um tipo de pênis em que a glande é maior que a haste (como "chapeleta").

COMENTÁRIOS 469

"Padaria" era uma gíria dos nossos avós para "bunda" (onde
se faz o "pão").

Linha 6: Apollinaire faz um trocadilho com *Mars* (março, mês
em que começa a primavera no hemisfério Norte), *Mars*
(Marte), o deus da guerra, e, possivelmente, *Mars* (*Le grand
Mars changeant* (*Apatura iris*), uma espécie de borboleta).

Linha 7: Outro trocadilho: *papier* significa tanto o *paper* ou
artigo de jornal enviado à revista *Mercure de France*, com
a qual colaborava durante a guerra, quanto o *papel* da ca-
derneta onde ele costumava escrever. *Papel quadriculado*: a
referência é novamente ao papel em que ele escreve, sua ca-
derneta de papel quadriculado.

Linhas 9-12: Aqui as duas linhas extensas, à maneira de Walt
Whitman, se metamorfoseiam em caligrama de estrada, lo-
cal onde o soldado fazia sua vigia enquanto os companhei-
ros dormiam.

Linha 10: A capa ou manto do soldado se funde com as nuvens
de pó branco levantadas pelas bombas ou pela passagem das
tropas. A região da Champanhe é famosa por seu subsolo
onde predomina o calcário (giz). Apollinaire faz constantes
referências a isso em cartas e poemas como "No abrigo-
-caverna" e "O palácio do trovão".

Linhas 13-20: A penúltima linha é verticalizada e transformada
em monossílabos, tornando o ritmo sincopado, sugerindo
um caligrama de um *lápis* e de um *raio de luar*. A lua, agora
personificada, também de vigia como ele, observa-o escre-
vendo, num fecho metalinguístico (o poema fala do poema).

SOMBRA

"Sombra" foi escrito em fevereiro ou março de 1917, no retor-
no de Apollinaire a Paris, enquanto ainda se recuperava do feri-
mento da cabeça e da cirurgia de trepanação. Primeira publica-
ção no folheto *O. S. T.* (*Œuvre du Soldat dans la Tranchée*) [A
obra do soldado na trincheira], distribuído na sua conferência
em prol dos soldados em 16 de junho de 1917. Versos livres, ri-
mas ocasionais. Apollinaire organizou os poemas de *Caligramas*
em ordem cronológica, a exceção sendo "As colinas" e "Som-

bra". Como ambos foram escritos ou finalizados em 1917, eles deveriam estar junto com os últimos três poemas desta seleção. Segundo o escritor Philippe Soupault (1897-1990), ele procurou o poeta em seu apartamento para pedir uma colaboração para uma antologia de escritos de soldados que estava ajudando a organizar. O poeta se isolou algumas horas em seu apartamento e entregou a peça para um atônito Soupault.

Título: Greet[88] destaca que a sombra (como projeção do *si-mesmo* junguiano ou *self*) é uma imagem recorrente na poesia de Apollinaire e pode significar vida, morte, passado, ausência etc. Ele escrevera, em "Les fiançailles" [O noivado]: "Dei tudo para o sol/ Menos minha sombra". Aqui o "eu lírico" assume as identidades de companheiros mortos na guerra e as transforma em energia criativa. Tradicionalmente, na literatura, a sombra (do grego σκιά, e do latim *umbra*) é o espírito ou o fantasma de uma pessoa morta. Apollinaire incorpora a sombra de seus amigos mortos na sua própria. Lembremos que o poema foi escrito no auge da Primeira Guerra Mundial, que terminaria um ano depois.

Linha 3: *L'olive du temps*: a oliva (azeitona) de tempo. Na Grécia antiga a oliveira e o ramo de oliveira eram considerados sagrados. Possuem vários simbolismos: paz, vitória, perseverança, sabedoria, fidelidade. Na mitologia cristã, durante o Dilúvio, a pomba enviada para procurar terra firme retorna com um ramo de oliveira. Ron Padgett[89] lembra que Apollinaire havia escrito um romance chamado *A glória da oliva* (a maior parte se perdeu), que se referia a uma paz futura. Para Greet, a imagem sugere a ideia de uma condensação, compacta como uma azeitona, de muitos amigos mortos num só. Ou, ainda, em referência ao sabor pungente da azeitona. Reminiscências da infância e dos arredores de Nice, cheios de oliveiras (que demanda quinze anos para frutificar, mas depois pode durar séculos frutificando).

Linha 20: *Caisson*: carro de duas a quatro rodas e um timão, puxado por cavalos, usado antigamente pelo Exército francês para carregar munição de artilharia. Também designa um caixote ou baú sob os assentos de um carro, onde se guardavam munições e mesmo pertences pessoais dos soldados.

COMENTÁRIOS 471

"A viatura-caisson de uma bateria é responsável por fornecer munições à viatura-canhão", como explica Debon.[90] Alguns tradutores optam por não traduzir o termo, mantendo-o *caisson*. Caixa ou carreta de munições. Optei por "baú de mágoas", na linha do termo "baú de segredos", "pessoa em quem se confiam ou se podem confiar segredos; confidente".

LONGE DO POMBAL

Escrito em abril de 1915, em Beaumont-sur-Vesle, onde seu regimento se encontrava. Caligrama enviado a Lou, amante e correspondente de Apollinaire.

Com algum esforço pode-se visualizar simultaneamente o caligrama de uma *harpa* (símbolo de Orfeu, que dá ordem e harmonia ao caos com sua lira, figura tutelar para Apollinaire), um formato bastante abstrato de um *coração* invertido (formado pelas palavras "tocante Leste", o lado esquerdo do peito). A parte de cima da harpa (constituída por "coroa", "pescoço" e "ombro") também pode ser vista como uma das *cobras* que Apollinaire menciona em suas cartas.

Título: *Pigeonnier*: "Pombal" era como Apollinaire chamava seu apartamento e "ninho de amor". Localizado no topo do prédio de três andares no nº 202 do Boulevard Montparnasse, era onde Lou, com dificuldades financeiras, se abrigara em abril de 1915.

"E você sabe por quê": A primeira linha, em tom meditativo, e de intimidade, endereça-se a Lou e aos outros 25 leitores de *Case d'armons*, a plaquete produzida em pleno front e onde o poema foi concluído.

Caligrama da *serpente*: Em cartas enviadas a Lou, Apollinaire descrevia o fascínio com as cobras que ele via na floresta onde estava e que interpretava como bons presságios. "Elas coleam graciosamente e deslizam com barulho entre os vimes. Agora estou acostumado e vejo esses pequenos animais como espíritos benfazejos." Ele também lembrava, na mesma carta, que os Kostrowitzky pertenciam ao antiquíssimo clã

polonês Wąż (serpente), cujo brasão trazia uma cobra verde mordendo uma maçã.

Se love: Apollinaire faz um trocadilho bilíngue (francês-inglês) com *love* (*se lover* é colear, avançar sinuosamente ou em zigue-zague, "encaracolar") e *love* ("amor" e "amar"). Ele escreve no poema "A inscrição inglesa": "*Dont chaque lettre se love en belle anglaise// [...] Le jeu de mots bilingue que se manque point de susciter* [...]. "Em que cada letra *se love* em belo inglês/ O jogo de palavra bilíngue que ninguém ousa evocar." Tentei recriar o jogo visual na tradução, com uma palavra-valise bilíngue, *love* + enovelar (enrolar em novelo, dobrar, se emaranhar, se enrodilhar). A palavra cria um espelhismo ou anagrama interno: "**lovenovelar**" (amar se enrolando como um fio ou novelo). Ao mesmo tempo, a linha sinuosa sugere um caligrama de *uma visão aérea da Fronteira Ocidental* (645 quilômetros de extensão e cerca de quatrocentos quilômetros de *trincheiras*), que serpenteava do canal da Mancha, na Bélgica, até a fronteira com a Suíça (Alpes, o "Leste" que menciona o poema). Pode representar ainda os *rolos de arames farpados*, mencionados logo abaixo. Formando o que seria *o pilar da harpa* temos a sugestão visual (acentuada pelo número 75) de um *canhão 75 milímetros* de cuja boca sai agora a *fumaça* da segunda linha. Imagem também de um pênis ereto, reforçada pelas palavras "em sentinela". O canhão de 75 milímetros, orgulho do Exército francês, era o tipo que o canhoneiro Apollinaire operava.

Xexaedros: Apollinaire coloca um "X" em vez do "H" da palavra hexaedro (um poliedro de seis faces). Assim, os x x sugerem visualmente os obstáculos "cavalos de frisa". Obrigatórios na guerra, os "cavalos de frisa" eram enrolados em arames farpados e colocados na *terra de ninguém* para impedir e dificultar o avanço do inimigo. Apollinaire escreve, em *O poeta assassinado*: "E o front se iluminou, os hexaedros rolaram, as flores de aço desabrocharam, o arame farpado ficava mais fino com desejos sangrentos, as trincheiras se abriram como mulheres diante dos homens".

Azul: "azul-horizonte" era a cor do uniforme do Exército francês na Primeira Guerra Mundial.

COMENTÁRIOS 473

Malourène: nome que aparece no poema "A canção do mal--amado". Aqui Apollinaire faz um autotrocadilho e uma homenagem a Lou: *Ma Lou Reine* (Minha Lou Rainha). *Malourène* é o nome de uma das sete espadas do poema homônimo de Apollinaire: "A quarta Malourène/ É um rio verde e dourado" (*Álcoois*).

Canteraine: "lugar onde cantam as rãs". Pode se referir ao lugar de onde escreve o poema, uma floresta onde ele ouvia rãs cantando de noite. *Crapaud* ("sapo") também era gíria para morteiros e bombas, na Primeira Guerra. Pode ser que ele também esteja fazendo um trocadilho com o nome completo da condessa: Louise de Coligny-Châtillon: Minha "Louise Soixante-quinze Canteraine".

Gerbes: feixes ou maço de cereais, buquês, termo da balística para o efeito visual da explosão de uma bomba caindo na terra, o *maço de poeira e terra* levantado pela explosão de um obus. Ainda, refere-se ao conjunto de trajetórias que as balas de um estilhaço ou os estilhaços de uma bomba percorrem.

Aqui temos um exemplo de caligrama que corre o risco de fazer a poesia se tornar uma linguagem cifrada, compreendida apenas por estudiosos de Apollinaire ou "iniciados", como alertou o fã-leitor Gabriel Arbouin em "Diante do ideograma de Apollinaire" (1914). Em todo caso, mostra a persistência de valores simbolistas em sua poesia, no que parece ser uma linguagem secreta entre amantes: um jogo de palavras-imagens que fundem guerra e amor, como será comum nos poemas deste período.

SP

Escrito em maio de 1915. Como observa Greet, com exceção da primeira estrofe, temos um desenho caligramático de uma peça de artilharia (*o canhão de 75 mm*, arma do *canhoneiro-condutor* Apollinaire) atirando em direção ao céu. O desenho do canhão de perfil, apoiado em uma base de madeira para ganhar altura, aparece em uma foto do poeta-soldado. Ele fica mais evidente na versão manuscrita do poema na plaquete *Case d'armons*.

Título: *SP*: abreviação para Setor Postal. Os setores postais foram criados em 1914, no começo da Primeira Guerra Mundial, para melhorar o caos do inflacionado serviço postal (as cartas eram o principal e muitas vezes o único meio de comunicação entre os combatentes e suas famílias e amigos).

Linha 2: *Armão* era uma carreta de duas rodas usada para rebocar peças de artilharia. Tinha dois caixotes debaixo do assento dos artilheiros (os *caissons d'armons*), usados para guardar munições e pertences pessoais. Apollinaire, amante de palavras estranhas e raras, se fascinava com os novos termos que ele ia aprendendo durante a guerra e incluindo em seus novos poemas.

Linha 3: *Poilu*: "peludo", gíria usada para se referir aos soldados da infantaria francesa na Primeira Guerra Mundial, especialmente aqueles que haviam sobrevivido à carnificina do começo do conflito. Segundo uma versão popular, o termo referia-se, no começo da guerra, aos soldados entrincheirados que não tinham tempo de fazer barba e bigode. Por isso, "peludo" adquiriu o sentido de bravo, valente, corajoso.

Linha 4: *Pan pan pan*: onomatopeia para os tiros dos canhões e/ou possível alusão ao refrão de uma canção popular francesa "La Première Garde que j'ai montée" [A primeira guarda que montei]. Há também a expressão "pane-pane-pane!", como alerta de emergência.

Linha 5: *Peruca*: como esclarece Faleiros,[91] na Primeira Guerra "peruca de canhão" era como os soldados se referiam às folhagens e aos galhos das árvores, usados para camuflar as peças de artilharia.

Linhas 8-18: Um "texto encontrado" é inserido ao poema, ao modo das colagens cubistas. Provavelmente retirado de manual militar distribuído aos soldados para como agir em caso de ataques de gás.

Linha 8: *Vapores*: referência aos gases venenosos (nocivos), asfixiantes ou lacrimogêneos. Devido à crescente guerra química, o Exército francês distribuiu máscaras para os soldados em abril de 1915.

Linhas 19-21: O gás lacrimogêneo (um dos gases usados na crescente guerra química) tem, aqui, o efeito contrário do choro. Os risos dementes são invisíveis porque estão ocultos pela

COMENTÁRIOS 475

máscara e são provavelmente resultantes de trauma de guerra.
O termo *shell shock* foi cunhado em 1914, como efeito psico-
lógico proveniente das bombas e da artilharia nos soldados.

MIRA

Caligrama enviado a Madeleine Pagès em 10 de junho de
1915. Como observa Faleiros,[92] apesar de ser um caligrama,
este e alguns outros poemas visuais foram escritos usando o
metro alexandrino clássico. Respeitei a contagem de sílabas,
mas não necessariamente a cesura na sexta sílaba. Cada linha
representa um ângulo e também a trajetória de um tiro em
direção a um alvo.

A experiência militar de Apollinaire teve grande influência
na poesia e no vocabulário dos poemas que escreveu nas cinco
seções que seguem a seção "Ondas". Ele era canhoneiro, por
isso a necessidade de conhecimento (manuais de artilharia) e
treinamento de balística, ângulos, trajetórias, equipamentos etc.
Apollinaire emprega muitos termos e gírias militares em sua
poesia. Como escreve a Lou: "O projétil é uma pequena estrela
cuja vida e propriedades precisam ser conhecidas, a fim de dire-
cioná-lo para seu objetivo. É evidentemente muito poético [...]".

Título: Refere-se ao *triangle de visée*, instrumento usado pelos ar-
tilheiros para determinar a pontaria e a posição da artilharia
inimiga.[93] Cada linha torna-se a trajetória de uma imagem
verbal disparada pela mente do poeta em pleno campo de ba-
talha. "Artilharia é a arte de medir ângulos/ e montar a cavalo
é a arte de apertar as correias", escreveu Apollinaire.
Linha 1: *Chevaux couleur cerise limite des Zélandes*: Zeeland,
Zelândia, província dos Países Baixos. Provável jogo de pa-
lavras com "cavalos de frisa ou Frísia" (*"chevaux de frise"*),
nome dos obstáculos usados na guerra para impedir ou difi-
cultar o avanço das tropas na terra de ninguém. Para Greet,[94]
a linha evoca, no estilo "telegráfico" desenvolvido por Apolli-
naire, sua localização.
Linha 2: *Coaxam*: o verbo sugere *crapaud*, "sapo", gíria dos
soldados franceses para granada de mão alemã na Primeira

476 ZONA E OUTROS POEMAS

Guerra Mundial. Escreve Greet: "Todo um processo de fabulação do campo de batalha está concentrado nessa linha (e ocorre também em outras). As metralhadoras tornam-se objetos de contos de fadas, fiando lendas".[95]

Linha 3: *Hypogées*: hipogeu, do grego *hypo* (debaixo) + *gaia* (terra ou Terra). Construção subterrânea ou escavada em escarpas, como sepulturas, monumentos e templos funerários no Egito antigo e na era pré-cristã. Em arqueologia, tudo o que se acha debaixo da terra (túmulos). No uso do arcaísmo, Apollinaire faz, novamente, um paralelo entre a guerra moderna (de trincheiras e abrigos subterrâneos) com o passado mais remoto. A imagem "cavalos cor de cereja" pode estar evocando o traje particular dos cavalos de sua unidade.

Linha 7: Uma pista para a decifração do verso é dada por Greet: em uma carta enviada para Lou ele menciona ter recebido dela "um telegrama, peixinho azul das ondas telegráficas"[96]. De fato, alguns telegramas da época eram em papel azul.

Linha 8: Possivelmente se refere ao uso do nome de cidades e vilarejos como "senhas" militares, como ele sugere no poema "Venu de Dieuze".

Linha 11: Do latim *aurea flamma* (flama ou chama dourada), estandarte adotado pelos reis da França do século XII ao século XV, passando a designar qualquer bandeira estreita e comprida. Possível referência, junto com "mãos cortadas", às atrocidades cometidas pelos alemães à população civil francesa e dos Países Baixos.

CARTÃO-POSTAL

Enviado em abril de 1915 ao seu amigo André Rouveyre, direto das trincheiras. Um exemplo de *poema-cartão-postal*.

Auto-bazares eram caminhões usados pelo comerciante Julien Damoy, que percorriam o front de batalha transportando todo tipo de utensílios para os soldados franceses: produtos de higiene, roupas, artigos de papelaria, tabaco, cachimbos etc.

LUL: falo ou pica, palavrão em flamenco. Referente a "Lul de Faltenin", um dos poemas de *Álcoois*.

COMENTÁRIOS 477

On les aura: "Vamos pegá-los". Frase usada entre as tropas, famosa pela inclusão em um discurso do marechal Pétain em abril de 1916.

Far tiz: gíria, em alguns portos do Mediterrâneo, "fazer figa", "acender o tição" ou ainda o insulto "vai tomar no cu". O desenho dos dois canhões cruzados e uma bomba em chamas era o símbolo da artilharia francesa e aparece nos capacetes dos soldados.

Rosa: metáfora para o órgão sexual feminino. Pode ter o sentido de elogio ("rosas para..."), como Apollinaire faz no manifesto "A antitradição futurista".

SALIENTE

Escrito em maio-junho de 1915. Primeira publicação em *Caligramas*. Apresenta jogos espaciais, sugerindo um torpedo e um grão de trigo e, mais abaixo, um cartaz-grafite. Exemplar do estilo altamente elíptico, "telegráfico" e simultaneísta de Apollinaire, agora aplicado a uma situação de guerra, com muitas impressões e coisas acontecendo ao mesmo tempo. Escrito no período em que Apollinaire servia como *agent de liaison*: o contato ou agente de ligação é o soldado encarregado de transmitir, a cavalo ou a pé, ordens e informações durante a batalha, especialmente nas operações em que é impossível o uso do telefone. Durante a guerra ele estava acampado numa pequena floresta, por isso as frequentes menções a um refúgio bucólico (com a presença dos sapos, cobras, flores etc.). O poema se passa em uma floresta e em movimento na terra de ninguém, de onde vem o cavaleiro a pé, seguido de um torpedo aéreo.

Título: *Saliente*: termo militar que designa a parte avançada de uma linha de entrincheiramento, por isso mesmo um território ainda mais perigoso, exigindo atenção total do mensageiro.

Linha 2: *Dragão*: termo militar para o soldado da infantaria que podia combater a pé ou a cavalo. O uso da palavra remete também à figura mitológica.

Linha 5: "Vassoura de verdor" (assim como a do "buquê" ou

"feixe de centeio", em "Longe do pombal") é uma imagem impressionante para descrever o efeito de um torpedo ou bomba explodindo na floresta onde Apollinaire se encontrava.

Rapace: ave de rapina: gíria dos combatentes para obus (bomba).

Linha 8: O bosque mágico, refúgio, torna-se um belo reino devastado.

Pif: em francês, clássica onomatopeia para explosão, estrondo e detonação. Um *cheval pif* é um cavalo que sofre de "criptorquidismo". No Brasil chamamos de "roncolho" o cavalo que tem um dos testículos não desenvolvido, enfiado no abdômen e que, por isso, pode ser indisciplinado, perigoso e difícil de montar. Álvaro Faleiros[97] traduz o verso como "Viva como um cavalo desastrado", justificando a explicação em sua nota como "cavalo que sofre de criptorquidia (os testículos não desceram) e que por isso é turbulento e causa acidentes". Já Anne Hyde Greet[98] traduziu como "*As lively as a horse bang*" ("Agitado como um cavalo bum"), justificando sua escolha: "*Pif* no fim da linha 10 é uma representação onomatopaica da explosão que é descrita na linha 11 como tendo aberto uma cratera grande e limpa". Susan Harrow cita "*pif*" também como exemplo de onomatopeia: "o som de uma bomba explodindo em 'Saliente'".[99] Optei por manter os sentidos de "roncolho" e "bum" (onomatopeia para explosão). De fato, em manuscritos que encontramos (ver Introdução), Apollinaire nitidamente separa as duas palavras por um espaço duplo, com o branco fazendo a função de uma pausa entre as palavras "cavalo" e "pif", o que claramente acentua o sentido de explosão. Em *Caligramas* ele usa com frequência onomatopeias para *minar* seu discurso. Como o cavalo está atravessando uma região de minas e explosões, ele pode ter feito um jogo homofônico com os dois sentidos da palavra. Susan Harrow chama a atenção, nos poemas escritos no campo de batalha, para a naturalização da guerra através de analogias incongruentes como uma cratera de bomba "limpa como um banheiro". "O humor, subentendido por uma ironia corrosiva, tem o efeito terapêutico de denunciar a guerra pelo próprio processo de naturalizá-la."[100]

Aÿ: região no norte da França (hoje Aÿ-Champagne), famosa pela produção de champanhe.

COMENTÁRIOS

479

Lou: é Louise de Coligny-Chântillon, sua "musa" à época, com quem tivera um caso tórrido e que se tornara sua correspondente e "madrinha de guerra". Aqui Lou é comparada ao vinho espumante.

Verzy: outra cidade do norte da França produtora de champanhe, bem perto de onde Apollinaire escrevia esse poema.

Crapaud: "sapo". *Crapaud* também era gíria militar dos combatentes franceses para granada alemã. *Crapouillot* ("sapinho") indica um morteiro de trincheira, cujo aspecto lembrava um sapo. Curiosamente, *crapaud* é um termo de joalheiros que indica um defeito em um diamante ou em uma pedra preciosa.

Suástica: símbolo místico encontrado em inúmeras religiões (como o budismo e o hinduísmo), significando divindade e espiritualidade. Antes de ser adotado em 1920 pelos nazistas, era símbolo de paz, prosperidade e boa sorte.

Capiston: gíria militar usada na trincheira para o capitão. O uso de maiúsculas sugere um cartaz de incentivo colocado pelos soldados na trincheira ou na entrada de um abrigo-caverna.

Linha 18: O último verso contrasta com o nervosismo bélico do resto do poema. Greet[101] menciona uma carta de Apollinaire a Lou, de 2 de maio de 1915, na qual ele descreve uma cena que teria visto num canal: uma balsa passando, com duas meninas a bordo escovando os cabelos, e se perdendo na distância.

GUERRA

Um dos primeiros poemas escritos no front, em maio de 1915. Publicado na revista *L'Élan*, n. 8, janeiro de 1916. Poema em versos livres.

Linhas 1-3: Apollinaire começa no estilo do "poema-conversas", dessa vez inserindo termos usados no front, comandos e ordens militares. Em *Caligramas* há diversas referências à "invisibilidade" do inimigo na insana guerra de trincheiras (lembremos que, em muitos casos, alemães e aliados chegavam a ficar muito próximos uns dos outros,

separados apenas pela "terra de ninguém"). A única identidade do inimigo, como sugere o verso, é o ruído que escapa de suas armas. Em carta a Madeleine, em 20 de maio de 1915, Apollinaire diz: "Nunca vi um desses seres cujos projéteis eu conheço bem".

Linha 4: *Classe de 1915*: o ano da "classe" é o do recrutamento aos vinte anos de idade: os da classe de 1915 nasceram em 1895. Apollinaire já tinha 31 quando foi aceito.

Linha 9: *Abismos*: os abismos se referem aqui às profundezas da terra (a guerra forçando os homens a desenvolverem novas técnicas de túneis, abrigos subterrâneos etc.), bem como às fossas marinhas, potencialmente alcançáveis agora pela tecnologia dos submarinos.

Linha 10: *Aviatique*: aviático. Apollinaire transforma o nome de uma fábrica num adjetivo. Avião militar biplano alemão, produzido pela Automobil und Aviatik AG, usado de início apenas para reconhecimento. Ironicamente, a modernidade tecnológica tão elogiada por Apollinaire estava aumentando o poder de destruição humana.

Linha 11: *Timon*: timão refere-se à barra do leme do navio e a uma parte da viatura que carregava o canhão de 75 milímetros que Apollinaire operava como *artilheiro-condutor*.

Linha 15: Como nota Susan Harrow, no constante processo de erotização da guerra por parte de Apollinaire, a mulher, transformada em mercadoria, figura entre os espólios dos vencedores, aqui "ligada a uma visão de modernidade futurista e imperialista e o destino do guerreiro macho".[102]

Linha 18: Apollinaire imaginara a possibilidade do "toque à distância" em *L'Hérésiarque*, defendendo uma "arte tátil": "Assim como a voz pode ser transportada de um ponto a outro a uma grande distância, também a aparência de um corpo e as propriedades de resistência através das quais os cegos adquirem a noção dele podem ser transmitidas, sem que seja necessário que nada ligue o onipresente aos corpos que ele projeta. Eu acrescentaria que o novo corpo retém a plenitude das faculdades humanas, dentro do limite onde elas são exercidas sobre o aparelho pelo corpo real".

COMENTÁRIOS 481

ORÁCULOS

Escrito no fim de maio-começo de junho de 1915.

Linha 1: Segundo Greet, quem fala na primeira linha, em linguagem formal (*votre*), é Lou (Louise de Coligny-Châtillon), a quem Apollinaire havia enviado um anel (feito nas trincheiras, com o alumínio de um obus alemão) e um apito.
Linha 4: O tom formal é quebrado com o uso de *tu*, "você".
Linhas 9-10: Provavelmente essa é uma resposta a Lou, que está em Paris (metrôs, táxis), temporariamente, em seu apartamento no Boulevard Saint-Germain. Apollinaire, segundo Greet,[103] estava em um estado mental eufórico àquela altura da guerra, "pronto para elevar objetos ordinários (como o anel e o apito) ao status de oráculos (na Antiguidade, oráculo era a resposta dada pela divindade a quem a consultava).
Caligrama de *apito*: O apito era usado para coordenar as movimentações das tropas. Aqui, ele adquire significado erótico, seguido de instruções para que a amada tire as medidas do dedo, para que o poeta possa confeccionar um anel. É o que ele pede também à noiva Madeleine em carta de 6 de outubro: "Me mande a medida de seu anular. Vou tentar fazer alianças de noivado em alumínio boche, te enviarei as duas e beijarás a que me devolver".[104]

OS SUSPIROS DO ATIRADOR DE DAKAR

Enviado a Lou em 11 de junho de 1915. Aqui o poeta adota, em versos livres, a persona de um soldado negro africano lutando pela França. Apollinaire, assim, acaba fazendo uma homenagem aos milhares de soldados africanos (provenientes de colônias francesas) enviados para a linha de fogo da Primeira Guerra Mundial. *Dakar*: capital e maior cidade do Senegal, colônia francesa na época. Havia uma trincheira chamada Dakar nas proximidades de Souain, o que pode também ter inspirado o poeta. A biografia que se segue pode ser inspirada na de um atirador real que ele conheceu na guerra. O poema alterna passado e presente, civilização africana e civilização europeia. Um exemplo de lirismo realista-

-mágico, com imagens influenciadas pelo primitivismo das telas de seu amigo Rousseau.

Linha 1: *Cagnat* ou *cagna*: transmitido do vietnamita *cain-nha* para as tropas coloniais da Indochina Francesa, gíria que designa um tipo de casa rudimentar e temporária aberta na terra, geralmente camuflada com arbustos, pedras e terra. Abrigo de trincheira. O Exército brasileiro tem o termo "toca" (que vem do tupi *oka*, casa) para designar um espaço improvisado, muitas vezes uma trincheira ou abrigo subterrâneo, onde os militares se protegem ou descansam em situações de combate ou acampamentos temporários. Em português, temos ainda "muquifo" (de provável origem africana), tornada gíria pejorativa brasileira para casebre sujo, rústico, desconfortável, geralmente em ruínas.

Linha 8: *Ashantis*: os axântis ou axantes são um dos principais grupos étnicos da região de Axante, na Gana atual. As guerras anglo-axantes ocorreram de 1824 a 1900 entre o Império Axante e a Grã-Bretanha e seus aliados. Não era incomum que nativos lutassem contra suas próprias tribos.

Linhas 10-2: Apollinaire aliviou esse trecho em relação à primeira versão, que incluía referência a incesto.

Linhas 19-33: Greet afirma que, na primeira versão, ficava claro que o garoto africano de vinte anos matara um homem branco, como um rito de iniciação à masculinidade.[105]

Linha 33: Arras, cidade no norte da França, onde se travaria a Batalha de Arras (de abril a maio de 1917).

Linha 59: *Boche*: termo pejorativo empregado na França para se referir aos alemães. *Boche* é adjetivo derivado da expressão "cabeça de repolho". Durante a Segunda Guerra, os americanos chamavam os alemães de "chucrutes".

Linha 60: *Bobosse*: gíria militar para soldados alemães e soldados novatos. Apollinaire oferece uma pequena aula sobre a palavra em carta à Madeleine (4 de junho de 1915), dizendo que a palavra "fantabosse" é derivada de *fantassin bobosse* ("soldado corcunda"). *Bossa* é corcunda, protuberância: aspecto dos soldados quando carregam seus sacos (mochilas) nas costas. Também usada para se referir a soldados franceses novatos.

COMENTÁRIOS 483

SEMPRE

Poema datado de maio de 1915. Publicado pela primeira vez
em *La Grande Revue*, em 11 de novembro de 1917, une o
gosto de Apollinaire por imagens de ficção científica, relatos
de descobrimentos e mitos. Há ecos do tema do artista como
incansável e curioso explorador de novos mundos, desenvol-
vido na conferência "O espírito novo e os poetas" (1917).
Começo e fim da composição marcados por dois paradoxos:
avançar parado e vencer perdendo, que remetem ao equilí-
brio que ele defendia entre Ordem e Aventura, entre tradição
e inovação. O poeta surge como um mítico conquistador do
espaço interior. Greet observa outro paradoxo: "a fusão entre
a transitoriedade de todas as coisas e o ato criativo imortal
o qual, ao criar, ao mesmo tempo varre limites e estruturas
prévias".[106]

Linha 2: O uso de "nós" convida o leitor a ser um participante
 ativo da criação de sentido do poema, a embarcar nas ex-
 plorações e criações de um Novo Mundo.
Linha 3: "Sempre" foi escrito em pleno front. Imagens de pla-
 netas e nebulosas provavelmente sugeridas pelo espetáculo
 noturno da guerra.
Linhas 3-8: *Don Juan*: figura lendária da literatura espanhola,
 protótipo do conquistador de mulheres e libertino (Apolli-
 naire foi importante tradutor e organizador de coletâneas
 de literatura libertina, sendo responsável pelo resgate edi-
 torial de Sade e Aretino na França). "Mil e três cometas"
 refere-se à lista de 1003 mulheres que teriam sido amantes
 de Don Juan apenas na Espanha. Aqui, temos um lendário
 personagem transformado em cosmonauta, que conquista
 planetas e nebulosas incansavelmente.
Linha 8: Possível duplo sentido: Apollinaire era fã das aventuras
 policiais *Fantômas*, chegando a fundar, com Max Jacob, uma
 "Sociedade dos Amigos do Fantômas". Na adaptação para o
 cinema eram constantes os deslocamentos simultâneos desse
 bandido cosmopolita para outros lugares do mundo.
Linha 12: Cristóvão Colombo foi descobrir um caminho para as
 Índias e a Ásia e acabou encontrando a América (Bahamas).

484 ZONA E OUTROS POEMAS

Linhas 16-7: Incluídos posteriormente, os dois versos finais dão um tom nacionalista e contrapõem o aparente derrotismo dos versos iniciais, referentes à guerra imóvel de trincheiras, que já durava um ano. Anne Hyde Greet assinala um comentário otimista sobre as vitórias pírricas (aquelas obtidas a danos e prejuízos imensos) da Primeira Guerra Mundial ou, ainda, "como uma visão das energias criativas a serem encontradas na guerra".[107]

FESTA

Escrito em maio de 1915. Enviado para Lou em setembro de 1915. Primeira publicação em *L'Élan*, n. 10, 1º de dezembro de 1916. Dedicado ao seu amigo André Rouveyre. Poema em octossílabos com rimas alternadas *a b a b* na primeira, terceira e quarta estrofes (nas demais ele varia a posição). Na minha tradução, mantive o esquema de rimas e a métrica. Em 1º de setembro de 1915 Apollinaire foi promovido a comandante de artilharia. De seu refúgio momentâneo (uma pequena floresta a leste de La Salle), ele contempla o espetáculo dos foguetes na noite de guerra, transformado num jardim das delícias imaginário, percebido por todos os sentidos.

Linha 3: *Artificier*: é o diretor técnico de um espetáculo de fogos de artifício (ou fogueteiro). Também era o termo usado para o canhoneiro (como Apollinaire). A palavra grega *poiētés* significa "o que faz", artesão, *artífice*. Os dois sentidos estão presentes.

Linha 5: *Fusant*: um foguete ou obus que explode acima do solo, em alturas e distâncias variáveis, com estilhaços mortíferos.

Linha 11: *Forêt*: a floresta como refúgio temporário da guerra. Localizada entre Potevent e La Salle-du-Bois, era onde Apollinaire se encontrava com seu regimento naquele momento.

Linha 15: *Rosas de Saadi*: "Les roses de Saadi", famoso poema de Marceline Desbordes-Valmore (1786-1859), inspirado pelo poeta iraniano Saadi de Xiraz (século XIII).

Linha 19: A referência é ao perfume forte das rosas, mas, si-

COMENTÁRIOS 485

multaneamente, ao cheiro dos gases tóxicos invadindo o ar durante os ataques de armas químicas.

Linha 23: *Mortificação*: segundo o dicionário, "flagelação do próprio corpo ou privação de alimentos, água etc., com o objetivo de vencer as tentações corporais e alcançar um estado de suposta espiritualização". Termo médico (raro) para gangrena.

MADELEINE

Escrito em 17 de junho de 1915. Enviado no começo de sua correspondência e namoro à distância com Madeleine Pagès. A jovem professora morava em um subúrbio de Oram, Argélia (daí a referência à exótica imagem da "vila árabe"). Caligrama manuscrito, ao estilo dos grafites urbanos contemporâneos, onde o desenho conta tanto quanto as palavras.

O desenho da estrela remete ao Oriente e, possivelmente, à estrela da bandeira da Argélia.

O segundo elemento é um caligrama do verso de um envelope de correspondência (a resposta de Madeleine).

O recebimento de uma foto de Madeleine é anunciado em letras mais destacadas.

O terceiro desenho funciona como assinatura do poeta. Dois canhões entrecruzados e a granada em chamas: símbolo da artilharia francesa na Primeira Guerra Mundial, localizado na frente do capacete de Apollinaire e dos demais soldados.

Far tiz: expressão mediterrânea que significa "fazer figa". Além do significado de afastar o azar, o gesto da figa também é uma espécie de gíria árabe para "acender o tição" e "vai tomar no cu". *Tiz*, no norte da África, significa o sexo de uma mulher. *Far tiz* é gíria italiana das ruas, língua que ele aprendeu na infância, significando "fazer fogo", "incendiar a pólvora", "acender o tição", com conotações sexuais. Os canhões são óbvios símbolos fálicos e a granada acesa simboliza o ardor e o tesão.

Rosa: a rosa, obviamente, simboliza o amor, a perfeição, a pureza etc. Na literatura francesa, desde a Idade Média, símbolo do sexo feminino e do amor realizado. Na alquimia, repre-

486 ZONA E OUTROS POEMAS

senta o feminino e o órgão sexual da mulher. Apollinaire tem um poema, "Lou ma rose", do livro póstumo *Poèmes à Lou* (1947), onde ele desenvolve o tema.

NOITE DE ABRIL DE 1915

Enviado e dedicado para Lou, em 10 de abril de 1915, como parte de um poema longo, o qual teve doze versões. Publicado na revista *L'Élan*, n. 6, em março de 1916. Poema em alexandrinos com rimas (*a b a c b a / d e d e / d / f g f g f / h / i / h / i j / k i i j*).

Segundo Greet, aqui vemos um resumo dos sentimentos contraditórios de Apollinaire em relação à guerra nos primeiros meses no front. Novamente, amor e guerra se entrelaçam. Greet: o poema registra "a nova excitação do perigo, a suavidade triste da desilusão amorosa, o consolo através de sonhos eróticos, a celebração da vida e esperanças de um futuro radiante".[108] Os versos passam a impressão de velocidade, de urgência. Apollinaire transforma o bosque onde seu regimento estava e o compara a uma floresta mágica, de contos de fadas. Eros e Tânatos se fundem novamente na psique do poeta, como era comum nas peças do período.

Linha 1: *Boche*: gíria depreciativa para soldados alemães.
Linha 6: *Le mot*: a palavra (como em "Mira") está sendo usada aqui no sentido de *senha* militar. *Créneaux*: ameia de fortificação militar, palavra usada pelos soldados para designar as aberturas feitas no parapeito da trincheira, de onde podiam observar ou atirar nos inimigos alemães.
Linha 19: Greet[109] menciona a força melancólica e ao mesmo tempo alucinatória dessa imagem, talvez inspirada no fato de que *pleuvoir* ("chover") e *pluie* ("chuva") eram gírias usadas pelos soldados franceses para se referir aos ataques de obuses e barragens de artilharia.
Linha 20: *Ulisses*: Ítaca. Apollinaire se projeta no herói Ulisses, da *Odisseia*, de Homero, que levou vinte anos para voltar a Ítaca e aos braços de sua amada Penélope.

COMENTÁRIOS 487

O ADEUS DO CAVALEIRO

Escrito em agosto de 1915. Primeira publicação na *Mercure de France*, 1º de julho de 1916. Dois quartetos em octossílabos, com rimas *a b a b / c d c d*. Preservei esquemas métrico e rímico. Nesse caso, preferi omitir as exclamações (seguindo a abolição radical que Apollinaire adotara em seus poemas) e busquei palavras que remetessem à guerra, mesmo que subliminarmente, como re*tiros* (lugar de *longos lazeres* e meditação, mas um inferno auditivo de tiros) e rajadas (podendo ser entendidas como de vento ou de metralhadoras). Notar o jogo temporal que ele opera através do uso de vários tempos verbais num mesmo contexto, e em um poema tão curto: presente, passado perfeito, presente, passado imperfeito etc. Acrescentei *ainda* e *enfim*, na minha solução, resolvendo a rima e acentuando essa marca de temporalidade indeterminada do texto. A guerra acontece agora, no tempo do poema, mas há um recuo ao passado no uso de uma palavra antiquada como *boute-selle* para se referir ao toque de clarim, e ainda uma referência a uma canção humorística militar polonesa do século XVIII (o poeta era russo-polaco). Apollinaire certamente leu o trovador provençal e senhor feudal Bertran de Born (*c.* 1140-1215), famoso por suas canções sobre guerra, amor e política, especialmente pela exaltação dos ideais guerreiros e pela glorificação das batalhas.

Título: Uma das funções de Apollinaire na guerra, nesse período, era a de mensageiro (a pé ou a cavalo), quando as linhas de comunicação eram destruídas. Novamente o poeta opera uma fusão entre os temas da guerra e do amor e da fugacidade de ambos. A surpresa é sempre o efeito pretendido.

Linha 1: *La guerre est jolie*: "a guerra é bonita" é um oximoro, pois combina duas palavras aparentemente opostas. Esse verso, tomado isoladamente, foi usado para acusar o poeta, post mortem, de fazer apologia da guerra, causa de parte do desinteresse por sua obra no pós-guerra. Como defende Laurence Campa, "se há alguma apologia no poema é o da vida sobre a morte". Para ela, é um poema sobre desilusão, nostalgia e a fatalidade do amor, "o oposto de um elogio à guerra".[110] Uma fonte provável é a canção militar polonesa "Jak to na wojence ładnie" [Como é belo na guerra], composta em 1863

488 ZONA E OUTROS POEMAS

pelo conde Władysław Tarnowsk. Outra, "What a Lovely War", canção britânica usada na Guerra dos Bôeres. Ela chegou a dar nome a uma famosa comédia musical, *Oh, What a Lovely War*, de Joan Littlewood (1963), adaptada para o cinema em 1969, com o mesmo título. No Brasil, foi traduzida como *Oh! que delícia de guerra!*. Os críticos não viram o verso de Apollinaire em seu contexto. No poema, ele ironiza a futilidade da guerra e até do amor (ironia encapsulada no trocadilho entre *ah Dieu!* (algo como "bom Deus", "meu Deus") e *Adieu* ("Adeus"). O poema descreve de maneira inédita, como em outras peças de *Caligramas, a guerra enquanto espetáculo*. Porém, a guerra agora está longe de ser considerada uma "colônia de férias", apesar de haver períodos de inatividade e espera entre os ataques. O riso (da amada, da guerra, da curva da estrada?) é um riso nervoso, em reação de choque (penso aqui num riso sob efeito de gás lacrimogêneo).

Linha 3: *Anel*: entre os combatentes, era comum e até um passatempo confeccionar objetos e bijuterias utilizando partes de artilharia. Ver poema "Oráculos".

Linha 5: *Boute-selle*: expressão do antigo francês militar. O toque de clarim que sinaliza ao soldado para colocar a sela e arrear o cavalo.

Linha 7: *Là-bas*: advérbio de lugar: lá, ali, lá longe. Greet observa: "o amante morreu *là-bas*, não em um lugar real, mas em uma *no man's land* indefinida".[111]

O PALÁCIO DO TROVÃO

Enviado a Madeleine Pagès em 11 de outubro de 1915. Primeira publicação em *La Grande Revue*, em 11 de novembro de 1917.

Título: Como o título do poema seguinte, "No abrigo-caverna", o "palácio" refere-se ao abrigo temporário dos soldados e lugar de proteção contra os "trovões" (o impacto das bombas) e as intempéries. Podia ser construído na lateral das trincheiras ou, ainda, a cerca de seis metros de profundidade, com chapas, trilhos de trem, sacos de areia e troncos. De vários tamanhos, podiam abrigar de um a dezenas de com-

COMENTÁRIOS 489

batentes. Os destinados aos oficiais costumavam ser até confortáveis e engenhosos, como parece ser o caso deste "palácio do trovão". Claude Debon identifica, neste e em outros poemas, sobretudo os caligramas, "um processo que os teóricos do imaginário chamam de *gulliverização*, a tendência a miniaturizar os objetos ou elementos do cenário".[112]

Linhas 1-7: *Boyau* (tripa, intestino), gíria dos soldados para "trincheira", construída geralmente em zigue-zague, especialmente a *trincheira de comunicação*, que servia de ligação entre linhas de trincheiras. A imagem reaparece em poemas como "Há", "Desejo" e "Maravilha da guerra". *Craie*: calcário, giz. Em cartas e em poemas Apollinaire faz constantes referências à fragilidade das trincheiras e dos abrigos construídos no terreno poroso e quebradiço da região de Champanhe.

Linha 4: *Pá de olhos reguladores*: numa paisagem desumana, os objetos parecem se humanizar, inclusive a própria trincheira.

Linha 6: Ratos eram uma praga na vida nas trincheiras (as quais, por sua vez, propiciavam um ambiente ideal para a infestação), devorando comida e se alimentando dos cadáveres.

Linha 31: *Melinita*: poderoso explosivo à base de ácido pícrico, usado para obuses, granadas etc.

Linha 32: *Fulminate*: fulminato de mercúrio: explosivo usado em detonadores. *Buracos inclinados*: provavelmente em referência aos canhões.

Linha 34: Referência à arte do bonsai.

Linha 45: Literalmente "Um gosto por antiguidades/ Que aparece nos homens desde os tempos das cavernas". Minha solução visou tornar o verso mais irônico e paradoxal.

Linha 59: *Usure*: nesse verso a palavra é usada para se referir ao desgaste das coisas novas que estão sendo usadas ou à deterioração ao longo do tempo. Usura no sentido de desgaste, corrosão e atrição (efeito do atrito, o desgaste por ele provocado). Lembremos também que a Primeira Guerra Mundial foi uma guerra de atrição por excelência, na qual se desgasta o inimigo até que as perdas de vida e equipamentos o levem a um colapso. Adotei a palavra "atrição", como Greet.

490 ZONA E OUTROS POEMAS

NO ABRIGO-CAVERNA

Enviado para Madeleine Pagès em 8 de outubro de 1915. Primeira publicação em *La Grande Revue*, n. 11 (novembro de 1917). Escrito durante as batalhas de Champanhe dos dias 22 a 25 de setembro de 1915. A composição retrata de forma evidente a exaustão e a desolação geradas por uma guerra que, inicialmente, se esperava ser breve. Como anota Greet, "o poeta tenta melhorar seu estado de espírito através de uma invocação quase alucinatória da amada".[113] As batalhas intensas em Champanhe despertam, em Apollinaire, saudades de Madeleine, sobretudo da vida e do mundo que ficaram para trás. Ele escreve em "Le 10ᵉ Poème secret" [O décimo poema secreto]: "Estalactites das cavernas sombrias onde minha imaginação vagueia com deleite...". Novamente, o tema oscila entre a desumanizante e dura realidade da guerra e o amor. Para Susan Harrow, em "No abrigo--caverna", "o eu-soldado revela a deterioração de sua morada troglodita e, no processo, expõe um sentido de vazio interior e autodissolução".[114]

Título: *Abri-caverne*: termo técnico militar. Abrigo cavado inteiramente na terra, para dar guarida e proteger soldados da chuva e dos bombardeios pesados. Geralmente eram escavados na lateral de uma trincheira. Bem mais difícil de se manter na região de Champanhe devido ao solo calcário, problemas de umidade, erosão e goteiras.

Linha 1: A cena aqui é noturna. Apollinaire está em seu abrigo--caverna no setor 138, provavelmente abrigado com mais camaradas. Ele escrevera a Madeleine em 5 de outubro: "Faz frio, de dia não se pode fazer fogo por causa da fumaça, também não se pode escrever. De noite cada grupo se junta no seu buraco".[115]

Linha 2: A imagem paradoxal do "fogo sólido", segundo Greet, remete ao misticismo e ocorre também no poema "Le brasier" [O braseiro]. O fogo pode simbolizar esperança, purificação, paixão, desejo, renascimento (Fênix), destruição etc.

Linha 4: O solo branco e calcário da região de Champanhe se esfarelava com facilidade, dificultando muito o trabalho nas

COMENTÁRIOS 491

trincheiras, túneis e bunkers. A descrição da situação pre-
cária do abrigo-caverna serve de perfeito exemplo de "cor-
relato objetivo" do estado de espírito de Apollinaire a essa
altura da guerra. Para Eliot, "a única maneira de expressar
emoção na forma de arte é encontrando um 'correlato ob-
jetivo'; em outras palavras, um conjunto de objetos, uma
situação, uma cadeia de eventos que será a fórmula daquela
emoção particular; de modo que, quando os fatos externos,
que devem terminar na experiência sensorial, são dados, a
emoção é imediatamente evocada".[116]

Linha 6: *Estearina*: sebo para fazer sabão ou vela.

Linha 7: Peça de artilharia (Apollinaire era canhoneiro-condutor).

DESEJO

Escrito em 6 de outubro de 1915 e enviado a Madeleine no dia
seguinte. Primeira publicação na revista italiana *La Voce* (31 de
janeiro de 1916) e depois na *La Grande Revue* (n. 11, novem-
bro de 1917). Na véspera do grande ataque às linhas alemãs
em 25 de setembro (Segunda Batalha de Champanhe), o poeta
projeta ou atira seus desejos sobre o campo de batalha.

Linha 5: *Butte du Mesnil*: colina de Mesnil, posição estratégica e
complexo defensivo que estava em poder dos alemães, dispu-
tada ao longo dos quatro anos e quatro meses de guerra tanto
pelos alemães quanto pelos aliados. Nela havia um sistema de
trincheiras com um túnel de trinta metros de profundidade. O
ataque é precedido por um maciço ataque de artilharia.

Linha 16: *Bourguignotte*: borguinhota, espécie de capacete,
parte de uma armadura (e que muitas vezes tinha, além da
proteção facial, uma parte traseira alongada para proteger o
pescoço). Foi usada entre os séculos XV e XVII pelos soldados
e cavaleiros. Inspirou o capacete M15 Adrian usado pelo
Exército francês em 1915.

Linha 19: *Decauville*: nome da locomotiva de trincheira, fabri-
cada pela empresa de mesmo nome, para abastecer as tropas
com armas e suprimentos. Apollinaire usa aqui a metonímia
(a parte pelo todo).

492 ZONA E OUTROS POEMAS

Linha 22: *Main de Massiges*: outra posição estratégica disputadíssima, situada numa pequena colina localizada entre os fronts de Argonne e Champanhe. Seu relevo tem o formato de uma mão aberta. Foi conquistada pelo regimento de Apollinaire em setembro de 1915.

Linhas 24 e 25: *Goethe* e *Nietzsche*: na Primeira Guerra, era comum que as trincheiras recebessem nomes. Nome de duas trincheiras alemãs, destruídas nesse ataque e cujas ruínas existem até hoje.

Linha 29: *Noite de 24 de setembro*: Apollinaire insere a data precisa no corpo do próprio poema (como ocorre em "O pequeno automóvel", "O músico de Saint-Merry", "Um fantasma de nuvens", "Noite de abril de 1915", entre outros).

CANÇÃO DO HORIZONTE EM CHAMPANHE

Enviado a Madeleine em 27 de outubro de 1915. Primeira publicação na revista *Mercure de France*, em 1º de julho de 1916. Poema em versos livres, com rimas ocasionais e com trechos (linhas 6-17 e 48-75) em quartetos octossilábicos com rimas alternadas (*a b a b*), elementos formais que tentei preservar ao máximo.

Título: Champanhe, no norte da França, região famosa por seus vinhos espumantes, foi onde Apollinaire lutou sua guerra. O poema, a princípio, é narrado do ponto de vista do Horizonte (aqui personificado), transformado pela guerra num campo de batalha, terra de ninguém.

Linha 1: *Verruquée*: É como Apollinaire grafa o adjetivo *verruqueux*. A *Euphorbia verrucosa* é uma planta da família das Euphorbiaceae. Numa das cartas a Lou, Apollinaire a chama de *"euphorbe verruquée"*.

Linha 2: Novamente a referência à "invisibilidade" do inimigo.

Linhas 4-10: O Horizonte introduz canções (a do maqueiro ferido, em referência ao poeta e amigo Léo Larguier, ferido no campo de batalha).

Linha 9: Referência bíblica à Terra Prometida.

Linha 10: Referência ao teatro de guerra e aos ataques de armas químicas: aqui, paradoxalmente, o gás lacrimogêneo,

COMENTÁRIOS 493

ao contrário de fazer chorar, faz rir (ver "SP" e "O adeus do cavaleiro"). Possível alusão ao trauma de guerra.

Linha 15: Os poemas escritos no front fazem constantes referências ao solo e subsolo da região, compostos na maior parte de giz calcário, altamente poroso e quebradiço. Isso lhe permite fazer, em outro poema, uma metáfora e personificação: "os lábios brancos" das trincheiras da região de Champanhe (aludindo, por sua vez, às espumas). *Brancura* e as imagens da terra de ninguém como um imenso mar branco (além da referência a bombas e máscaras de gás) remetem ao poema "Oceano de terra". A imagem da máscara de gás surge como símbolo do anonimato da guerra, da "invisibilidade" dos combatentes e do próprio horizonte (era vital ver sem ser visto). O horror da guerra finalmente alcançara o poeta.

Linha 22: *Fantassin*: gíria militar francesa para soldado da infantaria. Do italiano *fantaccino* (por sua vez derivado de *fante*, forma abreviada de *infante*).

Linha 26: *Bleu-horizon*: Azul-horizonte, nome dado à cor do uniforme francês adotado após a Batalha de Marne, em setembro de 1914, substituindo a visibilidade desastrosa das calças vermelhas usadas até então, que tornavam os soldados alvos fáceis para a artilharia alemã.

Linha 30: Apollinaire funde os dois sentidos da palavra numa mesma imagem. *Grenadier* refere-se tanto às árvores de romã quanto aos soldados responsáveis por atirar granadas de mão (chamadas assim pela semelhança com a fruta).

Linha 34: Aviões loiros, ou seja, alemães.

Linha 35: Trocadilho: a palavra "Pavão", em caixa-alta, faz referência aos oráculos, sublinhando a associação entre a deidade moderna e o deus Pã. A imagem pode também ter sido sugerida pelas bombas caindo no campo de batalha e seus impactos na terra, em forma de leque-cauda de pavão. A mesma imagem bela e terrível das explosões como "feixes de centeio" (*gerbes*) ocorre em "Longe do pombal".

Linha 50: A referência a estoico indica que ele não está falando de Zenão de Eleia (filósofo pré-socrático), e sim de Zenão de Cítio (Atenas, 333 a.C.-263 a.C.), fundador da escola filosófica estoica.

494 ZONA E OUTROS POEMAS

Linha 58: *Parse*: integrante do grupo religioso de persas zoroas-
tristas que, na Antiguidade, se estabeleceu na Índia (*Dicioná-
rio Aulete*).

Linha 60: Trocadilho com a etimologia de *fantassin* (infante).

Linha 63: *Cagoule*: capuz, gíria dos soldados para máscara de
gás (pela semelhança com o capuz usado pelos monges me-
dievais).

Linha 70: Refere-se a uma experiência comum entre soldados na
guerra: a sensação de o tempo ter parado misturada à impres-
são de perda da identidade.

Linhas 75-82: Greet chama a atenção para a transição do "ele"
(o soldado) novamente para "eu" (*Moi*), que se refere ao Ho-
rizonte. Para ela o Horizonte, no poema todo, seria uma per-
sona ou "máscara" do poeta.[117]

OCEANO DE TERRA

Escrito na primeira linha do front, em Trou Bricot, entre 19 e
23 de dezembro de 1915. Publicado pela primeira vez na revista
Nord-Sud, de Pierre Reverdy, em 12 de fevereiro de 1918. Dedi-
cado ao amigo e pintor italiano Giorgio de Chirico (1888-1978,
irmão de Alberto Savinio, mencionado no começo da Introdução).
De Chirico teria, como Apollinaire, grande influência nos surrea-
listas. Escrito depois de o poeta ser transferido para as trincheiras
de Champanhe, tem um tom de urgência, uma atmosfera de sonho
ou pesadelo, com o poeta explorando, como sempre, a musicali-
dade das palavras. Preocupação com a segurança, com a urgência
vital do refúgio, presente também em "O palácio do trovão" e
"No abrigo-caverna". Ele vai elaborar aqui a imagem do "mar de
brancas espumas" do poema anterior.

Título: O "oceano de terra" refere-se à *terra de ninguém*, à pai-
sagem ondulada, cheia de crateras e devastada dos campos
de batalha na região de Champanhe. Em carta a Madeleine
o poeta compara a paisagem a um oceano congelado. Tal-
vez ele soubesse que, até cerca de 70 milhões de anos atrás,
toda aquela região havia sido um mar interior que cobrira
a maior parte da França. O solo branco é formado pelos es-

COMENTÁRIOS 495

queletos de microrganismos marinhos e fósseis de moluscos da era secundária e é altamente poroso. Ideal para o plantio de uvas, mas péssimo para uma guerra de trincheiras, túneis e abrigos subterrâneos (ver "O palácio do trovão" e "No abrigo-caverna"). O título é um oximoro ou um paradoxo condensado, fundindo dois elementos contraditórios, mas muito reais para Apollinaire: as trincheiras e a terra de ninguém. Há a sobreposição simultaneísta da paisagem marinha com a paisagem da terra devastada.

Linha 1: O poema é dominado pelas imagens do oceano, cemitério, abrigos subterrâneos e do polvo. Tudo remete, como lembra Greet, ao mar de crateras provocada pelas bombas, a devastação do campo de batalha. Alusão também aos soldados que, ao usarem primeiras máscaras ou capuzes antigás, ficavam com o aspecto fantástico de polvos escalando as trincheiras.

Linha 3: *Poulpes*: o polvo é uma das imagens favoritas de Apollinaire (aparecendo em "Zona"), cujo contato remonta à época em que morou em Mônaco. É assim que ele define o povo em seu *Bestiário*, numa tradução literal: "Ejetando sua tinta no céu/ Sugando o sangue daqueles que ama/ E achando-o delicioso/ Este monstro desumano sou eu mesmo!". Se em *Bestiário* o polvo aparece como um mal-amado, um animal que o aterrorizava desde criança, aqui é transformado em uma imagem assustadora do próprio poeta no front de batalha, como aponta Greet.[118] As menções ao triplo coração, saliva devoradora, bico quitinoso e mortal, tinta negra ejetada como camuflagem, evidenciam o conhecimento de Apollinaire sobre a criatura.

Linhas 5-6: Menção ao abrigo ou toca subterrânea, servindo de proteção contra bombas e artilharia inimiga.

Linhas 10-1: Greet[119] aponta para o trocadilho entre *"ancre"* (âncora) e *"encre"* (tinta), recriado com a solução tinta/retinta.

MARAVILHA DA GUERRA

Escrito em dezembro de 1915. Publicado pela primeira vez em *La Grande Revue* (11 de novembro de 1917). A guerra surge como

496 ZONA E OUTROS POEMAS

um grande espetáculo ou *fantasia* (circo com acrobatas, cabarés com dançarinas, espetáculo astronômico, um banquete).

Título: Apollinaire era um estudioso de tudo o que fosse medieval. A palavra "maravilha" está colada ao seu significado antigo de *mirabilia* (coleção de *coisas admiráveis*, que por sua vez vem de *mirare*, "olhar", "admirar"). Lembremos que o emblema de Apollinaire, adotado em *Bestiário*, era "Eu maravilho".

Linha 5: Uma das coisas mais impressionantes e "modernas" na Primeira Guerra era o espetáculo de bombas e obuses iluminando o céu noturno, possibilitado pelas novas tecnologias bélicas. Comparação entre os foguetes com rabos de cometa e a rainha greco-egípcia Berenice (multiplicada em Berenices), cujo cacho de cabelo teria dado origem mítica à constelação *Coma Berenices*, a Cabeleira de Berenice.

Linha 7: *Surdorées*: "superdouradas", neologismo de Apollinaire, adicionando o prefixo *sur* (sobre, super), assim como ele faz com *surréalisme* e *surmarines* (em "O viajante").

Linha 14: *A giorno*: em pleno dia, em italiano no original.

Linha 16: A imagem da grande carnificina da guerra como um imenso banquete horroroso. Greet nota que as bocas, aqui, são as trincheiras rasgadas na terra e as crateras da *terra de ninguém*. "A imagem da terra como um ogro carnívoro."

Linha 17: Alusão ao relato bíblico da festa sacrílega de Baltazar (Daniel 5, Salmo 137).

Linha 20: *Empireumático*: aquilo em que há empireuma (fumaça acre que escapa das carnes queimadas).

Linha 25: Como Greet observa, "o movimento do poeta pelas trincheiras de comunicação (os *boyaux*) se torna uma fusão íntima com a terra e uma expansão para seus limites externos, marcadamente controlados pelas imagens de água corrente, que sugerem um processo irresistível, natural e pervasivo".[120]

Linhas 30 à última: Novamente Apollinaire anseia atingir, via verso, um estado ou sensação de *ubiquidade*, de estar presente em vários lugares simultaneamente. Uma das especialidades de um de seus personagens, o barão d'Ormesan.

Linha 31: Menção ao mito de Ícaro, recorrente em seus poemas.

COMENTÁRIOS 497

Linha 33: O paradoxal sentido de ubiquidade provocado pela experiência da guerra.

EXERCÍCIO

Enviado a Madeleine em 22 de novembro de 1915, pouco antes de ser promovido a segundo-tenente e transferido para a infantaria. Um dos últimos escritos no front. Poema em octossílabos, composto de três quartetos de rimas alternadas (*a b a b / c d c d / e f e f*). Adotei o verso de nove sílabas e mantive o esquema de rimas.

Título: O título ambíguo se aplica tanto ao exercício e treinamento militar quanto, como se verá nos últimos dois versos, ao treinamento religioso.
Linha 2: *Bombardier*: em português, bombardeiro, artilheiro, lança-bombas.
Linha 11: *Ascese*: do latim *ascesis*, do grego *áskesis*, nome que se dá ao conjunto de exercícios (oração, meditação etc.) que visa o aperfeiçoamento espiritual (no caso, para a morte iminente, que ocorre *enquanto* o poema se desenrola). Relato conciso do front, da perda de qualquer expectativa, da tensão e paranoia constantes, da inevitabilidade da morte numa guerra (os soldados falam do passado porque sabem que não têm futuro). Mudança de perspectiva em relação à guerra, por parte de Apollinaire, menos espetacular e mais sombria.

HÁ

Enviado do front de batalha para a professora de letras e noiva Madeleine Pagès (1892-1965) em 30 de setembro de 1915. Apollinaire tem um poema "irmão" deste, também intitulado "Il y a", que ele enviou para Louise de Coligny-Châtillon (1881-1961) em abril daquele ano. Tendo a anáfora como principal elemento estrutural, a composição pode ser chamada de *poema-lista* ou *poema-catálogo*, na linha do verso bíblico, dos inventários medievais e da poesia de Walt Whitman. Para Vincent Vivès,[121] a composição é uma litania: poema religioso em que a diversidade

do mundo, mesmo em meio à guerra, se traduz em múltiplas associações de ideias, lugares e pessoas. Novamente, observa-se a ubiquidade do "eu lírico", que se supõe estar em vários lugares simultaneamente.

Linha 2: Na Primeira Guerra, *saucisses* (salsichas) era gíria para os balões de observação alemães. De forma alongada, eram usados inicialmente para espionagem. *Asticots* (larvas de mosca): possível alusão aos obuses e foguetes explodindo no céu noturno. Uma imagem, como tantas outras, que exemplifica bem a "estética da surpresa" de Apollinaire.

Linha 3: Os submarinos foram uma das invenções modernas mais bem-sucedidas na Primeira Guerra.

Linha 5: Referente à guerra química (gás mostarda, lacrimogêneo, cloro, fosgênio) e às primeiras máscaras-capuzes, que davam aos soldados um aspecto fantasmagórico, de polvo ou de seres fantásticos.

Linha 6: *Boyaux*: tripas, gíria para trincheiras (pela sujeira e caráter em zigue-zague). *Nietzsche, Goethe, Cologne*: nomes dados às trincheiras pelos soldados, muitas existentes até hoje. Como "Os Cenobitas Tranquilos", cartaz que ele descreve na entrada de um abrigo em "Algodão nas orelhas".

Linha 11: *Vaguemestre, vagomestre*: suboficial do Exército francês, responsável pela correspondência e comunicação de mensagens. A árvore possivelmente alude a um ponto de referência militar. Ele descreve em uma carta a Madeleine (5 de maio de 1915): "Não há uma árvore sem a marca de um estilhaço de obus. Os troncos são quebrados e por assim dizer mascados, como os lápis em meu tempo de colégio".

Linha 12: Azul-horizonte, cor do uniforme do soldado francês. Azul também era a cor favorita dos poetas simbolistas. São constantes as referências ao horizonte nos poemas de guerra.

Linha 16: Possível referência às notícias enviadas do México pelo irmão, Albert.

Linha 17: *Gulf Stream*: Corrente do Golfo. No original, em inglês.

COMENTÁRIOS 499

Linha 22: Nas trincheiras, em uma guerra mais de posição do
que de deslocamento, eram muitos os períodos de inativida-
de e tédio. Muitos soldados faziam os mais inusitados ob-
jetos com o que estava à mão, como o tinteiro feito com a
parte de um foguete que Apollinaire menciona.
Linha final: "a arte da invisibilidade". Esse verso tem um du-
plo sentido para Vivès: refere-se tanto às características das
guerras de trincheiras, onde o inimigo ficava enterrado,
quanto às mais diversas camuflagens e à tecnologia bélica,
suas bombas e canhões, capazes de destruição à distância,
fazendo o inimigo *desaparecer*.[122]

SIMULTANEIDADES

Enviado a Madeleine Pagès em 14 de outubro de 1915. Cinco
quartetos em octossílabos e um quinteto (a última linha fun-
ciona mais como um fecho ou assinatura). Rimas alternadas
(*a b a b*) e sofisticadas.

Longe estão os debates sobre "simultaneísmo" que chacoa-
lharam o meio artístico nos meses que antecederam a guerra
em 1914. Para Greet[123] as "simultaneidades" se referem não
tanto aos efeitos obtidos nos poemas da seção "Ondas", por
exemplo, e mais à simultaneidade da experiência de soldado e
de amante. Os pensamentos projetados ao amor distante (pelo
projetor-holofote do coração) se fundem no "filme" imediato da
guerra acontecendo a seu redor. A presença da luz (sob a forma
de explosões, disparos, raios, farol, refletor) parece remeter à lu-
minosidade e aos padrões circulares das telas do casal Delaunay
(que Apollinaire designou como orfismo).

Linhas 1-3: Há uma possível justaposição, segundo Greet, entre
a imagem dos sons de canhões aos corações dos amantes
batendo, pulsando juntos.
Linha 2: *Vagas* (ondas) e *tempestade*: como os soldados cha-
mavam a aproximação das nuvens dos ataques de gás e as
tempestades de explosões no campo noturno da batalha. Ver
"Algodão nas orelhas".
Linha 3: *A* palavra "ennui" comporta vários sentidos: tédio, can-

saço, exaustão, enjoo, depressão, melancolia. Nas mãos de Baudelaire e dos poetas decadentistas passou a designar, com o substantivo "spleen", o sentimento de futilidade e cansaço da vida. Greet optou por traduzir *ennui* por "cansaço". Optei por "tédio".

Linha 13: *Cagoule*: capuz, como o de monges medievais, gíria dos soldados para designar as primeiras máscaras contra gases asfixiantes: gás de cloro, gás lacrimogêneo e, depois, o terrível gás mostarda, frutos da evolução da tecnologia química.

Linha 17: A nogueira personifica o poeta, como observa Greet,[124] remetendo ao poema "Signo". "Sinto por cada um dos beijos que abandono/ Nogueira que desfolha ao vento as suas dores." Pode remeter também à Madeleine, como uma árvore que não se desgalha. A nogueira era usada pelos druidas como suporte para encantamentos.

Linha 20: *Mésange*: o pássaro chapim-real, cuja plumagem tem as cores amarela, vermelha, azul, negra e branca. Teria origem na África, que é onde Madeleine morava. Denominação comum às aves da ordem dos passeriformes (com mais de 6 mil espécies).

Linha 22: *Cor*: uso aqui uma palavra arcaica para coração. Daí vem a expressão "de cor" (do coração, de memória). Na metáfora bélica-amorosa *projecteur du cœur* temos dois sentidos aqui: refere-se aos holofotes e refletores militares usados no campo de batalha para combates noturnos e também ao projetor, aparelho para projeção de imagens em uma tela. Em português "projetor" cobre os dois sentidos: de holofote e qualquer aparelho de projetar filme, vídeo etc.

Linha 25: *Phare-fleur*: farol-flor. Apollinaire funde duas palavras em uma, separadas apenas pelo hífen. Em português, resulta quase em um anagrama perfeito. Há uma múltipla sobreposição de imagens sugeridas por esses versos: a luz do coração + a luz do farol (o projetor militar) + as luzes do teatro de guerra + a luz dos olhos de Madeleine.

Linha 27: *Tirs*: tiros. Tiroteio: uso a palavra no exato sentido de "fogo de fuzilaria em que os tiros são disparados em quantidade e em sequência".

COMENTÁRIOS 501

Linhas 27-9: Apollinaire faz uma fusão cinematográfica: os clarões no céu noturno (proporcionados pelas bombas, foguetes, sinalizadores etc.) e os brilhos vivazes disparados pelos belos olhos de sua amada.

ALGODÃO NAS ORELHAS

Planejado em 29 de janeiro de 1916, como o poeta revela em carta a Madeleine, o poema foi terminado em 11 de fevereiro daquele ano. Aqui ele abre sua caixa de ferramentas: versos livres, metrificados (oito, sete e dez sílabas) e rimados, caligramas, uso motivado da tipografia e pontuação (exclamação e negrito para explosão, interrogação que pode ser visualizada de várias maneiras, como a fumaça saindo do canhão-megafone), uso de parataxe, descontinuidade, uso de slogan e "jogos no espaço". Há grande cuidado com a sonoridade e com a métrica, o que expõe o desejo de uma estrutura em meio ao caos. Há jogos de palavras, uso de vários tipos de rimas (toantes, homófonas), uso de gírias dos soldados, refrões (*Alô La Truie*). Greet considera "Algodão nas orelhas" "um dos mais ambiciosos poemas de guerra".[125] Apollinaire usa seu arsenal cubo-futurista-simultaneísta para fazer uma colagem que capta o espetáculo sonoro-visual da guerra. O poema também processa, espacialmente, os deslocamentos do poeta-soldado e suas mudanças de posição no teatro de guerra: primeiro na artilharia, na retaguarda, depois na infantaria, se movimentando pelas *tripas* das trincheiras (*boyaux*) até alcançar a primeira linha.

Linha 1: O ponto de exclamação passa a ser, ele mesmo, o ideograma de uma explosão (o poema se refere a "pontos de impacto" na linha 3). Duplo sentido da palavra "ponto": como sinal gráfico (ponto-final) e como local geográfico (um ponto no mapa, um ponto de ataque). Há uma ambiguidade em "*sur le point*" (sobre o ponto) que pode significar também "a ponto de", "prestes a". Greet traduz o verso como "*So many explosives just about to be alive!*" [Tantos explosivos a ponto de estarem vivos!].[126] Álvaro Faleiros traduz: "Tantos explosivos no ponto vital!".[127]

Linhas 3-5: Elas simulam as trajetórias dos tiros ou os rastros de foguetes percorrendo o céu e o campo de batalha. A primeira linha, metalinguística, tem um tom de cobrança ou desafio: é realmente difícil escrever qualquer coisa sob um bombardeio.

Linha 5: *Omégaphone:* a própria palavra, com o uso de tipos decrescentes, forma a imagem do megafone (e, por que não, de um canhão). O megafone era usado, em meio aos combates ensurdecedores, para passar ordens e comandos. O ômega (que significa "grande O", letra final do alfabeto grego), também simboliza a morte e o renascimento para Apollinaire.

Allô La Truie: "Alô, La Truie?". Esse refrão é repetido sete vezes pelo telefonista militar, que tenta chamar o setor localizado no bosque chamado La Truie [A Porca], entre Mesnil-les-Hurlus e a Main de Massiges, atrás das trincheiras francesas.

Os Cenobitas Tranquilos: durante a Primeira Guerra era comum os soldados colocarem placas e tabuletas para localização nas trincheiras e na entrada dos abrigos subterrâneos. O poeta comenta, em carta a Madeleine, os nomes exóticos e engraçados de muitas delas. "Cenobita": do grego *koinós* (comum) + *bios* (vida), "o que vive em comunidade", origem do latim *coenobium* (convento, mosteiro). Um monge, portanto. Aqui a palavra é usada tanto em relação à vida comunitária das trincheiras quanto à castidade forçada imposta aos soldados. Ele faz um trocadilho intraduzível entre *Les cenobites tranquilles* e *Laissez nos bites tranquilles* ("Deixe nossas picas em paz") que, segundo Greet,[128] traduz a mesma ideia mas em gíria vulgar militar. Lembra os títulos trocadilhescos das obras de seu amigo Marcel Duchamp.

Primeiro quarteto: *Do norte:* ou seja, vinda do setor alemão.

Coquelicot: flor vermelha da família da papoula, de propriedades soníferas, emblema de serenidade e paz. Palavra que vem de *coquerico*, depois *cocorico*, onomatopeia (voz imitativa do canto do galo) associada à cor da sua crista. Como a flor tem facilidade para germinar em qualquer solo revirado e calcário, ela acabava brotando nas terras devastadas pela guerra. Passou a simbolizar o "sono eterno" dos soldados mortos nos campos de batalha da Primeira Guerra Mundial.

COMENTÁRIOS 503

Coquelicot também era gíria dos soldados para designar os
recrutas, durante a guerra. Os egípcios costumavam espa-
lhar pétalas de papoula nos túmulos para garantir aos mor-
tos um sono tranquilo e eterno.

Coco: gíria para cabeça (cuca, cachola, coco).

Tacot: gíria usada entre as tropas argelinas e coloniais para
aguardente.

Phonographes: os fonógrafos aqui estão silenciosos, talvez por
serem incapazes de registrar e gravar a realidade dos ata-
ques.

Échelon: escalão. Termo militar. Segundo o *Dicionário Aule-
te*, "cada agrupamento de uma tropa que ocupa certo lu-
gar numa formação diante do inimigo (um mais avançado,
outro a segui-lo etc.), de modo a se apoiarem e sustenta-
rem". Nessa estrofe, Apollinaire descreve a agitação caóti-
ca do escalão, as "flores de fogo" cuspidas sem parar por
sua bateria. Enquanto bombas alemãs "estrebucham" como
"sóis-anões", os artilheiros alimentam incessantemente os
canhões com novos cartuchos, como se estivessem "com
sede". O de 75 milímetros, operado por Apollinaire, dava
vinte a 28 tiros por minuto.

Estrela do Benim: condecoração colonial dada aos veteranos
da guerra na África, associada, na linha seguinte, às "latas
de *macaco*" (ver próxima nota). Pode ser uma referência
a Picasso, que é retratado em *O poeta assassinado* como
L'Oiseau du Bénin [O Pássaro do Benim].

Boîte à singe: literalmente, lata de macaco ou *macaco na lata*.
Gíria dos soldados franceses para a carne de boi cozida e
enlatada ou em caixas que às vezes eram distribuídas às
tropas. "Macaco" pelo exotismo da carne enlatada em ge-
latina. *Boîte de singe* também era gíria dos soldados para
as bombas de grosso calibre lançadas por morteiros de 77
milímetros.

Laid. Lait: trocadilho (paronomásia) entre *laid* (feio) e *lait* (de
leite, irmão de leite).

D'siré: Desirê significa "a querida" ou "a desejada" e vem do
latim *Desideratus*. Greet traduz esse fragmento enigmático
como "*M'love*" [M'amor]. Para ela, Apollinaire estaria imi-
tando a pronúncia popular do nome supostamente cristão

Désiré. Álvaro Faleiros adota "D'sire" e dá nota: "expressão irônica cunhada a partir de *sire*, *sir*, do inglês".[129]

Caligrama da *chuva*: Lembremos que *chuva* também era gíria dos soldados para os ataques de artilharia inimiga. A passagem remete ao seu famoso caligrama "Il pleut", com os versos imitando a chuva caindo, agora vista de dentro de um abrigo. Curiosamente, as linhas também podem sugerir uma visão aérea das trincheiras.

Elefantes-para-balas: Apollinaire funde o mundo natural ao bélico: a imagem de um elefante (que remete à África) com os parapeitos das trincheiras, feitos de sacos com terra, areia.

Pão de Gênova ou *bolo genovês*: é um bolo doce, provavelmente um presente enviado por Madeleine ou um amigo. Apesar do nome italiano, teria sido inventado pelo chef parisiense Fauvel, em 1840.

"Autour de roues heure à corrir/ La baleine a d'autres fanons/ Éclatements qui nous fanons": a imagem aqui é enigmática, como atesta Greet e outros tradutores, devendo ser compreendida na tendência geral dos poemas de Apollinaire animalizarem a guerra. Chama a atenção a sequência alucinatória de rimas nessa passagem: *sans nom/ canons/ fanons/ fanons/ fanions*. O verso "A baleia tem outras barbas" refere-se, para Greet, ao efeito visual da barragem de artilharia inimiga no céu noturno. No caligrama da chuva ele fala de "soldados cegos" (pelos gases) entre "cavalos de frisa" (os cavaletes com arame farpado usados como obstáculos) sob uma "lua líquida de Flandres". Jérôme Janczukiewicz e Nathalie Lefoll[130] creem que aqui ele está evocando o efeito visual dos *raios das rodas* dos veículos de artilharia (transportando canhões) e que estão em movimento (enquanto atravessam poças de água sob a chuva). Os raios são comparados às "barbas" de uma baleia (as lâminas córneas que revestem as mandíbulas dos cetáceos). "Os raios das rodas, parcialmente submersos, podem evocar as bocas das baleias com suas barbas." Outra leitura sugere que tanto a baleia quanto os fusíveis das ogivas têm furos chamados "respiradouros". No caso dos obuses, o respiradouro tem a função de deixar o ar passar para ajudar na combustão dos fusíveis detonadores.

COMENTÁRIOS 505

As "barbas" seriam os estilhaços dessa "ogiva-baleia".
Pode se referir ainda, visualmente, à régua de medição que
se localiza abaixo do respiradouro da ogiva do foguete ale-
mão Dopp Z 92.
Últimas linhas: Uma observação banal é seguida do anúncio de
uma *onda* de gás alemã (*vague*) se aproximando e a ordem
para que todos se protegessem nas *cavernas* (além de se re-
ferir aos abrigos-cavernas, *cave* também é nome para adega
subterrânea, na região de Champanhe).

CARTÃO-POSTAL

Poema-cartão-postal enviado a André Rouveyre em 20 de agos-
to de 1915. Um sexteto composto em octossílabos com esquema
de rimas alternadas (*a b a b a b*). O estilo telegráfico e conciso
mimetiza o sentido de urgência, num registro críptico da efeme-
ridade da vida em meio à guerra. Esse poema ecoa um trecho
de seu livro *Meditações estéticas*, publicado em 1913: "Em vão,
estica-se o arco-íris, as estações do ano palpitam, as multidões
precipitam-se rumo à morte, a ciência desfaz e refaz o que existe,
os mundos se distanciam para sempre de nossa concepção, nossas
imagens móveis se repetem ou ressuscitam sua inconsciência e as
cores, os odores, os ruídos que ouvimos nos surpreendem, depois
desaparecem da natureza".[131]

LEQUE DOS SABORES

Composto de cinco caligramas, um para cada sentido huma-
no: visão, audição, paladar, olfato e tato. Mais um exemplo do
quanto o simbolismo e a ideia de sinestesia (sensações simul-
tâneas) continuaram impactando sua poesia lírica modernista.
Caligrama elíptico e intrigante, cheio de alusões eróticas e per-
mitindo duas ou mais leituras. Tomando os elementos isolada-
mente, temos: *pistola Browning*, *lago ou atol*, *pássaro sem rabo*,
boca humana e um *peixe nadando*. Tomado como um todo,
num golpe de vista, temos a sugestão visual de uma face (des-
construída à maneira cubista e remetendo à *art nègre*): *cabelo*,

olho, nariz, orelha e *boca.* Outras alusões visuais são possíveis, pondo em questão a origem tautológica (A=a) dos poemas visuais (*carmina figurata*). O leitor é convidado a recriar o poema e a tentar ver, simultaneamente, as relações que as várias "ilhas de texto" estabelecem umas com as outras. Apollinaire reconhecia essa diferença estrutural de seus caligramas: ao contrário das "figuras solitárias" que vemos na tradição dos *carmina figurata* de Rabelais (século XVI) e Panard (século XVIII), explica Apollinaire, "as relações entre as figuras justapostas em meu poema são tão expressivas quanto as palavras que as compõem, e isso, acho, é uma nova invenção".

Caligrama 1: *Brownings*: pistolas da firma belga Herstal. O modelo 1910 seria justamente o usado no Atentado de Sarajevo, em 28 de junho de 1914, que deu origem à Primeira Grande Guerra. Alusão óbvia ao falo, à virilidade da guerra. "Singulares" expressa os sentidos de "únicos", "raros", "fora do comum", "surpreendentes" e "expressivos".

Caligrama 2: *Attols* (atóis): atol, como explica o *Dicionário Aulete*, é um "grupo circular de ilhas, em forma de coroa fechada ou não, com uma lagoa ao centro e constituído de corais que se juntaram sobre a boca de antigos vulcões marinhos". Outras alusões visuais: um olho e o canto lacrimal ("lagos versicolores" + minicaligrama feito com o D maiúsculo), um peixe, uma cratera aberta na *no man's land* (terra de ninguém, descrita como "atóis singulares de guerra" em "Le troisième poème secret") e, ainda, o sexo da amada (o púbis de Madeleine é comparado a um recife de coral em "Deuxième poème secret"). Ver "Oceano de terra".

Caligrama 3: Um *pássaro sem rabo*: para Greet,[132] a metáfora esconde uma piada de cunho sexual: "*queue* é uma gíria comum para pênis, portanto colocar um rabo em um pássaro é uma óbvia menção ao ato sexual".

Caligrama 4: No primeiro esboço desse poema a forma de um *leque* ficava mais evidente. Na versão final, o caligrama se torna mais ambíguo, pois sugere o formato de uma *boca aberta* e, pelo fato de estar levemente inclinado, o desenho de uma *orelha*.

Caligrama 5: Uma *boca*: novamente, buscando efeitos de sines-

COMENTÁRIOS 507

tesia, o caligrama se refere à "audição". A boca tem papel predominante nesse poema, a partir do título, pois remete ao paladar, ao sabor, mas também ao amor e à linguagem (a fala). *Aloês*: segundo Greet,[133] alusão à planta *aloé* (babosa, de formato fálico), que consta nos Salmos da Bíblia e é mencionada[134] por suas propriedades sensuais. *Mirliton*: tipo de flauta de som anasalado (kazoo); pessoa que toca esse instrumento. *Vers de mirliton*: diz-se de versos considerados ruins. Tanto a referência à pistola, à babosa e ao kazoo podem ter significados ocultos, possivelmente eróticos (segundo Greet,[135] o caligrama sugere, novamente, uma genitália feminina). Provável reminiscência da pintora Marie Laurencin, que gostava de divertir seus convidados tocando kazoo.

RECORDAÇÕES

Escrito em 10 de março de 1916. Publicado na revista *SIC* (*Sons, Idées, Couleurs, Formes*), n.7, julho de 1916. Poema em versos livres, formado por três tercetos, um quarteto e um dístico, cada um apresentando um quadro ou cena. Flashes do cotidiano, reminiscência dos vilarejos visitados pelo poeta no front, com as pessoas tentando tocar a vida apesar dos horrores da guerra. Imaginado primeiramente como parte de uma série de poemas curtos, que ele chamou de "inscrições" e "pequenos poemas para pintores". Segundo Greet, uma das composições enviadas a Madeleine Pagès depois de um período sem notícias. "O regimento de Apollinaire estivera na linha de frente por mais de dois meses, engajado em manobras intensivas e longas marchas de um setor para outro".[136]

Linhas 1-3: *Niègres*: para Greet, Apollinaire explora aqui os sentidos da palavra "negro" em francês (e em português): o que se refere ao "preto" (cor) e à "raça negra", numa alusão ao Continente Negro (África) e ao "primitivismo mágico" do pintor e amigo Rousseau, segundo Greet[137] (imagem da floresta). Os lagos negros são contrapostos à camiseta (branca) da civilização europeia. Podem sugerir uma descri-

ção metafórica da face de Madeleine: os olhos (dois lagos negros), entre a cabeleira negra (uma floresta) e o sorriso (uma camiseta branca que seca). Os três primeiros versos sugerem a estrutura (montagem, justaposição) e concisão do haiku japonês.

Linhas 4-5: *Harmonium*: harmônio, pequeno órgão de igreja. Em uma carta para Madeleine, Apollinaire descrevera a catedral de Reims parcialmente destruída e uma igreja que visitou, onde havia um órgão entre os escombros.

Linha 5: Trocadilho com a homofonia de *d'yeux* (de olhos) e *Dieu* (Deus). Tomei a liberdade de duplicar o efeito na tradução.

Linha 8: A *bouillotte* era um aquecedor antigo de metal, em formato bojudo ou cilíndrico, usado para aquecer água, os pés ou a cama. Muitos deles eram fabricados no formato de uma garrafa térmica usada pelos soldados. A *bouillotte* antiga era uma garrafa de cobre, cilíndrica e tubular, com tampa de latão. Algumas eram em esmalte azul-horizonte e com tampa dourada. Por isso, pode estar sugerindo um soldado francês morto na trincheira e de onde sai um rato. Ou a *bouillotte* pode estar, ainda, aquecendo os pés da velhinha descrita na linha 7.

Linha 9: Imagem da morte. Corpos apodrecendo nas trincheiras ou nos vilarejos destruídos, sendo comidos por ratos, era uma visão cotidiana para os soldados.

Linhas 10-3: Greet[138] aponta que essas linhas ilustram a "estética da surpresa" desenvolvida no ensaio "O espírito novo e os poetas": a justaposição dos aspectos incongruentes e inesperados da vida.

CAVALOS DE FRISA

Enviado para Madeleine no dia 18 de novembro de 1915. Escrito na "seção 149", ao sul de Trou-Bricot, depois de uma batalha em que ocuparam antigas posições alemãs. Publicado em *La Grande Revue*, n. 11, novembro de 1917. Para Greet,[139] "um dos exemplos mais desenvolvidos do uso de poesia amorosa não para escapar da realidade da guerra, mas como um

COMENTÁRIOS 509

meio de investi-la de significado, com o poeta mantendo o controle sobre ela". A experiência da guerra transformada em linguagem. Greet e Davies identificam, pelo tom de súplica e de êxtase, a influência dos Salmos e do Cântico dos Cânticos, da Bíblia.

Título: os cavalos de frisa (literalmente "cavalos da Frísia", região no norte dos Países Baixos) são obstáculos de madeira, estruturas móveis e portáteis, assim chamados por lembrarem um cavalete. Os frísios lutavam basicamente com cavalos. Os "cavalos de frisa" eram originalmente usados para deter o avanço da cavalaria inimiga. Podia ser utilizado junto com arames farpados, para deter o avanço da infantaria. Como o poeta relata em carta a Madeleine, havia nevado no dia 14, e a neve ainda cobria a "terra de ninguém" e as trincheiras.

Linha 19: Apollinaire faz um trocadilho entre *barbes* (berbere, barbo, raça de cavalos da Berbéria, região costeira do norte da África que abrange Marrocos, Argélia, Tunísia e Líbia) e *barbelés* (farpados). Tentei manter o jogo verbal. *Farpo*: armado com farpas, dentes ou pontas.

Linha 25: *Roselys*: rosalis, ou rosalírio, além do sentido esotérico, era a gíria que os soldados usavam para a baioneta. *Panthère/Toutefleur*: Apollinaire cria epítetos para Madeleine a partir de um jogo de palavras: pantera e *Pan* (tudo, completo) + *anthéros* (florido). *Antera* (botânica) também é a parte final do estame de uma flor. Além disso, o trecho parece fazer referência à enciclopédia de Brunetto Latini, em que ele descreve o perfume da pantera, que era capaz de inebriar todos os animais da floresta, atraí-los e comê-los. Há um conto de Balzac, "A paixão no deserto" (1830), em que um soldado se perde, entra numa gruta e encontra uma pantera, que acaba se apaixonando por ele.

Linha 30: *Paraclet*: Paráclito ou Paracleto (grego: παράκλητος — *paráklētos*; latim: *paracletus*): "aquele que consola ou conforta; aquele que encoraja e reanima; aquele que revive". O Espírito Santo, no cristianismo.

COMANDANTE DE PELOTÃO

Escrito entre 17 de outubro de 1915 e março de 1916. Portanto, o poema foi terminado quando Apollinaire estava na primeira linha do front, em Reims ou em Bois de Buttes. Publicado pela primeira vez em 11 de novembro de 1917 na *La Grande Revue*, n. 11 (novembro de 1917). Como em "Il y a" ("Há"), a estrutura anafórica remete ao estilo dos Salmos, da Bíblia. O uso da enumeração dá um efeito de "devoção extática".[140] Apollinaire escreve para Madeleine: "O horror trágico, horrível, obscuro das batalhas corpo a corpo nas trincheiras e as crateras de bombas aumentam minha voluptuosidade por você". O poeta trabalha com imagens religiosas, bélicas e eróticas.

Chef de section: no Exército francês, a seção era uma subdivisão de uma companhia, o equivalente a um pelotão.

Linha 1: *Géhenne*: Geena, *Geh Ben-Hinom*, literalmente "Vale do Filho de Hinom". Em português, como em francês, palavra de origem hebraica que significa Inferno. A visão do poeta transforma a *terra de ninguém* no vale de Hinom (nos arredores de Jerusalém), que era originalmente usado como depósito de lixo e cadáveres de animais e, ainda, de pessoas consideradas indignas.

Linhas 9-10: Entre as máscaras ou personas favoritas de Apollinaire estavam a do encantador, do mágico e do demiurgo.

Última linha: Apollinaire interrompe o discurso, como observa Greet: "o efeito estrutural mais inteligente é o que é trazido pela última linha, por dar a todas as linhas anteriores o status de pensamentos correndo na mente do poeta enquanto ele se prepara para o ataque".[141]

TRISTEZA DE UMA ESTRELA

Escrito em abril-maio de 1916, quando estava convalescendo no Hospital do Governo Italiano para os Feridos da Guerra Francesa, anexo ao hospital Val-de-Grâce, em Paris, segundo anotou no manuscrito. Publicado pela primeira vez na plaquete *Six poèmes*, 24 de novembro de 1916. Um dos poemas mais célebres de *Cali-*

gramas. Três quartetos em alexandrino clássico ou francês. Respeitei a métrica (mas não as tônicas) e o esquema de rimas: *a b a b / c d c d / e f e f*. Ao lado de "Chant de l'honneur" ("Canto de honra"), primeiro poema escrito por Apollinaire depois de chegar muito perto da morte. Às quatro da tarde de 17 de março de 1916, enquanto lia a revista *Mercure de France* na sua trincheira em Bois de Buttes, perto de Berry-au-Bac, foi ferido por estilhaços de um obus de 150 milímetros. Alguns fragmentos furaram seu capacete e deixaram um ferimento em formato de estrela em sua têmpora direita. O poeta foi afastado e sofreu várias operações. Foi enviado para Paris, onde teve de ser trepanado (para retirar fragmentos do crânio) no dia 9 de maio. Uma semana antes, ele se casara com uma enfermeira, Jacqueline Kolb (ver "A ruiva bonita"). Greet vê no poema uma pista de que Apollinaire temia que a trepanação e a convalescença tivessem diminuído seus poderes poéticos. De todo modo, em carta à Madeleine, de 7 de maio, ele dizia que não se sentia mais a mesma pessoa.

Linha 1: *Minerva*: deusa romana da razão, da sabedoria, das artes e da guerra, equivalente à Atena dos gregos. Minerva teria nascido da cabeça de Júpiter, já completamente armada, depois deste sofrer um golpe desferido por Vulcano, deus do fogo, para que se realizasse o parto, iniciado por uma terrível dor de cabeça. Poeticamente, liga-se à árvore de Minerva ou Palas, a oliveira que essa deusa deu à luz. *Minerve* também é o aparelho ortopédico que mantém a cabeça alinhada no caso de traumatismo, usado por ele no período pós-operatório. Novamente, mais uma palavra que se abre para mais de um significado, e onde mito e vida íntima se unem (com o poeta no papel de Júpiter).

Linha 2: A imagem das estrelas, em sua obra, anota Greet, remete tanto aos bombardeios noturnos quanto simboliza o destino (os astros como controladores de nossos futuros).

Linha 3: *Raison*: a referência à razão, ou à passagem da juventude para a idade da razão, a maturidade, sobretudo depois de uma experiência traumática (a prisão, um amor fracassado, a guerra).

Linhas 9-12: Greet considera que o quarteto final deve ser lido mais como expressão amorosa do que meramente patriótica.

"Ardente" é palavra-chave em Apollinaire, e aqui refere-se tanto à bravura do soldado quanto ao desejo de uma musa, alguma forma de epifania amorosa. No romance *La Femme assise* (*A mulher sentada*, só publicado em 1920, postumamente), ele escreveu: "Doce poesia! A mais bela das artes! Você que, despertando em nós o poder criativo, nos aproxima da divindade, as decepções não amortecem o amor que tenho por você desde minha infância! Até a guerra aumentou o poder que a poesia tem sobre mim, e é graças a ambas que o céu agora se funde em minha cabeça estrelada".[142]

VITÓRIA

Publicado na *Nord-Sud* em 15 de março de 1917. Escrito especialmente para o primeiro número da revista do poeta Pierre Reverdy. Poema em versos livres, sendo um dos últimos escritos por Apollinaire. Aqui, ele delineia, como em "A ruiva bonita", um *poema-manifesto* pela renovação da linguagem poética. Notar o uso da técnica da "linha flutuante" (usada com maestria pelo Mallarmé do "Um lance de dados"). A indeterminação sintática, dada pela abolição da pontuação, impregna o poema de uma atmosfera de sonho. Greet[143] chama a atenção de como, novamente, ele antecipa o surrealismo ao fundir sonhos e memórias, sendo capaz de captar vários níveis de consciência (o que a mente observa, o que é sonhado, ou um comentário analítico e objetivo). Outro predecessor dessa prática de justaposições inusitadas seria o uruguaio Isidore Ducasse, o conde de Lautréamont (1846-70), em sua famosa descrição de um garoto "belo como o encontro fortuito de um guarda-chuva e uma máquina de costura sobre uma mesa de dissecação". A ausência de pontuação certamente potencializa a fusão desses níveis, às vezes numa mesma linha (1-2), além de dar dinamismo ao texto. Se nos caligramas Apollinaire propõe uma poesia visual, espacial e sinestésica, aqui ele expressa, com ironia, o desejo de incorporar todos os sons humanos (tosses, risadas, espirros, gaguejos, peidos, soluços etc.), questionando a prioridade do sentido sobre o som (ele fala de uma língua fora do alcance dos gramáticos).

COMENTÁRIOS 513

Linhas 3-5 e 19-20: Como em "Zona", "Crepúsculo" e "Árvore" reaparece o tema dos cegos, aqui fundido no mito de Ícaro. Este, por sua vez, associado aos santos e aos modernos aviadores, como ele faz frequentemente em sua poesia.

Linha 7: *Diamant qui parle*: diamante falante, referência a Jacqueline Kolb, última mulher de Apollinaire e cujo apelido era Ruby.

Linha 10: *Saint-Claude*: povoado francês localizado na cordilheira do Jura, na fronteira com a Suíça, famoso no século XIX como centro mundial de cortadores de diamantes e pedras preciosas. Apollinaire visitou a região em junho de 1912, acompanhado dos pintores Picabia e Duchamp.

Linha 19: Instituto de Jovens Cegos, fundado por Valentini Haüy (1745-1822) para promover, dar dignidade e educação para jovens deficientes visuais. É mencionado aqui em uma crítica velada ao capitalismo, ao mercantilismo das instituições. O jovem cego de asas seria, para Greet, uma imagem para o Amor (possivelmente Dédalo também). Nesse trecho há possível alusão ao seu amigo, o pintor Giorgio de Chirico, que escreveu: "você só pode ver de olhos fechados" (lema retomado depois pelos surrealistas). Alusão a cegos visionários, como Homero. Ecos do segundo verso do poema "Árvore": "Onde estão os cegos onde se meteram".

Linhas 21-62: Esse trecho, matéria de debates, toca na questão da linguagem, da necessidade de romper com a sintaxe tradicional, da busca por novas formas e vocabulários poéticos. Apollinaire expressa uma posição algo ambígua sobre o cinema (novidade então recente), sobre os experimentos com poesia sonora da época e sobre os limites do experimentalismo verbal.

Linhas 29-59: Referência, com um leve toque de ironia, às experiências da vanguarda com poesia sonora, como o ruidismo e o bruitismo dos futuristas italianos (Carrà, Marinetti), o zaum da vanguarda russa, ou ainda aos dadaístas, que estavam chegando à cena literária parisiense.

Linha 31: *Postilhões*: a palavra significa "mensageiros", mas, pelo contexto, está mais próxima do sentido de "lançar perdigotos" (*"lancer des postillons"*), gotículas de saliva projetadas ao falar.

514 ZONA E OUTROS POEMAS

Linhas 46-51: Apollinaire convida-nos a nos surpreender e
amar as invenções recentes (o que ele chamava de "a beleza
nova"), porque, em breve, ninguém o faria, elas "sairiam
de moda" ou seriam substituídas por outras.

Linha 62: *Myrtaie*: cunhagem de Apollinaire, bosque de murta
(plantas com flor, da família das Myrtaceae). Na mitologia
grega, a murta era consagrada a Afrodite.

Linha 63: *Éros et Antéros*: título de uma história escrita por
Apollinaire. Trecho hermético. Eros, deus do amor, reme-
te ao jovem cego das linhas 3, 19 e 20, para Greet, assim
como sua figura antitética, Anteros ("vingador do amor
desprezado", segundo Plínio, em seu livro *História natural*.
Anteros era também o nome de uma pedra preciosa (ima-
gem que remete, por sua vez, ao "diamante murmurante"
ou "rubi falante" da linha 7).

Linhas 89-93: Novamente, Apollinaire funde guerra (que ain-
da prosseguia) e a vanguarda poética (o espiritonovismo).

A RUIVA BONITA

Publicado no jornal *L'Éventail*, em 5 de março de 1918. Con-
siderado o poema-testamento de Apollinaire. Ele voltara da
guerra e encontrara uma nova geração de artistas tomando a
cena poética (ver "Vitória"). Como no ensaio "O espírito novo
e os poetas" (1917, publicado em 1918), aqui ele propõe uma
renovação da vida e da linguagem. Observa Jorge Luis Borges:
"Num tipo de salmo — cuja dicção confidencial e patética trai
seu débito com Whitman — Apollinaire separa os escritores en-
tre aqueles que prezam a Ordem e os que têm fome de Aventura
e, depois de se incluir entre os últimos, pede para ser perdoado
por seus pecados e erros". No mesmo artigo em que comenta
o poema, Borges chega à conclusão de que Ordem e Aventura
não eram opostas, e sim aspectos diferentes da experiência hu-
mana.[144] A discussão tem origem já na Antiguidade, mas reper-
cute na França (século XVII) com a famosa Querela dos Antigos
e Modernos. O filósofo Bernardo de Chartres (1130-60), na
comparação de seus contemporâneos com os antigos, afirmava:
"Nós [os modernos] somos comparáveis a anões montados so-

COMENTÁRIOS 515

bre os ombros de gigantes [os antigos]: vemos, portanto, mais coisas do que eles viram e vemos mais longe do que eles. Qual a razão disso? Não é nem a acuidade do nosso olhar, nem a superioridade da nossa altura, mas porque somos transportados e elevados pela alta estatura dos gigantes".[145]

Título: A "ruiva bonita" é Emma Louise Kolb (1891-1967). Também conhecida como Jacqueline (Apollinaire a chamava de Ruby), era uma enfermeira francesa com quem o poeta se casara em maio de 1918, pouco antes de morrer de gripe espanhola. Ao mesmo tempo que é um poema de amor, é uma peça que tematiza a linguagem. Em uma Europa devastada por uma guerra que já durava quatro anos, ele lança uma convocação aos artistas do século XX, para que busquem não a destruição do passado, e sim um equilíbrio, ou uma síntese criativa, entre o que ele chamava de Ordem e Aventura: tradição e inovação. Como nota Greet, "aqui Apollinaire lança mão do estilo fluente, discursivo e imediatamente acessível que constitui um dos polos de seu modernismo".[146] O poeta assume uma postura claramente pública, julgando, mas também submetendo-se ao julgamento de sua audiência. Para precedentes desse poema ver "Sobre profecias", "No abrigo-caverna" e "Maravilha da guerra".

Linhas 20-30: "O desejo de dominar o tempo e manipulá-lo à sua vontade, assim escapando de seu fluxo inexorável, é um ímpeto central em sua obra", lembra Greet.[147]

Última linha: Alusão ao miserere, "Tende piedade de mim", dos Salmos da Bíblia.

Notas

1. Guillaume Apollinaire, *Zone: Selected Poems*. Trad. de Ron Padgett e intr. de Peter Read. Nova York: New York Review of Books, 2015, p. 145.

2. Ibid., p. 245.

3. Pär Bergman, *"Modernolatria" e "Simultaneidade"*. Trad. de Júlio Bernardo Machinski. Joinville: Clube de Autores, 2018, p. cxxi.

4. Apud Guillaume Apollinaire, op. cit., p. 246.

5. Ibid.

6. "*C'est le pays des oiseaux/ L'oiseau du paradis, l'oiseau- -lyre/ Le toucan, l'oiseau moqueur/ Et le colibri niche au cœur des lys noirs/ Viens!*". Disponível em: <lyricstranslate.com/en/prose-du-transsib%C3%A9rien-et-de-la-petite-jehanne-de-france-trans-siberian-prose-and-little-jeann. html>. Acesso em: 2 jan. 2021.

7. Martin Sorrell, "Explanatory Notes", em Guillaume Apollinaire, *Selected Poems*. Trad., intr. e notas de Martin Sorrell. Oxford: Oxford University Press, p. 263.

8. Apud Bolivar Torres, "Guillaume Apollinaire: A aurora modernista". *O Globo*, 16 nov. 2013. Caderno Prosa. Disponível em: <blogs.oglobo.globo.com/prosa/post/guillaume-apollinaire-a-aurora-modernista-515273.html>. Acesso em: 14 fev. 2021.

9. Filippo Marinetti, apud Francis J. Carmody, *The Evolution of Apollinaire's Poetics, 1901-1914*. Berkeley: University of California Press, 1963, p. 56.

10. Michel Décaudin, *Alcools de Guillaume Apollinaire* (*Essai et dossier*). Paris: Gallimard, 1993, p. 220.

11. "A única maneira de expressar emoção na forma de arte é encontrando um 'correlativo objetivo'; em outras palavras, um conjunto de objetos, uma situação, uma cadeia de eventos que será a fórmula daquela emoção particular; de modo que, quando os fatos externos, que devem terminar na experiência sensorial, são dados, a emoção é imediatamente evocada." Disponível em: <pt.qaz.wiki/wiki/Objective_correlative>. Acesso em: 2 dez. 2020.

12. Guilherme de Almeida, *Poetas de França*. São Paulo: Babel, [s.d.].

13. Guillaume Apollinaire, *Alcools*. Trad. de Anne Hyde Greet e pref. de Warren Ramsey. Berkeley: University of California Press, 1974, p. 224.

14. Francis J. Carmody, op. cit., p. 28.

15. Gérard H. Goutierre, "Looking for Miss Playden". *Les Soirées de Paris*, 5 jan. 2021. Disponível em: <lessoireesdeparis.com/2021/01/05/looking-for-miss-playden/> Acesso em: 20 jan. 2021.

COMENTÁRIOS 517

16. Laurence Campa, *Guillaume Apollinaire*. Paris: Gallimard, 2013, p. 123.

17. Guillaume Apollinaire, *Alcools*, op. cit., 1974, p. 226.

18. Id., *Alcools*, Trad. de Anne Hyde Greet e pref. de Warren Ramsey. Berkeley: Berkeley University Press, 1965, p. 227.

19. Filippo Tommaso Marinetti, *Le Monoplane du pape: Roman politique en vers libres*. Paris: Bibliothèque Internationale d'Éditions E. Sansot & Cie, 1912, p. 272.

20. Guillaume Apollinaire, *Alcools*, op. cit., 1965, p. 230.

21. Martin Sorrell, "Introduction", em Guillaume Apollinaire, *Selected Poems*, op. cit., p. xviii.

22. Guillaume Apollinaire, *Alcools*, op. cit., 1965, p. 230.

23. Ibid., p. 231.

24. Ibid.

25. Guillaume Apollinaire, *Zone: Selected Poems*, op. cit., 2015, p. 243.

26. Id., *Alcools*, op. cit., 1965, p. 223.

27. Ibid., p. 246.

28. Ibid., p. 263.

29. Ibid., p. 264.

30. Ibid., p. 278.

31. Ibid., p. 279.

32. Susan Harrow, *The Material, the Real, and the Fractured Self: Subjectity and Representation from Rimbaud to Réda*. Toronto: University of Toronto Press, 2004, p. 70.

33. Guillaume Apollinaire, *Alcools*, op. cit., 1974, p. 281.

34. Ibid.

35. Willard Bohn, *Reading Apollinaire's Calligrammes*. Nova York: Bloomsbury, 2018, p. 7.

36. Guillaume Apollinaire, *Calligrammes: Poems of Peace and War (1913-1916)*. Trad. de Anne Hyde Greet. Oxford: University of California Press, 1980, p. 348.

37. Mario Richter, *Apollinaire: Le Renouvellement de l'écriture poétique du XX siècle*. Paris: Classics Garnier, 2014, p. 75.

38. Guillaume Apollinaire, *Calligrammes: Poems of Peace and War (1913-1916)*, op. cit., 1980, p. 347.

39. Ibid., p. 348.

40. Ibid.

41. Guillaume Apollinaire, *Œuvres poétiques complètes*. Org. de Marcel Adéma e Michel Décaudin, pref. de André Billy. Paris: NRF, 1956, p. 1066.

42. Ibid.

43. Willard Bohn, op. cit., p. 23.

44. Roland Barthes, *O rumor da língua*. Trad. de Mário Laranjeira. São Paulo: Martins Fontes, 2004, p. 62.

45. Michael Webster, *Reading Visual Poetry after Futurism: Marinetti, Apollinaire, Schwitters, Cummings*. Nova York: Peter Lang, 1995, p. 52.

46. Willard Bohn, op. cit., p. 17.

47. Ibid.

48. Ibid., p. 60.

49. Guillaume Apollinaire, *Calligrammes: Poems of Peace and War (1913-1916)*, op. cit., 1980, p. 356.

50. Susan Harrow, op. cit., p. 235.

51. Guillaume Apollinaire, *Calligrammes: Poems of Peace and War (1913-1916)*, op. cit., 1980, p. 372.

52. O manifesto original está disponível em: <loc.gov/resource/gdcwdl.wdl_20026/?st=gallery>. Acesso em: 12 dez. 2020.

53. Guillaume Apollinaire, "Simultanisme-librettisme". *Les Soirées de Paris*, n. 25, jun. 1914.

54. Laurence Campa, op. cit., p. 51.

55. Algumas dessas conversas entreouvidas (em trens, na rua) ele costumava publicar em sua revista, *Les Soirées de Paris*.

56. Maria Dario, "La Poésie d'Apollinaire à l'épreuve du journal". *Ticontre. Teoria Testo Traduzione*, Veneza, Università Ca' Foscari di Venezia, n. 5, p. 202, maio 2016.

57. Guillaume Apollinaire, *Calligrammes: Poems of Peace and War (1913-1916)*, op. cit., 1980, p. 380.

58. Ibid.

59. Augusto de Campos, *Rimbaud livre*. São Paulo: Perspetiva, 2002, p. 62.

60. Guillaume Apollinaire, *Calligrammes: Poems of Peace and War (1913-1916)*, op. cit., 1980, p. 381.

61. Ibid., p. 348.

62. Willard Bohn, op. cit., pp. 61-79.

63. Guillaume Apollinaire, *Calligrammes: Poems of Peace and War (1913-1916)*, op. cit., 1980, p. 385.

COMENTÁRIOS 519

64. Willard Bohn, op. cit., pp. 61-79.
65. Guillaume Apollinaire, *Calligrammes: Poems of Peace and War (1913-1916)*, op. cit., 1980, p. 386.
66. Willard Bohn, op. cit., p. 22.
67. Ibid.
68. Guillaume Apollinaire, *Calligrammes: Poems of Peace and War (1913-1916)*, op. cit., 1980, p. 387.
69. Ibid.
70. Ibid., p. 388.
71. Ibid., p. 391.
72. Id., *Pintores cubistas*. Trad. de Sueli Tomazini Barros Cassal. Porto Alegre: L&PM, 1997, p. 32.
73. Guillaume Apollinaire, *Calligrammes: Poems of Peace and War (1913-1916)*, op. cit., 1980, p. 389.
74. Ibid., p. 392.
75. Alain-Marie Bassy, apud Willard Bohn, *Modern Visual Poetry*. Newark: University of Delaware Press, 2001, p. 49.
76. Guillaume Apollinaire, *Calligrammes: Poems of Peace and War (1913-1916)*, op. cit., 1980, p. 392.
77. Ibid., p. 394.
78. Ibid., p. 397.
79. Guillaume Apollinaire, *Zone: Selected Poems*, op. cit., 2015, p. 217.
80. Id., *Calligrammes: Poems of Peace and War (1913-1916)*, op. cit., 1980, p. 402.
81. Id., *Caligramas*. Intr., org., trad. e notas de Álvaro Faleiros. São Paulo: Ateliê Editorial, 2008, p. 374.
82. Id., *Calligrammes: Poems of Peace and War (1913-1916)*, op. cit., 1980, p. 403.
83. Ibid., p. 405.
84. Ibid., p. 406.
85. Ibid.
86. Ibid., p. 405.
87. Ibid., p. 409.
88. Ibid., p. 415.
89. Guillaume Apollinaire, *Zone: Selected Poems*, op. cit., 2015, p. 233.
90. Claude Debon, *Claude Debon commente Calligrammes de Guillaume Apollinaire*. Paris: Gallimard, 2004, p. 229.

91. Guillaume Apollinaire, *Caligramas*, op. cit., 2008, p. 179.
92. Ibid., p. 44.
93. Id., *Calligrammes: Poems of Peace and War (1913-1916)*, op. cit., 1980, p. 420.
94. Ibid., p. 421.
95. Ibid.
96. Ibid.
97. Id., *Caligramas*, op. cit., 2008, p. 109.
98. Id., *Calligrammes: Poems of Peace and War (1913-1916)*, op. cit., 1980, p. 157.
99. Susan Harrow, op. cit., p. 96.
100. Ibid., p. 95.
101. Guillaume Apollinaire, *Calligrammes: Poems of Peace and War (1913-1916)*, op. cit., 1980, p. 425.
102. Susan Harrow, op. cit., p. 104.
103. Guillaume Apollinaire, *Calligrammes: Poems of Peace and War (1913-1916)*, op. cit., 1980, p. 426.
104. Id., *Escritos de Apollinaire*. Trad., sel. e notas de Paulo Hecker Filho. Porto Alegre: L&PM, 1984, p. 173.
105. Id., *Calligrammes: Poems of Peace and War (1913-1916)*, op. cit., 1980, p. 433.
106. Ibid., p. 435.
107. Ibid.
108. Ibid., p. 441.
109. Ibid., p. 442.
110. "Laurence Campa, "La Grande Guerre a nourri la littérature durant un siècle". *Le Monde*, 4 fev. 2014. Culture. Disponível em: <lemonde.fr/culture/article/2014/ 02/04/ laurence-campa-la-grande-guerre-a-nourri-la-litterature-durant-un-siecle_4359928_3246.html>. Acesso em: 2 de jan. 2021.
111. Guillaume Apollinaire, *Calligrammes: Poems of Peace and War (1913-1916)*, op. cit., 1980, p. 449.
112. Claude Debon, op. cit., p. 139.
113. Guillaume Apollinaire, *Calligrammes: Poems of Peace and War (1913-1916)*, op. cit., 1980, p. 234.
114. Susan Harrow, op. cit., p. 95.
115. Guillaume Apollinaire, *Escritos de Apollinaire,* op. cit., 1984, p. 172.

COMENTÁRIOS 521

116. A definição de correlato objetivo aparece pela primeira vez no ensaio "Hamlet and His Problems", escrito em 1919, um ano depois da morte de Apollinaire. Publicado em *The Sacred Wood: Essays on Poetry and Criticism*. Londres: Methuen & Co. Ltd, 1920.

117. Guillaume Apollinaire, *Calligrammes: Poems of Peace and War (1913-1916)*, op. cit., 1980, p. 461.

118. Ibid., p. 463.

119. Ibid.

120. Ibid., p. 466.

121. Id., *Calligrammes*. Leitura acompanhada por Vincent Vivès. Paris: Gallimard, 2003, p. 211. (La Bibliothèque Gallimard).

122. Ibid., p. 212.

123. Guillaume Apollinaire, *Calligrammes: Poems of Peace and War (1913-1916)*, op. cit., 1980, p. 475.

124. Ibid., p. 477.

125. Ibid., p. 478.

126. Ibid., p. 289.

127. Id., *Caligramas*, op. cit., 2008, p. 125.

128. Id., *Calligrammes: Poems of Peace and War (1913-1916)*, op. cit., 1980, p. 479.

129. Id., *Caligramas*, op. cit., 2008, p. 181.

130. "Du Coton dans les oreilles". Disponível em: <lsgroupe1.blogspot.com/2016/04/du-coton-dans-les-oreilles.html>. Acesso em: 20 fev 2021.

131. "Pensamentos soltos sobre as *Meditações estéticas* de Apollinaire". Trad. de Flávia Nascimento Falleiros, *Lettres Françaises*, Araraquara, Unesp, v. 2, n. 20, p. 286, 2019. Disponível em: <periodicos.fclar.unesp.br/lettres/article/view/13566>. Acesso em: 15 jan. 2021.

132. Guillaume Apollinaire, *Calligrammes: Poems of Peace and War (1913-1916)*, op. cit., 1980, p. 486.

133. Ibid., p. 486.

134. Ibid., p. 487.

135. Ibid., p. 485.

136. Ibid., p. 487.

137. Ibid., p. 488.

138. Ibid., p. 489.

139. Ibid., p. 492.

140. Ibid., p. 495.

141. Ibid.

142. Guillaume Apollinaire, *La Femme assise*. Paris: NRF, p. 35.

143. Id., *Calligrammes: Poems of Peace and War (1913-1916)*, op. cit., 1980, p. 498.

144. Jorge Luis Borges, "O espírito novo e os poetas", em Willard Bohn, *Apollinaire and the International Avant--Garde*. Nova York: State University of New York, 1997, p. 245.

145. Atribuído a Bernard de Chartres por John of Salisbury em *Metalogicon* (1159), livro III, capítulo 4, apud Édouard Jeauneau, *História breve da filosofia medieval*. Lisboa: Verbo, 1968.

146. Guillaume Apollinaire, *Calligrammes: Poems of Peace and War (1913-1916)*, op. cit., 1980, p. 506.

147. Ibid., p. 507.

Cronologia

1858 Nasce Angelica de Kostrowitzky (anteriormente Kostrowicka), em Sveaborg, Finlândia, então parte do Império Russo. A mãe era descendente de uma família ancestral de aristocratas russo-polacos. Filha de Julia, irmã de Henri e Constantin, Angelica é colocada num convento, sendo escolarizada, mas é expulsa e abandona os estudos. De personalidade forte, sensual, agressiva e independente, frequenta a boa sociedade romana. Tem vários amantes e muitos sonhos para o futuro. Por muito tempo se acreditou que o poeta teria nascido de uma relação proibida de Angelica com Francesco Flugi d'Aspermont, um oficial ítalo-suíço de família aristocrata. "Não há prova alguma de que Flugi d'Aspermont era seu pai. É uma suposição tradicional", informou-me sua biógrafa Laurence Campa, em e-mail de 8 de janeiro de 2021. Havia ainda um boato de que teria sido fruto de incesto com outro membro da família Kostrowitzky. Em todo caso, Apollinaire nunca conheceu o pai e nem sequer sabia seu nome. Angelica vai ter o filho longe do Vaticano, onde morava.

1880 8 de maio: morre Flaubert.
26 de agosto: às 5h10, nasce no subúrbio do Trastevere, em Roma. Inicialmente é registrado como Guillaume-Albert Dulcigni. Em 29 de setembro do mesmo ano, é batizado na igreja San Vito com o nome

Guglielmo Alberto Wladimiro Alessandro Apollinaire de Kostrowitzky. Em polaco, seu nome completo é Wilhelm Apolinary Wlodimierz Aleksander de Kostrowitzky, filho de Angelica de Kostrowitzky e pai desconhecido. Em 2 de novembro de 1880, Angelica reconhece oficialmente o filho, a quem ela sempre chamaria de Wilhelm. Laurence Campa, em Guillaume Apollinaire (Paris: Gallimard, 2013, p. 11) levanta a possibilidade de Angelica ter pensado em abandoná-lo ou dá-lo para adoção, pois se passaram mais de dois meses até ela reconhecer a maternidade. Thomas Edison inventa a lâmpada incandescente. Novembro: Verlaine publica *Sagesse*.

1882 18 de junho: nasce, em Roma, o único irmão do poeta, Alberto Eugenio Giovanni Zevini (de pai também desconhecido, provavelmente de outro homem, fruto de uma gravidez indesejada).

1883-4 A família mora em Bolonha. Wilhelm aprende italiano (leitura e escrita). Em casa, Angelica fala com os filhos em italiano e polonês.

1886 Em 18 de setembro Jean Moréas publica, no *Le Figaro*, o "Manifesto do simbolismo".

1887 Vida precária dos Kostrowitzky. Aos sete anos, Wilhelm aprende francês. Início do período itinerante e cosmopolita da família, que marcará o futuro poeta. 4 de março: os três mudam-se para Mônaco, que ainda se recuperava de um terremoto que sacudira a Riviera Francesa no dia 23 de fevereiro. O sustento de Angelica e dos meninos vem da ajuda de um administrador eclesiástico do Vaticano chamado Dom Romarino, do jogo e de suas atividades de *entraîneuse* de cassino (agora sob o nome de guerra "Olga Kostrowitzky"). Vivem de quarto alugado em quarto alugado. Angelica viaja frequentemente, sem os meninos.

CRONOLOGIA 525

Maio: quase na penúria, Angelica é fichada pela polí-
cia como *femme galante* (isto é, prostituta) e descrita
em sua ficha policial como pessoa de "natureza extre-
mamente violenta". Segundo Laurence Campa (op.
cit., p. 41), é banida do cassino e quase deportada para
a Itália por se envolver em uma briga com garrafa com
outra mulher. No outono Wilhelm e seu irmão Alberto
(ou Albert) acompanham a mãe numa viagem à Paris.

1888-95 Seis anos depois do nascimento de Albert, Angelica
decide reconhecê-lo e lhe dar o sobrenome. Angeli-
ca consegue matricular os filhos no Collège Saint-
-Charles, em Mônaco, na Riviera Francesa, de cujos
terraços se avistava o Mediterrâneo. Primeiras ami-
zades do poeta: James Onimus e René Dupuy (o es-
critor René Dalize, seu amigo mais antigo, morto
no front da Primeira Guerra). Período de formação
e devoção católica. Nos próximos anos Wilhelm irá
aprender alemão, aperfeiçoará o francês e será um
dos melhores alunos da escola, ganhando vários
prêmios. Contato com os clássicos, grande interesse
por mitos, cristianismo e lendas medievais.
10 de novembro de 1891: em Marselha, a pouco
mais de duzentos quilômetros de Mônaco, onde vive
Apollinaire, morre Arthur Rimbaud.
26 de março de 1892: em Candem, Estados Unidos,
morre Walt Whitman.
8 de maio de 1892: faz primeira comunhão. Encanta-
-se com a obra de Júlio Verne. Descobre Baudelai-
re. Com seu colega Onimus escreve um romance
de aventuras intitulado *Orindiculo*. Mergulha nas
lendas medievais e escreve sobre o mago Merlin.
Primeiros exercícios poéticos usando metro e rima.
Dalize e Guillaume decidem que serão homens de le-
tras. Dom Romarino para de ajudar a família finan-
ceiramente, e agora Angelica depende das jogatinas
como meio de sobrevivência. Apollinaire é reprova-
do nos exames para o bacharelado. Intensas leituras
e estudo do italiano.

Dezembro de 1894: escreve "Noël", um poema longo em octossílabos, inspirado no rondó, ilustrado e desenhado por ele.

22 de dezembro de 1894: estreia, em Paris, *Prélude à l'après-midi d'un faune*, de Claude Debussy. Nesse período Apollinaire conhece as obras de Racine, La Fontaine, Perrault, Madame Leprince de Beaumont e Mallarmé. Recebe grande influência do pai de James, o dr. Onimus, intelectual que lhe apresenta os últimos avanços na ciência, tecnologia, medicina e psicologia. Na biblioteca do dr. Onimus mergulha nos tesouros encontrados ali: Cervantes, Goethe, Shakespeare, Villon, Ronsard e a Pléiade. O colégio Saint-Charles é fechado em 1895. Muitas caminhadas pela região de Mônaco. H. G. Wells publica *A máquina do tempo*.

28 de dezembro: nasce o cinema; os irmãos Lumière fazem a primeira exibição de filmes num hotel em Paris.

1896-8 Janeiro: morre Verlaine. Apollinaire passa a estudar no Colégio Stanislas, em Cannes. Como acontecerá na guerra, sua adaptação ao novo ambiente será rápida. Conhece Toussaint-Luca. Angelica conhece Jules Weil em um cassino. Judeu de Estrasburgo, ele é dez anos mais novo do que ela. Será seu companheiro até a morte. Weil se muda para a casa de Angelica, Guillaume e Albert. Os quatro passam uma temporada em Aix-les-Bais e Lyon. Apollinaire lê compulsivamente. Escreve e publica os primeiros poemas, sob o pseudônimo de Guillaume Macabre.

10 de dezembro de 1896: estreia em Paris o esquete dramático *Ubu rei*, de seu futuro amigo Alfred Jarry.

Maio de 1897: Marconi envia a primeira mensagem telegráfica em mar aberto. Mallarmé publica o poema revolucionário "Um lance de dados jamais abolirá o acaso" na revista *Cosmopolis*.

Julho de 1897: não passa no *baccalauréat* (exame que lhe possibilitaria ingressar no ensino superior). Desiste de prosseguir com os estudos. É o fim de sua

CRONOLOGIA

carreira de estudante "oficial". Tem mais tempo livre para vadiar, estudar, ler e escrever. O jovem Kostrowitzky frequenta a biblioteca municipal e sua bela coleção de livros e revistas. Sonha em se tornar jornalista. Interesse pelo anarquismo. Defesa ferrenha do capitão Dreyfus, injustamente acusado de espionagem, num caso célebre. Apollinaire fica fascinado com o fenômeno da *acusmatia* (escuta atenta de um som cuja origem está oculta ou se ignora e que com o aparecimento do rádio, do telefone e do gramofone se torna realidade). "Fofocas ouvidas com um ouvido indiscreto, palavras proferidas por santos e condenados, vozes de poetas e profetas, todas as formas de fala o encantavam", descreve Laurence Campa (op. cit., p. 51). Esse fenômeno alimentará, futuramente, seus "poemas-conversas" e seu conceito de "lirismo ambiente". Uma multiplicidade de temas e assuntos lhe interessa: biografias, etimologia, catálogos, jornais de medicina, livros de linguística, contos de fadas (Grimm, Perrault), romances de aventuras, gramáticas e livros de viagens. Como leitor, passa de um tema a outro, exercitando a rápida associação de ideias, que será outra marca de sua poesia. Descobre pássaros fabulosos no *Journal Asiatique*, que vão figurar em sua poesia futura (como o *pi-mu* e o *pihi*). Apaixona-se pelo formato das letras, pela caligrafia hebraica, sânscrita e pelo ideograma chinês, que o inspirarão para a aventura futura dos "caligramas". Desenha e ilustra suas próprias histórias. Compila formas fixas, acrósticos, lê poesia síria, chinesa e coreana. Gosto por canções populares compostas "na verdadeira língua francesa". Encanta-se com o charme da assonância e a inocência da rima, como mostra Laurence Campa (op. cit., p. 52). Nesse período também conhece o *Inferno*, de Dante, e *Macbeth*, de Shakespeare, os versos de Samain e Jean Lorrain. Aprofunda-se nas leituras de La Fontaine, Vigny, Leconte de Lisle, Baudelaire, Mallarmé, Rimbaud, Verlaine e os simbolistas (Gustave Kahn, Moréas,

Maeterlinck, Vielé-Griffin etc.). Na prosa, descobre Balzac, Zola, Tolstói e, sobretudo, Nerval (*Sylvie*).
1898: Em Paris, primeira incursão de Santos Dumont com ascensão aerostática.
9 de setembro: morre Mallarmé.

1899 Abril: Angelica muda-se para Paris com os filhos e Jules Weil. A torre Eiffel, símbolo da modernidade e da belle époque, é terminada. O jovem de dezenove anos maravilha-se com a Cidade Luz. Total instabilidade econômica. Wilhelm frequenta a biblioteca Mazarine e prossegue sua autoeducação. Decide assumir, como elegante *nom de plume*, Guillaume Apollinaire (seus prenomes, Wilhelm e Apollinaris, afrancesados), uma referência também a Sidônio Apolinário, poeta gaulês-romano, de língua latina, contemporâneo da decadência de Roma (século v), e a Apolo (uma das principais divindades da mitologia greco-romana, deus da poesia, da beleza, da perfeição, da harmonia, do equilíbrio e da razão).
Julho: a mãe se muda para Spa e Ostende, na Bélgica, para juntar-se a Jules nas jogatinas. Os filhos são instalados na pensão Constant, em Stavelot, um vilarejo encravado na fronteira da Prússia com a Bélgica. Primeira paixão: uma nativa chamada Marie Dubois ("Mareye"). Nas "férias" de três meses, explora a região a pé, descobre as lendas das Ardenas e se encanta com o dialeto valão. Escreve contos e poemas. Data dessa época a redação de "Que vlo-ve?" e *L'Enchanteur pourrissant* (*O mago apodrecido*). Angelica tem seu acesso barrado no Cassino de Spa e, tendo perdido tudo na jogatina, volta para Paris, largando os filhos na pensão.
5 de outubro: sem dinheiro para pagar a conta, os dois irmãos são instruídos pela mãe a fugirem. De noite, atravessam sete quilômetros de montanha e floresta, até pegarem o trem em Roanne-Coo. Conseguem chegar a Paris e se unem à mãe, que está morando num hotel na rua Constantinople, nº 9.

CRONOLOGIA

Novembro: a polícia localiza os Kostrowitsky. São interrogados por um juiz sobre o calote na pensão em Stavelot. Angelica promete pagar a conta.

1900 Publicação de *A interpretação dos sonhos*, de Sigmund Freud, que Apollinaire lerá futuramente. Os Kostrowitzky têm uma vida de pobreza, piorada pelo fato de serem estrangeiros. O juiz perdoa a dívida.
14 de abril: é inaugurada a gigantesca Exposição Universal de Paris, que Apollinaire visita. Ele fica fascinado com as centenas de atrações e descobertas científicas e tecnológicas ("calçada rolante", luz elétrica, cinema etc.). A primeira linha do metrô começa a circular na Cidade Luz. Apollinaire aprende estenodatilografia e frequenta bibliotecas. Começa a prestar serviços como ghost-writer para o folhetinista Esnard. Ainda tem poucos amigos. Procura incessante de emprego, dificultada pelo fato de não ter diploma nem qualificação profissional. Escreve uma novela, mas perde os manuscritos no trem. Explora Paris como um legítimo flâneur, acumulando percepções e experiências que serão usadas nos poemas de errância e deslocamento de *Álcoois* e *Caligramas*.
25 de agosto: morre Friedrich Nietzsche.

1901 Vive de bicos. Escreve uma novela erótica para reforçar o orçamento. Apaixona-se por Linda Molina da Silva, irmã de um amigo, mas não é correspondido. Começa a dar aulas de francês para a filha da viscondessa alemã Elinor de Milhau, uma viúva. Contribui para *Tabarin*, um semanário satírico sediado em Montmartre.
Agosto: assina contrato de um ano para trabalhar como tutor e professor da filha da viscondessa de Milhau, em suas propriedades às margens do rio Reno, na Renânia (Alemanha). Primeiro em uma casa-castelo (Haus Neuglück, existente até hoje, perto de Oberpleis) e mais tarde em Honnef. Passeios e caminhadas constantes pela região. Apaixona-se imedia-

530 ZONA E OUTROS POEMAS

tamente por uma colega de trabalho, a governanta inglesa Annie Playden. Tem seus primeiros poemas publicados, ainda assinando Wilhelm Kostrowitzky, na revista *La Grande France*.

1902 Acompanha a família da viscondessa por várias cidades alemãs: Colônia, Bonn, Düsseldorf, Coblence, Frankfurt, Nuremberg, Hannover, Berlim, Dresden. Sozinho, visita Praga, Stuttgart e Viena. Muitas idas a museus e explorações urbanas. Passa seis semanas em Munique. Escreve histórias, artigos jornalísticos e poemas inspirados por suas novas experiências (que irão compor o "ciclo renano" de sua produção). Torna-se cada vez mais ciumento e possessivo com Annie. Ela, que antes o encorajava, agora o rejeita. Numa das ocasiões, ele teria pedido sua mão no alto de um penhasco, ameaçando se jogar dependendo da resposta. Devido à situação, a viscondessa decide não renovar o contrato. Retorna a Paris. Faz bico em um banco. Começo da vida boêmia. Daqui em diante, irá participar cada vez mais dos círculos literários e artísticos de Paris. Frequenta o Louvre, o bairro Montmartre, os buquinistas das margens do Sena e bibliotecas como a Mazarine, sempre em busca do esotérico, do estranho, do surpreendente e misterioso, além de se abastecer de literatura libertina. Vira também um aficionado de "ficção de polpa" (assim como, em 1911, será um aficionado das aventuras do Fantômas, personagem de histórias policiais). Começa a colaborar com o semanário *L'Européen* e publica contos na *Revue Blanche*, que contava com colaboradores de peso como Jarry, Proust e Gide. "O heresiarca" sai na revista em março: pela primeira vez é publicado um texto seu sob a assinatura *Guillaume Apollinaire*. Debussy compõe o drama lírico *Pelléas et Mélisande*.
13 de abril: em Nice, Léon Serpollet bate um novo recorde de velocidade em um carro (120,8 km/h). Além de dominar várias línguas (francês, provençal, italiano, alemão, valão, polonês e inglês), Apollinai-

CRONOLOGIA 531

re é leitor compulsivo de literatura anglo-americana,
oriental e medieval. Entre os europeus, os preferidos
são Racine, La Fontaine, Pascal (que ele recomenda-
rá para Picasso), Shakespeare e Conrad. É a época
em que começa a compor sua vasta biblioteca.
29 de setembro: morre Zola.
11 de outubro: publica sua primeira crítica de arte.
Fica amigo do pintor norueguês Edvard Diriks. Co-
meça a frequentar ateliês e galerias de arte.

1903 18 de abril: é convidado para uma soirée da revista
 La Plume (que reúne a nata literária parisiense). No
 Soleil d'Or conhece e se torna grande amigo do len-
 dário Alfred Jarry. Noites de conversas, caminhadas
 e absinto. Conhece outro grande amigo, André Sal-
 mon. Publica em revistas pequenas como *La Revue
 Blanche*, *La Plume*, *La Revue d'Art Dramatique*.
 Primeiros poemas na *La Grande France*. Ganha a
 vida como funcionário de banco.
 Novembro: vai a Londres para convencer Annie
 Playden a se casar com ele. Ela lhe dá alguma es-
 perança. Conhece os pintores Derain e Vlaminck.
 Gertrude Stein chega a Paris e começa sua galeria
 particular de arte moderna. Os *salons* artísticos e
 literários que ela realiza em sua casa serão frequen-
 tados por artistas como Matisse, Cézanne e Apol-
 linaire. Junto com Jules Weil e Salmon, ele funda a
 revista *Le Festin d'Ésope*, que circulou até agosto de
 1904, depois de nove edições.

1904 Janeiro: Angelica, Weil e Albert se estabelecem em
 Le Vésinet (Boulevard Carnot, nº 8), a dezesseis qui-
 lômetros do centro de Paris. Apollinaire, que ainda
 não tem sua própria casa, divide o tempo entre Mont-
 martre, a casa dos amigos e Le Vésinet (aonde vai
 apenas para dormir).
 Fevereiro: com Jules Weil, visita Estrasburgo. Con-
 segue emprego num jornal de economia (*Guia das
 Rendas*), que também tem curta duração.

Maio: viaja a Londres, novamente atrás de Annie. Ela se recusa a casar e fugir com ele e, pouco tempo depois, se muda para os Estados Unidos. Apollinaire escreve "A canção do mal-amado" e "O emigrante da rua Landor". Guerra russo-japonesa. Colabora com vários periódicos. Frequenta as reuniões dos poetas neossimbolistas reunidos ao redor da revista *La Phalange* e os encontros no La Closerie de Lilas (reduto da revista *Vers et Prose*, dirigida por Paul Fort).

Outubro: visita pela primeira vez o Salon d'Automne. Ganha apelidos: "Kostro", "Cointreau-Whisky". Sempre curioso por tipos aventureiros, conhece o belga Géry Pieret, que o meterá numa enrascada em 1911 (a suspeita do roubo da *Mona Lisa*). Pieret servirá de modelo para o personagem barão d'Ormesan, "um falso messias que havia vivido aventuras extraordinárias e inventor de uma máquina de ubiquidade". Jules Romains publica *A vida unânime*.

1905 Teoria da relatividade, de Einstein.

Fevereiro: em um bar inglês no distrito de Saint-Lazare, conhece Pablo Picasso, pintor de 23 anos, um ano mais novo que ele. Tornam-se imediatamente amigos. (Picasso irá perguntar e falar de Apollinaire na manhã em que morreu, em abril de 1973.) Apollinaire publica dois artigos sobre o trabalho de Picasso, um na *Reviste Immoraliste* e outra na *La Plume*, pioneiros em abrir os olhos do público para o gênio do espanhol. Apollinaire apresenta Picasso ao pintor Georges Braque, iniciando assim uma das parcerias mais notáveis da história da arte. O exemplo de Picasso teria influência nas suas ideias estéticas, no modo de ver o mundo e mesmo na poesia que ele escreveria dali em diante, o que o tornaria um personagem importante da revolução estética do modernismo nos próximos anos e o mais importante defensor de Picasso e do cubismo. A recusa da mimese por parte dos pintores, a exploração da chamada "quarta dimensão" e a concepção da realidade feita

CRONOLOGIA 533

de "fragmentos isolados do mundo visível" inspirariam a poesia que passaria a escrever. Começa a frequentar o número 13 da rua Ravignan, na colina de Montmartre, onde ficava o Bateau-Lavoir (o Barco-Lavatório, que concentrava ateliês de vários pintores que se tornariam famosos.) Lá, conhece o escritor Max Jacob. Aos poucos vai se formando "o bando de Picasso": o espanhol, Apollinaire, Salmon, Max Jacob, entre outros.

24 de março: morre Júlio Verne.

Junho: Picasso viaja, e Apollinaire mora por algumas semanas em seu ateliê. Frequenta Le Chat Noir, Le Moulin de la Galette, Moulin-Rouge, Folies Bergère e o cabaré Le Lapin Agile, além do Circo Médrano, que funciona ao pé da colina de Montmartre. Frequenta intensamente o bairro de Montparnasse, sobretudo o La Closerie de Lylas. Depois, volta a viver com a mãe, seu irmão Albert e Jules Weil em Le Vésinet. Ocorre o terceiro Salon d'Automne, que revela o fauvismo. Maravilha-se com a pintura de Matisse e a série de quadros de Picasso com temas de saltimbancos e arlequins. Acompanha atentamente as exposições e os salões de arte. Apollinaire, um homem robusto, bom de copo e mesa, de testa e rosto grandes, olhos expressivos, nariz imponente e boca pequena, começa a ser retratado por inúmeros artistas.

Agosto: viaja à Holanda.

Setembro: começa a trabalhar no Banque Châteauneuf et Poitevin. O emprego não é o bastante para lhe dar uma vida estável. Colabora com inúmeros periódicos. Emergência do fauvismo. Publica poemas na *Vers et Prose*.

1906 Ano difícil. Não consegue escrever e sente saudades de Annie. Não publica nenhum poema e passa por uma crise poética. Sendo um escritor, não pode contar com um mecenas ou um marchand para bancá-lo (como ocorre com Picasso e seus amigos pintores). Escreve novelas eróticas para sobreviver, sob

influência de Sade e da literatura libertina, artigos sobre cultura física, dança, esportes.

Março-abril: faz visitas frequentes ao Salão dos Independentes e continua a frequentar as reuniões da *Vers et Prose* em Montparnasse. Contatos com Jean Moréas, Mécislas Golberg e Paul Fort.

Agosto: nova viagem de trem à Holanda.

23 de outubro: Santos Dumont faz o primeiro voo do *14-bis*, em Paris.

1907 Ano prolífico.

Abril: finalmente consegue sair da casa da mãe em Le Vésinet e muda-se para seu primeiro endereço parisiense, um apartamento no nº 9 da rua Leónie (hoje rua Henner), no sopé da colina de Montmartre e perto do Bateau-Lavoir. Nesse endereço ele vai morar até outubro de 1909. Conhece Henri Matisse, Robert Delaunay e Georges Braque. Publica a novela *Les Onze mille verges* (*As onze mil varas*), assinando "G*** A***". Mergulha no jornalismo, crônica política, polêmicas, crítica de arte, contos e poemas. Continua frequentando os ateliês dos amigos no Bateau-Lavoir, os círculos literários e os pontos da boêmia parisiense. Publica artigo sobre a pintura de Matisse em *La Phalange*. É desse período que data boa parte dos poemas de *Álcoois*.

Maio: o amigo Picasso lhe apresenta a pintora Marie Laurencin e Apollinaire se apaixona perdidamente. Inventa um pseudônimo feminino (Louise Lalanne) para sua coluna "Escritoras Mulheres" em *Les Marges*. Publica três poemas de Lalanne (dois deles sendo de autoria de Marie Laurencin). Deixa-se fotografar com roupas femininas num sofá, para dar "provas" da existência da autora. Será seu relacionamento amoroso mais intenso e longo (até começo de 1912). Os dois se tornam inseparáveis. "Ela é minha contraparte feminina", ele dirá. A relação com Laurencin turbina sua usina poética. Relação tumultuada, devido à possessividade e ao ciúme do poeta.

CRONOLOGIA

Julho: Picasso termina a revolucionária *As damas de Avignon* (em referência a uma rua de prostituição em Barcelona). Apollinaire vê a tela em primeira mão e tem um choque. O quadro (que só seria exibido oficialmente em 1916) inaugura o cubismo, desconstrói a forma tridimensional e rompe com séculos de convenções pictóricas. Cada vez mais a pintura modernista vai influenciando o pensamento poético de Apollinaire. Pensa em aplicar os múltiplos pontos de vista do cubismo em seus poemas.

12 de outubro: primeira grande crítica sobre o Salon d'Automne, publicada no jornal *Je Dis Tout*. O Salon d'Automne realiza uma grande exposição retrospectiva das obras de Paul Cézanne. Ofende-se com um artigo publicado por Max Daireaux e o desafia para um duelo, o que acaba não ocorrendo.

1º de novembro: aos 34 anos, morre Alfred Jarry.

15 de dezembro: publica um ensaio sobre a pintura de Matisse. É o primeiro a chamar a atenção para a pintura de Rousseau, De Chirico, Duchamp, Picabia, entre outros.

1908 Decide viver apenas de jornalismo e literatura.

Fevereiro: publica a prosa poética "Onirocritique" em *La Phalange*, considerado um prelúdio do surrealismo. Afastamento gradual do simbolismo. "O desenvolvimento de uma nova lírica, liberta das regras clássicas, se torna cada vez mais evidente" (Marcel Adéma, *Apollinaire*. Trad. de Denise Folliot. Kingswood: William Heinemann, 1954, p. 92). Ainda que o próprio Apollinaire enxergue, em sua poesia, uma continuidade com a poesia dos simbolistas (Griffin, Kahn, Ghil, Moréas, Verhaeren, Régnier, Maeterlinck), em sua crítica de arte pró-cubismo ele afirma: "Não se pode transportar consigo, por toda parte, o cadáver do próprio pai. Ele é abandonado na companhia de outros mortos". Escreve o prefácio do catálogo da exposição dos fauvistas. Organiza a coleção da Le Bibliothèque des Curieux (edição de

536 ZONA E OUTROS POEMAS

clássicos da erotologia). Começa a fazer seu nome nos círculos parisienses como crítico de arte bastante particular. Ezra Pound chega a Londres, onde terá um papel análogo ao de Apollinaire em Paris. Em suas visitas a Paris, Pound confirma que os franceses estão muito à frente dos ingleses e americanos em termos estéticos.

1909 Aproxima-se do grupo e das ideias dos unanimistas. Dá uma conferência no Salon d'Automne, ao lado de Georges Duhamel e Jules Romains, sobre "vida imediata". Continua sua campanha pelos pintores da vanguarda parisiense. "Cortejo", "Vendémiaire" e trechos de "Zona" são escritos sob influência do unanimismo.

Fevereiro: o conterrâneo Filippo Marinetti publica seu "Manifesto futurista" na primeira página do *Le Figaro*, de Paris, que terá grande impacto no meio artístico. Energizado, publica seus novos poemas em veículos como *Vers et Prose*, *La Phalange* e *La Revue Immortaliste*, entre outros. É convidado a organizar e continuar a coleção Os Mestres do Amor, de autores libertinos. Dá várias conferências em defesa dos novos poetas.

Maio: "A canção do mal-amado" é publicada na *Mercure de France*, a revista mais seletiva de seu tempo.

Novembro: publicação de *L'Enchanteur pourrissant* (*O mago em putrefação*), escrito aos dezoito anos, ilustrado com xilogravuras de André Derain. O pintor Robert Delaunay pinta uma série de quadros tendo como tema a torre Eiffel. O piloto Blériot faz a primeira travessia de avião pelo canal da Mancha.

13 de julho: a caminho de um casamento, Apollinaire escreve uma de suas obras mais famosas, "Poema lido no casamento de André Salmon". O poema relembra a amizade, as longas conversas, as bebedeiras nas "cavernas malditas" e as lutas para manter a periodicidade da revista *Festin d'Ésope*. Muda-se para o bairro de Auteuil, nº 15 da rua Gros, atrás de

CRONOLOGIA 537

uma fábrica de gás ("o cenário ideal para um poeta moderno", ele dizia). A distância do local de trabalho exigia longas caminhadas, feitas sobretudo à noite, as quais aguçavam seu apetite — o poeta era um famoso gourmand e ótimo cozinheiro, relata Marcel Adéma (op. cit., p. 122). Nesse ano é responsável pelo resgate da obra do Marquês de Sade (1740-1814), à época totalmente desprezado e esquecido, que ele publica pela coleção Bibliotèque des Curieux. Resgata também a obra do italiano Pietro Aretino (1492–1556). Até 1913, com seu conhecimento de italiano, irá publicar uma antologia de peças italianas pouco conhecidas na França. É presença constante em cafés, banquetes, galerias, vernissages, redações de revistas e jornais.

1910 Uma grande enchente o faz mudar para o nº 37 da rua Gros. Suas colaborações para jornais e revistas se intensificam. Escreve sobre sua experiência de vítima da enchente para o jornal *L'Intransigeant*. Passa a colaborar regularmente com o jornal, assinando a coluna "A Vida Artística", aumentando ainda mais seu público (o jornal tinha tiragem de 400 mil exemplares). Também vira colunista de *La Démocratie Sociale* e colabora com o grande *Paris-Journal*. Em outubro, publica um volume de contos, *L'Hérésiarque et Cie*. O livro é derrotado no Prêmio Goncourt, o que o deixa extremamente desapontado. Grande período criativo de Braque e Picasso. Guerra dos Bálcãs. O pintor Jean Metzinger expõe no Salão dos Independentes o "primeiro retrato cubista", do próprio Apollinaire. Continua recebendo os amigos para animadas noitadas. Tem experiências com o ópio ("o sangue negro da papoula").

1911 Intensa atividade jornalística e literária. Atacado por uns, elogiado por outros, seus artigos agora aparecem nos principais jornais diários. Escreve o prefácio da primeira exposição dos cubistas fora de Paris (Bruxelas). Começa a escrever para a *Mercure de*

France. A coluna "Vida Anedótica", que ele manterá até sua morte, se tornará famosa. Nela, o versátil poeta-jornalista-crítico de arte-cronista brinda os leitores com sua inteligência enciclopédica, sua curiosidade voraz, suas descobertas provenientes de suas explorações por Paris, seu gosto pelo exótico, o desconhecido e o raro. Na redação da revista conhece André Rouveyre, que se torna seu amigo mais íntimo. Conhece Paul Guillaume, que em dez anos se tornará um dos mais influentes e famosos galeristas e marchands da Europa. A essa altura, Apollinaire já é bastante conhecido como agitador cultural e especialista em arte e poesia. Picasso faz uma caricatura do amigo como o papa do cubismo.

Março: publica seu primeiro livro de poemas, *O bestiário ou Cortejo de Orfeu*. No volume, que traz xilogravuras de Raoul Dufy, ele resgata os bestiários medievais e do século XVI (todos escritos em quartetos octossilábicos rimados). Cria um colofão para o editor (um brasão representando um unicórnio emoldurado por um delta), que ele adota como lema poético: *J'émerveille* [Eu maravilho].

21 de agosto: escândalo internacional: a *Mona Lisa* é roubada do Museu do Louvre (só dois anos mais tarde o verdadeiro ladrão seria capturado, em Florença). Escreve no *L'Intransigeant* um artigo onde critica a falta de segurança do museu. Dias depois a suspeita recairá sobre ele. O pivô dessa confusão é um ex-secretário, o belga Géry Pieret, que desde 1907 vinha roubando estatuetas ibéricas do museu. Duas delas teriam papel histórico: vendidas a Picasso e escondidas no estúdio do espanhol, inspirariam o quadro *As damas de Avignon*. Em 1911 o belga volta a atacar, dessa vez escondendo mais uma estatueta na casa de Apollinaire. A polícia, a essa altura, crê que o roubo das estatuetas estava ligado ao da

CRONOLOGIA 539

Mona Lisa e começa a investigar. Depois de Picasso e Apollinaire, em pânico, pensarem em jogar as estatuetas no Sena, na manhã do dia 5 de setembro eles decidem devolvê-las na redação do *Paris-Journal*, pedindo ingenuamente para permanecerem anônimos. Há várias versões para quem teria devolvido as estatuetas, se Picasso, Apollinaire ou os dois juntos.
7 de setembro: a polícia acaba chegando no poeta. Encontra cartas de Pieret mencionando as estatuetas e o prende. Diante do juiz, apavorado com uma possível deportação, Picasso nega conhecer Apollinaire, seu amigo mais íntimo. Este é encarcerado na prisão de La Santé (ver "À Saúde") enquanto a investigação se desenrola. Sua prisão causa grande comoção em Paris: amigos saem em sua defesa, enquanto a imprensa xenófoba o ataca. Uma manchete ganha as primeiras páginas dos principais jornais: "O polonês Kostrowitzky encabeça uma grande quadrilha internacional de ladrões de obras de arte". No *The New York Times* ele é descrito como "um literato russo bem conhecido que vive em Paris", segundo informa o prefácio de Donald Revell para *Alcools: Poems by Guillaume Apollinaire* (Trad. de Donald Revell. Hanover: University Press of New England, 1995, p. x). É libertado no dia 13 de setembro. Esses eventos e a humilhação, a exposição pública de sua origem nebulosa (pai desconhecido) e da ascendência russo-polaca têm impacto profundo no poeta, que corre o risco de ser extraditado da França. Apollinaire tenta, sem sucesso, conseguir a nacionalidade francesa. Anuncia um novo livro de poemas, que se chamará *Eau-de-vie* (aguardente, água de vida, *spirits*). Novembro: publica "Vendémiaire", primeiro poema em que não usa qualquer pontuação. Escreve sobre os pintores futuristas e apresenta Severini e Boccioni a Picasso. Em outubro Max Jacob, expert em quiromancia, lê a mão do poeta e prevê que ele jamais entrará para a Academia, terá vida curta e será famoso depois de sua morte. Supersticioso, Apollinaire fica bastante incomodado. O ano termina triste para ele. "O que farei se for

540 ZONA E OUTROS POEMAS

expulso da França?", pergunta, em 9 de dezembro, ao grande amigo Toussaint-Luca.

1912 Ano em que começa a compor os ambiciosos poemas modernistas da primeira parte de *Caligramas* ("Ondas"). Apollinaire sugere o uso do procedimento da colagem para Picasso, Braque e Severini. "Estou extremamente cansado de tudo", reclama em carta a André Gide no fim de janeiro (Laurence Campa, op. cit., p. 374). Vive na penúria. Com ajuda de amigos (André Salmon, René Dalize, André Billy e André Tudesq), e para levantar os ânimos, funda uma nova revista, *Les Soirées de Paris*, que se tornará o principal periódico de vanguarda da França. "Picasso estuda um objeto como um cirurgião disseca um cadáver", ele escreve no primeiro número. Inventa o termo "orfismo", em referência aos quadros do casal Delaunay, Léger e Kupka. Forte atuação como polemista e crítico de arte. Defesa apaixonada dos cubistas e divulgação das vanguardas (sobretudo o futurismo italiano, de Marinetti e Soffici).

11 de maio: Marinetti publica o "Manifesto técnico da literatura futurista". Primeiro rascunho de "Zona". Como os cubistas, se interessa cada vez mais pela colagem, pela não linearidade clássica, começando uma verdadeira desconstrução do verso. Estreita relações com pintores como Picabia, Robert e Sonia Delaunay, Marcel Duchamp e outros cubistas. Fica maravilhado com as pinturas de Kandinsky e Chagall.

Junho: a pintora Marie Laurencin, cansada de suas infidelidades, possessividade e cenas de ciúmes, rompe com ele, que fica devastado. Deprimido, evita ficar sozinho e busca a guarida de vários amigos. Sai do apartamento no bairro de Auteuil e passa uns meses sem casa. Deprimido, fuma ópio para esquecer Laurencin. Artistas recusados no Salon d'Automne montam a Section d'Or. Escreve poemas importantes, como "A ponte Mirabeau", "O viajante" e "Cortejo". No outono, um encontro fundamental: conhece

CRONOLOGIA

o suíço Blaise Cendrars. Toma uma decisão estética importante: decide suprimir toda pontuação de seus poemas. Marinetti publica *Zang tumb tuuum. Adrianopoli, ottobre 1912. Parole in libertà*. Apollinaire frequenta assiduamente o Circo Médrano e seus palhaços, equilibristas, arlequins, que irão povoar a pintura de Picasso do período e sua própria poesia. Dá algumas conferências.

Setembro: recebe, pelo correio, o poema "Páscoa em Nova Iorque", datado "abril de 1912", por Blaise Cendrars, que pede a ajuda de Apollinaire para publicá-lo na *Mercure de France*.

16 de outubro: em Berlim, estreia *Pierrot lunaire*, de Arnold Schönberg.

17 de outubro: Gabrielle Buffet convida Picabia, Duchamp e Apollinaire para passarem uns dias na casa de sua família em Étival. Os três, mais um mecânico, partem em um possante Peugeot 141 A, último tipo, para a região montanhosa do Jura, perto da fronteira suíça. São dias agradáveis, de poesia, música, pintura, gastronomia e caminhadas pela região. Em uma das noitadas, lê "Cri" ("Grito", poema recém-terminado e cujo título ele mudará, durante a visita, para "Zone"). Na volta para Paris, enquanto espera sua nova morada ser reformada, passa dois meses morando com o casal Delaunay (nº 3 da rua des Grands Augustins). Muitas conversas sobre pintura, teoria de cores e simultaneísmo, que, junto com o procedimento das colagens, começam a impactar temática e estruturalmente seus novos poemas (como "As janelas" e "Cruzando a Europa").

Novembro: o jornal devolve o manuscrito para Cendrars. O poema teve impacto direto em "Zona", que ele já estava escrevendo.

1913 Passa o réveillon naquele que será seu último endereço: o terceiro e último andar do nº 202 do Boulevard Saint-Germain, esquina com a Rue Saint-Guillaume. Ele apelidará o apartamento de "pombal" (por ter

um terraço com vista para a cidade). Pinturas, esculturas, marionetes, objetos de arte naïf e primitiva, além de uma biblioteca já considerável, disputam espaço em seu pequeno apartamento. Ano decisivo para Apollinaire e para o modernismo internacional. Diaguilev estreia seus *balés russos*. Stravinsky causa furor com a *Sagração da primavera*. Sai o primeiro volume de *Em busca do tempo perdido*, de Marcel Proust. Satie volta a compor; Valéry, a escrever. Duchamp concebe seu primeiro ready-made, *Roda de bicicleta*. Ápice do cubismo. Polêmica entre cubismo e futurismo. O irmão, Albert, parte para o México. Os dois nunca mais se verão.

16 a 20 de janeiro: acompanha Delaunay a Berlim para uma exposição na galeria Sturm e dá uma conferência sobre pintura moderna. A histórica Exposição Internacional de Arte Moderna (ou Armory Show) acontece em Nova York. Embora continue sempre duro de grana, a essa altura Apollinaire já está bem estabelecido como crítico de arte e jornalista. Numa rusga com o ex-boxeador americano e escritor Arthur Cravan (que escrevera um artigo onde o chamara de judeu e fizera comentários obscenos sobre Laurencin), o desafia para um duelo. Cravan se retrata. Apollinaire ajuda escritores em dificuldade através do Conselho Central pela Defesa dos Escritores Livres, do qual era membro ativo. Tentativa frustrada de reaproximação com Laurencin.

Março: publica *Os pintores cubistas: Meditações estéticas*, reunindo suas críticas de arte publicadas entre 1905 e 1912. O livro causa grande impacto. Corrige as provas de seu primeiro livro de poemas. Na última hora, inclui "Zona", "Cantor" e muda o título do livro: de *Eau-de-vie* para *Álcoois*.

20 de abril: *Álcoois* é lançado, trazendo uma seleção não cronológica de poemas escritos entre 1898 e 1913. Com tiragem de 567 exemplares, o livro traz um desenho cubista de Apollinaire feito por Picasso. Apropriadamente, o novo título sintetiza o momen-

CRONOLOGIA 543

to transicional de sua poesia: a palavra traz um quê de poesia simbolista e, ao mesmo tempo, a estranheza do modernismo (das propagandas e cartazes, das palavras "semafóricas"). O livro não causa muito impacto. Em todo caso, atrai bem mais atenção do que *Caligramas*, que será lançado durante a guerra. As resenhas mais entusiasmadas são de escritores e amigos como André Gide e Cendrars. O mais duro ataque vem do influente crítico Georges Duhamel, que comparou o livro a um brechó (uma loja de artigos variados e baratos, de segunda mão). Apollinaire desafia Duhamel para um duelo, mas amigos o dissuadem. Havia, por um lado, a cobrança de que o livro não se alinhava o bastante com a estética simbolista e neossimbolista. Outros críticos reclamaram que os poemas não eram suficientemente modernos, ainda mais para um grande difusor do pensamento das vanguardas. Já a supressão radical da pontuação divertiu e enfureceu os tradicionalistas.

29 de junho: publica, com a ajuda do amigo Marinetti, "A antitradição futurista: Manifesto síntese". O manifesto firma seu nome como líder e arauto do modernismo na França, na pintura e na literatura.

1º de julho: a torre Eiffel, usada para uma série de experimentos científicos, envia, pela primeira vez, seu primeiro sinal de rádio para Arlington, Estados Unidos, anunciando o mundo conectado do futuro.

Outubro: Cendrars publica "A prosa do Transiberiano e a pequena Joana de França", poema fundamental do modernismo.

Dezembro: a *Mona Lisa* é encontrada em Florença e o italiano Vicente Peruggia é preso.

1914 Como resume Hobsbawn em *Era dos extremos: O breve século XX: 1914-1991* (Trad. de Marcos Santarrita. São Paulo: Companhia das Letras, 1994, p. 143), "em 1914 praticamente tudo que se pode chamar pelo amplo e meio indefinido termo 'modernismo' já se achava a postos: cubismo; expressionismo; abstracionismo

puro na pintura; funcionalismo e ausência de ornamentos na arquitetura; o abandono da tonalidade na música; o rompimento com a tradição na literatura". Primeiros filmes de Charles Chaplin. É o ano de maior aproximação entre os futuristas italianos e a vanguarda francesa. Apollinaire tenta novamente obter a cidadania francesa.

27 de maio: na Sorbonne, grava três poemas para o Arquivo da Palavra: "A ponte Mirabeau", "O viajante" e "Maria". São os únicos registros existentes de sua voz. A nova tecnologia de gravação e a materialidade sonora e plástica da palavra o fascinam. Estimulado pelos exemplos de Marinetti, e resgatando uma paixão da juventude (os ideogramas chineses, os caracteres das escritas árabes, os "poemas em forma de coisas" da tradição árabe, hebraica, greco-romana e renascentista), desenvolve o que ele chama de "ideogramas líricos" e, posteriormente, de "caligramas", prenunciando a poesia visual e a poesia concreta. Ápice da polêmica sobre a paternidade do "simultaneísmo", que já dura um ano, envolvendo vários artistas, franceses e italianos.

Junho: mete-se em polêmica com o escritor Henri-Martin Barzun sobre a tendência do "simultaneísmo" na pintura e na poesia (múltiplos pontos de vista e lugares, descontinuidade, fragmentos desconexos de tempo etc.). No mesmo mês fica desolado ao saber que Marie Laurencin irá se casar com o pintor alemão Baron Otto von Waëtjen (o que ocorre em 21 do mesmo mês). O casal muda-se para Düsseldorf, e o poeta nunca mais a veria. Escreve poemas importantes como "Carta-oceano" (publicado na *Les Soirées de Paris* em 15 de junho).

Julho: publica na *Les Soirées de Paris* artigo do inglês F. S. Flint sobre os poetas "imagistas" (que discutia poemas de Richard Aldington, H.D., William Carlos Williams e Ezra Pound). Na metade de julho a NRF (*Nouvelle Revue Française*) publica uma edição limitada de cem exemplares de *Um lance de dados*, de Mallarmé.

CRONOLOGIA

Inventa o "poema-conversas", como "Segunda-feira rua Cristina" (registro do "lirismo ambiente", como definirá). Desenvolve caligramas importantes como "Paisagem", "A gravata e o relógio" e "Coração coroa e espelho". Anuncia a preparação de um novo livro, que se chamará *Eu também sou pintor*.

28 de junho: assassinato, em Sarajevo, do arquiduque da Áustria-Hungria Francisco Ferdinando, que seria o estopim da Primeira Guerra Mundial. Prepara uma nova edição comentada de *Ubu rei*, de seu amigo Alfred Jarry.

5 de julho: em Paris, 5 mil mulheres protestam pelo direito ao voto. No fim de julho ele parte para o balneário de Deauville, com o amigo e desenhista André Rouveyre, para cobrir a temporada de verão para a revista *Comœdia*.

29 de julho: escreve um de seus caligramas mais conhecidos, "Ouça que chove" (posteriormente intitulado "Chove"). Notícias da guerra iminente com a Alemanha. Rouveyre e Apollinaire retornam às pressas para Paris (viagem que é tema de "O pequeno automóvel"). Chegam no dia 1º de agosto, no momento do anúncio da mobilização geral para a guerra, a ser declarada pela França. Os dois param em uma barraca de *photo-cinéma* e fazem uma sequência de fotos. São as únicas imagens em movimento de Apollinaire, que aparece sorridente e falante (é possível ver o resultado das fotos em: <youtube.com/watch?v=OS0F75wjPUM>).

3 de agosto: explode a Primeira Guerra Mundial. Fim da belle époque e, segundo alguns historiadores, do século XIX. "Demos adeus a toda uma época", o poeta escreve em "O pequeno automóvel". Otimista, ele via a Guerra Mundial não como o fim de um mundo, como de fato o foi, mas o começo de outro. Em *The Futurist Moment: Avant-Garde, Avant-Guerre and the Language of Rupture* (Chicago: The University of Chicago Press, 1986, p. XXI), Marjorie Perloff afirma que "a guerra foi celebrada pela maioria dos poetas e pintores que se alistaram como a culminação de uma

nova e emocionante aventura com a tecnologia; como a revolução que iria liberar a Europa de todos os grilhões da monarquia, do papa, da estrutura de classe". Sendo estrangeiro, nada o obriga a ir lutar. Tomado de fervor patriótico, tenta se alistar na Legião Estrangeira, chegando a escrever para o ministro da Justiça. Tem o pedido negado várias vezes. Com a eclosão do conflito, todas as polêmicas estéticas e vanguardas se esvaziam.

2-18 de agosto: a França envia 3 781 000 homens para conter os alemães. Voltam as dificuldades financeiras para ele, pois editoras e jornais para os quais colaborava interrompem as atividades. Depois da derrota em Marne, os alemães começam a cavar trincheiras na região de Argonne. Era o começo da "Frente Ocidental" e da "guerra de trincheira" que se tornariam, nos próximos quatro anos, uma máquina de massacre sem precedentes. Um milhão de soldados morreriam no espaço de cinco meses.

30 de agosto: assustado com a aproximação dos exércitos alemães em Paris, consegue ir para Nice, sul da França.

1º de setembro: tenta se naturalizar cidadão francês para poder lutar pela França.

2 de setembro: os alemães já estavam em Meaux, às portas de Paris. Quinhentas mil pessoas são evacuadas da capital francesa.

6 de setembro: em Nice, recusa um convite de um amigo para deixar a França via Espanha ou Suíça. Apollinaire conhece e se apaixona perdidamente por uma aristocrata e ex-aviadora, a condessa divorciada Louise de Coligny-Châtillon (1881-1963, a "Lou" de seus poemas futuros). Volta a fumar ópio: "*Fumerie, cocaïnerie*, a guerra está virando um paraíso artificial", ele escreve a um amigo, remetendo a *Paraísos artificiais*, livro de Baudelaire, conforme mostra Laurence Campa (op. cit., p. 515). Apollinaire insiste e consegue ser aceito pelo Exército. Cansado das evasivas de Lou, apressa seu alistamento.

CRONOLOGIA 547

5 de dezembro: une-se ao 38º regimento de artilharia
em Nîmes, a 280 quilômetros de Nice, e começa seu
treinamento para artilheiro (*canonnier conducteur*).
Lou vai atrás de Apollinaire, e os dois vivem uma se-
mana de ópio e sexo no Grand Hôtel du Midi, em
Nîmes (existente até hoje). Para Lou, dedicará muitos
poemas e cartas eróticas. "Vista de Nice, a guerra
parece cada vez mais irreal, obsedante e fascinan-
te", escreve (Laurence Campa, op. cit., p. 515). Nos
próximos meses vai se exercitar, aprender equitação,
balística, logística, a atirar e a manejar o canhão de
75 milímetros, o orgulho do Exército francês. Será
poupado, assim, da carnificina dos primeiros meses
do conflito. A tecnologia, que Apollinaire tanto ad-
mirava, havia tornado a guerra algo infinitamente
mais letal: agora seria travada com metralhadoras
automáticas, aviões e zepelins, canhões poderosíssi-
mos e armas químicas. Algo bem menos cavalheires-
co e romântico do que ele imaginava: apenas entre
agosto e dezembro, 300 mil franceses são mortos e
600 mil, feridos. A guerra estava apenas começando
e não seria uma guerra curta, como muitos acha-
vam. Apollinaire continua intensa correspondência
com seus amigos. Na noite de Natal, segundo Lau-
rence Campa (op. cit., p. 521) ele recebe 42 cartas,
um recorde entre todos os regimentos de Nîmes.
"Amo tanto as Artes que acabei virando artilheiro",
escreve, sempre bem-humorado, a um amigo (op.
cit., p. 528). A realidade da guerra, pouco a pouco,
vai transformar sua poesia e ele mesmo.

1915 2 de janeiro: durante uma licença, no trem de Nice a
Marselha, conhece Madeleine Pagès, uma jovem pro-
fessora de literatura, com quem iniciaria uma longa
correspondência. Adapta-se perfeitamente à vida na
caserna ("A vida de soldado é minha verdadeira pro-
fissão", chega a escrever a um amigo). A barbárie e a
carnificina da guerra ganham mais um elemento brutal
e inumano: em Ypres, na Bélgica, o Exército alemão

usa armas químicas (gás cloro) pela primeira vez em guerras modernas. Adolf Hitler está nessa batalha.

27-28 de março: Apollinaire tira sua terceira e última licença e vai para Marselha se encontrar com Lou. Esta é a separação definitiva, mas os amantes prometem permanecer amigos e correspondentes. Na Páscoa, junta-se ao seu regimento no front da região da Champanhe (Mourmelon-le-Grand, Secteur Postal 59), a doze quilômetros das linhas de frente. Escreve poemas importantes, como "Maravilha da guerra", "Os suspiros do atirador de Dakar" e "Festa".

6 de abril: está no setor Beaumont-sur-Vesles/Courmelois, a poucos quilômetros ao sul da linha de fogo. Em cartas a Lou, descreve seu fascínio com o espetáculo noturno dos bombardeios e da paisagem devastada da "terra de ninguém".

17 de junho: em pleno front de batalha, imprime setenta cópias de uma plaquete manuscrita, com 21 poemas, chamada *Case d'armons* (hoje uma raridade bibliográfica). Muda de setor. Torna-se também um agente de ligação, responsável por levar mensagens militares para as diferentes unidades, a pé e a cavalo.

26-28 de junho: ruma para Hurlus, onde se travam combates ferozes.

Julho: está posicionado em Laval-sur-Tourbe. Em carta a Madeleine, descreve a destruição dos vilarejos da Champanhe, o caos ensurdecedor dos ataques, os foguetes noturnos, "seus clarões como olhos de caramujos". Adaptado à vida militar, o cavaleiro-artilheiro revela-se um ótimo oficial e consegue várias promoções, que têm o efeito de o colocarem cada vez mais perto das linhas inimigas. As licenças da caserna são poucas.

15 de agosto: é deslocado do setor 146 para uma floresta ao lado de Beaumont-sur-Vesle. Envia a Lou o poema "Cote 146", onde descreve: "Consigo ouvir a voz profunda da grande artilharia chucrute/ À minha frente na direção das trincheiras/ Há um cemitério onde quarenta e seis mil soldados foram semeados".

27 de agosto: ganha nova função: observar, calcular

CRONOLOGIA

e identificar as baterias de tiro inimigas. Os alemães inauguram mais uma arma mortífera, o lança-chamas, que se junta a outras tecnologias de guerra: minas terrestres e metralhadoras agora acopladas aos aviões Fokker. Durante todo o mês sua bateria de tiro conquista as trincheiras de Colônia, Nietzsche e Goethe e o morro de Tahure das mãos dos alemães.

1º de setembro: é promovido a *maréchal des logis*, equivalente a sargento. É um mês de batalhas ferozes por território na ofensiva da Champanhe. Participa da Segunda Batalha da Champanhe, um ataque geral às posições alemãs. Primeiro contato com os prisioneiros alemães. São desse período poemas como "Desejo", "Mira", "No abrigo-caverna", "O palácio do trovão", "Há" e "Canção do Horizonte em Champanhe", um de seus últimos grandes poemas. Nele, segundo Laurence Campa (op. cit., p. 608), Apollinaire "abraça a simultaneidade gigantesca do front e orquestra múltiplas vozes, manifestando todas as sensações, todos os significados da guerra". Destaca-se como contador de histórias e *entreteneur* de soldados.

6 de outubro: segundo ataque geral sobre o front de Champanhe. Apollinaire volta à primeira linha, em uma bateria de tiro perto de Somme-Tourbe. Por carta, pede a mão de Madeleine em casamento.

Novembro: seu regimento está posicionado ao sul de Trou-Bricot, ocupando antigas posições alemãs. A neve começa a cair.

2 de novembro: com as sucessivas perdas humanas de oficiais, frutos de ataques e contra-ataques, é promovido a segundo-tenente da 96ª infantaria, 6ª companhia. Escreve "Exercício". É deslocado da artilharia para a infantaria. Volta, portanto, para a vanguarda, para a linha de fogo e o inferno das trincheiras: cadáveres, infestação de ratos, vermes, lama, insônia e choque.

9-18 de novembro: está na trincheira de Hamburgo: "A trincheira de calcário é ruim e vive caindo. Temos que ficar reforçando-a com sacos de areia" (Marcel Adéma, op. cit., p. 222).

550 ZONA E OUTROS POEMAS

22 de dezembro: ganha uma licença e parte imediatamente para Orã, na Argélia, para visitar a noiva (a quem havia visto apenas uma vez, na viagem de trem).

1916 O ano mais mortal da Primeira Guerra Mundial.
11 de janeiro: está em Paris e visita a mãe, partindo para a zona de guerra no dia seguinte.
21 de janeiro: está posicionado em Damery com seu regimento. Parte novamente para a linha de frente, em Aisne.
21 de fevereiro: a leste, começa a longa e sangrenta Batalha de Verdun (duraria até 18 de dezembro, com 1 milhão de mortos dos dois lados do conflito).
9 de março: consegue a tão sonhada nacionalidade francesa.
15 de março: volta à linha de frente.
17 de março: às quatro da tarde, nas trincheiras de um bosque chamado Bois-des-Bittes, Apollinaire está lendo tranquilamente a *Mercure de France* quando começa um bombardeio. Um obus de 150 milímetros cai a vinte metros de onde está. Ele se protege e tenta retomar a leitura quando percebe seu próprio sangue sobre a página da revista. Os estilhaços do obus haviam furado seu capacete e atingido sua têmpora direita. É o fim da guerra para ele. É imediatamente levado para o hospital Château-Thierry.
29 de março: o agora subtenente Kostrowitzky é transferido para o Hospital Italiano, anexo ao Hospital Val-de-Grâce, em Paris. Ele guarda o cantil, o capacete furado e a *Mercure* ensanguentada como lembranças.
15 de abril: Angelica visita o filho e fica desolada com seu estado.
9 de maio: com a mão esquerda paralisada, ele precisa ser trepanado na Villa Molière, para a retirada de mais fragmentos. Sua recuperação será lenta e dolorosa. Escreve "Tristeza de uma estrela".
Junho: a revista dadaísta *Cabaret Voltaire* publica o importante poema "Árvore". No entanto, Apollinaire

CRONOLOGIA

recusa-se a colaborar futuramente e ter seu nome associado ao dadaísmo.

17 de junho: recebe a Cruz de Guerra.

1º de julho: começa a Batalha do Somme, que só terminaria no dia 18 de novembro, com britânicos e franceses tentando interromper a ofensiva dos alemães sobre Verdun. A batalha custa à Grã-Bretanha 420 mil mortos: 60 mil só no primeiro dia de ataque. Em Paris, Apollinaire comenta com amigos que não se sente mais o mesmo. É um homem alquebrado. Sente-se fraco para ler e escrever. Pinta, desenha. Recebe visitas, entre elas de um jovem admirador, André Breton (que será o líder do movimento surrealista). A guerra ceifara incontáveis amigos.

Seus primeiros poemas escritos nas trincheiras são publicados na *Mercure de France*.

Agosto: renova os laços com a comunidade artística parisiense, aparecendo nos cafés de uniforme militar, usando orgulhosamente sua Cruz de Guerra, sempre com uma bandana em volta da cabeça.

Setembro: escreve a Madeleine: "Meu regimento foi para o sacrifício e a honra. Creio que dele não resta quase nada, mas a bandeira obteve condecorações. Quase todos os meus companheiros morreram" (Guillaume Apollinaire, *Escritos de Apollinaire*. Trad., sel. e notas de Paulo Hecker Filho. Porto Alegre: L&PM, 1984, p. 198).

26 de outubro: publica *O poeta assassinado*. O quadro *As damas de Avignon*, de Picasso, é finalmente exibido ao público pela primeira vez, na exposição "A arte moderna na França". No fim de novembro reencontra o velho amigo (a relação esfriara desde o caso do roubo das estatuetas do Louvre, em 1911). Os dois têm uma longa conversa no apartamento de Apollinaire. Um grande banquete é feito em sua homenagem no réveillon. Nessa ocasião alguns dos futuros surrealistas, que terão em Apollinaire seu baluarte, se conhecem.

1917

Um ano triste para Apollinaire, comenta seu biógrafo Marcel Adéma: "Ameaçado de retornar ao posto de seu regimento em Béziers, pois, apesar de seu ferimento grave, ele não fora dispensado" (op. cit., p. 239). Permanece em Paris. Começa a bater ponto todas as terças-feiras no Café de Flore, a duas quadras de sua casa. O De Flore se tornará um *point* dos futuros surrealistas e, nos anos 1940, dos existencialistas. O já lendário poeta-soldado é o centro das atenções.

Março: recebe a visita do jovem poeta Philippe Soupault, que lhe pede um poema inédito para publicar em um livro sobre escritores na guerra. Apollinaire escreve o poema "Sombra" durante a visita, para espanto do visitante.

11 de maio: é declarado oficialmente inapto para voltar à guerra. Não consegue ser transferido para a Imprensa Oficial, como queria. André Billy o ajuda a ser transferido para o Gabinete de Relações com a Imprensa, no Ministério da Guerra. Ironicamente, para um defensor da liberdade de expressão como ele, vira um censor militar. Volta a colaborar para revistas e a publicar seus novos poemas.

Maio: escreve a apresentação do balé *Parade*, de Jean Cocteau, onde cunha a palavra "surrealismo". Retoma a coluna "Vida Anedótica" na *Mercure de France*. Parece recuperado da cirurgia.

Junho-julho: encenação de sua peça *As mamas de Tirésias*. A ópera-bufa é um sucesso e um escândalo. Colabora para o jornal *Paris-Midi*, traduzindo notícias de Londres e Nova York, mas sempre "editadas" com pitadas da sua imaginação — "não há jeito melhor de influenciar os acontecimentos", comentou a um atônito André Billy, segundo Marcel Adéma (op. cit., p. 254).

Outubro: acontece a Revolução Russa. No front da Primeira Guerra, ocorrem as batalhas de Arras e Passchendaele.

Novembro: publica *Vitam impendere amori*, escrito em quartetos octossílabos, com 215 cópias e desenhos de André Rouveyre.

CRONOLOGIA 553

26 de novembro: apresenta sua conferência "O espírito novo e os poetas" no teatro Vieux-Colombier, em Paris. Nela, defende a invenção estética, mas sem o radicalismo de dadaístas e sem rejeitar o passado. A síntese que propõe é de um equilíbrio, uma conciliação, entre Ordem e Aventura. Convoca os poetas a abraçarem um "novo lirismo", a experimentação e inovação, mas sem excluir a imensa tradição do verso francês. Muito significativamente, a conferência é dedicada a Arthur Rimbaud. Em Londres, T.S. Eliot publica *Prufock e outras observações*. Apollinaire trabalha em um roteiro de cinema, o libreto de uma ópera alimentar e um drama surrealista. Termina *La Femme assise* (*A mulher sentada*), seu único romance, que só será publicado em 1920. No outono, escreve a introdução para a primeira edição integral das obras poéticas de Baudelaire. Passa o réveillon de cama, com febre alta.

1918 1º de janeiro: seu estado piora.
3 de janeiro: é encaminhado ao hospital militar da Villa Molière. Passa janeiro e março no hospital, com pneumonia. A fadiga, as sequelas do ferimento na cabeça, da trepanação e dos gases químicos dos combates cobram sua conta ao corpo. Organiza *Caligramas*. Quase morre, sendo amparado pela presença da jovem Jacqueline Kolb (que consegue um passe para ficar junto dele 24 horas por dia).
30-31 de janeiro: ocorrem ataques aéreos a Paris: cerca de sessenta mortos e mais de duzentos feridos. Apollinaire escreve o prefácio do catálogo da exposição de Matisse e Picasso.
15 de março: escreve o poema "A bela ruiva", inspirado por Jacqueline. Tem planos de constituir família, ter uma vida tranquila, se estabelecer literariamente e esquecer seus amores do passado. Publica *As mamas de Tirésias*, com o subtítulo: *Drama surrealista. Em dois atos e um prólogo*. Na primavera a Alemanha tenta uma última ofensiva. Apollinaire fica amargu-

rado com a recusa em ser agraciado com a Legião de Honra, que fora pedido ao governo por amigos.

Abril: é transferido para o Ministério das Colônias.

6 de abril: com a entrada dos Estados Unidos na Primeira Guerra, o fim do conflito era apenas uma questão de semanas. Os aliados começam a avançar contra a Alemanha. Tristan Tzara publica o "Manifesto dadá".

15 de abril: Apollinaire publica *Caligramas*. Com tiragem de 1040 exemplares, traz como subtítulo *Poemas da paz e da guerra (1913-1916)*. O livro recebe poucas resenhas decentes e seus experimentos com poesia visual têm recepção mista. "Esplêndida coleção de meteoros", "transmutação poética", saúda o jovem poeta e médico André Breton na revista *L'Éventail*.

2 de maio: casa-se oficialmente com Jacqueline (a quem *Caligramas* é dedicado), tendo os pintores Vollard e Picasso como testemunhas (curiosamente, não há nenhuma foto em que Picasso e Apollinaire apareçam juntos).

6-13 de maio: é internado novamente no Hospital Italiano. Na metade de maio recebe a visita de outro poeta-soldado, o italiano Giuseppe Ungaretti. O aumento das atividades o deixava cansado facilmente. Mesmo sendo um homem forte, o ferimento na testa e a trepanação o deixaram fragilizado.

12 de julho: é padrinho de casamento de Picasso e Olga Khokhlova.

Agosto: parte com Jacqueline para Kervoyal, na Bretanha, em um resort à beira-mar. Termina uma ópera-bufa, *Casanova*, e uma peça teatral, *Couleur du temps*. Planeja um livro em parceria com Picasso.

24 de agosto: volta para Paris. A guerra se encaminha para o fim. A gripe espanhola, trazida pelas tropas americanas no front, chega à capital. Apollinaire a contrai. Segundo Adéma: "Ele lutou contra a morte. Tão corajoso no inferno das trincheiras, estava aterrorizado com a ideia de morrer. Implorou ao médico que o tratava para que o salvasse. 'Eu quero viver',

CRONOLOGIA

ele dizia, 'eu quero viver!'. [...] Mesmo em sua morte alegria e tristeza se misturaram no destino de Apollinaire" (op. cit., p. 269). Paris celebra o fim da guerra. Moribundo, no terceiro andar de seu "pombal" ouve, vindos das ruas, os gritos de "Abaixo Guilherme" (em referência ao kaiser da Alemanha).

9 de novembro: às cinco da tarde, o poeta falece. Tinha apenas 38 anos de idade. As autoridades militares o declaram "morto pela França".

11 de novembro: anúncio do Armistício, fim da Primeira Guerra. Saldo: mais de 9 milhões de mortos. Uma multidão toma a igreja de Saint-Thomas-d'Aquin para seu funeral, com honras militares.

13 de novembro: é enterrado no cemitério Père-Lachaise, em Paris.

1º de dezembro: a *Mercure de France* publica seu ensaio-manifesto "O espírito novo e os poetas", considerado seu testamento poético.

1919 2 de março: a gripe espanhola leva também Jules Weil, o velho companheiro da mãe de Apollinaire, aos cinquenta anos.

7 de março: aos sessenta anos, é a vez de Angelica sucumbir com a pandemia. Semanas mais tarde, no México, morre seu irmão Albert, provavelmente de tifo.

28 de junho: o Tratado de Versalhes é assinado.

Créditos das imagens

pp. 37, 252, 268, 272, 280, 286, 290, 292, 310, 356 e 370: *Calligrammes: poèmes de la paix et de la guerre (1913-1916)*, de Guillaume Apollinaire. Paris: Mercure de France, 1918. Beinecke Rare Book and Manuscript Library, Yale University

p. 62: *Tromba marina*, ilustração de Arnold van Westerhout (1722), do livro *Gabinetto Armonico*, de Filippo Bonanni. Reprodução de Lebrecht Music Arts/ Bridgeman Images/ Easypix Brasil

LEIA MAIS PENGUIN-COMPANHIA
CLÁSSICOS

James Joyce

Um retrato do artista quando jovem

Tradução, notas e cronologia de
CAETANO W. GALINDO
Prefácio de
KARL OVE KNAUSGÅRD

Um dos romances de formação mais importantes da literatura universal, *Um retrato do artista quando jovem* narra a infância e a juventude de Stephen Dedalus, alter ego literário de James Joyce. O personagem, que teria lugar de destaque no *Ulysses*, romance seguinte do autor, aparece aqui como um jovem em busca de identidade, seja ela artística, política ou pessoal. A experiência num internato jesuíta, onde toma contato com a teoria estética de São Tomás de Aquino, transformará Dedalus de forma irremediável e o colocará em contato com uma das mais belas epifanias artísticas já registradas num romance.

Com tradução de Caetano W. Galindo, a edição conta com farto aparato de notas, além de introdução do norueguês Karl Ove Knausgård.

WWW.PENGUINCOMPANHIA.COM.BR

LEIA MAIS PENGUIN-COMPANHIA
CLÁSSICOS

Virginia Woolf

Mrs. Dalloway

Tradução de
CLAUDIO ALVES MARCONDES
Prefácio de
ALAN PAULS

Neste marco do romance moderno, Virginia Woolf narra um único dia da vida da famosa personagem Clarissa Dalloway, que percorre as ruas londrinas cuidando dos preparativos da festa que realizará na noite daquela quarta-feira.

Em sua andança, cruzará com Septimus Warren Smith, um veterano da Primeira Guerra Mundial cuja história passa a correr, dali em diante, em paralelo com a da protagonista.

Misto de romance psicológico e ensaio filosófico, precursor de algumas das maiores obras literárias do século xx, *Mrs. Dalloway* consagrou-se pelo experimentalismo linguístico e pela inédita exploração literária do inconsciente humano, além de oferecer um primoroso retrato das transformações da Inglaterra do entreguerras.

WWW.PENGUINCOMPANHIA.COM.BR

LEIA MAIS PENGUIN-COMPANHIA
CLÁSSICOS

Montaigne

Os ensaios

Tradução de
ROSA FREIRE D'AGUIAR
Introdução de
ERICH AUERBACH

Personagem de vida curiosa, Michel Eyquem, Seigneur de Montaigne (1533-92), é considerado o inventor do gênero ensaio. Esta edição oferece ao leitor brasileiro a possibilidade de ter uma visão abrangente do pensamento de Montaigne, sem que precise recorrer aos três volumes de suas obras completas. Selecionados para a edição internacional da Penguin por M. A. Screech, especialista no Renascimento, os ensaios passam por temas como o medo, a covardia, a preparação para a morte, a educação dos filhos, a embriaguez, a ociosidade.

De particular interesse para nossos leitores é o ensaio "Sobre os canibais", que foi inspirado no encontro que Montaigne teve, em Ruão, em 1562, com os índios da tribo Tupinambá, levados para serem exibidos na corte francesa. Além disso, trata-se da primeira edição brasileira que utiliza a monumental reedição dos ensaios lançada pela Bibliothèque de la Pléiade, que, por sua vez, se valeu da edição póstuma dos ensaios de 1595.

WWW.PENGUINCOMPANHIA.COM.BR

Esta obra foi composta por giro em Sabon
e impressa em ofsete pela Lis Gráfica sobre papel Pólen Natural
da Suzano S.A. para a Editora Schwarcz
em abril de 2024

A marca FSC® é a garantia de que a madeira utilizada na fabricação do papel deste livro provém de florestas que foram gerenciadas de maneira ambientalmente correta, socialmente justa e economicamente viável, além de outras fontes de origem controlada.